Unverfügbares Verinnerlichen

Amsterdamer Beiträge zur neueren Germanistik

STUDIES IN GERMAN LITERATURE AND
CULTURAL STUDIES

Founding Editor

Gerd Labroisse

Series Editors

William Collins Donahue
Norbert Otto Eke
Elizabeth Loentz
Sven Kramer

VOLUME 92

The titles published in this series are listed at *brill.com/abng*

Unverfügbares Verinnerlichen

Figuren der Einverleibung zwischen Eucharistie und Anthropophagie

Herausgegeben von

Yvonne Al-Taie
Marta Famula

BRILL
RODOPI

LEIDEN | BOSTON

Cover illustration: Paul Klee (1879–1940), Zwitscher-Maschine (Twittering Machine), 1922. New York, Museum of Modern Art (MoMA). Watercolor, and pen and ink on oil transfer drawing on paper, mounted on cardboard; comp. sheet 16 1/4 × 12′ (41.3 × 30.5 cm), mount sheet 25 1/4 × 19′ (63.8 × 48.1 cm). The Museum of Modern Art, New York, © Photo SCALA, Florence.

Works by Charles Olson published during his lifetime are copyright the Estate of Charles Olson; previously unpublished works are copyright the University of Connecticut. Used with permission.

Library of Congress Cataloging-in-Publication Data

Names: Al-Taie, Yvonne, 1980- editor, author. | Famula, Marta, editor, author.
Title: Unverfügbares Verinnerlichen: Figuren der Einverleibung zwischen
    Eucharistie und Anthropophagie / Herausgegeben von Yvonne Al-Taie, Marta
    Famula.
Description: Leiden; Boston: Brill Rodopi, [2020] | Series: Amsterdamer
    Beiträge zur neueren Germanistik, 0304-6257; volume 92 | Includes
    bibliographical references and index.
Identifiers: LCCN 2020027239 (print) | LCCN 2020027240 (ebook) | ISBN
    9789004439122 (hardback) | ISBN 9789004439146 (ebook)
Subjects: LCSH: Internalization in literature. | Incorporation in literature.
Classification: LCC PN56.I635 U58 2020 (print) | LCC PN56.I635 (ebook) |
    DDC 809/.93353—dc23
LC record available at https://lccn.loc.gov/2020027239
LC ebook record available at https://lccn.loc.gov/2020027240

Typeface for the Latin, Greek, and Cyrillic scripts: "Brill". See and download: brill.com/brill-typeface.

ISSN 0304-6257
ISBN 978-90-04-43912-2 (hardback)
ISBN 978-90-04-43914-6 (e-book)

Copyright 2021 by Koninklijke Brill NV, Leiden, The Netherlands.
Koninklijke Brill NV incorporates the imprints Brill, Brill Hes & De Graaf, Brill Nijhoff, Brill Rodopi, Brill Sense, Hotei Publishing, mentis Verlag, Verlag Ferdinand Schöningh and Wilhelm Fink Verlag.
All rights reserved. No part of this publication may be reproduced, translated, stored in a retrieval system, or transmitted in any form or by any means, electronic, mechanical, photocopying, recording or otherwise, without prior written permission from the publisher. Requests for re-use and/or translations must be addressed to Koninklijke Brill NV via brill.com or copyright.com.

This book is printed on acid-free paper and produced in a sustainable manner.

Inhalt

Einleitung   1
> *Yvonne Al-Taie und Marta Famula*

TEIL 1
Symboliken der Einverleibung in Mittelalter und Früher Neuzeit

Blutiges Herz und ungeschälte Birne
Figuren des Einverleibens bei Konrad von Würzburg   17
> *Margit Dahm-Kruse*

Die *fruitio Dei* – das „Genießen Gottes" im Spiegel eucharistischer
Mahlsmetaphorik in der mittelalterlichen Mystik   42
> *Michaela Bill-Mrziglod*

Symboliken des Essens in der deutschen Fabeldichtung und -theorie
der Aufklärung   68
> *Stephanie Blum*

TEIL 2
Poetiken der Einverleibung im 19. Jahrhundert

Zerstückelung und Einverleibung
Fragmente einer Poetik des saturierten Texts   89
> *Sina Dell'Anno*

Poetischer Metabolismus
*Figuren der Einverleibung als Initiation zyklischer Erzählverfahren in
Clemens Brentanos* Die Mährchen vom Rhein   113
> *Yvonne Al-Taie*

„Mit dem Sonnenschein des Daseins warm auf dem Bauche" –
Einverleibung als Erkenntnisform in Wilhelm Raabes *Stopfkuchen*   134
> *Marta Famula*

VI INHALT

TEIL 3
Sprachliche Gesten der Einverleibung im 20. Jahrhundert

Sprachverzehr: Freud zum Verständnis der Sprache des Klagens 157
Juliane Prade-Weiss

Wer frisst wen?
Kritischer Kannibalismus in Literaturkritik und Literaturwissenschaft 179
Christoph Schmitt-Maaß

Beißende Gewalt
*Ideologie und Ideologiekritik des Kannibalen von Platon und Montaigne
bis Marat* 202
Elias Zimmermann

„Speech's ultimate spring"
Oralität und Essen in Charles Olsons Poetik 228
Stefanie Heine

Zweiverleibung
Der andere Ricœur 244
Philippe P. Haensler

TEIL 4
(Selbst-)zerstörerische Spiele der Einverleibung in der Gegenwartsliteratur

Eine Sprache aus Fleisch und Brot, um zu erzählen, dass man
nicht sprechen kann
Aglaja Veteranyis Warum das Kind in der Polenta kocht 273
Dominik Zink

Einverleibung als pop-literarisches Prinzip
Zum Erzählverfahren von Benjamin von Stuckrad-Barres Panikherz *und
seiner theatralen Realisierung (Reese, Rüping)* 297
Kai Bremer

Die Beiträgerinnen und Beiträger des Bandes 323

Namensregister 329

Einleitung

Yvonne Al-Taie und Marta Famula

Wenn Hans Blumenberg unter Rekurs auf Arnold Gehlen eine Genealogie der Sprache aus dem Akt des Fressens entwirft: „Jede Leistung ist hier ein Stück Ersparnis: das Wort ist Ersparnis der Anschauung, die Anschauung Ersparnis des Betastens – man könnte hinzufügen: noch das Betasten ist Ersparnis des Riechens oder Schmeckens als der Begleitsinne des Fressens",[1] dann beschreibt er den Begriff als eine Form der Entlastung, die von dem sinnlich-somatischen In-Beziehung-Treten mit den Gegenständen entbindet (Tasten, Riechen, Schmecken, Fressen). Sprache wäre somit nicht nur Ökonomisierungsleistung, sondern zugleich auch ein Instrument, die unverfügbare Anverwandlung von Welt auf sicherer Distanz zu halten. Zugleich legt diese Denkbewegung aber auch einen Ursprung der Sprache in sinnlichen Formen des Begehrens und Affiziert-Werdens offen. Sprache und das in ihr Ausgedrückte müssen so stets in einem Spannungsverhältnis zum Nonverbalen und Nicht-Artikulierbaren begriffen werden.

In der Erfahrung begrifflicher Unfassbarkeit begründet, avanciert die Essensmetapher in literarischen Kompositionen generell zum Indikator für alternative Formen der Interaktion mit der Welt als dem unverfügbaren Anderen, die über normative, strukturierende oder begriffliche Wege hinausreicht. Bedingt durch ihre körperliche Unmittelbarkeit stellt sie ein Paradigma für die Teilnahme an der Welt dar, in der zugleich die Grenzen und die Brüchigkeit konzeptioneller und begrifflicher Mittelbarkeit aufgezeigt und überschritten werden. Der Figur des Essens und Einverleibens kommt nicht zuletzt ein gesellschaftskritischer Charakter zu, vermag sie doch Formen der Überforderung angesichts restriktiver und determinierender Tendenzen innerhalb kultureller Handlungsmuster aufzuzeigen und Möglichkeiten anzubieten, die Erfahrung einer sich der Verfügbarkeit entziehenden Wirklichkeit zu akzeptieren. Damit stellt sie das Dasein als neutrales Wechselverhältnis von Einverleibung und Veräußerung, Ermächtigung und Entzug, Veränderung und Beständigkeit aus und legt den Fokus so auf archaische Muster, die unter kulturell gesetzten Wertigkeiten als Impulse wie Lust, Appetit, Schmerz und Tod virulent werden. Auf diese Weise bringt sie indirekt die Diskrepanz zwischen biologisch-somatischen und kulturell-konzipierten Ordnungen des Seins zum Ausdruck.

---

1 Hans Blumenberg: Theorie der Unbegrifflichkeit. Aus dem Nachlass hg. v. Anselm Haverkamp, Frankfurt/Main 2007, S. 26.

Paradigmatisch scheint so im Moment der Einverleibung die Doppelrolle des Körpers als Grenze und Verbindung zwischen Kultur und Vorkulturellem auf. Er erweist sich als ein Ort, der Teil eines auf normativen Verhaltensmustern basierenden kollektiven Miteinanders ist und als Organ zugleich biologischen Existenzformen unterliegt. Die chiastische Verschränkung der intellektuellen und der somatischen Belange des Körpers ermöglicht dabei einerseits die Abstraktion der biologischen und triebhaften Eigenschaften auf einer symbolischen Ebene,[2] andererseits verweist die körperliche Unmittelbarkeit auf biologische Ursachen kultureller Handlungsweisen und steckt so das Grundparadigma literarischer Einverleibungsmetaphorik ab, die von symbolischer Lebensbeschreibung hin zu poetologisch-autoreflexiver Auseinandersetzung mit der begrifflichen und künstlerischen Partizipation an der Welt reicht.

Als eine somatische Grunderfahrung haben Formen der Einverleibung seit jeher kulturelle Strategien zu ihrer Domestizierung, Verfügbarmachung und Bewältigung hervorgebracht, die auch in der Literatur ihren Niederschlag gefunden haben. Figuren der Einverleibung sind mithin in der Literaturgeschichte ubiquitär. Sie finden sich in literarischen Werken aller Epochen von der Antike bis zur Gegenwart und sind dabei keinesfalls ein Phänomen, das sich nur auf die westlichen Literaturen beschränkt, obgleich dieser Sammelband, der einen diachronen Querschnitt durch alle Epochen vom Mittelalter (und mit Verweisen auf die Antike) bis zur Gegenwartsliteratur legt, einen klaren Fokus auf Autoren aus den deutsch-, englisch- und französischsprachigen Literaturen hat. Neben symbolisch hochaufgeladenen, religiös bis monströs konnotierten anthropophagischen Einverleibungsszenen ist es das Essen, das als paradigmatische und alltagsweltlich situierte Form der Einverleibung fungiert. Entsprechend hat die literaturwissenschaftliche Forschung der vergangenen Jahre der Behandlung von Essen und Speisen in der Literatur in instruktiven Studien bereits verschiedentlich Aufmerksamkeit geschenkt.[3] Von

---

2 Aufschlussreiches zu diesem Aspekt des Körper-Geist-Dualismus findet sich in: Albrecht Koschorke: Die Heilige Familie und ihre Folgen. Ein Versuch, Frankfurt/Main 2000.

3 Vgl. z.B. Julia Hein: Die Essbarkeit der Welt. Einverleibung als Figur der Weltbegegnung bei Italo Calvino, Marianne Wiggins und Juan José Saer, Bielefeld 2015; Interkulturelle Mahlzeiten. Kulinarische Begegnungen und Kommunikation in der Literatur, hg. v. Claudia Lillge, Anne-Rose Meyer, Bielefeld 2008 (Kultur- und Medientheorie); Kulinaristik. Forschung – Lehre – Praxis, hg. v. Alois Wierlacher, Regina Bendix, Berlin 2008; Das andere Essen. Kannibalismus als Motiv und Metapher in der Literatur, hg. v. Daniel Fulda, Walter Pape, Freiburg/Breisgau 2001 (Rombach Wissenschaften Reihe Litterae, 70); Essen und kulturelle Identität. Europäische Perspektiven, hg. v. Hans Jürgen Teuteberg, Gerhard Neumann, Eva Barlösius, Berlin 1997; Kulturthema Essen – Ansichten und Problemfelder, hg. v. Alois Wierlacher, Gerhard Neumann, Eva Barlösius, Berlin 1993.

EINLEITUNG

diesen vorrangig an den kulturgeschichtlichen Funktionen, Interpretamenten und Darbietungsweisen von Nahrung und Speisen interessierten Arbeiten unterscheidet sich der vorliegende Sammelband dadurch, dass er den Akt der Einverleibung eines Objekts der Außenwelt als ein Moment des Verinnerlichens begreift, das sich im Spannungsfeld zwischen als unverfügbar erfahrener und Verfügungsmacht begehrender Beziehung zur Außenwelt situiert.

Als anthropologische Grunderfahrung dient die einverleibende Nahrungsaufnahme nicht nur der unmittelbaren Lebenserhaltung, sondern bringt den Menschen auch wie keine andere Handlung mit seiner Außenwelt in Austausch. „Es gibt keine elementarere und keine porösere Form der Weltbeziehung",[4] schreibt Hartmut Rosa über die Einverleibung und so mag es nicht verwundern, dass Figuren der Einverleibung in der Literatur- und Kulturgeschichte allgegenwärtig sind und immer wieder gerade zur Verhandlung existentieller Fragen bemüht wurden. Der prekäre Status der Einverleibung beruht dabei nicht zuletzt auf dem ihr konstitutiv innewohnenden Moment der Unverfügbarkeit. So schreibt Rosa über das Zu-Sich-Nehmen von Nahrung: „Die Welt wird nicht einfach (ausschnitthaft) angeeignet im Sinne eines einfachen Einverleibens, sondern sie wird im Prozess auch transformiert, und in diesem Vorgang der *Weltverwandlung* reproduziert *und* verwandelt sich auch das Subjekt."[5] Rosas Ausführungen liegt die Unterscheidung zwischen einer auf Verfügbarmachung abzielenden instrumentellen und einer auf Unverfügbarkeit beruhenden responsiven Weltbeziehung zugrunde. Der Akt der Einverleibung, so ließe sich daran anschließend formulieren, handelt genau diese Grenze zwischen Verfügbarem und Unverfügbarem aus. Etwas als Nahrung zu identifizieren, seiner habhaft zu werden und es sich schließlich einzuverleiben, scheint geradezu ein paradigmatischer Fall eines instrumentellen Weltzugriffs zu sein. Dass bei dem Wunsch nach Einverleibung aber immer auch das als unverfügbar erfahrene Begehren mitschwingt (Appetit), markiert bereits die fragile Stelle des Verzehrens zwischen instrumentellem Verfügbarmachen und unverfügbarem Verlangen. Im Vollzug der Einverleibung kippt das Verhältnis zum Einverleibten vom instrumentellen Verfügen zum unverfügbaren Verinnerlichen. Über die somatischen Vorgänge des Metabolismus, ob etwas Einverleibtes eine nutritive oder gar toxische Wirkung entfaltet, verlieren wir – ist es einmal inkorporiert – (weitestgehend) die Verfügungsgewalt.

Die von Rosa beschriebene Transformation des Subjekts ist ein zentrales Moment gerade auch bei den symbolischen Verhandlungen von Einverleibung, die in der christlichen Kultur in der theologischen Lehre und

---

4 Hartmut Rosa: Resonanz, Frankfurt/Main 2018, S. 100.
5 Ebd., Hervorhebung im Original.

liturgischen Praxis der Eucharistie ihre vielleicht wirkmächtigste Ausprägung erhalten hat. Die Eucharistie ist zugleich auch ein Beispiel für die Filiationen, die die somatische Figuration der Einverleibung mit der Sprache eingeht. Ohne die Konsekrationsworte wäre die Eucharistie in ihrem sakralen Gehalt unvollständig.

So ist es auch die Denkfigur der Eucharistie, die John T. Hamilton in seiner jüngst erschienenen Studie *Philology of the Flesh* zur Verhandlung der Spannung zwischen Bedeutung und Form als eines genuin philologischen Problems zugrunde legt.[6] Auf Grundlage der christologischen Denkfigur des fleischgewordenen Logos entfaltet er seine Theorie von einer Philologie des Fleisches. Ausgehend von der Dichotomie zwischen Geist und Buchstabe unterscheidet er eine Philologie des Körpers von einer Philologie des Fleisches oder des Leibes: Vermag eine Philologie des Körpers den Buchstaben als Körper vom Inhalt der Schrift zu trennen, so nimmt eine Philologie des Fleisches die Denkfigur einer Fleischwerdung des Wortes ernst und betrachtet Inhalt und Buchstabe als untrennbare Einheit. Der Gedanke der Einverleibung, ins Sprachliche gewendet, kann Hamilton folgend als der Versuch gedeutet werden, die Separation von Inhalt und Buchstabe, von materieller Schrift und geistiger Botschaft, aufzuheben und durch deren unauflösliche Verschränkung zu ersetzen. Eine damit eng verwandte Gedankenfigur, die ihren Ursprung ebenfalls in körperlicher Interaktion mit der Welt hat, stellt die Verletzung, die Wunde, dar, wie sie Ian Fleishman kürzlich als einen Indikator für die Moderne herausgestellt hat.[7] Der semantisch codierte Text wird hier neu gedacht als materielle Größe, die geradezu körperlich in die Ebene der Wirklichkeit eingreift und so die klare Aufteilung von Realität und Symbol, von Zeichen und Bedeutung konterkariert. Die körperliche Erfahrung der Wunde steht damit nicht nur als literarischer Gegenstand zur Debatte, vielmehr kommt dem Text selbst die Rolle einer Verletzung zu, die vor allem die intakte Vorstellung von semantischer Zuordnung untergräbt und so den – ästhetizistischen, so Fleishman – Zugang zur Welt als Wunde lesbar werden lässt: „My central claim is that, inasmuch as it consists of a corpereal inscription, the wound [...] is itself a kind of *text*."[8] Analog zur Einverleibung markiert so auch die Wunde als Moment körperlicher Teilnahme an der Welt ein Übergangsphänomen, das konträre Sphären wie Materie und Geist, *signifié* und *signifiant* in reziproke Interaktion treten, aufeinander wirken und Spuren im jeweils anderen einschreiben lässt.

---

6 John T. Hamilton: Philology of the Flesh, Chicago, London 2018.
7 Ian Fleishman: An Aesthetics of Injury. The Narrative Wound from Baudelaire to Tarantino, Evanston 2018.
8 Ebd., S. 7.

EINLEITUNG

Beide Vorgänge, die Einverleibung der Welt durch die Zeichenhaftigkeit der Schrift und die – mitunter verletzende – Einverleibung der Schrift durch die Welt, markieren zwei abstrakte, sich reziprok zueinander verhaltende Formen der Interaktion eines bewussten Daseins mit der Welt, die in unterschiedlichen Erscheinungsformen einen Teil Kulturgeschichte ausmachen. Diesen intellektuell virulenten Anliegen, die im Körperlichen metaphorische Visualisierung erfahren, stehen Belange der körperlichen Existenz gegenüber, die transzendenten und religiösen Riten zugrunde liegen und sich als Kern vorkultureller Seinsformen in die Kulturen eingeschrieben haben. Mithin scheint die Erfahrung von Grenzen kultureller wie vorkultureller Weltbewältigungsstrategien Phänomene der Einverleibung hervorzubringen, die in immer wieder neuen Formen zum Tragen kommen. Vor diesem Hintergrund untersuchen die Beiträge des vorliegenden Bandes, wie die nutritiven, digestiven oder gustatorischen Funktionen des Essens, gerade aufgrund ihrer sinnlichen Qualität und ihres vorprädikativen Status, wirksam werden können für Verhandlungen des Unverfügbaren. Hier spielen auch scheinbar nebensächliche, alltägliche Gesten des Essens eine Rolle, die in ihrem Heraustreten aus kausallogisch motivierten Handlungsverläufen ein plötzliches Unbehagen, einen Riss, in eine Situation bringen können, vergleichbar dem *punctum* Roland Barthes', und aufgrund ihrer irritationsstiftenden Wirkung eucharistische und kannibalistische Symbolketten in Gang setzen. Die begriffliche Unverfügbarkeit nutritiver und physiologischer Vorgänge des Essens, so kann immer wieder gezeigt werden, wird herangezogen zur Thematisierung anderer Lebensbereiche, die ein hohes Maß an begrifflicher Widerständigkeit entfalten, etwa dem Religiösen, der Sexualität, dem Tod.

Einverleibung wird so lesbar als eine abstrakte Grundformel für die Reaktion auf die Erfahrung von Unverfügbarkeit, die im Laufe der Jahrhunderte jeweils unterschiedlich kontextualisiert wurde und unterschiedlichen kulturellen und gesellschaftlichen Anliegen geschuldet ist. In diesem Sinne gehen die Beiträge des vorliegenden Bandes der Einverleibung als einem Topos nach, der konstanter Bestandteil der Literaturgeschichte als einer Geschichte der Unverfügbarkeiterfahrung ist, die sich in immer wieder neuen Narrativen geltend macht. Hinter den unterschiedlichen Formen der Einverleibung kommen so unterschiedliche Formen der Unverfügbarkeit zum Vorschein, die wiederum als Schlüssel zu zeitgebundenen kulturhistorischen Problemkonstellationen lesbar werden. So steht die Einverleibung in mittelalterlichen Texten im Problemhorizont von Sterblichkeit, Religiosität und Verlust, während sie in frühneuzeitlichen Diskursen die Bereiche interkultureller Interaktion als Strategien der Festlegung von Identität und Fremdheit betrifft und mit dem Einsetzen der Moderne mehr und mehr die Belange der Erkenntniskritik erfasst, die zunehmend auch Fragen der sprachlichen Aporien und Grenzen betreffen. Aktuell wird sie im Umgang mit dem Potential und den Gefahren von Selbstinszenierung und Selbstverortung in einer postmodernen Welt virulent. Bei einer solchen chronologischen Lesart treten freilich zugleich epochenübergreifende Linien hervor; etwa spielt die für das Mittelalter attestierte Körperlichkeit ebenso im Kontext der Sprachaporien der Moderne um 1900 eine Rolle und die Frage nach Identität und Selbstverortung findet sich in den Einverleibungsnarrativen des 18. Jahrhunderts ebenso wie in jenen der Gegenwart.

Mithin lassen sich unterschiedliche Problemkonstellationen und Themenbereiche rekonstruieren, die über Figuren der Einverleibung verhandelt werden und die quer zu den historischen Adaptionen der Denkfigur liegen. So ist der Figur der Einverleibung ein erotisches Moment inhärent, das sie nicht nur zum häufig genutzten Motiv in Texten zur Liebe macht – von den christlichen Mystiker*innen und dem *Herzmaere*-Stoff im Mittelalter bis hin zu Brentanos Märchenzyklus –, sondern sie auch zur Verhandlung subkutan wirksamer Konkurrenzkonstellationen zwischen Liebhaber oder Ehemann und Nebenbuhler auszeichnet. Andererseits artikulieren sich konfliktbeladene Konstellationen des politischen und gesellschaftlichen Umbruchs und des wachsenden marktökonomischen Drucks – so können die Beiträge von Christoph Schmitt-Maaß und Elias Zimmermann exemplarisch zeigen – in anthropophagisch aufgeladenen Bildern, die den Ursprung gesellschaftlicher Aushandlungsprozesse in Formen der Gewalt offen legen. Gerade in neuerer Zeit sind es immer wieder traumaindizierte Erlebnisse, die in Figuren der Einverleibung ihren Ausdruck finden. Dies zeigt der Beitrag von Juliane Prade-Weiss zu den auf Unterdrückung von Artikulation abzielenden, sprachverzehrenden Gesten der Klage; dies ist ebenso wirksam in der kindlichen Thematisierung von Missbrauchserfahrung, wie Aglaja Veteranyi sie in *Das Kind, das in der Polenta kocht* gestaltet, oder in den von bulimischen Attacken und Substanzenmissbrauch bestimmten Szenen in von Stuckrad-Barres *Panikherz*. Was motivisch auf so vielfache Weise literarisch wirksam wird, wurde schließlich auch wiederholt zur Verhandlung poetologischer Fragestellungen herangezogen. Dabei sind es in erster Linie solche Konstellationen, die sich mit Fragen des Sprach-, Gattungs- oder Idiomursprungs auseinandersetzen, wie die Beiträge zur Menippea, zu Charles Olson und zu Paul Ricœur zeigen.

Dies gesagt, tritt die Einverleibung als eine literarische Denkfigur hervor, die sich einer klar historisierenden Lesart entzieht und darin geradezu performativ die Grenzen einer streng periodisierbaren Kulturgeschichte aufzuzeigen vermag.

EINLEITUNG

Aufgrund ihres basalen lebenserhaltenden wie dadurch bedingten universalen kulturellen Charakters unterhalten Figuren der Einverleibung Schnittmengen zu verschiedenen Diskursen, die von rituellen und religiösen Praktiken, sittlichen Unterweisungen in der Lebensführung, Verhandlungen (tabuisierter) Sexualität, politischen Gesten und Diskursen der Machtausübung bis hin zu sprachtheoretischen, psychoanalytischen und poetologischen Fragestellungen reichen, um nur einige zu nennen. Dieser Sammelband möchte in exemplarischen Studien die Breite des Phänomens dokumentieren, dessen Spektrum wir mit den beiden Polen der Eucharistie und der Anthropophagie umschreiben als den beiden Koordinaten einer abendländischen Kulturgeschichte, die einen Horizont von der religiös-transzendenten Erlösungshoffnung bis hin zur Furcht vor dem vorkulturell Anderen aufspannen und sich dabei in der Figur des einverleibten Leibes als Ausdruck erlebter Unverfügbarkeit auf eigentümliche Weise berühren.

Hiermit seien einige Grundüberlegungen einer Betrachtungsweise der Figur der Einverleibung skizziert, innerhalb derer sich die Einzeluntersuchungen des vorliegenden Bandes situieren und dabei je eigene Akzente in einem facettenreichen Spektrum an Gegenständen, Gattungen und Epochen setzen. Stets werden dabei die Brüchigkeit und das prekäre Wechselverhältnis zwischen einer sich immer aufs Neue als unverfügbar erweisenden Welt und den Versuchen, ihrer in der Einverleibung habhaft zu werden, sichtbar.

Zwei unterschiedliche Formen der Einverleibung des geliebten und begehrten Anderen stellt der Beitrag von MARGIT DAHM-KRUSE für die mittelalterliche Minnedichtung am Beispiel der beiden Texte *Herzmaere* und *Die halbe Birne* heraus. In der Form von Einverleibung wird hier der Ausdruck emotionaler und körperlicher Verbindung mit dem Geliebten gestaltet, und zwar sowohl geistig-ideell, wobei Anklänge an die religiöse, göttliche Einverleibung des Heiligen angestimmt werden, als auch die körperliche Dimension von Macht und Zwang ausspielend. Dabei deutet sich in beiden Ausführungen der Einverleibungsmetaphorik die Lücke des Nicht-Fassbaren an, einerseits in der unverfügbaren Gleichzeitigkeit von körperlicher Präsenz und spirituell aufgeladener Zeichenhaftigkeit, andererseits im Versuch, den sexuellen Einverleibungswunsch mit kulturellen Konzepten mittelalterlicher höfischer Ordnung zu vereinbaren. Dabei kommt das intrikate Verhältnis von Wunsch und Verbot auf unterschiedliche Weise als zentrales Moment der Einverleibungsmetaphorik zum Ausdruck.

MICHAELA BILL-MRZIGLOD untersucht in ihrem Beitrag zur *fruitio Dei* Deutungsansätze der Eucharistie in der mittelalterlichen Mystik, die den Fokus auf die sinnlichen Momente des Verzehrs und Genusses legen. Auf diese Weise stellen sie eine affektiv-somatische Frömmigkeit der zunehmend ans Priesteramt gekoppelten scholastischen Sakramententheologie entgegen. Der zunehmend an Bedeutung gewinnenden klerikalen Vermittlerrolle im eucharistischen Heilsgeschehen steht mit der Eucharistiefrömmigkeit der Mystiker*innen eine über das gustatorische und olfaktorische Genießen bewirkte unmittelbare Kommunikation des Gläubigen mit Gott gegenüber. Bill-Mrziglod untersucht diese Praxis an den Beispielen der mystischen Eucharistiefrömmigkeit im Kloster Helfta (Mechthild von Magdeburg, Mechthild von Hackeborn und Gertrud von Helfta). Beachtlich ist dabei die Verknüpfung von Gottesgenuss und Gotteserkenntnis; sinnlich-somatische Erfahrung und Erkenntnis stehen sich im mystischen Denken nicht gegenüber, sondern bedingen einander. Von Interesse ist auch die im Kontext dieser mystischen Praktiken entworfene Ekklesiologie, stehen sich doch normativ abgesichertes Amtsverständnis der Kleriker und die unverfügbare, vom einzelnen Gläubigen je neu zu leistende sinnlich-somatische Erfahrung durchaus konkurrierend gegenüber. Die mystische Eucharistiefrömmigkeit kann, muss aber nicht kirchenkritisch intendiert sein; das Spektrum der von Bill-Mrziglod untersuchten Mystiker*innen reicht von kleruskritischen bis indifferenten Haltungen.

Stephanie Blum untersucht in ihrem Beitrag die Figurationen und Funktionen des Essens in der Fabeldichtung der Aufklärung. Der animalische Trieb des Hungers als Überlebenstrieb wird mit Hilfe der fabeltypischen Anthropomorphisierung auf menschliche Affekte wie Gier, Rache oder Geltungsdrang übertragen. Besonders in der Aufklärungsfabel kommt es zu einer Verlagerung der Motivation des Essens vom Bedürfnis (Hunger) zur Lust (Genuss). Das Begehren im Spannungsfeld von unverfügbarem Drang und sittlich gezügelten Trieben steht im Mittelpunkt der Tugendlehren der Aufklärung. Im Anspruch, die menschliche Triebnatur durch eine Ausbildung des moralischen Geschmacks zu kultivieren, geht es darum, das unverfügbare Begehren nach dem Lustprinzip verfügbar zu machen, gerade durch den Verzicht auf Einverleibung des Begehrten. Zugleich werden diese Morallehren als bittere Pillen betrachtet, die ihrerseits verzuckert, mithin an die Lust des Rezipienten appellierend, zur Einverleibung dargeboten werden. Die Morallehren der Aufklärung adressieren damit gerade kein kognitives Vermögen der Lustkontrolle, sondern machen sich vielmehr die Triebstruktur ihrerseits zu Nutze.

Sina Dell'Anno begreift die Poetologie der Satire ausgehend von ihrer aus der Küchensprache entlehnten Etymologie, wonach die *satura* eine mit Früchten bunt gefüllte Schüssel oder auch eine Art von Pastete, ein

EINLEITUNG

9

„Misch-Füllsel", ist, als eine Gattung, die sich andere Gattungen einverleibt und diese dabei ruminierend zersetzt. Die solcherart generierten Textcorpora verlieren ihre Verfügungsgewalt über das integrierte Material; es lässt sich keiner Form mehr einhegen oder einer einheitlichen Gestaltgebung unterordnen; das einverleibte Material entfaltet im Text eine Eigendynamik, die ihn formlos werden lässt. Die Einverleibung wird so zu einer poetologischen Figur, in der eine auf die Spitze getriebene Inter- und Paratextualität die Textgrenzen verwischt und ein dem Autor wie dem Leser gleichermaßen unverfügbares Textcorpus generiert. Mittels exemplarischer Lektüren von Petrons *Satyrica*, Textpassagen aus Jean Pauls Spätwerk sowie James Joyces *Finnegans Wake* vermag Dell'Anno nachzuweisen, wie die Bildlichkeit des zersetzenden Verzehrens auch auf inhaltlicher Ebene der Texte wirksam wird und dabei eine implizite Poetik der Satire zu entfalten vermag.

Ausgehend von dem Experimentieren mit der Denkfigur der Einverleibung in den Fragmenten Friedrich Schlegels und Novalis' rekonstruiert Yvonne Al-Taie zunächst die eucharistisch-anthropophagisch aufgeladenen Bilder erotischen Begehrens in Clemens Brentanos Briefen an Karoline von Günderrode, um daran anschließend das Motiv der Einverleibung in Brentanos unvollendetem Märchenzyklus *Die Mährchen vom Rhein* in seinen poetologischen Implikationen zu untersuchen. Die gesamte Handlung ist von zwei aufeinander bezogenen Einverleibungsszenen bestimmt, die am Anfang des *discours* und am Anfang der *histoire* stehen. Die Einverleibungsszenen, die über die Figur eines Stares verschaltet werden, haben dabei zugleich eine poetologische Funktion und dienen zur Integration zahlreicher Märchenstoffe und -motive in einen komplexen Handlungsverlauf, der als Realisierungsversuch einer „neuen Mythologie" betrachtet werden kann. Darüber hinaus verkörpert der Star die Figur des ausgeschiedenen Dritten, die über den Akt der Einverleibung in die dyadische Struktur integriert und die Spannung der Trias dergestalt aufgelöst wird. Damit, so der geschichtsphilosophische Horizont des Beitrags, wird das lineare Modell der Vertilgung in ein zyklisches Modell aus Verzehr und Wiedergeburt überführt.

Einverleibung als Form der Weltanschauung wird im Beitrag von Marta Famula thematisiert. In Wilhelm Raabes Roman *Stopfkuchen* wird Einverleibung als Teilnahme an der Welt gezeigt, die an die Stelle normativer Denkkonventionen unmittelbare körperliche und materielle Interaktion stellt und sich damit innerhalb der erkenntnistheoretischen Diskussion im 19. Jahrhundert positioniert. Dabei wird Schopenhauers Begriff der ‚anschauenden Erkenntnis' in Raabes ästhetischer Adaption mit der Einverleibungsmetaphorik umgesetzt. Diese reicht über Nahrungsaufnahme und Körperlichkeit hin zur

Aufnahme von Wissen und dem Erlangen von Kenntnis und verkörpert so einen wertneutralen Zugang zur Realität, mit dem in erster Linie konventionelle und begriffliche Formen der Wahrnehmung zur Diskussion gestellt werden.

Mit Formen des melancholischen Selbstverzehrs in der Sprache der Klage beschäftigt sich der Beitrag von JULIANE PRADE-WEISS. Der Melancholiker sei nach Freud zur Trauerarbeit unfähig; Klage wird so zum Krankheitssymptom. Die Sprache der Klage lässt sich nicht begrifflich stabilisieren, sondern löst im Gegenteil sprachliche Strukturen auf; „Verzehr" versteht Prade-Weiss entsprechend als Metapher für im Klagen bewirkte sprachliche Desorganisation. Sie bestimmt die Klage als Grundform menschlicher Rede funktional und arbeitet die in der Sorge ums Gehört-Werden liegende Verwandtschaft zwischen Klagelaut und Anklage im juridischen Sinn heraus. Während die Anklage mit propositionalen Äußerungen operiert, meint die Klage, die in vielen Sprachen eine eigene etymologische Herkunft unabhängig vom juridischen Begriff hat, ein sich Interjektionen annäherndes Wehklagen, Greinen oder Schluchzen. Ihnen allen haftet der Bezug zum unartikulierten Laut an. Prade-Weiss zeigt in ihrem Beitrag auf, wie sich Freuds Verständnis von der Klage und einer ihr angemessenen Therapie über den Verlauf seiner Arbeiten wandelt. Zielen die *Studien zur Hysterie* noch darauf ab, die Klagen zum Schweigen zu bringen, wird in späteren Arbeiten die Klage in Anlehnung an die *Traumdeutung* als die Mitteilung etwas auch vom Klagenden selbst noch Unverstandenem begriffen, die auf einer semantischen Verschiebung, etwa jener von Urheber und Adressat beruht. Die späten Studien zum „Wolfsmann" entwerfen schließlich eine metabolische Logik der Klage, wonach es zu einem Selbstverzehr des Subjekts im Prozess der Inkorporation beklagter und dann aufgegebener Objekte kommt.

Ausgehend von Walter Benjamins Beschreibung des Literaturkritikers als Kannibalen entwirft CHRISTOPH SCHMITT-MAAß sein Konzept vom kritischen Kannibalismus. Dabei zeigt er eine schon in Benjamins Denken angelegte Verbindung zwischen Literaturwissenschaftler und Literaturkritiker auf. Er unterscheidet zwei Typen von Kritikern: Jenen pygmalionischen, der zum Leben erweckt, und jenen midäischen, der tötet; beide lassen sich in der Metapher des Einverleibens verbinden. Davon ausgehend rekonstruiert er die Verwendung der Kannibalismus-Metapher im 18. Jahrhundert zur Selbstbeschreibung der westlichen Gesellschaften unter der beginnenden Marktwirtschaft. Die Literaturkritik – dieser kannibalischen Marktlogik folgend – seziert die Werke anderer und verleibt sie sich ein, um daraus in einem quasi-metabolischen Kreislauf neue Werke zu schaffen. Konsumption und Produktion von Literatur werden so zu einem zyklischen Prozess des Stoffwechsels. Das romantische Modell der Literaturkritik wertet dies positiv um, indem Einverleibung und Neuschöpfung eng aneinandergeschlossen

EINLEITUNG

werden. Der kritische Kannibalismus wird so zur Bedingung literarischer Produktion.

ELIAS ZIMMERMANN betrachtet in seinem Beitrag den Menschenfresser als integralen Bestandteil gesellschaftlicher Veränderung und arbeitet dabei das revolutionäre Potential in der Kannibalenmetaphorik am Beispiel der Positionen Platons, Montaignes und Marats heraus. Das kannibalistische Essen wird in seiner interaktiven Verbindung von Norm und Anomalem untersucht und damit als Ausdruck einer gesellschaftlichen Gleichzeitigkeit von Kultur und Natur, Körper und Kollektiv betrachtet. Mit einem kulturhistorischen Blick auf die griechische Antike, das frühneuzeitliche Frankreich sowie die Umbruchszeit der Französischen Revolution tariert der Beitrag die Struktur von Kultur, Norm und Anomalie und damit auch die Beschaffenheit des ordnenden Prinzips als Gleichzeitigkeit von Gewalt und Kontrolle aus, worin der Frage nach dem Umgang mit dem unverfügbaren Fremden eine zentrale Rolle zukommt. Das interaktive Moment der Einverleibung wird so als nicht rekonstruierbarer Ursprung politischer Gewalt verhandelt, der den Kannibalismus-Mythos als unverfügbare Lücke am Ursprung politischer Macht lesbar macht und in diesem Kontext Entwicklungsformen der Ideologie neu problematisiert.

In einer Untersuchung poetologischer Texte Charles Olsons stellt der Beitrag von STEFANIE HEINE den Mund („throat") als Ursprungsort des lyrischen Schaffens ins Zentrum. Die Betrachtung anatomischer, körperlicher Ursprünge als Voraussetzung des (lyrischen) Sprechens stellt dabei einerseits die Nähe zum Organ der Nahrungsaufnahme und dem Essen her, andererseits erweitert sie den Prozess der Entstehung von Poesie um Motivationsmomente aus dem Bereich des Essens wie Geruch und Hunger und versteht Dichtung damit nicht zuletzt als Suche nach dem sprachlichen Ursprung. Ein entscheidender Akzent liegt dabei auf der Unterscheidung verschiedener Sprachen, die über die Semantik hinausreichend, unterschiedliche anatomische Voraussetzungen des Sprechens fokussiert und so vor allem eine durch Kunst ausgestellte Sprache zum Ausdruck der Gleichzeitigkeit eines kollektiven Verständigungsmoments und somatischen Prozessen des Sprechens macht. Ein wichtiger Akzent kommt dabei der Intertextualität und damit dem Einverleiben anderer Texte zu; der Beitrag zeichnet Formen des Zitats nach, die geradezu verdauend etwas Neues entstehen lassen, das ideelle Inspiration und Materialität vereint.

Der Beitrag von PHILIPPE P. HAENSLER liest die semantische Dimension der Intertextualität unter der Figur der Einverleibung. Anhand der übersetzungstheoretischen Positionen Paul Ricœurs wird die Einverleibung sprachlicher Formulierung verhandelt. Nicht nur in der Übersetzung, sondern auch im

Finden von Begriffen stellt der Beitrag Aneignung von unverfügbaren semantischen Inhalten aus, was Ricœur an Husserls Begriff der „Abschattung" verdeutlicht. In der Annäherung an den zu übersetzenden Gehalt stellt der Beitrag eine Analogie zu Freuds Strategien der Trauer- und Erinnerungsarbeit heraus und markiert dabei die Kluft zwischen dem auszudrückenden semantischen Gehalt und einer sprachlichen Formulierung als ‚Zweiverleibung.' Letztlich avanciert damit die Bedeutung der Wörter selbst zum Gegenstand der Untersuchung, deren begriffliche Fassbarkeit ebenso wie die Übersetzbarkeit in der Offenheit und Uneindeutigkeit der Begriffe eine Entsprechung zu finden scheint. So zeigt der Beitrag die Einverleibung der beiden Uneindeutigkeiten, die als Lücke in der Übersetzung bleiben, als letztlich geglückten Übersetzungsprozess auf.

Dominik Zink betrachtet in seinem Beitrag die Symbolik des Essens als Ausdruck für Selbstverortung und Erkenntnisstrategien. Anhand von Aglaja Veteranyis Roman *Warum das Kind in der Polenta kocht* werden fiktional überformte Speiserituale zum Ausdruck einer epistemischen Obdachlosigkeit und der Suche nach Selbstverortung. In der Speise- und Essensmetaphorik zeigt der Beitrag die Möglichkeit auf, eine sich der Erkenntnis entziehende Sinnhaftigkeit der Erfahrungswelt zum Ausdruck zu bringen. Einerseits wird Essen damit als Form der Interaktion mit der fremden Welt ausbuchstabiert, andererseits werden Geschichten über Essen als Versuch eingeordnet, die fremde Welt verfügbar zu machen.

Den Einverleibungen nutritiver und stimulativer Substanzen im Zuge von Drogensucht und Essstörung in Benjamin von Stuckrad-Barres *Panikherz* sowie in dessen theatralen Inszenierungen am Berliner Ensemble sowie am Thalia Theater in Hamburg spürt Kai Bremer in seinem Beitrag nach. Er zeigt, wie die rauschhaft-ekstatischen Zustände auf die Erzählweise selbst übergreifen, die Sprache zersetzen und depravieren. Sie markieren damit Schnittstellen, an denen das prekäre Oszillieren des autofiktionalen Textes zwischen Autobiographie und Roman zum Austrag kommt. Die performative Darstellung der nachgerade aggressiv-körperlichen Exzesse der Ein- und Ausverleibung erweist sich dabei auf der Bühne als besondere Herausforderung. Während sich Oliver Reese am Berliner Ensemble auf eine schlichte Symbolik des Einverleibungsexzesses zurückzieht, zeigt Christopher Rüping in Hamburg den Vomitus in seiner ganzen körperlichen Drastik und kommt dabei dem Text in seiner schonungslosen Zurschaustellung des Exzesses sehr viel näher.

Der vorliegende Band bietet zu großen Teilen überarbeitete Fassungen von Vorträgen, die vom 5. bis 8. Oktober 2017 während der 41th Annual Conference of the German Studies Association in Atlanta, GA, im Rahmen des Panels „Einverleibungen. Symboliken des Essens zwischen Eucharistie

EINLEITUNG   13

und Anthropophagie" diskutiert wurden. Sein Zustandekommen wäre ohne
das engagierte Mitwirken mehrerer Personen und Institutionen nicht möglich gewesen, denen wir als Herausgeberinnen danken möchten. Zu allererst
gilt unser Dank den Beiträgerinnen und Beiträgern des Bandes, die sich mit
Engagement auf dieses thematische Experiment eingelassen haben und mit
denen in allen Arbeitsschritten eine fruchtbare, angenehme Kooperation
bestand. Danken möchten wir ferner der Gleichstellungsbeauftragen der
Christian-Albrechts-Universität zu Kiel, Dr. Iris Werner, für die finanzielle
Unterstützung bei der Erwerbung der Bildrechte für die Einbandgestaltung.
Ein großer Dank gilt zudem den studentischen Hilfskräften Alexandra
Fischer, Gesa Mentel, Inga Wiedmann und Sabrina Wilmer für ihre tatkräfti-
ge Unterstützung bei der redaktionellen Bearbeitung der Beiträge sowie den
Herausgeber*innen der *Amsterdamer Beiträge zur neueren Germanistik*, die
unseren Band freundlicherweise in ihre Reihe aufgenommen haben.

TEIL 1

Symboliken der Einverleibung in Mittelalter und Früher Neuzeit

∵

Blutiges Herz und ungeschälte Birne
Figuren des Einverleibens bei Konrad von Würzburg

Margit Dahm-Kruse

Abstract

Mit dem *Herzmaere* und *Die halbe Birne* hat Konrad von Würzburg zwei kleinepische Dichtungen hinterlassen, in denen äußerst konträre poetische Einverleibungen verhandelt werden, die jeweils auf unterschiedliche Minnekonzeptionen verweisen. Im *Herzmaere* verzehrt eine Frau unwissentlich das Herz ihres verstorbenen Geliebten, das dieser ihr eigentlich als reliquiengleich aufbereitetes Zeichen seiner Liebe hinterlassen hatte. Das gegessene Herz changiert spannungsvoll zwischen seiner metaphorischen Bedeutung als Liebeszeichen und der Materialität des Körperorgans bzw. des anthropophagischen Aktes, wobei umfangreich auf eucharistische Motive rekurriert wird. In *Die halbe Birne* löst eine unter Missachtung höfischer Speiseetikette heruntergeschlungene Birne eine Kaskade von Spott, Revanche und grotesken Sexualhandlungen aus. Als häufig verwendete Sexualmetapher wird die hastig verschlungene Birne zum symbolischen Referenzpunkt der Verhandlung mangelnder Triebsublimierung und sexueller Aneignung des Anderen, womit die schwankhafte Erzählung den elaborierten Liebessemantiken des *Herzmaere* diametral gegenübersteht. Diese beiden Figuren des Einverleibens machen das Verhältnis von Zeichenhaftigkeit und materieller Konkretisierung auf ganz unterschiedliche Weise für ihre gegenläufigen Rekurrenzen auf den Minnediskurs produktiv.

Konrad von Würzburg als der wohl bekannteste und profilierteste deutschsprachige Autor der zweiten Hälfte des 13. Jahrhunderts hat ein bemerkenswert breites Œuvre hinterlassen, das nahezu das ganze Spektrum der zeitgenössischen literarischen Gattungen wie Lied, Leich, Sangspruchdichtung, Legende, Marienpreis, höfischer Roman, Antikenroman sowie verschiedene kleinepische Textsorten umfasst. Im Folgenden sollen zwei versnovellistische Dichtungen Konrads aus dem ausgehenden 13. Jahrhundert in den Blick genommen werden,[1] in denen jeweils symbolisch aufgeladene Figuren des

---

1 Unter den vielfältigen Formen der kleinepischen Dichtung als einem im spätmittelalterlichen Literaturbetrieb prägenden Texttyp kommt den Versnovellen oder Mären ein besonderer Stellenwert zu. In Themen, Motiven und Strukturen eng mit der Tradition

---

© KONINKLIJKE BRILL NV, LEIDEN, 2021 | DOI:10.1163/9789004439146_003

Einverleibens im Zentrum stehen, die – wenn auch auf denkbar divergente Weise – auf zentrale Semantiken des mittelalterlichen Minnediskurses rekurrieren. Es handelt sich um Konrads von Würzburg *Herzmaere* sowie um die hinsichtlich der Verfasserschaft Konrads umstrittene *Die halbe Birne*.[2] In beiden Texten bestehen signifikante Kontiguitätsbeziehungen zwischen den einverleibten Speisen und den verhandelten Minnesemantiken, wobei die über den Zeichenwert der Speisen entfalteten Diskussionen an gegensätzlichen Polen des literarischen Sprechens über Liebe respektive Sexualität angesiedelt sind.

1   Das Motiv des gegessenen Herzens in Konrads *Herzmaere*

Mit dem um 1260 entstandenen *Herzmaere* hat Konrad eine der am breitesten überlieferten versnovellistischen Dichtungen des Mittelalters verfasst.[3] Erzählt wird von der Liebe einer verheirateten Dame zu einem Ritter, die

---

des mittellateinischen Exemplums verbunden, gehört es zu den markanten poetischen Merkmalen der Textsorte, die Prinzipien eines auf Lehrhaftigkeit ausgerichteten Erzählens zu adaptieren und gleichzeitig durch die kontroverse Kombination verschiedener tradierter Muster und Schemata ambigue Sinnsetzungen zu erzeugen. Dabei wurde die Forschungsdiskussion lange Zeit von der Frage nach einer genauen Gattungssystematik und nach der Abgrenzung von anderen kleinepischen Textsorten dominiert. Die von Hanns Fischer geprägte Definition als eine „in paarweise gereimten Viertaktern versifizierte, selbständige und eigenzweckliche Erzählung mittleren (d. h. durch die Verszahlen 150 und 2000 ungefähr umgrenzten) Umfangs, deren Gegenstand fiktive, diesseitig-profane und unter weltlichem Aspekt betrachtete, mit ausschließlich (oder vorwiegend) menschlichem Personal vorgestellte Vorgänge sind [...]" (Hanns Fischer: Studien zur deutschen Märendichtung, 2. durchgesehene und erw. Aufl. bes. von Johannes Janota, Tübingen 1983 [1968], S. 62f.) ist in der Forschung keineswegs unumstritten, dennoch stellt das von Fischer auf Grundlage seiner Märendefinition geprägte, etwa 200 Texte umfassende Korpus nach wie vor eine maßgebliche Referenzgröße in der Kleinepikforschung dar.

2   Beide Texte werden zitiert nach der folgenden Textausgabe: Novellistik des Mittelalters, hg. v. Klaus Grubmüller, Berlin 2011; die Übersetzungen folgen, wo nicht anders vermerkt, ebenfalls dieser Textausgabe. Der Beitrag basiert in Teilen auf der Untersuchung des *Herzmaere* in der Dissertation der Verfasserin, wo das *Herzmaere* als zentraler Modellfall einer Analyse des Zusammenspiels von spezifischen Textvarianten in der handschriftlichen Überlieferung und den Überlieferungskontexten der tradierenden Sammlungen herangezogen wurde. Vgl. Margit Dahm-Kruse: Versnovellen im Kontext. Formen der Retextualisierung und Kontextualisierung in kleinepischen Sammelhandschriften, Tübingen 2018.

3   Zur Datierung vgl. Julia Bohnengel: Das gegessene Herz. Eine europäische Kulturgeschichte vom Mittelalter bis zum 19. Jahrhundert: Herzmäre – Le cœr mangé – Il cuore mangiato – The eaten heart, Würzburg 2016, S. 89–92. Das *Herzmaere* ist in zehn vollständigen und zwei fragmentarischen Handschriften überliefert, die vom frühen 14. bis in das 16. Jahrhundert datieren, und gehört damit zu den am breitesten tradierten Vertretern der Textsorte.

BLUTIGES HERZ UND UNGESCHÄLTE BIRNE

aufgrund der Überwachung des Ehemannes aber sexuell unverwirklicht bleibt. Um den Argwohn des eifersüchtigen Ehemannes zu zerstreuen, begibt sich der Ritter auf Wunsch seiner Dame auf eine Jerusalemreise, wo er vor übergroßem Sehnsuchtsschmerz den Tod findet. Dabei befiehlt der sterbende Ritter seinem Knappen, ihm nach seinem Tod das Herz aus dem Leib zu schneiden, dieses sorgsam zu balsamieren und zu präparieren und es dann, zusammen mit einem Ring, der Geliebten als Zeichen seiner ewigen Liebe und Treue zu überbringen. Die Übergabe des Liebeszeichens misslingt allerdings, denn der Knappe wird durch den Ehemann der Dame abgefangen, der sich das Herz aneignet. Er macht das Herz zum Objekt einer perfiden Rachehandlung, indem er es von seinem Koch zu einer köstlichen Speise zubereiten lässt, die er seiner Frau vorsetzt. Erst als diese das Herz gegessen hat, eröffnet er ihr die Beschaffenheit der soeben genossenen Mahlzeit, woraufhin die Frau an gebrochenem Herzen stirbt.

Mit der Geschichte vom gegessenen Herzen wird ein in der europäischen Erzählkultur weit verbreitetes Motiv verarbeitet,[4] das bei Konrad, der in seiner Ausformung des Stoffes auf Namen und alle sonstigen individualisierenden Momente verzichtet, zu einer elaborierten und zugleich ambivalenten Minnekasuistik zugespitzt wird. Diese manifestiert sich zum einen im Moment des emphatisch ausgestalteten wechselseitigen Liebestodes, der anders als in den anderen Erzählungen vom gegessenen Herzen durch keinerlei äußerliche Gewalt motiviert ist, sondern allein aus dem Liebesschmerz der Protagonisten resultiert,[5] und zum anderen in der besonderen Zeichenhaftigkeit des Herzens, dessen poetische Signifikanz sich wesentlich aus der Verschränkung der eigentlich gegenläufigen Kategorien von Liebeszeichen und Körperorgan speist.

Das Herz als zentrales und in den meisten handschriftlichen Überlieferungen des *Herzmaere* auch titelgebendes Motiv ist einerseits analog zu den übrigen Literarisierungen des Stoffes das Objekt von Rache und Hohn des Ehemannes, der mit der Degradierung zur Speise eine symbolische Vernichtung seines Rivalen intendiert und seine Frau mit der unwissentlichen anthropophagischen

---

4 Zur Motivtradition des gegessenen Herzens und seinen verschiedenen Ausformungen vgl. Bohnengel [Anm. 3]; Ursula Schulze: Konrads von Würzburg novellistische Gestaltungskunst im 'Herzmaere', in: Mediaevalia litteraria. Festschrift für H. De Boor zum 80. Geburtstag, hg. v. Ursula Henning, Herbert Kolb, München 1971, S. 451–484. Zu den prominentesten Vertretern der Geschichte vom gegessenen Herzen zählt die Novelle 4,9 aus Boccaccios *Decameron*.

5 In den übrigen Erzählungen vom gegessenen Herzen stirbt der Geliebte zumeist durch die Hand des Ehemannes oder aber, wie im altfranzösischen *Roman du castelain de Couci*, der den Tod des Ritters ebenfalls ins Heilige Land verlegt, im Heidenkampf, während die Frau ihr Leben durch Suizid beendet.

Handlung bestrafen will.[6] Bei Konrad wird das Herz aber schon zuvor durch den Ritter zum Liebeszeichen bestimmt und ist damit von Anfang an durch eine immanente Spannung von Metaphorik und Körperlichkeit geprägt.

Das Motiv des Herzens ist im vormodernen literarischen Diskurs nicht erst durch die Liebesdichtung präsent, sondern hat auch eine zentrale Stellung im mittelalterlichen Frömmigkeitsdiskurs, wo es als Sitz und Mittelpunkt des Fühlens, Gewissens, Willens und der (Gottes)Liebe, aber auch der geistigen Tätigkeit semantisiert wird.[7] In der volkssprachigen Dichtung werden dem Motiv des Herzens divergente Rollen zugewiesen, prominent sind Topoi wie die Gegenwart der Dame im Herzen des Liebenden, die Zugehörigkeit des Herzens zur Dame oder der Herzenstausch, wie er beispielsweise im *Iwein* Hartmanns von Aue präsentiert wird.[8] In solchen symbolischen Trennungen von Herz und Körper ist bereits das Changieren zwischen den Bedeutungsebenen des Körperorgans und der poetischen Metapher für das Innere des Menschen präsent,[9] das bei Konrad dann in besonderem Maße zugespitzt wird.[10] Mit der Einverleibung des Organs, das als Sitz der Liebe gilt und das zugleich zur metonymischen Ersetzung des Geliebten wird, steigert Konrad

---

6   Vgl. Julia Bohnengel: „Lieben und nicht wieder geliebt werden – Ha! Das ist eine Hölle." Zur Wandlung von Männlichkeitsbildern im europäischen Herzmaere-Stoff, in: Literarische Männlichkeiten und Emotionen, hg. v. Toni Tholen, Jennifer Clare, Heidelberg 2013, S. 89–108, hier S. 97.

7   Vgl. Arnold Angenendt: Geschichte der Religiosität im Mittelalter, 2., überarb. Aufl., Darmstadt 2000, S. 236–250.

8   Beim Abschied des Artusritters Iwein von seiner Frau Laudine heißt es: *si wehselten beide/ der herzen under in zwein* (v. 2990f.). Unmittelbar daran anschließend äußert sich der Erzähler besorgt über den wörtlich genommenen Herzenstausch und fragt die allegorisierte Frau Minne, wie Iwein denn mit einem Frauenherzen noch Ritter sein könne. Zitiert nach: Hartmann von Aue: Iwein, hg. und übersetzt von Rüdiger Krohn, Stuttgart 2011.

9   Vgl. Xenja von Ertzdorff: Die Dame im Herzen und das Herz bei der Dame: Zur Verwendung des Begriffs „Herz" in der höfischen Liebeslyrik des 12. und 13. Jahrhunderts, in: Spiel der Interpretationen. Gesammelte Aufsätze zur Literatur des Mittelalters und der frühen Neuzeit, hg. v. Xenja von Ertzdorff, Rudolf Schulz, Arnim-Thomas Bühler, Göppingen 1996, S. 71–111; Katharina-Silke Philipowski: Die Gestalt des Unsichtbaren. Narrative Konzeptionen des Inneren in der höfischen Literatur, Berlin, Boston 2013 (Hermaea, N.F. 131), S. 95–115.

10 Florian Kragl zeigt auf, dass durch die Häufigkeit des Herz-Begriffs, der im edierten Text insgesamt 48 mal zu finden ist und der sowohl in seiner metaphorischen Bedeutung wie auch als Bezeichnung für das Organ verwendet wird, die Spannung zwischen Metaphorik und Körperlichkeit innerhalb des Textes beständig aufrecht erhalten wird. Vgl. Florian Kragl: Wie man in Furten ertrinkt und warum Herzen süß schmecken. Überlegungen zur Historizität der Metaphernpraxis am Bespiel von Herzmaere und Parzival, in: Euphorion 102, 2008, S. 289–330, hier S. 311ff.

das Transgressionspotential der Herz-Metapher noch einmal erheblich, indem der anthropophagische Akt auf die spirituelle Einheitserfahrung der christlichen Eucharistie verweist.

Im *Herzmaere* werden zahlreiche christlich konnotierte Motive eingespielt, die einerseits die Liebeshandlung in Beziehung zum christlichen Heilsgeschehen setzen, zugleich aber durch ihre Funktionalisierung für die Auratisierung eines weltlichen Liebesgeschehens das christliche Paradigma beständig unterlaufen.

Dies zeigt sich schon an der Wahl Jerusalems als Handlungsort des männlichen Liebestodes: Die Jerusalemfahrt ist weder Pilgerreise noch Kreuzzug und schon gar nicht Ausdruck einer *conversio* des Ritters, sondern allein motiviert durch das Listhandeln in einem durch und durch weltlichen Liebesgeschehen.[11] Die Heilige Stadt ist letztlich nur eine christliche Kulisse für den Liebestod des Ritters, der bei seinem Sterben auch keinen besonderen Gottbezug zu erkennen gibt, sondern sich nur die Sehnsucht nach der Dame vergegenwärtigt, die einziger Grund seines Sterbens ist:

„gêret sî daz reine wîp,	„Gepriesen sei die reine Frau,
der leben und der süezer lîp	die mir durch ihr Wesen und ihre Schönheit
mir gît sô herzeclichen pîn.	so innigen Schmerz bereitet.
jâ si liebiu frouwe mîn,	Ach meine geliebte Herrin!
wie kan ir süeziu meisterschaft	Wie kann ihre berückende Macht
sô bitterlicher nœte craft	mir so viele bittere Qualen
senden mir ze herzen!	in das Herz senken?
wie mac sô grôzen smerzen	Wie kann ihre beseligende Erscheinung
ir vil sælic lîp gegeben!	so großen Schmerz verursachen?
sol si træsten niht mîn leben,	Wenn sie meinem Leben keine Hoffnung gibt,
sô bin ich endelîche tôt.“	dann werde ich am Ende den Tod finden.“
In dirre clagenden herzenôt	In solcher Klage über seine Herzensqualen
was er mit jâmer alle tage,	grämte er sich Tag für Tag,
und treip sô lange dise clage	und er klagte darüber so lange,

---

11 Die Jerusalemfahrt resultiert aus einer umständlichen Motivation aus List und Gegenlist. Zunächst plant der Ehemann eine gemeinsame Jerusalemfahrt mit seiner Frau, um diese von dem Ritter zu trennen. Der Ritter will die Trennung vermeiden und der Dame nach Jerusalem folgen. Daraufhin bittet die Dame den Ritter, dass er alleine nach Jerusalem fahren möge. Mit seiner Fahrt soll er den Trennungsplänen des Ehemannes vorgreifen und somit die Reise von Ehemann und Dame überflüssig machen. Die Jerusalemfahrt soll also die eigene Reise der Dame verhindern, außerdem soll die Abwesenheit des Ritters den Argwohn des Ehemannes und die Gerüchte über die heimliche Liebschaft zerstreuen, damit diese zu einem späteren Zeitpunkt umso ungestörter realisiert werden kann.

biz er ze jungest wart geleit
in alsô sende siecheit
daz er niht langer mohte leben.
(V. 263–279)

bis er schließlich
so krank vor Sehnsucht wurde,
dass er nicht mehr weiterleben konnte.

Auch das Motiv des gegessenen Herzens stellt bei Konrad nicht nur eine hyperbolische Schilderung des außergewöhnlichen Liebesgeschehens dar, sondern erfährt eine Engführung mit heilsgeschichtlichen Vorgängen. Das Körperorgan als Liebeszeichen, das das Opfer des eigenen Lebens bezeugt, ist *per se* stark mit einer christlichen Opferparadigmatik aufgeladen. Konrad führt die christliche Symbolik aber noch fort, indem er das Herz des Ritters als Symbol seiner absoluten Liebe und Treue und des um der Geliebten willen erlittenen Martyriums einbalsamieren und in einem aus Gold und Edelsteinen gefertigten Kästchen verwahren lässt, was sein Herz zu einer Liebes-Reliquie stilisiert:[12]

frum eine lade cleine
von golde und von gesteine,
dar în mîn tôtez herze tuo,
und lege daz vingerlîn dar zuo
daz mir gab diu frouwe mîn;
sô diu zwei bî einander sîn
verslozzen und versigelet,
sô bring alsô verrigelet
si beidiu mîner frouwen,
durch daz si müge schouwen
waz ich von ir habe erliten,
und wie mîn herze sî versniten
nâch ir vil süezen minne. (V. 305–317)

Mache ein kleines Kästchen
aus Gold und Edelsteinen
und lege mein totes Herz hinein
und lege den Ring dazu,
den mir meine Herrin gegeben hat.
Wenn beides beieinander liegt,
verschlossen und versiegelt,
dann bringe beides so gesichert
zu meiner Dame,
damit sie sehen kann,
was ich ihretwegen erlitten habe
und wie mein Herz versehrt ist
durch die Liebe zu ihr.

Wenn der Ritter zuvor die Anweisung gibt, seinen toten Leib aufzuschneiden und das Herz zu balsamieren, damit es nicht verwest, wird aber auch deutlich herausgestellt, dass hier ein Körperorgan und nicht nur ein abstraktes Zeichen zugegen ist:

---

12   Vgl. auch Hans Jürgen Scheuer: Receptaculum Amoris. Annäherung an den Topos Minne über das Konzept des mentalen Diagramms (Burkhard von Hohenfels, KLD XI – Konrad von Würzburg, Das Herzmaere), in: LiLi 44, 2014, S. 149–170, hier S. 165.

BLUTIGES HERZ UND UNGESCHÄLTE BIRNE

sô heiz mir snîden ûf den lîp	dann lass mir den Leib aufschneiden
und nim dar ûz mîn herze gar,	und nimm das blutig und trauerfarben
bluotic unde riuwevar;	Herz ganz heraus; [M. D.][13]
daz soltu denne salben	das sollst du dann mit Balsam
mit balsam alltenhalben,	rundum einsalben,
durch daz ez lange frisch bestê.	damit es lange frisch bleibe.
(V. 298–303)	

Die Gleichzeitigkeit von Körperlichkeit und Liebesmetaphorik kumuliert in der prägnanten Attribuierung des Herzens als *bluotic* und zugleich *riuwevar*. Dem Herzen ist damit eine doppelte Evidenz eigen, die auch bei der folgenden Zweckentfremdung durch den Ehemann zum Tragen kommt: Als dieser dem Knappen das Kästchen abnimmt, erkennt er bemerkenswerterweise beim Anblick von Herz und Ring nicht nur deren Symbolwert, sondern weiß sofort um den Liebestod des Ritters sowie die zeichenhaft-memoriale Intention des Herzens. Diese sucht er zu zerstören, indem er das Herz zur Speise zweckentfremdet. Dabei akzentuiert die sorgfältige Zubereitung durch den Koch, der mit edlen Gewürzen und *hôhem flîze* aus dem Herzen *ein cleine sundertrahte* (V. 410f.) – ein feines, besonders köstliches Gericht – macht, den folgenden Verzehr des Herzens erneut als einen anthropophagischen Akt. Durch die Agitation des Ehemannes erhält das Körpermoment eine ganz andere Akzentuierung, denn in seiner durch den Ritter intendierten Memorialfunktion war das Herz durch die reliquiengleiche Verwahrung in dem Kästchen zwar ebenfalls in seiner Körperlichkeit präsent, aber immer noch in einer körperlichen Distanz zur Geliebten gehalten. Mit der anthropophagischen Einverleibung wird das Körperliche dagegen zu einer maximierten Drastik gesteigert. Gerade weil das Herausschneiden, Balsamieren, Zubereiten und Essen die materiell-physische Präsenz des Herzens betonen, wohnen dem Moment des Einverleibens aber auch Implikationen einer körperlichen Vereinigung mit dem Geliebten inne. Dieses Moment wird noch gesteigert, wenn die Frau die besondere Süße der Speise betont, die alles übertrifft, was sie je gegessen hat:

daz jâmerlîche trehtelîn	Dieser schreckliche Leckerbissen
sô süeze dûhte ir werden munt	erschien ihrem feinen Gaumen so
	wohlschmeckend,

---

13   In Grubmüllers Übersetzung wurde die schöne Wortbildung aufgelöst, indem es heißt: „blutig, wie es ist und von trostlosem Aussehen."

daz si dâ vor ze keiner stunt	dass sie niemals vorher
nie dekeiner spîse gaz	etwas gegessen hatte,
der smac ir ie geviele baz.	was ihr besser schmeckte.
[...]	
„niemer werde ich rehte frô,	„nie mehr will ich wieder richtig froh sein,
ob ich ie spîse gaeze	wenn ich jemals eine Speise gegessen habe,
diu sô zuckermaeze	die mir so zuckersüß
mich dûhte und alsô reine	erschien und so ohne Fehl
sô disiu trahte cleine	wie dieses feine Gericht,
der ich iezuo hân bekort.	das ich eben gekostet habe.
aller spîse ein überhort	Die Krönung aller Speisen
muoz si mir benamen sîn.	ist sie mir wahrhaftig.
(V. 434–455)	

Die zu diesem Zeitpunkt noch unwissentliche anthropophagische Handlung ist durch das exzeptionelle Erleben der Dame mit einem besonderen Präsenzeffekt markiert, der die Einverleibung des Geliebten deutlich von einer profanen Speise abgrenzt. Mit der wundersamen *süeze* ist dem Verzehr des Herzens schon auf der Ebene der Physis eine besondere, religiös aufgeladene Wirkmächtigkeit eigen, mit der Assoziationen zur christlichen Eucharistie aufgerufen werden.[14] Die alles übertreffende *süeze* in ihrer doppelten Codierung als sensorische Wahrnehmung und als topisches Attribut, das in der mittelalterlichen Literatur sowohl zum Repertoire der Liebesrhetorik wie auch der geistlichen Textualität gehört,[15] evoziert durch ihre „ontologisch grundierte Zeichenhaftigkeit" eine besondere wirkungsästhetische Dimension,[16] in der

---

14   Der Hostie, die in ihrer ursprünglichen Bedeutung des Schlacht- oder Sühneopfers zur Bezeichnung für das in der Messfeier dargebrachte Opferbrot wurde, für das eine besondere Reinheit der Zutaten und Sorgfalt der Zubereitung gefordert war, wurde verschiedentlich eine besondere wundersame Kraft und Wirkung zugesprochen, was zahlreiche Erzählungen von Hostienwundern belegen. Vgl. Walter Düring: Hostie, in: Lexikon für Theologie und Kirche, begründet von Michael Buchberger, 2., völlig neu bearbeitete Auflage hg. von Josef Höfer und Karl Rahner, Freiburg 1960, Bd. 5, Sp. 495f.

15   Das Epitheton *süeze* wird in der mittelalterlichen Literatur häufig im Kontext der Passion und der Eucharistie oder auch als Attribut Christi verwendet. Vgl. Jan-Dirk Müller: Wie christlich ist das Mittelalter oder: Wie ist das Mittelalter christlich? Zum ›Herzmaere‹ Konrads von Würzburg, in: PBB 137, 2015, S. 396–419, hier S. 408; ähnlich Kragl [Anm. 10], S. 307.

16   Christian Kiening: Ästhetik des Liebestods. Am Beispiel von Tristan und Herzmaere, in: Das fremde Schöne. Dimensionen des Ästhetischen in der Literatur des Mittelalters, hg. v. Manuel Braun, Christopher Young, Berlin 2007, S. 171–193, hier S. 177.

die „Grenzen zwischen Heiligem und Profanem",[17] aber auch die ontologische Grenze von Immanenz und Transzendenz überspielt werden.

Mit der religiös codierten Einverleibung des Geliebten wird im *Herzmaere* das „Schwanken zwischen realem, realsymbolischem und symbolischem Verständnis der Eucharistie" literarisch produktiv gemacht:[18] Die Eucharistie intendiert nicht nur ein intensiviertes Gedächtnis des Gläubigen an Christi Leiden und Sterben durch die symbolische Handlung; die Transsubstantiation der Hostie in den Leib Christi, der durch den Gläubigen aufgenommen wird, bewirkt auch eine tatsächliche *unio* mit Christus und eine Teilhabe am Passionsgeschehen. Dabei erfolgt die Bezugnahme des gegessenen Herzens auf das christliche Heilsgeschehen aber in einer Umkehrung der Eucharistie-Logik: Bruno Quast betont, dass das Einverleiben des Herzens bei Konrad nicht mit der materiellen Realpräsenz der Eucharistie gleichgesetzt werden kann, die auf einer „Gleichzeitigkeit von Symbolgestalt und Realpräsenz des Leibes" basiert, so dass die Einverleibung der Hostie eine unmittelbare Partizipation am Heiligen bewirkt.[19] Im *Herzmaere* dagegen bewirkt das Essen des Herzens für sich genommen zwar eine besondere sinnliche Wahrnehmung, diese wird von der Dame aber noch nicht als *unio* mit dem Geliebten vergegenwärtigt. Es bedarf erst der erklärenden Worte des Ehemannes, die als „Akt der Symbolisierung" der Speise ihre zeichenhafte Bedeutung zuweisen:[20]

du hâst des ritters herze gâz	Du hast das Herz des Ritters gegessen,
daz er in sîme lîbe truoc,	das er in seinem Leibe trug;
der nâch dir hât erliten gnuoc	er hat für Dich so viel
jâmers alle sîne tage.	Unglück erduldet sein ganzes Leben lang.
geloube mir waz ich dir sage:	Glaube mir diese Worte:
er ist von sender herzenôt	Er ist aus quälender Sehnsucht
nâch dîner süezen minne tôt.	nach Deiner süßen Liebe gestorben.
(v. 466–472)	

Ohne diese Explikation des Ehemannes hätte die Frau den Zusammenhang von Liebesopfer und einverleibter Speise nicht erkennen können.[21] Nachdem

---

17   Müller [Anm. 15], S. 408.

18   Kiening [Anm. 16], S. 187.

19   Bruno Quast: Literarischer Physiologismus. Zum Status symbolischer Ordnung in mittelalterlichen Erzählungen von gegessenen und getauschten Herzen, in: ZfdA 129, 2000, S. 303–320, hier S. 319.

20   Ebd.

21   Auf die „geradezu auktoriale Sicht" des Ehemannes verweist Kragl [Anm. 10], S. 305. In der Tat ist die Rolle des Ehemannes bemerkenswert, indem er einerseits Gegenspieler

der Ehemann die symbolträchtige Aufmachung des Herzens zunächst zerstört hat, stellt er nun durch seine Worte die Symbolfunktion wieder her. Erst jetzt kann das Herz von der Dame als Zeichen der Liebe, der Leiden und des Liebesopfers erkannt werden und eine Partizipation am christlich konnotierten Opfertod des Geliebten bewirken.[22]

Erst nach den erkenntnisstiftenden Worten des Ehemannes erfolgt der eigene Liebestod der Dame, der als ein passionsgleich anmutender Nachvollzug des männlichen Opfertodes erscheint. Als der Ehemann ihr eröffnet, was sie verzehrt hat, erbleicht sie, ihr Herz wird kalt und Blut stürzt aus ihrem Mund.[23] Dabei zeigt sie aber keinerlei Erstaunen oder Entsetzen über die anthropophagische Handlung an sich, ihr Leid resultiert einzig aus der Vergegenwärtigung der absoluten Liebe und der Leiden des Ritters, die er um ihretwillen auf sich genommen hat. Sie beschließt, nicht mehr leben zu können, woraufhin ihr im wahrsten Sinne des Wortes das Herz im Leibe bricht:

ich sol mit sender herzenôt	Ich werde mein erbärmliches Leben
verswenden hie mîn armez leben	in quälender Sehnsucht nach ihm
	hinbringen,
umb in der durch mich hât gegeben	der für mich
beidiu leben unde lîp.	Leib und Leben hingegeben hat.
[...]	

---

der Liebenden, aber andererseits auch die Instanz ist, die sofort die Zeichenhaftigkeit des Herzens versteht. In dem Moment, in dem er das Herz des Ritters erblickt, wird die klassische Dreieckskonstellation des *Herzmaere* zum Teil aufgelöst, denn der Ehemann geht zum Teil über die Rolle des eifersüchtigen Gegners der Liebenden hinaus. Die Worte, mit denen er seiner Frau die Liebe und das Leid des Ritters vergegenwärtigt, sind von keinerlei Häme, sondern von einer bemerkenswerten Ernsthaftigkeit und Getragenheit geprägt. Man mag die folgende *unio* und den Liebestod der Dame kaum noch als eine missglückte Rache lesen, scheint der Ehemann doch implizit geradezu auf die poetisch aufgeladene Vereinigung der Liebenden hinzuarbeiten.

22 Gegen die These der Symbolisierung führt Jan-Dirk Müller an, dass es in der Eucharistie keine materielle Einheit von Hostie und Leib Christi gibt, sondern dass diese erst über die Transsubstantiation hergestellt wird. Dagegen wird im *Herzmaere* die Materialität des Herzens durch die Worte des Ehemanns gerade nicht verändert, sondern dieses wird einfach in seiner tatsächlichen Beschaffenheit benannt, womit es kein Liebessymbol sei (vgl. Müller [Anm. 15], S. 412f.). Natürlich sind im Herzen die „metaphorische und metonymische Bedeutung [...] physisch konkretisiert" (ebd. S. 413), aber dies nivelliert nicht die initiierende Funktion der Worte des Ehemannes, die das Herz in genau dieser Bedeutungsfunktion des Liebessymbols und der Erinnerung an das um der Dame willen erlittene Leid vergegenwärtigen, als die es der Ritter gestiftet hat.

23 Zur Bedeutung des Blutes als Sühnemittel der eigenen Sünden in der mittelalterlichen Frömmigkeitspraxis vgl. Angenendt [Anm. 7], S. 359–366.

sus wart ir nôt sô rehte starc	So wurde ihre Qual so übermächtig,
daz si von herzenleide	dass sie in tiefem Schmerz
ir blanken hende beide	ihre weißen Hände
mit grimme zuo einander vielt.	wild ineinanderschloß;
daz herze ir in dem lîbe spielt	das Herz zerbrach ihr im Leibe
von sender jâmerunge. (v. 502–521)	vor sehnsuchtsvollem Leid.

Der weibliche Liebestod folgt auch einer impliziten Gabenlogik, denn der Liebestod des Ritters als ultimative Liebesgabe impliziert eine Schuld der Dame, die zu kompensieren ist;[24] entsprechend ist ihr eigener Liebestod wesentlich mit einem Ausgleichsdenken verknüpft, indem sie das männliche Opfer *widerwac* (v. 524). An die Schilderung des weiblichen Liebestodes schließt unmittelbar ein umfangreicher Epilog an, der das Geschehen zu einem beispielhaften Minnekasus und die Liebenden zu einem exzeptionellen Beispiel aufrichtiger, rückhaltloser Liebe und Treue stilisiert, wobei das erlittene Leid und die Bereitschaft zum Liebestod zum Gradmesser wahrer Liebe verabsolutiert werden. Insbesondere der Epilog, der in dieser Form allerdings nur in zwei der zehn vollständigen Handschriften überliefert ist,[25] hat gelegentlich eine Lesart des *Herzmaere* im Sinne einer autoritativen Wertevermittlung provoziert, die konsequent dem Geltungsanspruch passionierter Liebe als höchstem Ideal des höfischen Menschen Ausdruck verleihen würde.[26]

Aus der Engführung von weltlicher Liebespassion und religiösem Heilsgeschehen entstehen aber höchst ambigue Sinnstiftungen, die gerade keine eindeutige normative Lesart erlauben.[27] Zwar kann die ausgeprägte sakrale

---

24 Zum literarischen Motiv des Liebestods vgl. Udo Friedrich: Zur Poetik des Liebestodes im Schüler von Paris (B) und in der Frauentreue, in: Liebesgaben. Kommunikative, performative und poetologische Dimensionen in der Literatur des Mittelalters und der Frühen Neuzeit, hg. v. Margreth Egidi, Berlin 2012, S. 239–254.

25 Zur Bedeutung des Epilogs und seiner varianten Gestaltung in den Handschriften des *Herzmaere* vgl. Dahm-Kruse [Anm. 2], insbes. S. 181f., S. 257ff.

26 Vgl. z. B. Danielle Buschinger: L'adaption du thème du "coeur mangé" par Konrad von Würzburg, in: Dies. (Hg.): Le récit bref au moyen âge: actes du colloque des 8 et 9 mai 1988 Amiens/Paris, Amiens 1989, S. 51–64, hier S. 62–64; Christa Ortmann, Hedda Ragotzky: Zur Funktion exemplarischer triuwe-Beweise in Minne-Mären. „Die treue Gattin" Herrands von Wildonie, „Das Herzmaere" Konrads von Würzburg und die „Frauentreue", in: Kleinere Erzählformen im Mittelalter. Paderborner Colloquium 1987, hg. v. Klaus Grubmüller, Leslie Peter Johnson, Hans-Hugo Steinhoff, Paderborn 1988, S. 89–110, hier S. 106.

27 Silvan Wagner liest die christliche Metaphorik des *Herzmaere* konsequent als Verheißung einer glücklichen Minnebeziehung der Liebenden, die in der Transzendenz verwirklicht werden würde, sowie als Ausdruck einer „laientheologischen Minnereligion" (vgl. Silvan Wagner: Sterben als Eintritt in höfisches Heil: Gott und der Tod in Mären des 13.

Metaphorisierung der Liebeshandlung im *Herzmaere* zunächst als Ausdruck einer exemplarischen Geltungsbehauptung für das Geschehen gelesen werden, denn die Dignität der religiösen Bildlichkeit bewirkt unweigerlich eine Auratisierung und auch Autorisierung der weltlichen Liebeshandlung, mit der sowohl das Skandalon der außerehelichen Liebe als auch das des anthropophagischen Akts in die Deutungssphäre christlicher Allegorese verlagert werden. Gleichzeitig erfährt das christliche Referenzmuster aber eine erhebliche Verkehrung, denn der wechselseitige Liebestod ist einzig der Hingabe an die weltliche Liebe geschuldet und durch keine besondere innere Hinwendung zum christlichen Heilsgeschehen begleitet, womit die Selbstbezüglichkeit der weltlichen Liebe sowie die Spannung zwischen Gottesliebe und Frauenliebe, die dem höfisch-ritterlichen Minnebegriff von Anfang an implizit ist,[28] deutlich vor Augen geführt werden.

Es ist die spannungsvolle Überlagerung von weltlichen und geistlichen Geltungsansprüchen, von immanenten und transzendenten Logiken, durch die die Liebesverbindung in ihrem normativen Sinngehalt letztlich unentscheidbar bleibt und die im Bild des gegessenen Herzens kulminieren. Das gegessene Herz ist dabei nicht nur zentrales Handlungsmoment des *Herzmaere,* quasi die ,unerhörte Begebenheit' in einem vormodernen novellistischen Text – es ist auch wesentliches Moment der ästhetischen Sinnproduktion. Im Herz wird die „Problematisierung der Fasslichkeit von Minne" verbildlicht,[29] als zentrale Metapher des Unverfügbaren changiert es zwischen einem drastischen körperlichen Präsenzmoment und spirituell aufgeladener Zeichenhaftigkeit. So wie in der Eucharistie zugleich der Leib Christi und die christliche Offenbarungswahrheit aufgenommen werden, transportiert das verzehrte Herz in seiner Zirkulation von abstraktem Zeichen und der Materialität des Körperorgans auch ein besonderes Potential für eine genuin poetologische Lesart: Als „metapoetische Chiffre" verweist das Herz auf das Erzählen als einen Prozess ästhetischer Teilhabe sowie auf sich selbst,[30] auf die Erzählung, die,

---

Jahrhunderts (Herzmaere, Der nackte Kaiser, Die eingemauerte Frau), in: Gott und Tod. Tod und Sterben in der höfischen Kultur des Mittelalters, hg. v. Susanne Knaeble, Silvan Wagner, Viola Wittmann, Münster 2011, S. 309–329, hier S. 313f., S. 328), wobei diese Lesart die offenkundig konfligierenden Wertkonzepte allzu sehr überspielt, zumal der Ausblick auf eine transzendente *unio* der Liebenden gerade nicht gegeben wird.

28   Vgl. Horst Wenzel: Frauendienst und Gottesdienst. Studien zur Minne-Ideologie, Berlin 1974, insbes. S. 58–77; Müller [Anm. 15], insbes. S. 399f.

29   Kragl [Anm. 10], S. 325.

30   Hartmut Bleumer: Poetik und Diagramm. Ein Versuch zum Mahl in mittelhochdeutscher Literatur, in: Politische Mahlzeiten, hg. v. Regina F. Bendix, Michaela Fenske, Berlin 2014, S. 99–122, hier S. 103. Das *Herzmaere* rekurriert sowohl explizit wie auch implizit auf das poetische Programm in Gottfrieds von Straßburg *Tristan*, das ebenfalls mit eucharistischen

BLUTIGES HERZ UND UNGESCHÄLTE BIRNE   29

aufbewahrt in einem kostbaren Kästchen und sorgsam zubereitet durch den Koch, als Metapher der literarischen Verfeinerung, dem Rezipienten zur Aufnahme angeboten wird.

2   Sexuelle Einverleibungen in Konrads *Die halbe Birne*

Eine ganz andere Figur des Einverleibens wird in Konrads *Die halbe Birne* präsentiert. Für diese auf das späte 13. Jahrhundert datierte Dichtung ist die Zuschreibung zum Œuvre Konrads von Würzburg umstritten, obwohl vier der fünf vollständigen Handschriften den Verfassernamen im Epilog aufführen.[31] Dennoch wurde eine Verfasserschaft Konrads in der älteren germanistischen Forschung entschieden zurückgewiesen und die Autorensignatur als 'Fälschung' eines sich stilistisch am Werk Konrads orientierenden unbekannten Verfassers eingestuft. Grundlage dieses Negativ-Diktums ist zum einen eine sprachlich-stilistische Argumentation,[32] vor allem ist es aber wohl

---

Bildern arbeitet: Das angesprochene Publikum der *edelen herzen* soll die erzählte Liebesgeschichte, *süeze alse brôt* (Gottfried von Straßburg: Tristan. Nach dem Text von Friedrich Ranke neu hg. von Rüdiger Krohn, 13. Aufl., Stuttgart 2010, v. 236), aufnehmen, so dass Liebe, Leben und Tod von Tristan und Isolde in der Rezeptionsgemeinschaft immer wieder realisiert werden. Vgl. ebd., S. 103f. Zum *Tristan*-Konzept des Weiterlebens der Liebenden in der literarischen Vergegenwärtigung vgl. Beate Kellner: Eigengeschichte und literarischer Kanon. Zu einigen Formen der Selbstbeschreibung in der volkssprachlich-deutschen Literatur des Mittelalters, in: Literarische Kommunikation und soziale Interaktion. Studien zur Institutionalität mittelalterlicher Literatur, hg. v. Beate Kellner, Ludger Lieb, Peter Strohschneider Frankfurt/Main u.a. 2001, S. 153–182, hier insbes. S. 169f.

31   Zum Vergleich sei auf das *Herzmaere* verwiesen, das nur in drei der zehn vollständigen Handschriften den Verfasser nennt, ohne dass die Zuordnung zu Konrad von Würzburg in der Forschung dadurch eine Anfechtung erfahren hätte.

32   Einerseits wurde in älteren Arbeiten eine große Übereinstimmung zwischen Konrads (übrigen) Dichtungen und der *Halben Birne* hinsichtlich Vokabular, Formulierungen und Reimbindungen festgestellt, andererseits aber auch auf ungewöhnliches Vokabular verwiesen, was man einem hochartifiziellen Meister wie Konrad nicht durchgehen lassen mochte (zum Überblick über die Verfasserfrage vgl. Grubmüller [Anm. 2], S. 1084f. sowie Edith Feistner: Kulinarische Begegnungen. Konrad von Würzburg und 'Die halbe Birne', in: Vom Mittelalter zur Neuzeit. Festschrift für Horst Brunner, hg. v. Dorothea Klein zus. mit Elisabeth Lienert, Johannes Rettelbach, Wiesbaden 2000, S. 291–304, hier S. 291ff.). Das idealistische Diktum einheitlicher Autorstile, das nicht nur die Möglichkeit eines Gebrauchs unterschiedlicher poetischer Register ausblendet, sondern auch der Komplexität des Konzepts 'Stil' nicht ausreichend Rechnung trägt, hat in der jüngeren Forschung eine kritische Revision erfahren. Vgl. Silvia Reuvekamp: Perspektiven mediävistischer Stilforschung. Eine Einleitung, in: Literarischer Stil. Mittelalterliche Dichtung zwischen Konvention und Innovation. Anglo-German Colloquium, hg. v. Elizabeth

die Obszönität der *Halben Birne*, die ältere Vertreter der Germanistik zu dem Urteil bewogen hat, Konrad als Verfasser auszuschließen.[33] *Die halbe Birne* als Schwankgeschichte mit einer unverhohlenen Thematisierung von Sexualität bedient zweifellos ein ganz anderes poetisches Register als die übrigen Texte Konrads und steht auch der subtil ausgearbeiteten christlichen Metaphorik des *Herzmaere* geradezu diametral gegenüber.

Auch *Die halbe Birne* präsentiert eine Figur des Einverleibens, die als zentrale Metapher der thematisierten Minnesemantiken fungiert. Anders als im *Herzmaere* geht es hier aber nicht um das intrikate Verhältnis von Frauen- und Gottesliebe, sondern um Triebhaftigkeit und Triebsublimierung, um die Verfügbarkeit von Minne respektive Sexualität sowie um die normativen Setzungen eines hierarchischen Geschlechterdiskurses.

Die halbe Birne erzählt von der Werbung des Ritters Arnolt um die Hand einer schönen Prinzessin und folgt zunächst dem typischen Muster höfischer Erzählschemata, denn die rühmenswert schöne Frau soll der Ritter gewinnen, der sich bei einem Turnier als Bester hervortut. Arnolt zeigt sich als überlegener Turnierkämpfer und zieht damit die Aufmerksamkeit der Prinzessin wie auch die ihres Vaters auf sich, der den vielversprechenden Kandidaten eines Abends als Anerkennung für seinen *manlîchen muot* (v. 68) an die königliche Festtafel lädt, wo er an der Seite der Prinzessin am Festmahl teilnimmt. Hier unterläuft Arnolt allerdings ein folgenschwerer Fauxpas: Als den Gästen zum Nachtisch Birnen gereicht werden, und zwar immer eine für zwei Personen, greift er sich die Birne, zerteilt sie mit seinem Messer nach *gebiureschlîcher art* (v. 86), wirft sich die eine Hälfte ungeschält und unzerteilt in den Mund *nach eines vrâzes site* (v. 96) und legt dann die andere Hälfte der Prinzessin hin. Die Störung der Etikette bedingt auch eine Störung der ansonsten schemakonformen Handlung: Deutete bis zu diesem Moment noch alles darauf hin, dass Arnolt als der Beste im Turnier auch die von ihrem Vater als Turnierpreis ausgelobte Prinzessin *ze wîbe hân* (v. 25) würde, ruft ihm diese nun bei seinem nächsten Auftritt auf dem Turnierplatz lautstark Schmähungen wegen seiner fehlenden *zühte* an der Festtafel zu:

Andersen, Ricarda Bauschke, Nicola McLelland, Silvia Reuvekamp, Berlin 2015, S. 1–13, hier S. 2–5.

33   Bereits Heinz Rupp konstatiert, dass *Die halbe Birne* Konrad vor allem wegen ihrer Derbheit abgesprochen wird und die Ausgrenzung aus seinem Korpus wesentlich auf Geschmacksurteilen basiert. Vgl. Heinz Rupp: Konrad von Würzburg, in: Das ritterliche Basel. Zum 700. Todestag Konrads von Würzburg; Basel, 20. Mai – 23. August 1987, Würzburg, 9. September – 11. Oktober 1987 (Exponatenkatalog), hg. v. Christian Schmid-Cadalbert, Basel 1987, S. 32–35, hier S. 32.

BLUTIGES HERZ UND UNGESCHÄLTE BIRNE

ei schafeliers, werder helt,	O Chevalier, stolzer Held,
der die biren unbeschelt	der die Birne ungeschält
halben in den munt warf,	als Hälfte hielt für mundgerecht:
waz er zühte noch bedarf! (v. 103–106)	was sind seine Manieren schlecht!

Gedemütigt und auf Rache sinnend reitet Arnolt nach Hause und vertraut sich seinem Knappen an, der sofort eine listreiche Revanche ersinnt, mit der im Folgenden alle Register des Schwankhaften ausgeschöpft werden: Verkleidet als Tor und vermeintlich stumm, begibt sich Arnolt unerkannt zurück an den Königshof, wo er durch sein närrisches und gewalttätiges Toben die Hofgesellschaft zugleich belustigt und erschreckt. Unfähig, sich des Toren zu erwehren, lässt man Arnolt gewähren, woraufhin sich dieser des Nachts vor die Gemächer der Prinzessin legt. Dort wird er von einer Zofe entdeckt und zur Belustigung der Prinzessin in ihre Gemächer geholt. Als der untenrum unbekleidete Arnolt für alle sichtbar eine Erektion bekommt, wird die Prinzessin von einem heftigen Verlangen erfüllt und bittet ihre Vertraute Irmengart, *ein altes kamerwîp* (v. 297), um Rat. Die Kammerfrau, analog zur topischen Rollenkonfiguration der listigen Kupplerin gestaltet, preist die angebliche Stummheit des Toren als Garant für ungestrafte sexuelle Eskapaden und führt Arnolt zum Bett ihrer Herrin.[34] Dieser registriert erfreut die Begierde der Königstochter, zeigt sich aber selber desinteressiert, denn anstatt mit der Prinzessin zu schlafen, rollt er sich zusammen wie ein Igel und bleibt untätig liegen. Die Zofe muss den Toren erst einmal zwischen den Beinen der Prinzessin platzieren und ihn dann auch noch, angefeuert durch die Rufe der Prinzessin, beständig mit einer Gerte auf den Hintern *stüpfen*, damit er den ersehnten Beischlaf vollzieht. Nachdem die Prinzessin so auf ihre Kosten gekommen ist, lässt sie den vermeintlichen Toren hinauswerfen. Arnolt richtet sich am nächsten Morgen wieder ritterlich her und reitet ein weiteres Mal zum Turnier. Als ihn die Prinzessin erneut wegen der verschlungenen Birne bloßstellt, kontert er die Beleidigung durch das lautstarke Wiederholen ihrer nächtlichen Anfeuerungsrufe:

---

34 Die Rolle des Toren oder Narren ist in der vormodernen Erzählkultur ein etabliertes Motiv, denn der schmutzige, gewalttätige und unkontrollierbare Narr repräsentiert alles das, was der „Verbindlichkeit literarisch imaginierter Normen höfisch-aristokratischer Lebensformen" entgegensteht (Dirk Matejovski: Das Motiv des Wahnsinns in der mittelalterlichen Dichtung, Frankfurt/Main 1996, S. 235; ähnlich Jan-Dirk Müller: Die hovezuht und ihr Preis. Zum Problem höfischer Verhaltensregulierung in Ps.-Konrads ‚Halber Birne', in: Jahrbuch der Oswald von Wolkenstein Gesellschaft 3, 1984/85, S. 281–311, hier S. 291f.).

„stüpfa, frouwe Irmengart,	„Stupf ihn, Jungfer Irmengart
durch dîne wîplîche art,	durch Deine frauliche Art,
diu von geburt an erbet dich,	die von Geburt Dir mitgegeben,
sô reget aber der tôre sich!" (V. 446–449)	dann wird der Tor sich wieder regen!"

Die Prinzessin erstarrt vor Schreck; aus Angst, dass die *leckerliche[n] missetât* (V. 430), die sie mit dem Toren begangen hat, an die Öffentlichkeit gelangt, bietet sie Arnolt umgehend die Ehe an und unterstellt ihm Herrschaft und Besitz. Die Eheverbindung wird allerdings keine glückliche sein, denn Arnolt bleibt seiner Frau *arcwaenic* (V. 481).

Mit dem hastigen Verschlingen der ungeschälten Birnenhälfte lässt Arnolt eine eklatante Defizienz in der Etikette erkennen, der im Traditionskontext der höfischen Dichtung eine nicht zu unterschätzende Bedeutung zukommt. Den literarischen Schilderungen von Festen und Festmählern ist ein hoher symbolischer Wert eigen, indem sie zu den wichtigsten Repräsentationsmomenten einer durch Zeremoniell und ästhetischen Lebensvollzug geprägten höfischen Kultur gehören. Festbeschreibungen in der mittelalterlichen Literatur dienen zumeist (auch) der Darstellung einer höfischen Idealität, wobei dem gemeinsamen Mahl ein besonderer Stellenwert zukommt, denn mit den höfisch vornehmen Manieren bei Tisch „werden die gültigen Wertmaßstäbe und Rangverhältnisse der Hofgesellschaft für alle sichtbar vergegenwärtigt."[35] Jan-Dirk Müller hat in seinem maßgeblichen Beitrag zur *Halben Birne* auf die Tradition der mittelalterlichen Tischzuchten verwiesen, die sich seit dem 12. und 13. Jahrhundert zunehmend etablieren und mit denen *zuht* und *edelkeit* als zentrale Maximen der ritterlich-höfischen Kultur befördert werden sollten. Dabei intendieren die Tischzuchten nicht allein eine Vermittlung praktischer Tischregeln, sondern diese sind verknüpft mit weiterreichenden moralischen und sozialen Normen. Speziell für den Verzehr von Äpfeln oder Birnen ist ein sorgfältiges Schälen und Zerkleinern vorgesehen, weiterhin gilt es, nur kleine Bissen in den Mund zu nehmen, und natürlich ist der Tischgeselle beziehungsweise die Tischdame zuvorkommend zu behandeln, indem man zum Beispiel nicht als erster zur Speise greift.[36] Diese Regularien verweisen damit auf die

---

35 Beate Kellner: Zur Codierung von Gewalt in der mittelalterlichen Literatur, in: Wahrnehmen und Handeln. Perspektiven einer Literaturanthropologie, hg. v. Wolfgang Braungart, Bielefeld 2004, S. 75–103, hier S. 86.

36 Edith Feistner spricht Konrad von Würzburg eine besondere Affinität zu semantisch aufgeladenen Inszenierungen des Essens zu (vgl. dies. [Anm. 32]). Eine der *Halben Birne* sehr ähnliche Motivkonstruktion findet sich in Konrads *Engelhart* als Adaptation der verbreiteten Freundschaftslegende *Amicus und Amilius*, in der ein Apfel als Freundschaftsprobe eingesetzt und zugleich zum Mittel der Demonstration höfischer Vollkommenheit wird:

übergeordneten Normen von Affektkontrolle und Disziplinierung,[37] aber auch auf das kulturelle Selbstbild der höfischen Gesellschaft, das sich wesentlich in einem Verhaltensmodell *courtoiser* Höflichkeit manifestiert und das ein zentrales Thema in der mittelalterlichen Epik darstellt.[38] Der Partizipation des Einzelnen an diesen Maximen kommt in diesem Zusammenhang eine große Bedeutung zu: „Es geht zunächst um den Anstand des einzelnen und sodann, darüber hinausweisend, um die höfische Gesellschaft, die durch das individuelle Verhalten ihrer Angehörigen konstituiert werden soll."[39]

Dass das kulturelle System der Natursublimierung zugleich als soziales Wertsystem Gültigkeit beansprucht,[40] zeigt sich an Arnolt, denn durch den Bruch mit dem Verhaltensprotokoll an der Festtafel erweist er sich als tölpelhafter Werber. Beim Festmahl als *pars pro toto* für das Repräsentationsprogramm

---

Dieterich, Thronfolger des Herzogtums Brabant, bekommt von Engelhart einen Apfel angeboten und besteht die Probe, weil er diesen teilt und Engelhart eine Hälfte zurückgibt; zugleich gibt sich Dieterich, der zu diesem Zeitpunkt weder seinen Namen noch seine Herkunft verraten hat, durch das sorgfältige Abschälen des Apfels nicht nur als guter, sondern auch als ein den höfischen Wertmaßstäben entsprechender Freund zu erkennen (vgl. Müller [Anm. 34], S. 299f.; weiterhin Feistner [Anm. 32]). Ob diese Partien tatsächlich als „motivliche[n] Querverweise[n] die Vernetzung der verschiedenen Werke" sowie die Verfasserschaft Konrads für *Die halbe Birne* letztgültig plausibilisieren (Feistner [Anm. 32], S. 291), sei dahingestellt, aber ohne Frage legt die parallele Inszenierung der Etiketteprobe in *Die halbe Birne* und *Engelhart* einen Zusammenhang zwischen diesen beiden Texten nahe.

37   Vgl. Müller [Anm. 34], S. 297ff.

38   Tischzuchten sind zwar keine dezidiert literarischen Texte, sondern stehen in einem pragmatischen Funktionszusammenhang. In vormodernen Kontexten erweisen sich strikte generische Grenzziehungen zwischen pragmatischen und literarischen respektive fiktionalen Texten – wie auch die zwischen weltlichen und geistlichen Dichtungen – allerdings als Setzungen, zeigt sich doch in vielen Textbereichen, wie weitreichend literarästhetische Formgebung und pragmatische Intention ineinandergreifen können. In der literaturwissenschaftlichen Mediävistik ist deshalb ein erweiterter Literaturbegriff etabliert, der auch auf verschiedene Textsorten appliziert wird, in denen die pragmatische oder normative Funktion mit einem hohen Maß an narrativer Formung einhergeht. Entsprechend steht die Tradition der Tischzuchten in einem engen Zusammenhang mit der höfischen Literatur des 12. und 13. Jahrhunderts, sie partizipieren in einem anderen literarischen Register an der Herausbildung der kulturellen Selbstbilder, die auch für genuin literarische Texttypen wie den höfischen Roman prägend sind. Dieser gemeinsame Sinn- und Rezeptionszusammenhang zeigt sich auch auf medialer Ebene, indem Tischzuchten in zahlreichen mittelalterlichen Sammelhandschriften gemeinsam mit genuin literarischen Texten wie z. B. Verserzählungen überliefert werden.

39   Ernst Schubert: Essen und Trinken im Mittelalter, 2. unveränd. Aufl., Darmstadt 2010, S. 283.

40   Vgl. Gerhard Naumann: „Jede Nahrung ist ein Symbol." Umriss einer Kulturwissenschaft des Essens, in: Kulturthema Essen. Ansichten und Problemfelder, hg. v. Alois Wierlacher, Berlin 1993, S. 385–444, hier S. 391.

der höfischen Gesellschaft zeigt sich, dass er zwar auf der Ebene von Turnier und Kampf den Anforderungen des höfischen Rittertums entspricht, aber letztlich die kulturellen Spielregeln der Hofgesellschaft nicht beherrscht.[41]

Mit dem öffentlichen Ehrverlust verliert Arnolt zunächst seinen Platz in der höfischen Gesellschaft, kann diesen im zweiten Teil der Erzählung aber zurückerlangen. In *Die halbe Birne*, die schon mit den einleitend aufgerufenen topischen Sujets einer höfischen Kulturalität wie Turnier, Fest und Brautwerbung eine Orientierung an den Erzählwelten höfischer Romane erkennen lässt, werden klassische Motive und Strukturschemata des Artusromans anzitiert, so auch das Muster von Aufstieg, Krise und Reintegration des Helden. Allerdings erlangt Arnolt seine Restitution am Hof nicht durch die Wiederherstellung seiner Ehre, sondern durch die Provokation einer viel weitreichenderen Verfehlung der Prinzessin. Ausgerechnet in der Rolle des Toren kann er Genugtuung erlangen, indem er die Defizienz des höfischen Normensystems hinter der *courtoisen* Fassade offenlegt.

Mit der Prinzessin, die konterkarierend zu ihrer Rolle als Stellvertreterin der höfischen Gesellschaft nach dem klassischen Schwankschema des *übelen wîp* gezeichnet ist, das boshaft und zügellos zugleich ganz seiner sexuellen Natur ausgeliefert ist, wird der Hof an sich in seiner Normativität desavouiert.[42] Durch die Implementierung von Schwankmotiven in die höfische Erzählkulisse wird immer wieder ein Kontrast von höfisiert-schöner Fassade und derber Kreatürlichkeit ausgespielt.[43] So etwa, wenn sich die Hofgesellschaft über

---

41   Auch in Konrads von Würzburg Verserzählung *Heinrich von Kempten* wird von den weitreichenden Folgen eines Etikettefehlers an einer Festtafel erzählt. Hier greift sich der Sohn eines Herzogs ein Brot, noch bevor der Kaiser das Festmahl formal eröffnet hat. Dieser Fauxpas setzt eine regelrechte Gewaltkaskade in Gang: Der Truchsess ahndet das Fehlverhalten des Kindes, indem er es blutig schlägt und wird daraufhin seinerseits von dem anwesenden Heinrich von Kempten erschlagen, der wegen der übermäßigen Gewalt gegenüber dem Kind in Zorn gerät, was wiederum zu einem Zerwürfnis mit dem Kaiser führt, das ebenfalls gewaltsam ausgetragen wird. Auch dieser Text führt vor, wie kleine Störungen im Zeremoniell eines normativen Gesellschaftsentwurfs zu Entgrenzung und Auflösung von Ordnung führen können. Vgl. Kellner [Anm. 35], S. 100ff.

42   Vgl. Müller [Anm. 34], insbesondere S. 301f. Zur Literarisierung sozialer Stereotype in den Versnovellen vgl. Jan-Dirk Müller: Noch einmal: Maere und Novelle. Zu den Versionen des Maere von den ‚Drei listigen Frauen‘, in: Philologische Untersuchungen. Gewidmet Elfriede Stutz zum 65. Geburtstag, hg. v. Alfred Ebenbauer, Wien 1984, S. 289–311, der beispielhaft das Stereotyp der bösen und listigen Frau als festen Bestandteil des narrativen Repertoires versnovellistischen Erzählens beschreibt.

43   Die versnovellistischen Texte kennzeichnen sich durch eine intensive Bezugnahme auf inhaltliche und formale Konventionen der höfischen Literatur (vgl. z. B. Karl-Heinz Schirmer: Stil- und Motivuntersuchungen zur mittelhochdeutschen Versnovelle, Tübingen 1969 [Hermaea, N. F. 26], S. 22f.; Hedda Ragotzky: Gattungserneuerung und

den wütenden und prügelnden Toren amüsiert oder wenn die Kammerfrau, die den Toren vor der Kemenate der Prinzessin entdeckt, einerseits als *fîn sam ein turteltiubelîn* (v. 227f.) bezeichnet wird, aber andererseits gerade ganz unfein zum Wasserlassen hinausgeht.

In der *Halben Birne* geht es aber nicht nur um die listreiche Aufdeckung der moralischen Defizienz der Prinzessin beziehungsweise die Brüchigkeit höfischer Selbstinszenierung, neben der sich der Bruch mit der Speiseetikette zunächst recht harmlos ausnimmt. Mireille Schnyder hat nachdrücklich hervorgehoben, dass der narrativierte Sexualakt in *Die halbe Birne* nicht nur Mittel ist, um die höfische Etikette als schönen Schein zu entlarven, sondern dass das sexuelle Moment selber in hohem Maße sinnstiftend ist.[44] Mit der drastischen Sexualhandlung werden die kulturellen Spielregeln der Minneinteraktion sowie die Gültigkeit wie auch Fragilität eines normativen Geschlechterdiskurses verhandelt. Dabei ist das destruktive Potential des Sexuellen bereits in der Einverleibung der Birne präfiguriert, denn die Irritation der normativen Ordnung sowie das symbolische Potential der hastig verschlungenen Birne erschöpfen sich nicht in dem Verstoß gegen das *courtoise* Verhaltensmodell. Dass dieser Lapsus hinsichtlich der Speiseetikette sich ausgerechnet beim Verzehr einer einfachen Birne ereignet, ist keineswegs zufällig. Der Birne ist eine besondere Doppeldeutigkeit eigen, indem sie in verschiedenen literarischen Genres der Vormoderne eine etablierte Umschreibung für die weiblichen Geschlechtsorgane oder Brüste beziehungsweise in der Wendung ,Birnen essen' für den Koitus darstellt – so etwa in den in der ersten Hälfte des 13. Jahrhunderts datierenden Neidhart-Liedern.[45] Aber auch ohne Kenntnis

---

Laienunterweisung in Texten des Strickers, Tübingen 1981, S. 242). Die Normativität des Höfischen wird dabei als Referenzsystem für das schwankhafte Erzählen genutzt, indem Stoff- und Strukturschemata der höfischen Erzähltradition durch schwankhaftes Personal imitiert und mit typischen Schwankmotiven kombiniert werden. Die Thematisierung von Amoral, Obszönität und Hässlichkeit ist der Idealität des höfischen Romans diametral entgegengesetzt, aus dieser Provokation der Normativität des Höfischen resultieren wesentlich die Komik und das subversive Potential vieler schwankhafter Verserzählungen.

44   Vgl. Mireille Schnyder: Die Entdeckung des Begehrens. Das Märe von der halben Birne, in: PBB 122, 2000, S. 263–278, insbes. S. 264 u. 268.

45   Vgl. hierzu ausführlich Satu Heiland: Visualisierung und Rhetorisierung von Geschlecht. Strategien zur Inszenierung weiblicher Sexualität im Märe, Berlin, Boston 2015, S. 130–134; Helmut Tervooren: Flachsdreschen und Birnenessen. Zu Neidharts Winterlied 8: ,Wie sol ich die bluomen überwinden', in: bickelwort und wildiu maere. Festschrift für Eberhard Nellmann zum 65. Geburtstag, hg. v. Eberhard Nellmann u.a, Göppingen 1995, S. 272–293; weiterhin Jan-Dirk Müller [Anm. 34], S. 303; Feistner [Anm. 32], S. 295f. Besonders virulent ist die Verwendung der Birne als Sexualmetapher auch in der Tradition des Fastnachtspiels, welches als spätmittelalterlicher Texttyp später datiert als *Die halbe Birne* und damit die Konstanz des Motivgebrauchs belegt.

dieser symbolischen Tradition ist die erotische Konnotation der Birnen, die an der Festtafel immer *zwein und zwein eine* (v. 79) serviert werden und die von den Tischpaaren geteilt und gemeinsam verzehrt werden müssen, nicht schwer zu identifizieren, zumal Vorgänge des Essens *per se* ein besonderes Potential für eine symbolische Verhandlung von Sexualität besitzen, indem beiden Bereichen eine besondere Interferenz von Natur- und Kulturprozessen, eine Spannung von Trieb und kulturellem Diskurs, gemeinsam ist.[46] Wenn Arnolt mit dem Verspeisen der Birne nicht warten mochte, *bis er si schône besnite* (v. 95), mangelt es ihm nicht nur an einer Affektkontrolle hinsichtlich seines Essverlangens, er signalisiert auch einen Mangel an sexueller Triebsublimierung und eine eklatante Unkenntnis der Spielregeln höfischer Liebesinteraktion.[47]

Nun kann zwar angesichts der Vielschichtigkeit und zum Teil auch Widersprüchlichkeit der divergenten Verhandlungen im literarischen Diskurs nicht von einem einheitlichen Modell ‚höfischer Minne' ausgegangen werden, aber es lassen sich einige zentrale Konventionen fassen, die für die höfische Liebeskonzeption des 12. und 13. Jahrhunderts prägend sind und die durchaus eine normative Verbindlichkeit beanspruchen.[48] Konstitutiv ist vor allem der enge Nexus von Liebe und höfischer Vollkommenheit, die in einem unmittelbaren Zusammenhang zu denken sind. Liebe ist eingebettet in das normative Verhaltensprogramm des höfischen Menschen, der durch ein höfisches Auftreten, also durch Etikette, kultivierte Rede und Mäßigung der Affekte, die Voraussetzungen für das ‚richtige Lieben' zu erfüllen hat. Höfische Minne ist eingebettet in den elitär-artifiziellen Selbstentwurf einer feudaladligen Elite, sie ist damit auch eine Chiffre für die gruppenspezifischen Vorstellungen vorbildlichen Lebens und ein „Interaktionsmodell der Meisterschaft."[49]

---

46 Vgl. Naumann [Anm. 40], S. 396.

47 Satu Heiland verweist in diesem Zusammenhang auch auf die Doppeldeutigkeit des Zerschneidens, das ebenfalls als sexuelle Anspielung gelesen werden kann. In einigen der *Die halbe Birne* tradierenden Handschriften bleibt der grammatische Bezug des *bis er si schône besnite* unklar, so dass sich die Ungeduld Arnolts sowohl auf das Zerschneiden der Birne wie auch auf das der Prinzessin beziehen kann. Vgl. Heiland [Anm. 45], S. 132f.

48 Grundlegend hierzu Rüdiger Schnell: Höfische Liebe als höfischer Diskurs, in: Curialitas. Studien zu Grundfragen der höfisch-ritterlichen Kultur, hg. v. Josef Fleckenstein, Göttingen 1990, S. 231–301, hier S. 233–237.

49 Hugo Kuhn: Determinanten der Minne, in: Liebe und Gesellschaft. Kleine Schriften Bd. 3, hg. v. Hugo Kuhn, Wolfgang Walliczek, Stuttgart 1980, S. 52–59, hier S. 58; vgl. auch Ursula Peters: Literaturgeschichte als Mentalitätsgeschichte? Überlegungen zur Problematik einer neueren Forschungsrichtung, in: Ursula Peters: Von der Sozialgeschichte zur Kulturwissenschaft. Aufsätze 1973–2000, hg. v. Susanne Bürkle, Lorenz Deutsch, Timo Reuvekamp-Felber, Tübingen 2004, S. 75–94, hier S. 92.

Wenn Arnolt sich als unfähig zur höfischen Etikette erweist, desavouiert ihn das deshalb auch hinsichtlich seiner Eignung für die höfische Liebe. Zwar sind Begehren und Sexualität ausdrücklich nicht aus dem Liebesdiskurs der höfischen Epik ausgeklammert, aber mit dem hastigen Verzehr der ungeschälten Birne gibt sich Arnolt als Werber zu erkennen, dessen Liebesbestreben ganz auf das physische Begehren reduziert ist – oder schlicht als schlechten Liebhaber. Während im *Herzmaere* die symbolische und physische Einverleibung des Geliebten auch Substitut der nicht erfolgten sexuellen Vereinigung ist, wird durch die Einverleibung der symbolisch aufgeladenen Birne die von Arnolt angestrebte sexuelle Vereinigung metaphorisch vorweggenommen – und auf der gleichen Ebene zurückgewiesen, denn die Prinzessin isst ihre Hälfte nicht, sondern stellt Arnolt in seinem unbeholfenen Werbungsversuch bloß, womit sie sich seinem Minnebegehren verweigert.

Dass die Prinzessin, nachdem sie die zeichenhafte *unio* mit Arnolt verweigert hat, sich dann ihrerseits Arnolt materiell-sexuell einverleibt, der als stummer und auf seine Geschlechtlichkeit reduzierbarer Tor ihre Begehrlichkeit weckt, macht *Die halbe Birne* zweifellos zu einem der spektakulärsten Vertretern des *übelen wîp*-Topos, in dem die misogynen mittelalterlichen Vorstellungen von einer besonderen Kreatürlichkeit und Affektgesteuertheit der Frau und ihrer gesteigerten Affinität zur Sexualität literarisch-schwankhaft kumulieren.[50] Nicht wenige Versnovellen arbeiten mit dem Stereotyp der vollkommen von ihrer Libido beherrschten Frau, die sich beim Anblick eines Phallus nicht zurückhalten kann;[51] die Eindeutigkeit und Drastik der *Halben Birne* sucht allerdings auch in der Schwankliteratur ihresgleichen. Das sexuelle Begehren der Prinzessin bezieht sich allein auf das Geschlechtsteil, das wiederholt und mit verschiedenen metaphorischen Ausdrücken umschrieben in den Blick genommen wird – dass dieses zu einem schmutzigen und abstoßenden Toren gehört, stört sie nicht weiter, sondern steigert sogar ihre Entschlossenheit. Dabei spiegelt sich in dem ungewaschenen, mit Asche und Unrat verschmutzten Toren die Ungeschältheit der Birne wider, die Aneignung des Toren ist von eben dem

---

50   Im Topos des boshaften, lasterhaften und sexuell unersättlichen *übelen wîp* als einer typischen Rollenkonfiguration schwankhafter Texte spiegeln sich die Setzungen eines theologisch geprägten Geschlechterdiskurses, der der Frau eine schwächere mentale Konstitution und geringere Affektkontrolle und daraus resultierend eine größere Affinität zu sinnlichen Versuchungen zuspricht. Diese Konzepte sind wesentliches Moment einer normativen Geschlechterhierarchie, in der sich die Frau unbedingt der Leitung des Mannes zu unterstellen hat. Vgl. Joachim Bumke: Höfische Kultur. Literatur und Gesellschaft im hohen Mittelalter, 12. Aufl., München 2008 [1986], S. 454–457, S. 559.

51   Vgl. etwa *Das Nonnenturnier*, wo ein von seinem Besitzer getrennter und ein seltsames Eigenleben führender *zagel* ein ganzes Nonnenkloster ins Chaos stürzt, weil jede der Nonnen ihn für sich haben möchte.

triebhaften, jedwede kulturelle Verfeinerung außer Acht lassenden sexuellen Begehren geprägt, das Arnolt zuvor zeichenhaft zu erkennen gab.

Dem Begehren der Prinzessin steht die Passivität gegenüber, mit der Arnolt in der Kemenate agiert. Mireille Schnyder liest dieses als Ausdruck einer Affektkontrolle, die ihm an der Festtafel fehlte, in der Kemenate aber gelingt und durch die er die brachiale Triebhaftigkeit der Prinzessin hinter der kultivierten Fassade umso mehr provoziert.[52] Zweifellos ist der Kontrast zwischen der Zurückhaltung Arnolts und dem verzweifelten Verlangen der Prinzessin eklatant, sonderlich souverän wirkt er dabei aber nicht. Arnolt hat keinen durchdachten Racheplan, sondern lässt sich von seinem Knappen anleiten, der ihn hinsichtlich der Maskerade und der inszenierten Raserei bei Hof genau instruiert, dessen Rat aber an der Kemenatentür endet. Auch nach erfolgtem Akt und Rauswurf aus der Kemenate weiß Arnolt selber nichts mit der Situation anzufangen, es ist wieder der Knappe, der das Revanchepotential der Ereignisse erkennt und seinen Herren entsprechend berät. Bei seinem folgenden Auftritt in der Öffentlichkeit des Turniers erlangt Arnolt zwar wieder Souveränität, weil er die Beleidigungen der Prinzessin kontern kann. In diesem Punkt ist *Die halbe Birne* analog zum *Herzmaere* gestaltet, denn die Prinzessin wusste nicht, was beziehungsweise wen sie sich in Wirklichkeit einverleibt hat, die Herstellung dieses Wissens ist elementarer Bestandteil der Rache des Mannes. Aber innerhalb der Kemenate gerät die männliche Souveränität arg ins Wanken, denn der eingeigelte Arnolt wird durch den seltsam mechanisierten Sexualakt, der mühsam durch das beständige *stüpfen* der Zofe in Gang gehalten wird, um den desinteressierten Toren zu den erwünschten Auf-und-Ab-Bewegungen zu zwingen, mehr oder weniger zu einem Anhängsel seines eigenen Genitals degradiert.[53]

Zwar kann er das symbolische Zurückweisen seines Minnebegehrens durch die Zurückweisung ihres physisch-konkreten Begehrens kontern, aber gleichzeitig werden auf der Ebene der Sexualität als Kern einer *ordo*-gemäßen heteronormativen Geschlechterinteraktion die Integrität seiner Männerrolle und seine Souveränität erneut und noch viel weitreichender beschädigt. Indem die

---

52   Vgl. Schnyder [Anm. 44], S. 273f.

53   Dass in der Sexualhandlung auch die heteronormative Ordnung ins Schwanken gerät, hat Schnyder hervorgehoben. Die Zofe ist unmittelbar in den Geschlechtsakt eingebunden und übernimmt hier einen aktiven respektive männlichen Part, indem sie den Mann mit ihrem Stecken zumindest sinnbildlich penetriert. Vgl. Schnyder [Anm. 44], S. 273; weiterhin Marie-Luise Musiol: Begehren, Macht und Raum: ,Die halbe Birne' Konrads von Würzburg, in: Abenteuerliche Überkreuzungen. Vormoderne intersektional, hg. v. Susanne Schul, Mareike Böth, Michael Mecklenburg, Göttingen 2017, S. 147–165, hier S. 149, sowie Heiland [Anm. 45], S. 202ff.

BLUTIGES HERZ UND UNGESCHÄLTE BIRNE

39

Prinzessin die mit der Birne verbildlichte Verfügbarkeit weiblicher Sexualität zurückweist und sich im nächsten Moment als triebgesteuertes *wîp* zu erkennen gibt, das sich männliche Sexualität quasi gewaltsam verfügbar macht, werden innerhalb der misogynen Struktur der *Halben Birne* gleich mehrfach die Konventionen einer normativen Geschlechterhierarchie unterlaufen. Über die Sexualität als zentrales Signum der Geschlechterdifferenz werden die Machtrelationen zwischen den Geschlechtern verhandelt, die ungeschönte Entlarvung der übersexualisierten weiblichen Natur macht *Die halbe Birne* zu einer „Fabel auf das labile Machtverhältnis zwischen den Geschlechtern",[54] die aber nur bedingt in einer Festigung des herrschenden Geschlechterdiskurses mündet. Die Prinzessin muss sich zwar Arnolt unterstellen, aber ihre nächtliche Agitation hat ein bleibendes Störmoment hinterlassen. Entsprechend ist das dauerhafte Misstrauen Arnolts seiner Frau gegenüber auch in der rabiaten Sexualhandlung begründet, denn er bleibt nicht wegen der öffentlichen Beleidigung *arcwaenic*, sondern weil man ihn *stüpfete und stach/ in der kemenâten* (v. 485f.).[55] Und so formuliert die Erzählung, die gattungstypisch mit einem lehrhaften Epimythion beschlossen wird,[56] am Ende gleich zwei

---

54   Schnyder [Anm. 44], S. 278.

55   Für Max Schiendorfer zeigt der Argwohn Arnolts, dass dieser die ‚Spielregeln' der höfischen Gesellschaft verstanden hat und jetzt in der Lage ist, mit diesen Strukturen des Doppellebens umzugehen (Vgl. Max Schiendorfer: ‚Frouwen hulde – gotes hulde.' Zur Erzählstruktur und -strategie in ‚Die halbe Birne (A)' und ‚Die Heidin (A)', in: Homo Medietas. Aufsätze zu Religiosität, Literatur und Denkformen des Menschen vom Mittelalter bis in die Neuzeit. Festschrift für Alois Maria Haas zum 65. Geburtstag, hg. v. Claudia Brinker-von der Heyde, Nikolaus Largier, Bern 1999, S. 471–485, hier S. 476f.). Der deutliche Bezug auf das nächtliche Stupfen und Stechen zeigt aber, dass der Argwohn vor allem aus der rigiden Art resultiert, mit der die Prinzessin den Sexualakt umgesetzt hat.

56   Etwa zwei Drittel der versnovellistischen Texte führen Epimythien auf, in denen häufig lehrhafte Aussagen und moralische Belehrungen formuliert werden und die auf die für die Versnovellen prägende Tradition der Exempeldichtung verweisen. Allerdings präsentieren diese Schlussreden nur selten kohärente und sinnige Lehren, sondern formulieren häufig allgemeingültige Geltungsaussagen ohne signifikanten Bezug zur erzählten Geschichte. Nicht selten sind auch erhebliche semantische Inkongruenzen zwischen den vermeintlich exemplarischen Geltungsaussagen der Texte und dem Erzählverlauf feststellbar, wodurch die Plausibilität der lehrhaften Behauptungen ironisch unterlaufen wird. Vgl. hierzu beispielhaft Fischer [Anm. 1], S. 107; Franz-Josef Holznagel: Von diabolischen Rechtsbrechern und gesetzestreuen Teufeln. Drei Ausgestaltungen eines mittelalterlichen Erzählstoffes und ihre Kontextualisierung bei Cäsarius von Heisterbach, Chaucer und dem Stricker, in: Dialoge. Sprachliche Kommunikation in und zwischen Texten im deutschen Mittelalter. 16. Anglo-German Colloquium Hamburg 1999, hg. v. Nikolaus Henkel, Martin H. Jones, Nigel Palmer, Tübingen 2003, S. 159–173, hier S. 171; Klaus Kipf: Mittelalterliches Lachen über semantische Inkongruenz. Zur Identifizierung komischer Strukturen in mittelalterlichen Texten am Beispiel mittelhochdeutscher Schwankmären,

geschlechtsspezifische Ratschläge: Während die Männer den etwas allgemein anmutenden Rat erhalten, sich möglichst untadelig zu verhalten, damit sie nicht wegen einer *kleinen missetât* (v. 509) ihre Ehre verlieren, sollen sich die *guoten wîben* das Beispiel der Prinzessin eine Lehre sein lassen, die ihrem Mann ihre *grôze leckerheit* (v. 496) enthüllte und dadurch ins Unglück geraten ist. Während der Mann also daran erinnert wird, dass innerhalb des normativen Programms vollkommener höfischer Interaktion schon kleine Verfehlungen große Probleme verursachen, steht bei den Frauen die ihnen eigene triebhafte Natur zur Disposition, die vor dem Mann zu verbergen ist.

Die listreiche Agitation in der Kemenate, mit der Arnolt seine Herabwürdigung kontert, ist nicht nur einer Überbietungslogik geschuldet, indem er vorführt, dass die Prinzessin jenseits des zeichenhaften Protokolls höfischer Selbstinszenierung einen viel eklatanteren Mangel an Affektkontrolle aufweist als er selber, sie überführt auch den Sexualitätsdiskurs aus der metaphorischen Verhandlung auf eine praktisch-materielle Ebene: Auf der ontologischen Ebene, jenseits kultureller Formung und zeichenhafter Verhandlung, kann Sexualität als genuines Signum der Geschlechterdifferenz endgültig aus den Fugen geraten und elementare normative Ordnungen unterlaufen.

Mit dem *Herzmaere* und der *Halben Birne* stehen sich zwei denkbar unterschiedliche Figuren des Einverleibens gegenüber, die für jeweils extreme Minnekonzeptionen stehen. Das *Herzmaere* inszeniert mit dem Verzehr eines menschlichen Herzens einen spektakulären Akt der Einverleibung, der schon für sich einen hohen semantischen Signalwert besitzt. Mit dem Herz als zentralem Symbol eines Liebeskonzepts, das an einer christlichen Ästhetik partizipiert, wird nicht nur das konfligierende Verhältnis weltlicher Liebespassion und geistlicher Geltungsansprüche verhandelt; die dem religiös konnotierten Zeichen implizite Frage der „Repräsentierbarkeit des Transzendenten im Immanenten"[57] wird auch zur Frage nach der Fassbarkeit und Verfügbarkeit von Liebe. Im gegessenen Herzen sind die zeichenhafte und die materiellkörperliche Dimension gleichzeitig zugegen, der Akt des Aufnehmens hat damit einen hohen symbolischen Wert und ist zugleich als ein physischkonkreter Vorgang des Einverleibens des Anderen, als Moment einer *unio* mit dem Geliebten präsent. Dabei präsentiert das *Herzmaere* mit seiner geradezu übersteigert-sublimierten Darstellung der sexuell unverwirklichten

---

in: Komik und Sakralität. Aspekte einer ästhetischen Paradoxie in Mittelalter und früher Neuzeit, hg. v. Anja Grebe, Nikolaus Staubach, Frankfurt/Main, New York 2005, S. 104–128, hier S. 111ff.

57 Kiening [Anm.16], S. 191.

Protagonistenliebe ein Liebeskonzept, das in seiner ausgestellten Irrealität und Unlebbarkeit eben kein exemplarischer Minnekasus sein kann.

Eine ganz andere Form der poetischen Einverleibung beschreibt dagegen *Die halbe Birne*, wo der narrativierte Akt der Einverleibung für sich genommen recht profan ist, sein semantisches Potential ergibt sich erst aus der metaphorischen Bedeutung der Birne. Die hastig verschlungene Birne verweist zum einen auf die Geltungsansprüche eines kulturell überformten höfischen Lebensmodells, dessen normative Forderung nach Triebsublimierung und zeichenhaft-zeremoniell geordnetem Lebensvollzug auch das Minnebegehren einschließt. Durch das Bedeutungspotential der Sexualmetapher ist die Einverleibung der Birne zugleich ein Vorgang, der zeichenhaft für den Wunsch nach der sexuellen Aneignung des Anderen steht, welche aber zurückgewiesen wird. In der *Halben Birne* fallen metaphorische und körperlich-materielle Einverleibung des Anderen gerade nicht zusammen, das eigentliche Skandalon dieser Erzählung resultiert aus dem Wechsel von der zeichenhaften zur körperlich-konkreten Ebene. Über das Muster von öffentlichem Ehrverlust und heimlicher Revanche wird im zweiten Teil der Erzählung ein Kippmoment inszeniert, denn mit dem öffentlichen Raum des Hofes wird auch die Ebene des uneigentlichen Sprechens über Sexualität verlassen, um in der Abgeschiedenheit der Kemenate ganz materiell-konkret verhandelt zu werden. Auf die rein metaphorische Einverleibung durch den Mann folgt die ganz unmetaphorische sexuelle Einverleibung durch die Frau, mit der eine hierarchisch-normative Geschlechterordnung nicht zur Disposition gestellt, aber für den Moment gehörig durcheinandergebracht wird. Die Einverleibungen der ungeschälten Birne und des ungewaschenen Toren stehen dem kostbaren und verfeinerten Herzen diametral gegenüber, sie vergegenwärtigen ein Minnekonzept, das nur auf die sexuelle Aneignung des Anderen ausgerichtet ist und das genauso dysfunktional ist wie die emphatisch geschilderte *lûterliche minne* des *Herzmaere*.

Wenn man die handschriftlichen Autorensignaturen ernst nimmt und Konrad von Würzburg *Die halbe Birne* zugesteht, so ist die hier narrativierte Einverleibung nicht nur ein weiteres Indiz einer *meisterschaft*, die alle poetischen Register souverän beherrscht. Mit diesen beiden kontrastierenden Konzepten führt Konrad auch das vielschichtige Bedeutungsspektrum von Figurationen des Einverleibens vor: Auf der einen Seite die Einverleibung als eine innige und innerliche Vereinigung mit dem Geliebten in Anknüpfung an die christliche *unio* und auf der anderen Seite das ungezügelte Verschlingen als Ausdruck eines auf die Körperlichkeit reduzierten Begehrens. In der Zusammenschau der Texte zeigt sich die poetische Signifikanz einer Denkfigur, die die schwierige Frage der Verfügbarkeit von Liebe respektive Sexualität in all ihrer Ambivalenz abbilden kann.

Die *fruitio Dei* – das „Genießen Gottes" im Spiegel eucharistischer Mahlsmetaphorik in der mittelalterlichen Mystik

Michaela Bill-Mrziglod

Abstract

Dem Verkosten oder Genießen von Speisen ist ein tiefes sinnliches Moment inhärent, das kulturell geprägt ist und daher gesellschaftliche, religiöse oder politische Färbungen haben kann, die sich zu Beginn des Mittelalters im Symbolgehalt bestimmter Speisen niederschlagen. Insbesondere die mystische Literatur ist Zeugin eines Versinnlichungsprozesses der Aneignung von Wissen und Kompetenzen, die mit Speisemetaphern ausgedrückt werden. Ziel ist die *fruitio Dei*, der Gottesgenuss, der nicht nur in einer *visio beatifica* angestrebt wurde, sondern sich in Form eines Erkenntniszuwachses manifestieren sollte, an dem auch Frauen in einem klerikal geprägten Umfeld teilhaben wollten. Wissen wird genossen in Brot und Wein, Milch und Honig, Früchten und Ölen. Darüber hinaus soll eine gezielte Nahrungsaskese der Mystiker*innen, die alles andere als eine Abstinenz von Sinnlichkeit ist, auf Missstände in Kirche und Gesellschaft aufmerksam machen. Der Beitrag möchte die auf die *fruitio Dei* zielenden Speisemetaphern ausgewählter mystischer Texte mit der historischen Realität des Mittelalters ins Gespräch bringen.

Eine gängige christliche Semantik der *communicatio* des Individuums mit Gott ist diejenige des „Verzehrens" von Gottes Wort und Leib in der Feier der Eucharistie. Der kultische Ritus der Eucharistie steht bei mittelalterlichen Mystiker*innen zudem in engem Zusammenhang mit dem somatischen und geistlichen „Genuss", der sich in Metaphern wie *fruitio* („Genießen"), *sapor* („Geschmack") und *suavitas* („Süße") widerspiegelt. Auch das mit der *lectio divina* verbundene meditative Gebet zur Vorbereitung auf die *communio* mit Gott wird mit der Essensmetapher der *ruminatio* („Wiederkäuen") beschrieben. Die Verkostung von Wort und eucharistischem Leib wird als Einverleibung und Umwandlung des eigenen Leibes in den „süßen" Leib Christi vorgestellt und somit zum Bild der *unio mystica*, die zur Wandlung des eigenen Lebens führt. Ziel dieser individuell-sinnlichen Einverleibung ist eine größtmögliche *imitatio Christi* bis hin zur transindividuellen Christusförmigkeit.

© KONINKLIJKE BRILL NV, LEIDEN, 2021 | DOI:10.1163/9789004439146_004

DIE FRUITIO DEI – DAS „GENIEßEN GOTTES"

Verkostungen erfolgen zuerst in Form des sinnlichen, dann des rein geistlichen Sehens, Hörens, Schmeckens, Tastens und Riechens. Die Worte der biblischen Schriften dienen den Mystiker*innen als geistliche Speise und Nahrung der Seele. Das „Brot der Schrift" und das „Brot des Lebens" werden emotional-affektiv „geschmeckt" (*sapere*), was sodann transformiert wird in ein Sinnbild intellektueller Gotteserkenntnis und gnadenhaft erlangter Weisheit (*sapientia*). Das Genießen Gottes ist zudem ein Begriff der beseligenden Gottesschau im Jenseits, die bereits biblisch mit einem hochzeitlichen Mahl in Verbindung gebracht wird: „Selig, wer zum Hochzeitsmahl des Lammes eingeladen ist!" (Offb 19,9)

In der Art des Genießens werden in der rezenten philologischen Forschung geschlechtsspezifische Unterschiede ausgemacht.[1] Daher steht auch die Frage nach einer männlich beziehungsweise weiblich codierten *fruitio Dei* zur Debatte. Zentraler jedoch sind Fragen nach inhaltlichen Überschneidungen und nach Funktionen des Metapherngebrauchs individueller wie überindividueller Couleur, die mehr auf sprachbildliche Codierungen denn auf geschlechtsspezifische Markierungen schließen lassen.

Der sinnliche Aspekt der Eucharistie, der in der mittelalterlichen Mystik größtenteils mit Nahrungsmetaphorik zum Ausdruck gebracht wird und auf den Leib als Medium und Raum eigentlich „unsagbarer" Transzendenzerfahrung verweist, ist Spiegel einer affektiv-somatischen Frömmigkeit. Da diese körperliche Dimension der ritualisierten Frömmigkeitspraxis dem modernen abendländischen Christentum weitgehend abhanden gekommen ist, verwundert es nicht, dass es sich beim zu untersuchenden Forschungsthema um eines der größten Desiderate in der Beschäftigung mit mittelalterlicher Mystik handelt.[2] Im Beitrag sollen daher Semantiken des mystischen Gottesgenusses in Werken mittelalterlicher Mystikerinnen und Mystiker grundlegend eruiert, analysiert und verglichen werden.

---

1   Die beiden einzigen neuen literaturwissenschaftlichen Monographien, die sich dem Thema des Gottesgenusses widmen, dabei aber vom Postulat geschlechtsspezifischer Unterschiede in einer nicht repräsentativen Zuspitzung auf nur wenige Mystiker*innen ausgehen, sind: Stefanie Rinke: Das „Genießen Gottes." Medialität und Geschlechtercodierungen bei Bernhard von Clairvaux und Hildegard von Bingen, Freiburg/Breisgau, Berlin 2006; Andrea Zech: Spielarten des Gottes-Genusses. Semantiken des Genießens in der europäischen Frauenmystik des 13. Jahrhunderts, Göttingen, Bristol 2015.

2   Selbst im Wörterbuch der Mystik findet sich ein ausgesprochen knapper Passus zum Thema: Michael Figura: Fruitio Dei, in: Wörterbuch der Mystik, hg. v. Peter Dinzelbacher, 2., erg. Aufl. Stuttgart 1998, S. 181f.

1   Historische Entwicklungslinien

Während die Literaturwissenschaftlerin Stefanie Rinke das Verb μετέχω in 1 Kor 10,30, das lediglich „teilnehmen / teilhaben an" oder „essen" bedeutet, bereits als eucharistisches „Genießen Gottes" verstanden wissen will,[3] dementierte Martin Dibelius bereits 1941 jede Art einer teilhabenden *fruitio Dei* bei Paulus.[4] Erst mit Augustinus komme es – so der Forschungskonsens historisch-theologischer Disziplinen – durch neuplatonische Rezeption zu einer Bedeutungsverschiebung, die die *fruitio Dei* als Kontrastierung der negativ bewerteten *concupiscentia carnis* vorstellt.[5] Auf Augustinus geht dann die im Mittelalter breit rezipierte Begriffsunterscheidung *uti* und *frui* zurück, die Rudolf Lorenz in seiner einschlägigen und noch immer gültigen Analyse[6] als „gebrauchen" (*uti*) aller irdisch relativen Dinge mit Blick auf die erhoffte *fruitio Dei* im Jenseits übersetzt. In *De civitate Dei* schrieb Augustinus: *Boni quippe ad hoc utuntur mundi, ut fruantur Deo; mali autem contra, ut fruantur mundo, uti volunt Deo.*[7] Hier deutet sich bereits ein In- und Zueinander von *uti* und *frui* an, jedoch im christlichen Sinne nur, wenn es auf Gott bezogen wird.

Im Mittelalter wurde schließlich das Genießen Gottes als spirituelle Sinnlichkeit auf verschiedene Erfahrungen und Vorstellungen der Gemeinschaft mit Gott übertragen, allen voran die Erfahrung der *unio mystica* und deren Vorstufen, die bereits im Irdischen eine Ahnung von der eschatologischen Gottesschau ermöglichen sollten, jedoch in Form einer geistlichen Sinnlichkeit, die alle irdischen Empfindungen übersteige.[8] Somit sind alle mittelalterlichen Texte „von einer paradoxen Doppelbewegung aus Sinnlichkeit und Entsinnlichung gekennzeichnet."[9] In der Forschung bleibt es daher aufgrund

---

3 Vgl. Rinke [Anm. 1], S. 9 und 25 und Stefanie Rinke: Leibesspeise. Das ‚Genießen Gottes' in Texten der mittelalterlichen Mystik, in: Interkulturelle Mahlzeiten. Kulinarische Begegnungen und Kommunikation in der Literatur, hg. v. Claudia Lillge, Anne-Rose Meyer, Boston 2008, S. 25–43, hier: S. 25.

4 Vgl. Martin Dibelius: Paulus und die Mystik, München 1941, S. 17f.

5 Vgl. Erhardt Güttgemanns: Aurelius Augustinus (354–430), in: Sprachphilosophie/Philosophy of language/La Philosophie du langage, hg. v. Marcelo Dascal u.a. Berlin, New York 1992, S. 260–268, hier: S. 265.

6 Rudolf Lorenz: fruitio Dei bei Augustin, in: ZKG 63, 1950/51, S. 75–132.

7 Augustinus, *De civitate Dei*, 15, 7, in: Ders: Des heiligen Kirchenvaters Aurelius Augustinus zweiundzwanzig Bücher über den Gottesstaat. Aus dem Lateinischen übers. v. Alfred Schröder, Kempten, München 1911–16 (= Des heiligen Kirchenvaters Aurelius Augustinus ausgewählte Schriften 1-3, Bibliothek der Kirchenväter, 1. Reihe, Band 01), S. 16 und 28: „Die Guten gebrauchen nämlich die Welt, um Gott zu genießen, die Bösen aber wollen umgekehrt Gott gebrauchen, um die Welt zu genießen."

8 Vgl. Rinke [Anm. 1], S. 26; Zech [Anm.1], S. 16.

9 Zech [Anm. 1], S. 16.

DIE FRUITIO DEI – DAS „GENIESSEN GOTTES"

der Fremdartigkeit der mittelalterlichen Semantik vom Genießen umstritten, ob sich darin eine latente Erotisierung der *unio mystica* widerspiegelt,[10] oder ob von diesem postmodernen Blick als Spiegel heutiger Kultur Abstand zu nehmen ist.[11]

Fest steht, dass die mittelalterliche Mystik die Erfahrung des Gottesgenusses eng an die Eucharistie anbindet und einen Blick auf Abendmahlspraktiken und meditative wie liturgische Rituale ermöglicht. Die mittelalterlichen Mystiker*-innen machen die Erfahrung, dass das Genießen Gottes der Zeitlichkeit und Leiblichkeit unterworfen bleibt. Daher wird es besonders dicht an körperliche Empfindungen wie Essen, Trinken, Schmecken und Hungern gekoppelt. Hier sind „Gott schmecken und Gott erkennen [...] ein- und dasselbe."[12] Letztendlich geht es um die beseligende Gottesschau, die zu vollendeter Gotteserkenntnis führe. Da die intellektuelle Erkenntnis bei den Mystiker*innen ein intensiver Prozess ist, wird er von Wissenschaftler*innen nur allzu oft überbetont in die Nähe der Sexualität gerückt. Davon ist jedoch mit Andrea Zech Abstand zu nehmen, denn:

> Die Körperlichkeit selbst bildet nahezu die Basis aller im Kontext des Genießens aufgeführten Bildfelder. [...] Außer der Sexualität gibt es keine vergleichbar starke Vereinigung als etwas zu verzehren, was impliziert, es sich ganz zu eigen zu machen und in sich aufzunehmen. Gleichzeitig ist diese Metaphorik, obwohl stark körperlich und intensiv, eher frei von den erotischen Konnotationen der Brautmystik.[13]

Nach der Untersuchung zahlreicher Quellentexte bestätigt sich diese These Zechs. Essensgenussmetaphern finden sich nur selten in unmittelbarer Nähe von durchaus vorhandenen, erotisch anmutenden Passagen, die auf eine Vereinigung mit dem Bräutigam Christus fokussieren. Die mit dem Essen ver-bundenen „Bildfelder" des Gottesgenusses gilt es nun in einer repräsentativen Auswahl zu untersuchen.[14]

---

10   So etwa Rinke [Anm. 1], S. 9.

11   So fordert es Zech [Anm. 1], S. 17.

12   Ebd., S. 74.

13   Ebd., S. 74f.

14   Ohne den Anspruch auf Vollständigkeit erheben zu wollen, ist die Wahl auf zwölf Mystiker*innen zwischen 1100 und 1400 gefallen, die zu den bekanntesten des abendlän-dischen Christentums zählen.

2 Der mittelalterliche Gottesgenuss im Spiegel philologischer Deutungen

Da lediglich philologische Monographien zum Thema „Gottesgenuss" vorliegen, werden deren Erkenntnisse zunächst zur weitergehenden historisch-theologischen Analyse vorgestellt. Eine erste Arbeit von Stefanie Rinke widmet sich dem Werk Bernhards von Clairvaux und Hildegards von Bingen und untersucht in vergleichender Perspektive Medialität und Geschlechtercodierungen.[15] Durch den Genuss des Wortes und Leibes Christi mit den menschlichen Sinnen hätten die mittelalterlichen Mystiker*innen das Unsichtbare hinter den Dingen zu erkennen versucht. Idealer Raum hierfür war (und ist) der „multisensorische[ ] Kirchenraum."[16] Klang, Geruch, Geschmack und Sehen gehen hier eine unnachahmliche Verbindung ein. Der eucharistische Leib Christi entsprach im Mittelalter dem *corpus* der Heiligen Schrift, die beide als geistliche Speise genossen wurden und aus der Gemeinde den *corpus Christi mysticum* generierten. Im Kloster entsprach zudem die meditative *lectio divina* dem Sakrament der Eucharistie. Somit sei nicht verwunderlich, wenn Bernhard von Clairvaux (1090–1153) pointiert auf die Bedeutung der Schrift verwies und seine gesamte Theologie auf das innere Schmecken der Worte Gottes durch die murmelnde *ruminatio* der Schriftworte ausrichtete. So habe er die paulinische eucharistische Gemeinschaftskonstitution adaptiert, „machte aber nicht Fleisch und Blut Christi zum Medium der Gemeinschaftserfahrung, sondern den Klang der Worte, welcher als Spur zur Erfahrung der ‚Süße' Gottes führen sollte."[17]

Anders als Bernhard von Clairvaux habe Hildegard von Bingen (1098–1179) nicht das Wort, sondern den Leib ins Zentrum ihrer Theologie gestellt. Dabei sei für sie die *ruminatio* zur Vergegenwärtigung menschlicher Tugenden geworden. *Uti* und *frui* gingen eine Verbindung ein, da das richtige Genießen der lebensspendenden eucharistischen Speise zur Erkenntnis und Unterscheidung guter und schlechter Verhaltensweisen führen sollte. Das heißt, dass der Genuss des Leibes Christi dem Einzelnen dazu verhelfen sollte, sich über den eigenen Tugendfortschritt klarer zu werden und selbst zu einem höheren Genießen Gottes beizutragen, „selbst zur Speise für Gott [zu] werden."[18] Inwiefern es sich dabei um „geschlechtliche Codierungen"[19] handeln soll, bleibt im

---

15 Vgl. Rinke [Anm. 1].
16 Ebd., S. 100.
17 Ebd., S. 64.
18 Ebd., S. 218.
19 Ebd., S. 230.

DIE FRUITIO DEI – DAS „GENIESSEN GOTTES"

Gesamt der Monographie Rinkes unklar. In einem Artikel von 2008 spezifiziert sie diese Codierung als Unterschied in der „Vermittlung der Vereinigung."[20] Problematisch an ihrer These ist das Faktum, dass an Hildegard von Bingen eine „weibliche" Codierung belegt wird, denn Hildegard prägte die nachfolgende Frauenmystik kaum, auch wenn Rinke dies in Abrede stellt.[21]

Während sich Rinke den bedeutendsten Figuren mystischer Theologie des 12. Jahrhunderts widmet, stehen bei Andrea Zech drei Mystikerinnen des 13. Jahrhunderts im Vordergrund: Mechthild von Magdeburg (1207–1282), Hadewijch (Mitte des 13. Jh.'s) und Marguerite Porète (~1250/60–1310). In den Werken der drei Mystikerinnen nimmt sie eine detaillierte und aussagekräftige Wortanalyse der Bildfelder vor, die sich mit dem Genießen verbinden. Bei Mechthild von Magdeburg sieht sie den Begriff *gebruchunge / gebruchen* im Zentrum, bei Hadewijch die Begriffe *ghebrukelecheit, ghebruken, ghebrukeleke* und bei Marguerite Porète das Wort *fruiction*. Zech macht in ihrer Analyse Umakzentuierungen und Erweiterungen des mystischen Genießens gegenüber dem 12. Jahrhundert aus.

Wird etwa bei Mechthild von Magdeburg in ihrem *Fließenden Licht der Gottheit* der Genuss Gottes mit dem Schmecken Gottes verbunden, so werde alleine die Gottesferne durch falschen Umgang (*uti*) mit den Dingen, wie sie ihn dem Klerus vorwirft, als bitter gekostet.

> Semantisch ist die *gebruchunge* als eine volkssprachliche Umschrift der lateinischen *fruitio Dei* zu betrachten, die Liebe, Erkenntnis und Genuss in der Einheit ineinander überführt, gleichzeitig jedoch durch paradoxe Begleiterscheinungen und Nachwirkungen wie Verzehrung, Schmerz und Tod gekennzeichnet ist, die häufig von dem Leib und den Sinnen ausgetragen werden.[22]

In den *Visionen* Hadewijchs fallen gleichsam Begehren und Entbehren im Genießen zusammen. Genuss Gottes meine hier, ihn zu schmecken im Sinne von erkennen bei einer „auffallende[n] Aktivität des Ichs."[23] Auf den Genuss Gottes im Eschaton richte sich alle Anstrengung des Individuums im Irdischen aus, initial eingeleitet durch das eucharistische Mahl, bei dem Jesus als Leitfigur erscheine, in der sich körperliches Leiden und höchstes wie abgrundtiefes Genießen verdichteten. Der Zusammenhang von *uti* und *frui*

---

20 Rinke [Anm. 2], S. 27.
21 Vgl. Rinke [Anm. 1], S. 31f. und dies. [Anm. 2], S. 28.
22 Zech [Anm. 1], S. 144.
23 Ebd., S. 157.

erhalte dabei eine ganz eigene Akzentuierung: „Genießen-Wollen impliziert Sich-Gebrauchen-Lassen, auch wenn der Wille Gottes im Verborgenen bleibt und dort wirkt."[24] Um aber überhaupt genießen zu können, sei das Zusammen von Begehren und Entbehren notwendige Vorbedingung mit dem Ziel einer wechselseitigen Befriedigung von individueller Seele und Gott.[25] Je erfüllter die Seele sei, desto stärker werde die Sehnsucht nach endgültiger Vereinigung.[26]

Marguerite Porète verwendete den Begriff *fruiction* äußerst selten, dann aber umso exemplarischer. Gott selbst sei in seiner Dreifaltigkeit vom Genuss maßgeblich gekennzeichnet. Anteil an ihm erhalte das Individuum aber nur durch völlige Selbstaufgabe und -vernichtung.[27]

„Genießen" sei für die mittelalterlichen Mystikerinnen – so das Fazit Zechs – „geschmeckte Gotteserkenntnis", die in der Eucharistie zur Einheit mit Christus führe und speziell für Frauen eine adäquate Form der Frömmigkeit gewesen sei, denn es handelte sich um „spezifisch weibliche Möglichkeiten, sich Gott nicht nur maximal zu nähern, sondern ihm sogar unterschiedslos ebenbürtig zu werden."[28] Vom Leib Christi kosten zu können bedeutete Teilhabe an der göttlichen Erkenntnis, die gerade nicht jedem, vor allem nicht Frauen – so die überzeugende Argumentation Zechs – offenstand. All dies entspricht der Stilisierung der Eucharistie als Einheit mit Gott, wie sie in der Abendmahlspraxis des 13. Jahrhunderts zunehmend betont wurde.

Die semantischen Analysen ergeben das Bild eines reichlich individuellen Gebrauchs der sprachlich variationsreichen Genussmetaphorik in der mittelalterlichen Frömmigkeit. Mit der frömmigkeitsgeschichtlichen Funktion der Annäherung an Gott und dem Ziel der Gotteserkenntnis in der *unio mystica*, die Mystikerinnen lediglich auf rein affektiv-sinnlichem Wege möglich war, wird jedoch nur ein Bereich benannt, der mit der Verwendung der Genussmetaphorik einhergeht. Durch Fokussierung auf den Bereich des Gottesgenusses im Spiegel eucharistischer Mahlsmetaphorik ergeben sich weitere, kirchenhistorisch interessante Funktionen bezogen auf die mittelalterlich-liturgische Praxis und die damit zusammenhängende Ekklesiologie. Diese werden in den nachfolgenden Analysen durch Ausweitung des Blickwinkels zur Sprache gebracht.

---

24 Ebd., S. 174.
25 Vgl. ebd., S. 179f.
26 Vgl. Figura [Anm. 2], S. 182.
27 Vgl. Zech [Anm. 1], S. 181–194.
28 Ebd., S. 359.

3 „Gott essen und genießen" – Der Zusammenhang von Eucharistie und *Fruitio Dei* in historisch-theologischer Betrachtung

3.1 *Die Eucharistie im Mittelalter*

Die Eucharistie gehört zur wichtigsten *quaestio disputata* im Mittelalter, weshalb an der Frage des theologischen Gehalts, der liturgischen Praxis und des damit einhergehenden Amts- und Kirchenverständnisses gleich mehrere Phasen des sogenannten Abendmahlstreits über die Präsenz Christi in der Eucharistie entbrannten.[29] Dabei war die Vorstellung maßgeblich, dass durch Geistepiklese nicht nur Brot und Wein in Leib und Blut Christi gewandelt werden, sondern dass sich gleichzeitig eine Wandlung im einzelnen Gläubigen vollzieht, die die Teilnehmenden verwandelt. Prägend wurde hierfür die Lehre von der Transsubstantiation auf dem vierten Laterankonzil von 1215, die neben dem Verständnis der Eucharistie als geistliche Speise und Trank die Wesensverwandlung der Akzidenzien Brot und Wein in den Blick rückte. Zudem kreiste die Theologie seit dem 9. Jahrhundert um die Frage nach einer somatischen Realpräsenz Jesu Christi mit Fokus auf seiner Selbsthingabe am Kreuz. Das Messopfer wurde mit Ps. Dionysius-Areopagita als Mittel der Vereinigung der Seele mit Gott verstanden.[30] Um diese Einheit zu erreichen, sei die Sehnsucht danach notwendige Voraussetzung. Der geistlichen Kommunion wurde gegenüber der realen zunehmend der Vorzug gewährt. Kommunizierten Lai*innen, dann seit dem Hochmittelalter nur noch unter der Gestalt des Brotes. Insgesamt kann von einer sukzessiven Abkoppelung des Kommunionempfangs von der Eucharistiefeier ausgegangen werden. „Deshalb müssen Ersatzformen her, wie etwa die Evelation der Hostie als Ausdruck mittelalterlichen Schauverlangens."[31] Die Praxis der Evelation der Hostie – später auch des Kelches – breitete sich womöglich über die Strahlkraft der Reformen von Cluny über das Abendland aus. Sie symbolisierte den erhöhten Gekreuzigten. Erfahrbar wurde dies im Gottesdienst nicht nur visuell, sondern durch den begleitenden Klang einer Glocke und Hymnengesang. „[T]he mass was as much the occasion for inner mystical eating as for real reception

---

29 Sehr eindrucksvoll erschließt Anselm Schubert die Eucharistie im Rahmen einer kulinarischen Kultur des Abendmahls über Jahrhunderte hinweg: Anselm Schubert: Gott essen. Eine kulinarische Geschichte des Abendmahls, München 2018.

30 Vgl. Wiebke-Marie Stock: Theurgisches Denken. Zur Kirchlichen Hierarchie des Dionysius Areopagita, Berlin 2008, S. 170.

31 Andreas Odenthal: Liturgie vom Frühen Mittelalter zum Zeitalter der Konfessionalisierung. Studien zur Geschichte des Gottesdienstes, Tübingen 2011, S. 136.

of the awesome sacrament."[32] Entscheidende theologische Lehre war dabei nicht mehr das Verständnis der Eucharistie als himmlische Speise, sondern die Erwartung der Theophanie. Das heißt aus der eigentlichen *eucharistia* (im anabatischen Sinne einer „Danksagung" des gläubigen Volkes im Rahmen eines Gemeinschaftsmahls) wurde eine *epiphania*, eine „Erscheinung" Gottes unter den Menschen, der in der Liturgie zu den Menschen in katabatischer Weise herabkomme und über eine Mittlerfigur, den Priester, seine Gnaden austeile. Signifikantes Exempel dieser Fokussierung auf die Realpräsenz Gottes in der Hostie wurde die Einführung des Fronleichnamsfestes 1264.[33]

Wichtig wurden weiterhin die richtige Erfüllung des Ritus als sakrale Handlung des Priesters, nicht mehr jedoch die symbolisch-rituelle Ebene und der Mysteriumscharakter des Gottesdienstes. Der völlig durchregulierte und verobjektivierte Gottesdienst mit der Auffassung vom selbstwirksamen Ritus bei gleichzeitiger Klerikalisierung konnte dem Bedürfnis nach subjektiver Erfahrbarkeit des eucharistischen Mysteriums nicht mehr begegnen. Als Gegenpol zu Verobjektivierungen in der scholastischen Sakramententheologie, die die nunmehr mögliche absolute Ordination juristisch nur noch als Befähigung zum priesterlichen Tun, speziell zur „Darbringung" des Messopfers verstand,[34] bildete sich verstärkt die Mystik heraus. Dies ist auch zu verstehen als Antwort auf die Krise, dass der Gottesdienst vom Kirchenvolk nicht mehr verstanden wurde, da es keine aktive Rolle mehr darin spielte.[35] Die Mystik ist damit eine Reaktion auf die Verobjektivierung der Frömmigkeit, ablesbar an den individuellen Formen, wie sich die Mystiker dem eigentlichen Kern, der *eucharistia*, in Form des mit Metaphern des Essens beschriebenen Gottesgenusses wieder anzunähern versuchten. Sie waren erstens um ein

---

32 Caroline Walker Bynum: Women Mystics and Eucharistic Devotion in the Thirteenth Century, in: Fragmentation and Redemption. Essays on Gender and the Human Body in Medieval Religion, hg. v. ders., 6. Aufl., Cambridge, MA, London 2012, S. 119–150, hier: 128. Caroline Walker Bynum merkt zudem an, dass manche Frauen in ihren Visionen nicht mehr hätten unterscheiden können, ob sie die Kommunion nur mystisch oder *realiter* empfangen hätten (vgl. S. 128) und zum anderen den mystischen Empfang bevorzugten (vgl. S. 129). Sie sehnten sich nach ekstatischer Vereinigung mit Gott. (vgl. S. 134f.) Dass dies auch als kritische Anfrage an Entwicklungen in der liturgischen Praxis zu deuten ist, die über die mystischen Erfahrungen hinaus eine klare kirchen- und theologiepolitische Aussagekraft hatte, wird von Walker Bynum ebenfalls angemerkt (vgl. S. 139f.).

33 Vgl. zu den historischen Ausführungen Helmut Hoping: Mein Leib für euch gegeben. Geschichte und Theologie der Eucharistie, 2., erw. Aufl. Freiburg/Breisgau 2015, S. 220–233.

34 Vgl. Wilhelm Rees: Ordination in der römisch-katholischen Kirche. Anmerkungen aus rechtshistorischer und aktuell kirchenrechtlicher Perspektive, in: Ordination – mehr als eine Beauftragung?, hg. v. Konrad Huber, Andreas Vonach, Wien, Berlin 2010, S. 145–182, hier: S. 150.

35 Vgl. ebd., S. 135–138.

DIE FRUITIO DEI – DAS „GENIEßEN GOTTES"

Wiedererstarken der anabatischen Dimension der Eucharistie bemüht, die das gläubige Individuum eben nicht nur zum passiven Heilsempfänger stilisierte, sondern es zweitens zu einem aktiv teilhabenden Subjekt – bisweilen ohne klerikale Vermittlung – werden ließ, das drittens nicht nur selbst genoss, sondern zugleich Gott Genuss verschaffte durch liebende und erkennende Teilhabe an seinem *corpus passionis et resurrectionis*.

Dass die Eucharistie insbesondere vom Volk so intensiv emotional und spirituell erlebt wurde, verdanke sich – so Johannes Emminghaus – der Bereicherung der römischen Liturgie durch altgallische und fränkische Elemente. Symbolik und archaisch-dramatische Riten hätten beim Germanenvolk stärkere Wirkung entfaltet als der stark verbalisierte und rational durchformte Gottesdienst.[36] Anhand dieser Deutung liegt die Vermutung nahe, dass die mittelalterliche Mystik des Abendlandes nicht ohne Grund in ehemaligen germanischen, fränkischen und gallischen Gebieten ihren Ursprung hatte. Die Wendung ins Subjektive, hervorgerufen durch eine dem Laien nicht mehr verständliche reine Priestermesse, und den Zerfall des lebendigen Miteinanders von Vorsteher und Gemeinde bezeichnet Emminghaus sodann als „liturgische[n] Niedergang des Mittelalters",[37] der eine Hinwendung zur subjektiven Erfahrung und Begegnung mit Jesus erst herausforderte. In gewisser Weise stehen die mittelalterlichen Mystiker*innen genau im Zentrum dieser somatisch-eucharistischen Frömmigkeit, lenken den Blick aber zugleich wieder verstärkt auf den Charakter der Eucharistie als geistliche Speise, die der körperlichen wie seelischen Erbauung des gläubigen Volkes diene, und begegnen somit kritisch den veräußerlichten und klerikalisierten Formen der liturgischen Praxis. Die mittelalterliche Mystik ist grundlegend und in erster Linie eucharistische Mystik, entweder in Forcierung der eucharistischen Frömmigkeit oder in direkter wie indirekter Abkehr von der – nicht mehr verständlichen – Praxis des sakramentalen Kommunizierens.

3.2 Fruitio Dei *in der mystischen Eucharistiefrömmigkeit des Klosters Helfta im 13. Jahrhundert*

Mit dem Kloster Helfta verbinden sich gleich drei Persönlichkeiten in einem ähnlichen Zeitfenster, weshalb sich eine vergleichende Betrachtung anbietet. Dazu gehören Mechthild von Magdeburg (1207–1282), Mechthild von Hackeborn (1241–1299) und Gertrud von Helfta (~1256–1302).

---

36 Vgl. Kap. C. 2. in: Johannes H. Emminghaus: Die Messe. Wesen – Gestalt – Vollzug, 3., neu bearb. Aufl., Stuttgart 1983.

37 Ebd., S. 116.

Mechthild von Magdeburg (1207–1282)[38] verwendet Metaphern des Gottesgenusses in verdichteter Form. In Verbindung mit der Eucharistie versteht sie Genuss als Gotteserkenntnis (vgl. FLG I, 21)[39] und Gottesliebe, die zum Wachstum der Nächstenliebe als Dienst am Nächsten beitrage, da sich eine Seele, die sich in der Gemeinschaft demütig zur Geringsten mache, beginne *ze smekende sine sûssekeit* (FLG VI, 1).[40] Damit genieße die Seele ansatzweise das endzeitlich-hochzeitliche Mahl, *gelich der edelsten brutlofte und der grôssosten hochgezit und der langesten wirtschaft* (FLG IV, 5).[41] Geistlicher Genuss werde jedoch von den menschlichen Schwächen blockiert, er sei nicht zu vergleichen mit dem körperlichen Genuss (vgl. FLG II, 7). Der Genuss ist dabei ein wechselseitiger. Nicht nur Gott verschaffe der Seele Genuss, sondern die gottliebende Seele trage selbst zum Genießen Gottes bei. Im *Fließenden Licht der Gottheit* spricht Gott im Dialog mit der Seele:

> Du smekest als ein wintrúbel,
> du rúchest als ein balsam,
> du lúhtest als dú sunne,
> du bist ein zûnemunge miner hôhsten minne. (FLG I, 21 / I, 16)[42]

Die Unmittelbarkeit einer real-eucharistischen *communicatio* des Einzelnen mit Gott tritt hier deutlich gegenüber einem klerikal vermittelten Sakramentenverständnis zurück. Diese Kommunikation sei überdies Ausdruck einer *sunderlicher gebruchunge der núwer gegenwúrtekeit* (FLG I,2).[43] Der Begriff „neu" erstaunt im Zusammenhang mit der mittelalterlich brisanten Debatte um die Realpräsenz Gottes während der Eucharistie. Handelt es sich

---

38 Hier wird das Hauptwerk einer bereits von Zech in den Blick genommenen Mystikerin einer erneuten und weitergehenden Analyse unterzogen.

39 Mechthild von Magdeburg: Das fließende Licht der Gottheit. Zweisprachige Ausgabe. Aus dem Mittelhochdeutschen übers. u. hg. v. Gisela Vollmann-Profe. Berlin 2010 [= FLG].

40 FLG VI, 1: „seine Süßigkeit zu verkosten" (Übers. v. Margot Schmidt, in: Mechthild von Magdeburg: Das fließende Licht der Gottheit. 2., neubearb. Übers. mit Einführung u. Kommentar v. Margot Schmidt, Stuttgart-Bad Cannstatt 1995, „sie verkostet seine Süßigkeit" (Übers. v. Vollmann-Profe).

41 FLG IV, 5: „längste[] Festmahle ewiger Süßigkeit" (Übers. v. Schmidt) / „gleich der vornehmsten Hochzeit und dem größten Fest und dem längsten Gastmahl" (Übers. v. Vollmann-Profe).

42 FLG I, 21: „Du schmeckst wie eine Weintraube, / du duftest wie ein Balsam, / du leuchtest wie die Sonne, / du bist ein Wachstum meiner höchsten Minne." (Übers. v. Schmidt) / FLG I, 16: „Du schmeckst wie eine Weintraube, / du duftest wie Balsam, / du strahlst wie die Sonne, / meine höchste Liebe wächst in dir." (Übers. v. Vollmann-Profe).

43 FLG I, 2: „neuen Gegenwärtigkeit" (Übers. v. Schmidt): „in besonderem Genuß der neuen Gegenwart" (Übers. v. Vollmann-Profe).

DIE FRUITIO DEI – DAS „GENIEßEN GOTTES"

hier um einen Entwurf christlicher Liturgie, den Mechthild als „neuartigen" zur Sprache bringen wollte? Tatsächlich erhärtet sich dieser Verdacht durch den Blick in weitere Textpassagen. Zum einen betont sie die Möglichkeit des Gottesgenusses im Stundengebet, zum anderen verweist sie auf das notwendige Zusammen von Wortgottesdienst und Eucharistiefeier als Ideal, das nicht (mehr?) praktiziert wurde. In poetisch-verdichteter Form drückt Mechthild die Möglichkeit des Gottesgenusses beziehungsweise die Sehnsucht danach im klösterlich-meditativen Stundengebet aus:

> Mettin: Minnen vol, ein sůsse wol.
> Prime: Minnen gere, ein sůsse swere.
> Tercie: Minnen lust, ein sůsse turst.
> Sexte: Minnen vůlen, ein sůsse kůlen.
> None: Minnen tot, ein sůssú not.
> Vesper: Minnen vliessen, ein sůsses giessen.
> Conplet: Minnen růwen, ein sůsses vrôwen. (FLG I, 30)[44]

Nicht weniger ausdrucksstark formuliert Mechthild ihr Plädoyer für das Ineinander von Wortgottesdienst und Eucharistie:

> Si treit in ir vordern hant einen kelch mit rotem wine, den trinket sie alleine in unzellicher wunne; die engele versůchent sin niemer. Das ist des ewigen sunes blůt; das erfüllet iren můt so sere, das si úns git vil manige sůsse lere. [...] Ir flússet oley usser ir kelen, das ist barmherzekeit, salbe der súnde. Si hat ŏch in irem munde guldin zen, da kúwet si mitte die himelschen kranwurtzen, das sint der propheten sprúche. Ir trúfet honig us ir zungen, das die snellen binen, die heiligen aposteln, us den sůssesten veltblůmen hant gesogen. (FLG IV, 3)[45]

---

44 FLG I, 30: „Mette: Minneverzückt, in Süße beglückt! / Prim: Minneverlangen, süßes Bangen! / Terz: Minnelust, ein süßer Durst! / Sext: Minnefühlen, ein süßes Kühlen! / Non: Minnetod, eine süße Not! / Vesper: Minnefließen, ein süßes Gießen! / Complet: Minneruhen, süßes Freuen!" (Übers. v. Schmidt) / „Zur Mette: Liebeserfüllung – eine süße Seligkeit, / Zur Prim: Liebessehnsucht – eine süße Last, / Zur Terz: Liebeslust – ein süßer Durst, / Zur Sext: Liebesempfinden – ein süßes Kühlen,/ Zur Non: Liebestod – eine süße Qual, / Zur Vesper: Liebesverströmen – ein süßes Gießen, / Zur Complet: Liebesruhe – eine süße Freude." (Übers. v. Vollmann-Profe).

45 FLG IV, 3: „Sie (= die Jungfrau-Kirche, MBM) hält in ihrer rechten Hand einen mit rotem Wein gefüllten Kelch, den trinkt sie allein in unaussprechlicher Wonne [unsagbarer Lust (VP)]. Die Engel verkosten ihn nie. Der Wein ist das Blut des ewigen Sohnes. Er erfüllt ihren Geist so sehr, daß sie uns unendlich viele süße Lehre erteilt. [...] Ihr fließt Öl aus der Kehle, das ist die Barmherzigkeit, Salbe der Sünde. Auch hat sie goldene Zähne in ihrem

Die dargelegten Aspekte verbinden sich mit den Handlungen des Priesters während der Messe, dem alleine die Kelchkommunion vergönnt war und der die Worte der Schrift in der Predigt, die hochmittelalterlich eher ein Schattendasein führte, auslegte, weshalb dessen Person nirgends in Frage gestellt wird. Mechthilds Kritik zielt daher auch weniger auf die Funktion des Klerikers als Heilsmittler denn vielmehr auf ein verkürztes Verständnis der Messe in ihrer Konzentration auf das Messopfer, dem die kommunikative Bedeutung, die dem Kommunionempfang und der Predigt als Grundformen religiöser Kommunikation zukommen, nicht mehr vordergründig zu eigen waren. Nicht das Opfer steht im Mittelpunkt ihres Liturgieentwurfs, sondern die Vermittlung von Erkenntnis und Glaube als Aufgabe des Klerus, nachdem dieser die Lehren Gottes beim Kommunionempfang verkostet hat. Jedoch sind ihr nicht alle Kleriker genehm, denn sie präferiert Priester der reformorientierten Bettelorden, speziell Dominikaner und Franziskaner:

> Und si sôgete selber dise zwene súne, ja mit beiden iren brústen, die also vol der sûssen milch sint, das si si nie und ôch niemer me môgent volle sugen us. Dise brúste das was und ist dú alte e und dú núwe e, do únser mûter, dú helige cristanheit, mitte sôget allú gottes kint. [...] Dise zwen súne das sint die predier und die minren brûder, do Sant Dominicus und Sant Franziskus die ersten wurzellen von warent. (FLG V, 24)[46]

Insgesamt wird die Möglichkeit des Gottesgenusses elitär gedacht, da er nur Klerikern und Ordensangehörigen beiderlei Geschlechts, nicht jedoch den gläubigen Laien zugänglich sei (vgl. FLG VII, 17).

Einen anderen, weniger elitären, aber nicht minder subjektiven Zugang zum eucharistischen Genuss bringt Gertrud von Helfta zum Ausdruck. Sie spricht häufig vom Hunger und Durst nach ihrem Geliebten, vom eucharistischen Tisch seiner „Süßigkeiten" (vgl. ES I) und von seinem ‚honigfließenden Wort' (vgl. ES I; III). Gott und seine Weisheit „schmecken" dem Menschen: *Hic orabis, ut os tuum repleatur sale sapientiae, ut possis gustum fidei in spiritu sancto sapere*

Munde, damit kaut sie den himmlischen Wachholder, dies sind der Propheten Sprüche. Ihr fließt Honig von der Zunge, den die schnellen Bienen, die heiligen Apostel, aus den süßesten Feldblumen gesogen haben." (Übers. v. Schmidt).

46 FLG V, 24: „Sie [die Mutter Kirche] nährte [...] zwei Söhne selbst an ihren beiden Brüsten, die so voll von süßer Milch sind, daß sie nie und nimmer ganz ausgetrunken werden könnten. Diese Brüste waren und sind das Alte und Neue Testament, mit denen unsere Mutter, die heilige Kirche, alle Gotteskinder nährt. [...] Diese beiden Söhne sind die Prediger und Minderbrüder, deren Wurzel der heilige Dominikus und Franziskus waren." (Übers. v. Schmidt).

DIE FRUITIO DEI – DAS „GENIESSEN GOTTES"

(ES 1).[47] Gertrud wusste augenscheinlich um die traditionell enge Verbindung von *sapor / sapere* (Geschmack / schmecken) und *sapientia* (Weisheit).[48] Sie bittet in ihren *Exerzitien* im Rahmen des Stundengebets und der Lektüre der Heiligen Schrift um einen Geist, der die Seele befähige, Gott *amare … non solum dulciter, sed et sapienter te diligere* (ES 5).[49] Der Begriff *sapienter* wird im Deutschen in verschiedenen Übersetzungen in der Doppeldeutigkeit von Geschmack und Verstand wiedergegeben. Die Begegnung mit Christus in der Eucharistie mache sie unersättlich: *Quo te plus gusto, plus esurio. Quo plus bibo, plus sitio.* (ES 5)[50]

In Anlehnung an das *Hohelied* entwirft sie in ihrem *Gesandten der göttlichen Liebe* eine mit der Eucharistie einhergehende Form der *unio mystica*, die den sinnhaften Genuss des himmlischen Gastmahls in den Mittelpunkt rückt:

> O donum quod est super omne donum, videlicet in illa apotheca ex aromatibus divinitatis tam abundanter satiari, & in illo voluptuoso cellario, mero divinæ charitatis sic supereffluenter inebrari, imo ingurgitari, ut nec vel leviter pedem movere patiatur ad terminos illos, in quibus tantæ fragrantiæ efficaciam tepessere suspicatur. Insuper quocumque progredi necesse fuerit, charitate ducente, tantæ repletionis secum defert ructus, ut etiam divinæ ubertatis opulentiam dulcedinémque odoris valeat aliis ministrare. (LDP II, IX)[51]

---

47   ES 1: „Hier betest du dann, daß dein Mund erfüllt werde vom Salz der Weisheit, damit du verständig schmecken kannst den Geschmack des Glaubens, im Anhauch des heiligen Geistes." (Übers. v. Siegfried Ringler, in: Gertrud von Helfta: Exercitia spiritualia / Geistliche Übungen. Lateinisch und deutsch. Hg., übers. u. eingel. v. Siegfried Ringler, Elberfeld 2001.) [= ES].

48   Vgl. Hildegard Gosebrink: In der Sinne Achtsamkeit. Leib und Sinne in Gertruds „Exercitia spiritualia", in: Aufbruch zu neuer Gottesrede. Die Mystik der Gertrud von Helfta, hg. v. Siegfried Ringler, Ostfildern 2008, S. 76–92, hier: S. 86.

49   ES 5: „nicht nur süß; sondern […] auch mit Verstand zu lieben und zu achten" (Übers. v. Johanna Schwalbe und Manfred Zieger, in: Gertrud von Helfta: Geistliche Übungen. Aus dem Lateinischen übers. v. Johanna Schwalbe u. Manfred Zieger, St. Ottilien 2008); „nicht nur in süßer Zärtlichkeit, sondern auch verständig und mit Geschmack zu schätzen und zu lieben" (Übers. v. Ringler).

50   ES 5: „Je mehr ich von dir koste, umso hungriger bin ich. Je mehr ich von dir trinke, umso durstiger bin ich." (Übers. v. Schwalbe, Zieger); „Je mehr ich von dir koste, desto mehr bin ich hungrig; je mehr ich trinke, desto mehr bin ich durstig" (Übers. v. Ringler).

51   Gertrud von Helfta: Insinuationes divinæ pietatis sive Legatvs memorialis divinæ pietatis a Christo sic nominatus. In quo præter vitam S. Virginis Gertrudis Abbatissæ Elpidianæ in Saxonia Ordinis S. Patriarchæ Benedicti. Continentur Revelationes, Gratiæ, suma totius vitæ Christianæ, & perfectionis Spiritualis, Nec non varia virtutum exercitia tam Religiosis quàm alijs comprimis necessaria. Omnia ex varijs exemplaribus Pristino Nitori fideliter restituta. His accessit synopsis vitæ ejusdem. S. Gertrudis cum triplici Indice copiosissimo

Auch bei Gertrud findet sich eine wechselseitige Bereicherung. Nicht nur sie genießt den Leib Christi leiblich und geistlich, sondern auch Christus erfährt Gertruds Hoffnung und Sehnsucht als *olfactui meo suavissimi odoris delectamentum* (LDP III, L).[52] Der Genuss bleibt aber kein Selbstzweck. Ausdrücklich verweist sie auf zwei Funktionen der *fruitio Dei*:

> Unum videlicet, quo ita totaliter per excessum mentis ferebatur in Deum, quod de illa fruitione perpauca respectu veritatis ad utilitatem, proximorum enarrare potuit. Alium verò modum, quo sensus per scripturarum exercitationem exacuens Domino cooperante spiritualis intellectus fruebatur mirabili sapore & delectatione tanquam praesentialiter facie ad faciem colluderet Domino (sicut amicus amicissimo suo quandoque in tabula colludit in secreto) & ex his valebat aliorum utilitatibus deservire. Et hoc erat quod Dominus requirebat ab ea, utrum eligeret ut ipse serviret ei per primum modum. (LDP IV, II)[53]

Aus der *unio mystica* entspringt somit nicht nur Erkenntnis, sondern auch *caritas*.

Da es ihr mitunter verwehrt wurde, zum Altar zu treten, sei ihr eine geistliche Kommunion durch göttliche Gnade zuteil geworden (vgl. LDP IV, XIII). Die Unmittelbarkeit der göttlichen Gnade ist als dezidierte Kritik an den klerikalen

---

Opera et stvdio P.D. Laurentii Clement Monachi Monserratensis Pragensis Ordinis, S. Benedicti. Cum facultate Superiorum. Salisburgi 1662. „Das aber ist das größte aller Geschenke: geführt zu werden in die Vorratskammer Gottes, dort mit Gewürzkräutern (H.L. 5,13) im Überfluß gesättigt zu werden, dann geleitet zu werden in die Überfülle seines Weinhauses (H.L. 2,4) und den unvermischten Wein der Liebe (H.L. 4,10) zu trinken bis zum Übermaß, und vom Wein berauscht (H.L. 5,1) zu werden, so daß der Fuß kaum noch gehen kann, nur soweit die Wohlgerüche (H.L. 3,6; 4,10.16) zu riechen sind. Und so oft unter Führung der Gnade eine solche Trunkenheit und Übersättigung eintritt, daß sie Aufstoßen mit sich bringt, wird auch dessen Süßigkeit noch den Überfluß des göttlichen Reichtums künden." (Übers. v. Lanczkowski. In: Gertrud die Große von Helfta: Gesandter der göttlichen Liebe [Legatus divinae pietatis]. Übers. v. Johanna Lanczkowski. Heidelberg 1989) [= LDP].

52   LDP III, L: „süßeste[n] Wohlgeruch" (Übers. v. Lanczkowski).

53   LDP IV, II: „Die eine war, durch Verzückung des Geistes so vollkommen in Gott versenkt zu werden, daß sie von diesem Genießen Gottes – in Rücksicht auf die Wahrhaftigkeit – nur sehr wenig zum Nutzen der Nächsten berichten konnte. Die andere: ihr Verstand, mit Hilfe des Herrn in intensiver Beschäftigung mit den heiligen Schriften geschärft, genoß so tiefes geistiges Erkennen und Verstehen, so wunderbaren Geschmack und Freude, als ob sie persönlich von Angesicht zu Angesicht mit dem Herrn bespräche, wie ein Freund mit seinem vertrauten Freund sich manchmal im geheimen über ein Schriftstück bespricht. Und hieraus gewann sie die Kraft, anderen zu dienen und zu nützen." (Übers. v. Lanczkowski).

DIE FRUITIO DEI – DAS „GENIESSEN GOTTES"

Beschränkungen zu werten. Sie hinterfragt kritisch, warum ein Priester qua Amt würdiger als sie sein solle, die Kommunion zu empfangen (vgl. LDP III, XXXVI), weshalb sie, um die gleiche Stufe mit dem Klerus zu demonstrieren, ihre eigene Priesterlichkeit aus göttlicher Gnade heraus legitimiert. Von Jesus selbst sei sie als Diakonin und Priesterin eingesetzt worden (vgl. LDP IV, XXXII) und daher auch befugt, die nährenden Gnadenbrote der Sündenvergebung an andere weiterzureichen (vgl. LDP IV, XXI).[54] Gnade werde nicht etwa durch den Priester übermittelt, sondern einzig durch Wirken des Heiligen Geistes: *De arboribus quoque sapientiæ & intellectus riuuli quidam nectare fluebant, signantes quòd per Spiritum sapientiæ & intellectus animam efficaciter influit & suauiter satiat divinæ fruitionis dulcedo.* (LDP IV, XL)[55] Drastischer wurde eine weibliche Kritik an Selbstverständnis und Amtsbefugnissen der Kleriker nur noch von Katharina von Siena formuliert.[56]

Um den Kreis der Helftaer Mystikerinnen zu vervollständigen, soll zuletzt noch Mechthild von Hackeborn zur Sprache gebracht werden, deren *Liber specialis gratiae* ebenfalls Aspekte des Gottesgenusses reflektiert. Diese Aspekte sind – anders als bei Gertrud – nicht zentral, spielen aber im Zusammenhang mit ihrer Kirchenkritik durchaus eine Rolle. Als der Helftaer Gemeinschaft die Feier der Sakramente aufgrund nicht gezahlter Geldleistungen einmal verwehrt wurde, hätten die Mitschwestern stattdessen die Geistkommunion empfangen. Dabei sei Jesus selbst Zelebrant und Opfer gewesen. Aus seiner Hand habe die Klostergemeinschaft den *Dominicum corpus* erhalten, *et beata Virgo crateram auream cum fistula aurea ad latus Domini tenebat, per quam sugebant omnes liquorem illum dulcissimum qui de pectore Domini emanabat.* (LSG I, XXVII)[57] Der Genuss, zu dem die Eucharistie führt, ist auch hier ein wechselseitiger:

---

54 Ein solches Selbstverständnis vertreten weder Mechthild von Magdeburg noch Mechthild von Hackeborn.

55 LDP IV, XXXVIII: „Von den Bäumen der Einsicht und der Erkenntnis flossen Bäche hernieder, die Nektar führten. Dadurch sollte angezeigt werden, daß durch den Einfluß des Geistes der Einsicht und der Erkenntnis die Seele mit der Süßigkeit des Gottgenießens gesättigt wird." (Übers. v. Lanczkowski).

56 Vgl. die entsprechenden Ausführungen zu Katharina von Siena im Rahmen dieses Beitrags.

57 Sanctæ Mechtildis Virginis Ordinis Sancti Benedicti: Liber Specialis Gratiæ. Accedit Sororis Mechtildis ejusdem ordinis: Lux divinitatis. Opus ad codicum fidem nunc primum integre editum Solesmensium O.S.B. Monachorum cura et opera. Paris 1877 (Revelationes Gertrudianæ ac Mechtildianæ, 2). BSL I, 14: „den Leib des Herrn [erhalten]. Die selige Jungfrau aber hielt einen goldenen Becher mit einem goldenen Ausfluß an die Seite des Herrn hin, und alle sogen daraus jenes wundersame Getränk, das aus der Brust des Herrn

> Et intellexit quod Deum laudare deberet [...] pro gusto suavissimo, qui fit in Missa, ubi ipse cibus est animæ suavissimus, et in isto cibo ita sibi animam quadam blanditate amicissima incorporat, quod anima per unionem Dei fit cibus Die. (LSG III, 11)[58] Et omnis communicans hoc sacramentum cibat me, et ego eum. (LSG III, XXVIII)[59]

Der antike Aspekt der Eucharistie als Lobpreis und Danksagung der Gemeinde und somit die anabatische Dimension des Gottesdienstes wird von Mechthild von Hackeborn wiederentdeckt und zum zentralen Kriterium der Messfeier erhoben. Auch Schriftlesung und Predigt gehören zur zentralen *cibo* („Speise") (LSG III, XII) des Gottesdienstes dazu. Eines anderen Mittlers als Christus bedürfe es dabei nicht mehr, wodurch für Mechthild von Hackeborn der Sakramentenempfang auch ohne Priester möglich wird.

Das Klima in Helfta war geprägt von mystischer Kontemplation, dessen Zentrum die Eucharistie bildete. Der Empfang des Sakraments blieb den Helftaerinnen jedoch oftmals aus vielerlei Gründen – wie im Mittelalter üblich – verwehrt. Die Religiosen nahmen daher recht individuelle Uminterpretationen vor, die insbesondere die Stellung des Priesters anfragten. Da Gottesgenuss zudem eine Form der Erkenntnis darstellte, die den Frauen ebenfalls nur restriktiv zugänglich gemacht wurde, war der einzige Weg für die Frauen der mystische, das heißt die Verbalisierung der unmittelbaren Gottesbegegnung, die durch den Geist den Sinnen als Genuss übermittelt werde. Trotz offensichtlicher Gemeinsamkeiten zeichnen sich die Werke der drei Mystikerinnen durch ein hohes Maß an Individualität aus, speziell auch im inhaltlichen Gehalt und der Funktion der Metaphorik des „Verkostens" und „Genießens" Gottes.

3.3 Eucharistischer „Gottesgenuss" – Konzepte aus anderen Regionen des mittelalterlichen Europas

Folgende Mystiker*innen des hohen Mittelalters werden aufgrund der aussagekräftigen Genussmetaphorik in ihren Werken zur Sprache gebracht: Marguerite Porète (1250/60–1310, Paris), Meister Eckhart (1260–1328, Hochheim/

---

floß." (In: Mechthild von Hackeborn: Das Buch vom strömenden Lob. Auswahl, übers. u. eingel. v. Hans Urs von Balthasar, 3. Aufl., Einsiedeln 1993) [= LSG (BSL)].

58   BSL III, 42: „Nun begriff sie, daß sie Gott loben sollte [...] für seinen gar süßen Geschmack, der während der Messe gekostet wird, wo er selber zur Kost der Seele wird und in dieser Kost sich die Seele so einverleibt, in freundschaftlicher Intimität, wobei die Seele zu Gottes Speise selbst wird." (Übers. v. von Balthasar).

59   BSL III, 63: „Und jeder, der kommuniziert, speist mich und ich speise ihn." (Übers. v. von Balthasar).

DIE FRUITIO DEI – DAS „GENIEßEN GOTTES"

Avignon), Heinrich Seuse (1295–1366, Konstanz/Ulm), Johannes Tauler (1300–1361, Straßburg), Juliana von Norwich (1342–1413, England), Anonyme Verfasserin/Anonymer Verfasser der *Wolke des Nichtwissens* (spätes 14. Jahrhundert, England) und Katharina von Siena (1347–1380, Siena/Rom). Im Vordergrund der Analyse steht die Verbindung von Metaphern des Gottesgenusses mit der Eucharistie. Zu unterscheiden sind folgende Bezüge: es gibt Mystiker*innen, die die *fruitio Dei* wie die Helftaerinnen im Kontext der Eucharistie interpretieren und sie zur sakramentalen Erfahrung werden lassen. Dies geschieht einmal eingebunden in zeitgenössische liturgische Praktiken und den klösterlichen Alltag, ein anderes Mal in Form einer kritischen Anfrage an Liturgie, Ekklesiologie und Soteriologie. Wieder andere begreifen die *fruitio Dei* ausschließlich als Erkenntnisprozess einer Aneignung von Gottes- und Weltverständnis.

Während sich bei fast allen Mystiker*innen der Gottesgenuss mit der Gotteserkenntnis verbindet, jedoch stets an die Eucharistie rückgebunden bleibt, spitzt einzig Marguerite Porète ihre Reflexionen alleine auf die Erkenntnis zu. Ihr tragisches Schicksal[60] sagt nicht nur etwas über den menschenunwürdigen Umgang der mittelalterlichen Kirche mit devianten Formen der Spiritualität aus, es verweist auch auf die hohe Individualität mystischer Erfahrungen, speziell der *fruitio Dei*. Tatsächlich tauchen Begriffe wie *fruiction* bei Marguerite nur vereinzelt auf.[61] Zudem verbinden sie sich nirgends mit der Eucharistie, überall jedoch mit der Gotteserkenntnis, die nur einige wenige Erwählte zu erhalten imstande seien, da sie sich von allem Irdischen, und damit meint sie auch die Sakramente, frei gemacht hätten. Der Genuss, der bei der Erkenntnis Gottes eintrete, wird zwar häufig mit Verben der Nahrungsaufnahme ausgedrückt, es handele sich jedoch an keiner Stelle um eine körperlich-sinnliche und damit materielle Erfahrung. Ihr dezidiertes Ziel ist die Entwertung der Erfahrung all jener Mystiker*innen, die die erste mystische Stufe noch als konkret körperlich spürbaren Genuss beschreiben. Stattdessen sei [c]*elluy qui art n'a mie froit, et celluy qui se noye n'a mie soif.* [...] *Car quiconques | sent de Dieu par matere qu'il voye ou oye dehors luy, ne pour labour qu'il face de luy, cil n'est mie tout feu, aiçoys y a matere avec tel feu* (SES 25).[62]

---

60 Sie wurde von der Kirche aufgrund ihres Werkes, dem *Mirouer* (*Miroir*) *des simples âmes*, dessen Inhalt sie nicht revidierte, angeklagt und als Ketzerin auf dem Scheiterhaufen verbrannt.

61 Verwiesen sei erneut auf die ausführliche Wortanalyse von Zech [Anm. 1].

62 Marguerite Porete: Le mirouer des simples ames / Margaretae Porete: Specvlvm simplicivm animarum, hg. v. Romana Guarnieri (Altfranz.) und Paul Verdeyen (Lat.), Turnholt 1986. MSA 25: „[w]er glüht [...] keinesfalls kalt, und wer sich volltrinkt hat keinerlei Durst."

Die elitäre Absage an Sakramente und an eine somatische Frömmigkeit, die zudem Sünden und Tugendwerke im Zentrum hat, bringt Marguerite unausweichlich in die Nähe von zeitgenössischen Strömungen wie Katharer- oder Waldensertum, die von der Amtskirche aufgrund abweichender Lehren und Praktiken verfolgt wurden. Auch greift sie deutlich reformatorischer Theologie voraus, wenn sie die Gnade aufgrund von Verdiensten verneint: *loyal amour ne daigneroit avoir nulles consolacions qui venissent de son acquisition* (MSA 27).[63] Zur aufrichtigen und vollkommenen Form der Liebe komme man weder durch eine Frömmigkeit praktizierter Nächstenliebe noch durch Anstrengungen des Verstandes. Nicht die Suche sei der Weg zu Gott, sondern das von Gott gnadenhaft übermittelte Verständnis seiner selbst. *[C]ar la est le grain de divine pasture.* (MSA 56)[64] Die Liebe sei *saoullant, et abysme, et mer remplie* (MSA 79).[65] Gotteserkenntnis werde dem von allen Sinnen frei gewordenen Menschen im rein geistlichen Genuss übermittelt. Er könne sich Gott nicht selbst annähern, weshalb auch alles Streben nach Tugenden und jegliche Bußpraktiken überflüssig würden. Trotz ihrer Kritik an somatischen Frömmigkeitspraktiken kann aber auch Marguerite sich nicht von der zeitgenössischen Genussmetaphorik lösen, weshalb ihr Umdeutungsprozess der völlig auf den weltlich-materiellen Bereich rückgebundenen Sprache des Essens und Genießens auch nur bedingt gelingt und großes Unverständnis bei ihren Zeitgenoss*innen hervorrief.

In Anknüpfung an die Konzeptionen der Helftaer Theologinnen werden Johannes Tauler, Meister Eckhart und die englischen Schriften betrachtet, die den erkenntnisbringenden Gottesgenuss eng an die Eucharistie anbinden, jedoch kein kirchenpolitisches und insbesondere antiklerikales Argumentationsprofil entwickeln. Aus dem englischen Sprachraum sind zwei Werke des späten 14. Jahrhunderts bekannt, die die Genussmetaphorik adaptieren, wenn auch eher maßvoll: die *Offenbarungen von göttlicher Liebe* der Juliana von Norwich sowie die *Wolke des Nichtwissens*, die ein anonymer Autor oder eine anonyme Autorin verfasst hat.[66] Insgesamt scheint die englischspra-

---

[...] Derjenige also, der Gott empfindet dank einer Materie, die er außerhalb seiner sieht oder hört, oder durch eine Anstrengung, die er von sich aus unternimmt, der ist noch keineswegs ganz Feuer." (in: Margareta Porete: Der Spiegel der einfachen Seelen. Mystik der Freiheit, hg. u. übers. v. Louise Gnädinger, mit einem Vorwort von Gotthard Fuchs, 2. Aufl., Kevelaer 2017.) [= MSA].

63 MSA 27: „Aufrichtige Liebe [der Seele] würde keinerlei Tröstung annehmen wollen, die ihr durch Verdienste zukäme." (Übers. v. Gnädinger).

64 MSA 56: „Denn darin liegt der Kern der göttlichen Speise." (Übers. v. Gnädinger).

65 MSA 79: „sättigend und ein Abgrund und ein überlaufendes Meer" (Übers. v. Gnädinger).

66 Allgemein geht die Forschung unhinterfragt davon aus, dass es sich bei der *Cloud of unknowing* um das Werk eines männlichen Autors handelt. Es ergebe sich aus misogynen Passagen. Jedoch sind stets beide Geschlechter die Adressaten, weshalb diese These in

DIE FRUITIO DEI – DAS „GENIEßEN GOTTES"

chige Mystik nur wenig vom mystischen Diskurs des Festlandes beeinflusst gewesen zu sein. Die Symbolik der *Wolke des Nichtwissens* ist fernöstlichen Weisheiten zwar verwandt, wird aber nicht direkt von diesen beeinflusst gewesen sein, sondern wollte mit dem Bild der Wolke lediglich darauf verweisen, dass Gott im Irdischen stets verborgen bleibe und niemals in Gänze erkannt werden könne.[67] Alles irdische Empfinden sei abzulegen, da es das Antlitz Gottes nur weiter verdunkele. Lasse man sich auf die Gnade Gottes ein, der sich tief zum Individuum herablasse, so werde man *fed with the swetnes of His love* (WN II).[68] Diese sei ein Vorgeschmack der beseligenden Gottesschau: *And therfore whoso were refourmyd by grace thus to continow in keping of the steryn- ges of the wille, schuld never be in this liif – as he may not be withouten thees ste- rynges in kynde – withouten som taast of the eendles swetnes; and in the blisse of heven withouten the fulle food.* (WN IV)[69] Auch Juliana von Norwich beschreibt die Sehnsucht nach der beseligenden Gottesschau, die im Irdischen jedoch nicht erreichbar sei, als Durst nach dem Blut Christi.[70] Im Zentrum steht bei den englischen Mystikern eine individualisierte Eucharistiefrömmigkeit, die nicht ausdrücklich in eine Kleruskritik mündet. Sie ist eher implizit ablesbar an den subjektiven Schilderungen der Mystiker*innen gegenüber den Normierungsbestrebungen der Amtskirche.

Meister Eckhart sagt die Forschung bisweilen nach, er sei von Marguerite Porètes Mystik nicht unwesentlich beeinflusst gewesen.[71] In der Vorstellung des Wesens der göttlichen Liebe in der Seele, dem sogenannten „Seelenfunken", präferiert Eckhart ebenfalls eine ungegenständliche Beziehung. Daher formuliert Gerhard Leibold bezüglich des Gottesgenusses folgende These: „Damit

---

gewisser Weise auch brüchig wird. Zudem hoben auch Mystikerinnen nicht immer den Wert der Frau hervor, sondern blieben oft in misogynen Sprachkonventionen verhaftet, wenn auch bisweilen mit ironisierendem Unterton.

67   Vgl. Wolfgang Riehle: Englische Mystik des Mittelalters, München 2011, S. 229–231.

68   The Cloud of Unknowing, hg. v. Patrick J. Gallacher, Kalamazoo, MI 1997. WN II: „Süßigkeit seiner Liebe genährt." Übersetzung: Das Buch von der mystischen Kontemplation. Genannt Die Wolke des Nichtwissens. Worin die Seele sich mit Gott vereint. Übertragen u. eingel. v. Wolfgang Riehle, 9. Aufl., Einsiedeln 2011 [= WN].

69   WN IV: „Wer deshalb durch Gnade umgestaltet ist und dadurch beständig seine Willensregungen, ohne die er von Natur aus nicht leben kann, in acht zu nehmen vermag, wird immer einen Vorgeschmack der unendlichen Wonne verspüren und in der himmlischen Seligkeit die volle Speise erlangen." Übers. v. Riehle.

70   Julian of Norwich: Offenbarungen von göttlicher Liebe. In der ursprüngl. Fassung erstmals übers. u. eingel. v. Elisabeth Strakosch, 4. Aufl. Einsiedeln 2011, VIII und XV.

71   Vgl. etwa Almut Sauerbaum: Sprachliche Interferenz bei Begriffen des Lassens. *Lux Divinitatis* und *Das fließende Licht der Gottheit*, in: Semantik der Gelassenheit. Generierung, Etablierung, Transformation, hg. v. Burkhard Hasebrink u.a., Göttingen 2012, S. 33–47, hier: S. 38.

stellt er [= Meister Eckhart] den in der zeitgenössischen Frauenmystik dominierenden Begriff der fruitio Dei, des Genießens Gottes, auf den Kopf. Nach ihm können Ursache und Ausbruch eines ekstatischen jubilus nicht eindeutig zugeordnet werden. Es gibt keine eindeutig identifizierbare religiöse Emotion."[72] Der Bezug zur Frauenmystik mag bezogen etwa auf die Helftaerinnen ein durchaus berechtigter Einwurf sein, wird aber durch Marguerite Porète widerlegt. Es sollte mehr die Individualität jeglicher mystischen Erfahrung berücksichtigt werden, als sie zu geschlechterdifferenten Vergleichen heranziehen zu wollen, die stets den theologischen oder spirituellen Wert einer Seite abzuwerten scheinen.

Bei Johannes Tauler meint Gottesgenuss Gotteserkenntnis und nicht bloß sinnlichen Affekt. Durch Genuss der Liebe Gottes in der *unio* werden die Mystiker selbst zu Übermittlern des Genusses: „Die Menschen, welche im überströmenden Maß Gott im Einssein mit ihm und im Wirken mit ihm genießen, überströmen ihrerseits."[73] Daher steht bei Tauler die Eucharistie im Zentrum seiner Mystik, die – wie bei Gertrud von Helfta – nicht nur innerliche Genuss-Erfahrung sei, sondern karitative Zuwendung zum Nächsten bewirke.[74]

Meister Eckhart gehört mit Heinrich Seuse und Johannes Tauler zum sogenannten „Mystischen Dreigestirn."[75] Dass eine solche Gruppierung nicht immer gerechtfertigt ist, beweist die dezidiert kleruskritische Haltung, die Heinrich Seuse über seine eucharistische Genussmetaphorik zum Ausdruck bringt. Ganz anders als bei Meister Eckhart finden wir bei Seuse eine betont affektiv-körperliche und zugleich radikal-asketische Frömmigkeit. Eine eucharistische Frömmigkeit ist im Unterschied zu zahlreichen Mystiker*innen kaum auszumachen. Nur an wenigen Stellen nimmt er Bezug zur Eucharistie, dann jedoch wird sie als Verkostung und als Genuss beschrieben: *Herr, waz ist noch in aller dieser welte, daz min herze erfröwen oder begeren muge, so du dich mir als minneklich ze niezenne und ze minnenne gist? Es heisset wol ein sacrament der minne. [...] Der diener: Herre, ze weler zit beschiht der influs der gnaden von dem sacrament? Entwúrt der Ewigen Wisheit: In dem nu des gegenwúrtklichen*

---

72 Gerhard Leibold: „Cognitio Dei experimentalis." Bemerkungen zum Beitrag Meister Eckharts zur affektiven Theologie, in: Im Drama des Lebens Gott begegnen. Einblicke in die Theologie Józef Niewiadomskis, hg. v. Nikolaus Wandinger, Petra Steinmair-Pösel, Wien, Berlin 2011, S. 578–586, hier: S. 585.

73 Louise Gnädinger: Johannes Tauler. Lebenswelt und mystische Lehre, München 1993, S. 241.

74 Vgl. ebd.

75 Vgl. etwa den gleichlautenden Titel von Walter Nigg: Das mystische Dreigestirn. Meister Eckhart – Johannes Tauler – Heinrich Seuse, Zürich 1990.

DIE FRUITIO DEI – DAS „GENIEẞEN GOTTES"

niezens. (BEW II, 23)[76] Erst die Seele, die durch Tugend vollkommen geworden sei und Gott und die Mitmenschen liebe, könne *lipliches himelbrot* (BEW
II, 23)[77] genießen. Und im Genuss stecke die Gnade selbst. Vollkommener
und dabei übersinnlicher Genuss sei aber erst im Eschaton möglich: *Und dú
selikeit lit an der voller götlicher gebruchunge* [...]. (BW 4)[78] Ähnlich wie bei
den Helftaerinnen ist hier nichts von der Gnade vermittelnden Handlung des
Priesters zu lesen. Die Begriffe *niezen* und *gebruchunge* werden von Seuse syn-
onym verwendet und verbinden sich mit dem Abendmahl im Moment der
Verkostung. Es ist dabei nicht erkenntlich, ob es sich um einen realen Genuss
der Hostie oder um ein rein geistliches Schmecken handelt. In der theoretischen Überlegung Seuses wird dem Priester allerdings keinerlei Bedeutung bei
der sakramentalen Vermittlung beigemessen, er wird nicht einmal erwähnt.

Zwischen 1376 und 1380 verfasste schließlich Katharina von Siena ihr
Gespräch von Gottes Vorsehung. Darin finden sich zahlreiche Anspielungen auf
die „Verkostung" Gottes, die nichts anderes bedeutet als *cognoscimento di sé e
di Dio* (GGV I, 1)[79] auf dem Weg des Gebetes und der *Imitatio passionis Christi*
mit dem Ziel des Friedens und der Nächstenliebe. „Verkostet" wird dabei
die sich selbst offenbarende Liebe Gottes in der menschlichen Seele und im
Verstand (vgl. GGV II, 51; II, 61). Zentral bei der Verkostung ist die Eucharistie,
die das Individuum jedoch nur stärke, wenn es sich nach dieser Stärkung
sehne.[80] Dabei ist es gleich, ob die „Speise" sakramental empfangen oder geistig
begehrt werde (vgl. GGV II, 65). Doch der Genuss bleibt wie bei allen anderen

---

76   Heinrich Seuse: Büchlein von der Ewigen Weisheit, in: Ders.: Deutsche Schriften. Hg.
v. Karl Bihlmeyer. Stuttgart 1907, S. 196-325. BEW II, 23: Diener: „Herr, was könnte noch
in dieser Welt mein Herz erfreuen, was könnte es noch begehren, als dich so liebevoll
zu kosten und zu lieben? Dieses Mahl heißt mit Recht Sakrament der Liebe. [...] Der
Diener: Wann, Herr, fließt die Gnade des Sakramentes (in den Menschen ein)? Die ewige Weisheit: Im Augenblick des Genießens." Übersetzung: Heinrich Seuse: Büchlein der
ewigen Weisheit., in: Ders.: Deutsche mystische Schriften. Aus dem Mittelhochdeutschen
übertragen und hg. v. Georg Hofmann und eingef. v. Emmanuel Jungclausen. Zürich /
Düsseldorf 1999 [= BEW].

77   BEW II, 23: „wohlschmeckendes Himmelsbrot" (Übers. v. Hofmann).

78   Heinrich Seuse: Büchlein der Wahrheit. In: Ders.: Deutsche Schriften, hg. v. Karl Bihlmeyer,
Stuttgart 1907, S. 326–359. BW 4: „Und die Seligkeit liegt an dem vollen Verkosten Gottes
[...]." Übersetzung: Heinrich Seuse: Büchlein der Wahrheit, in: Ders.: Deutsche mystische
Schriften. Aus dem Mittelhochdeutschen übertragen und hg. v. Georg Hofmann und ein-
gef. v. Emmanuel Jungclausen. Zürich / Düsseldorf 1999 [= BW].

79   Caterina da Siena: Dialogo, hg., eingel. u. übers. ins Neuitalienische v. Elena Malaspina.
Bologna 2017. GGV I, 1: „Selbst- und Gotteserkenntnis." Übersetzung: Caterina von Siena:
Gespräch von Gottes Vorsehung. Eingel. v. Ellen Sommer-von Seckendorff u. Hans Urs von
Balthasar, 5. Aufl. Einsiedeln 2010. [= GGV].

80   Hier ist deutlich der Einfluss ps.-dionysisch-areopagitischer Denkart zu erkennen.

Mystiker*innen nicht Selbstzweck, sondern dient dem Erkenntnisgewinn in einem Prozess des Essens und der Verdauung. Katharina von Siena spricht hier sogar vom *officio della bocca* (GGV II, 76),[81] denn der Mund *parla con la lingua che è ne la bocca; el gusto gusta. La bocca ritiene porgendolo a lo stomaco. I denti schiacciano, però che in altro modo nol potrebbe inghioctire.* (GGV II, 76)[82]

Hat also das Individuum durch den Genuss des Sakramentes Erkenntnis der Wahrheit Gottes erlangt, so ist es seine prophetische Aufgabe, die Erkenntnis der Gottesliebe in der geistigen und tätigen Nächstenliebe und der Verkündigung des Wortes Gottes zum Ausdruck zu bringen. Damit spricht sie sich selbst als Frau das „Amt des Mundes", also der apostolischen Verkündigung des Gotteswortes zu, und stilisiert sich zur Apostelin in paulinischer Manier[83] allen Anfeindungen zum Trotz (vgl. 1 Kor 4,6-13; 2 Kor 6,3-10). Dabei weiß sie um die Gefahr, die aus einer solchen Praxis und einem derart klerikalen Selbstverständnis resultiert. In außergewöhnlicher Weise beschreibt Katharina den Erkenntnisprozess und die Ausübung des apostolischen Dienstes mit der Symbolik des Essens in einer Verdichtung, wie sie einmalig ist und daher auch umfassend wiedergegeben werden soll:

> Or cosí l'anima: prima parla a me con la lingua che sta nella bocca del sancto desiderio, cioè la lingua della sancta e continua orazione. Questa lingua parla actuale e mentale: mentale, offerendo a me dolci e amorosi desidèri in salute de l'anime; e parla actuale, anunziando la doctrina della mia Veritá, amonendo, consigliando e confessando senza alcuno timore di propria pena che 'l mondo le volesse dare, ma arditamente confessa innanzi a ogni creatura, in diversi modi, e a ciascuno secondo lo stato suo. Dico che mangia prendendo el cibo de l'anime, per onore di me, in su la mensa della sanctissima croce, però che in altro modo né in altra mensa nol potrebbe mangiare in verità perfectamente. Dico che lo schiaccia co' denti, però che in altro modo nol potrebbe inghioctire: cioè con l'odio e con l'amore, e' quali sonno due filaia di denti nella bocca del sancto desiderio, che riceve il cibo schiacciando con odio di sé e con amore della

---

81   GGV II, 76: „Amt des Mundes", übers. v. Sommer-von Seckendorff, von Balthasar.

82   GGV II, 76: „spricht mit der Zunge, die in ihm ist, der Geschmack schmeckt, und der Mund behält und gibt dem Magen weiter, was er aufgenommen hat, die Zähne aber zerkleinern die Speise, denn anders könnte man sie nicht schlucken", übers. v. Sommer-von Seckendorff / von Balthasar.

83   Sie nimmt direkt Bezug auf Paulus, der Gottes *veritá* („Wahrheit") und *Trinitá* („Dreifaltigkeit") *excepto che l'anima non era separata dal corpo* („ohne die Schwere des Leibes") *gustando* („verkostet") habe, vgl. GGV II, 83, übers. v. Sommer-von Seckendorff, von Balthasar.

DIE FRUITIO DEI – DAS „GENIEẞEN GOTTES"

virtú. In sé e nel proximo suo schiaccia ogni ingiuria, scherni, villanie, strazi e rimpròveri con le molte persecuzioni; [...] Tucti gli schiaccia per onore di me, portando e sopportando el proximo suo. [...] Alora ingrassa l'anima nelle vere e reali virtú, e tanto rigonfia per l'abbondanzia del cibo, che 'l vestimento della propria sensualitá (cioè del corpo, che ricuopre l'anima), criepa quanto a l'appetito sensitivo. Colui che criepa, muore. Cosí la volontá sensitiva rimane morta. Questo è perché la volontá ordinata de l'anima è viva in me, vestita de l'etterna volontá mia, e però è morta la sensitiva. [...] che ella ha morta la propria volontá quando gustò l'affecto della caritá mia. (GGV II, 76)[84]

Der Tisch des Kreuzes veranschaulicht die Verbindung von eucharistischem Opfer, das vom kommunizierenden Individuum in Form einer *imitatio passionis Christi* mitvollzogen wird. Der Weg dieser *imitatio* ist der Weg der Mortifikation zur Erlangung der Vollkommenheit. Die *mortificatio carnis*, versinnbildlicht in der Zermalmung der leiblichen Begierden mit den Zähnen des Hasses und der karitativen Hinwendung zum Nächsten, führe zur *vivificatio spiritus* mit Hilfe der Zähne der Liebe, die die Liebe Gottes in Fülle verkosten. Somit führt der Genuss der Eucharistie bei Katharina von Siena zur Katharsis in Form eines performativen Reinigungsaktes. Das Amtspriestertum eines geweihten Klerikers spielt auch bei ihr keine Rolle. Während die leiblichen Sinne in der Eucharistie das Brot schmeckten, so schmecke die Seele *Dio e* [...] *uomo* (GGV III, 110 und 111).[85] Es kommt zu einer stufenweise vollzogenen

---

84   GGV II, 76: „So tut auch die Seele: zuerst spricht sie zu Mir mit der Zunge, die im Mund ihres heiligen Verlangens ist, nämlich mit der Zunge des heiligen und ausdauernden Gebetes. Diese Zunge spricht sowohl in der Tat wie im Geiste; geistig opfert sie mir süße, liebevolle Wünsche für das Heil der Seelen auf; in der Tat verkündet sie die Lehre Meiner Wahrheit, ermahnt, rät und bekennt ohne jede Angst vor eigenem Leid, das die Welt ihr zufügen könnte, sondern freimütig und vor jedem anders, je nach dessen Stand. Ich sage, sie ißt auch, indem sie die seelische Speise Mir zu Ehren am Tisch des Kreuzes einnimmt, denn anders und von einem anderen Tisch könnte sie nicht in Wahrheit essen. Sie zerkleinert die Speise mit den Zähnen, denn sonst könnte sie diese nicht schlucken, mit den Zähnen des Hasses und der Liebe, die sich wie zwei Reihen Zähne im Munde des heiligen Verlangens befinden, der die Speise behält und in der Abscheu vor sich selbst und in der Liebe zum Guten in sich selber und im Nächsten zerkaut. So zerkaut sie jede Beleidigung: Spott, Verachtung, Quälereien, Vorwürfe und viele Verfolgungen, [...]. Alles zerkaut sie Mir zu Ehren, indem sie den Nächsten trägt und erträgt. Alsdann nimmt die Seele in den wahren und wirklichen Tugenden und durch die Fülle an Speisen so zu, daß das Kleid der Sinnlichkeit platzt, nämlich der Leib, der die Seele bedeckt. Was aber platzt, das geht zugrunde; so bleibt der sinnliche Wille erstorben, die Seele ist ihrem Eigenwillen tot, wenn sie von Meiner Liebe gekostet hat." Übers. v. Sommer-von Seckendorff, von Balthasar.

85   GGV III, 110 und 111: „Gott und Mensch." Übers. v. Sommer-von Seckendorff, von Balthasar.

Transformation des sinnlichen Genusses hin zum rein geistigen Erkennen und zur Willenseinung. Dieser Genuss dürfe niemandem vorenthalten werden, wie es bisweilen die Priester täten (vgl. GGV III, 113 und 121). Katharinas „Amt" wird somit durch Transformation zu einem überindividuellen, das durch Unkörperlichkeit und damit Ungeschlechtlichkeit nicht mehr aufgrund geschlechtsspezifischer Verbote an der Ausübung gehindert werden dürfe.

Jedes der hier angeführten Beispiele des Gottesgenusses erweist sich als Spielform der Essens- und Genussmetaphorik auf je individuelle Weise. Eine geschlechtliche Markierung tritt hinter dem individuellen Charakter zurück und ist nur dann von Belang, wenn die Funktion der Verwendung der Genusssemantik diejenige der gleichzeitigen Kleruskritik und Kritik der scholastischen Sakramentenlehre ist.

4 Fazit und Ausblick

Das Genießen Gottes bedeutet in der Mystik einen gestuften Prozess hin zur Entindividualisierung im Jenseits. Somit ist der Gottesgenuss, der paradoxerweise individuell und leib-seelisch verkostet wird, nicht Selbstzweck, sondern individuelle Annäherung an ein letztes Ziel bei gleichzeitiger karitativer Hinwendung zur Welt. In der Hostie kommt der ferne Gott den Mystiker*innen durch seinen leidenden Sohn Christus ganz nahe, er wird mystisch geschmeckt und dies ganz ohne priesterliche Vermittlung. „So lässt sich die Transzendenz auf die Existenzweise des irdischen Menschen ein, umarmt seine Individualität und lässt sich von ihr kosten."[86] Und tatsächlich ist jedes hier angeführte Zeugnis eines Gottesgenusses inhaltlich ein gänzlich individuelles trotz gewisser sprachlicher Codes, derer sich die Mystiker*innen bedienen.

Die Sinnlichkeit der Gottesberührung verweist dabei auf das Noch-Nicht der Gottesschau, auf das Verhaftetsein im Irdischen. Es ist ein individuelles Vorausschmecken der himmlischen Süßigkeit. Je mehr sich der Mystiker jedoch Gott auf dem Weg zur *unio* annähert, desto mehr erreicht er eine transindividuelle Ebene durch Transformation und Wesensvereinigung. Der Genuss des Individuums geht in das Genießen Gottes, bei dem Gott die Liebe des Individuums genießt, über. Es handelt sich nun um eine Süße, die nicht mehr sinnlicher Art ist.

---

86 Berndt Hamm: Religiosität im späten Mittelalter. Spannungspole, Neuaufbrüche, Normierungen, Tübingen 2011, S. 466.

DIE FRUITIO DEI – DAS „GENIEßEN GOTTES"

Wird die Erkenntnis Gottes als Be-*greifen* mit sinnlichen Metaphern des Essens und Trinkens ausgedrückt, so speist sie sich in der Regel aus einer menschen- und leibfreundlichen Christologie. Eine radikale Abwertung des Körperlichen kommt bei den mittelalterlichen Mystiker*innen gerade nicht vor (zum Beispiel Hildegard von Bingen oder Mechthild von Magdeburg) oder wird in einem Prozess zunehmender Erkenntnis höherer Wahrheiten überwunden (vgl. Heinrich Seuse und Katharina von Siena). Nur Marguerite Porète erfährt die leiblichen Sinne überdeutlich als Hindernis auf dem Weg zu Gott.

Neben der mystischen Dimension gibt es noch eine nicht von der Hand zu weisende theologiepolitische. Die Metaphorik des Gottesgenusses wird zum Instrument einer dezidiert antischolastischen Sakramenten- und Kirchenlehre. Dadurch partizipieren die Mystiker*innen mit einer mystischen Sakramenten- und Kirchenlehre am eucharistischen Diskurs. In der mystischen Rede des Gottesgenusses der Mystiker*innen und des göttlichen Genießens der Liebe sowie des sich in der *Caritas* konkretisierenden Dankes und Lobpreises der gläubigen Seele durchdringen sich anabatische und katabatische Dimension der Eucharistie auf eine Weise, wie sie in der gottesdienstlichen Realität des Hochmittelalters längst nicht mehr vorkam. Damit einher geht eine Kritik an der Klerikalisierung und Objektivierung der Eucharistiefeier. Durch die Hervorhebung des somatischen Moments der Eucharistie in der *fruitio Dei* wird hingegen die individuelle Vergegenwärtigung des Heilsgeschehens in Brot und Wein in den Fokus gerückt. Demgegenüber wird die institutionelle Relevanz des Priesters, der im Mittelalter zunehmend als zweites autoritatives Medium zwischen den Leib Christi und die Gläubigen tritt, geschwächt. Damit entzieht die mystische Erfahrung der *fruitio Dei* dem Klerus die rituell-liturgische Verfügungshoheit über eine nicht im Ritus vermittelte, sondern leiblich unmittelbare *communicatio* mit Gott. So wird die Genussmetapher zum sprachlichen Mittel der Auflehnung gegen einen durchregulierten und verobjektivierten Gottesdienst, der den konkret sinnlichen Empfang der Hostie in einem gemeinschaftlichen Mahl und die aktive *communio* als *communicatio* mit Gott immer weniger zuließ.

Symboliken des Essens in der deutschen Fabeldichtung und -theorie der Aufklärung

Stephanie Blum

Abstract

Fabeln bieten eine Vielzahl an Handlungskonstellationen, in denen das Prinzip des Fressens und Gefressen-Werdens aus der Tierwelt zur metaphorischen Kritik am gesellschaftlichen Zusammenleben der Menschen dient. Dieser Aufsatz zeigt erstens am Beispiel des tradierten Fabelstoffes von Rabe und Fuchs, wie das Essen in Fabeln der Aufklärung zu einer Symbolhandlung wird, anhand derer moralische Sittenlehren vermittelt werden. Im zweiten Schritt werden aufklärungsspezifische Aspekte des Essens, wie beispielsweise die Einverleibung von Wissen, das Verhältnis von Gelehrsamkeit und Leben sowie das Element der Affektkontrolle und die damit verbundene Kultivierung des Geschmacks, am Beispiel weiterer Fabeln herausgearbeitet. Davon ausgehend wird drittens der in zeitgenössischen Fabeltheorien diskutierte Wirkmechanismus der Fabel auf theoretische Denkfiguren des Einverleibens hin untersucht, in denen sich die diätetische Strategie der Gattung äußert. Besonders der von einer kulinarischen Metaphorik ausgehende Geschmacksbegriff lädt zur Selbstreflexion ein, was an poetologischen Fabeln gezeigt wird, die das Verhältnis von Literatur und Gesellschaft aushandeln.

Dass die Fabel im Rahmen der Aufklärung eine Blütezeit erlebt und in den Jahrzehnten zwischen 1740 und 1770 regelrecht zur Modegattung wird, ist allgemeiner Konsens der Forschung. Dennoch fehlt es an Arbeiten, die über die Untersuchung einzelner Autoren und ihrer Fabeldichtung innerhalb der zeitgenössischen Fabeltheorie sowie innerhalb ihrer eigenen didaktischen oder ästhetischen Programme hinausgehen. Auseinandersetzungen mit der Fabeldichtung selbst, motivische oder thematologische Ansätze sowie Vergleiche zwischen Fabelvarianten unterschiedlicher Autoren sind selten.[1] Es scheint, als überschatte die starke Theoretisierung der Fabeln, die die Gattung

---

1 Zu dieser Einschätzung siehe den einleitenden Forschungsbericht von Kristin Eichhorn in ihrer grundlegenden Studie zur aufklärerischen Fabelpoetik. Vgl. Kristin Eichhorn: Die Kunst des Moralischen Dichtens. Positionen der aufklärerischen Fabelpoetik im 18. Jahrhundert, Würzburg 2013, S. 9–23.

SYMBOLIKEN DES ESSENS IN DER DEUTSCHEN FABELDICHTUNG 69

in der Aufklärung begleitet, ihre Wahrnehmung als literarische Texte. Ganz ohne Blick auf die Fabeltheorie wird dieser Beitrag zwar nicht auskommen, dennoch soll zunächst ein vergleichender Blick auf Fabeln hinsichtlich literarischer Figurationen des Essens erfolgen.

Betrachtet man die traditionsreiche Gattung, die bereits im 3. Jahrtausend v. Chr. im außereuropäischen Altertum belegt ist, so ist es aufgrund der dort stets präsenten Verhandlung anthropologischer Konstanten durchaus naheliegend, Fabeln auf ‚Einverleibungen' hin zu untersuchen. Viele tradierte Fabelstoffe, wie beispielsweise von Wolf und Lamm oder vom Fuchs und den Trauben, präsentieren unterschiedliche Facetten des Essens. Denn allgemein bieten die Fabeln eine Vielzahl an Situationen, in denen das Prinzip des Fressens und Gefressen-Werdens aus der Tierwelt zur metaphorischen Kritik am menschlichen Handeln dient. Daher soll in diesem Aufsatz am Beispiel unterschiedlicher Fassungen eines bekannten Fabelstoffs erstens gezeigt werden, welche Dimensionen dem Essen als Symbolhandlung im Kontext der Aufklärung zukommen kann. Darüber hinaus werden zweitens aufklärungsspezifische Aspekte des Essens in weiteren Fabeln herausgearbeitet, wie beispielsweise die Einverleibung von Wissen. Davon ausgehend wird drittens der in zeitgenössischen Fabeltheorien diskutierte Wirkmechanismus der Fabel auf theoretische Denkfiguren des Einverleibens hin untersucht.

1 Essen als Symbolhandlung(en): Von Rabe, Fuchs und Co.

„Wurst wider Wurst – Das ist das Spiel der Welt / Und auch der Jnhalt dieser Fabel."[2] Mit diesem Promythion beginnt Friedrich von Hagedorn seine Fabel *Der Rabe und der Fuchs*, die sich dem bekannten Äsop-Stoff über eine Auseinandersetzung mit der Fassung Jean de La Fontaines nähert. Über das kulinarische Bild wird die biblische Formel der Vergeltung, „Auge um Auge, Zahn um Zahn", in die Vorstellungswelt des Alltäglichen übertragen. Der tradierte Stoff zielt ursprünglich in eine andere Richtung: In der bekannten Fabel Äsops überredet eine Füchsin den Raben durch Schmeicheleien zum Singen, damit er ein erbeutetes Stück Fleisch fallen lässt. Die Moral richtet sich daher „auf einen Mann ohne Verstand",[3] der die Finte nicht durchschaut. In La Fontaines Version wird der Stoff leicht verändert, das Fleisch wird zu Käse, die

---

2 Friedrich von Hagedorn: Moralische Gedichte, Hamburg 1750, S. 113. Im Folgenden mit Seitenangaben in Klammern im Text nachgewiesen.

3 Äsop: Fabeln. Griechisch/Deutsch. Übersetzung und Anmerkungen von Thomas Voskuhl. Nachwort von Niklas Holzberg, Stuttgart 2005, S. 123.

Tiere bedienen sich höfischer Anreden und die Moral wird durch den Fuchs explizit auf die „Schmeichler" übertragen: „Mon bon Monsieur, / Apprenez que tout flatteur / Vit aux dépens de celui qui l' écoute. / Cette leçon vaut bien un fromage, sans doute."[4] Dieses explizit durch den Protagonisten formulierte Epimythion wird durch eine abschließende Schilderung der Konsequenzen ergänzt: „Le corbeau honteux et confus / Jura, mais un peu tard, qu'on ne l'y prendrait plus."[5]

Diesen Vorsatz des Raben greift Hagedorn auf, um in seiner Fabelversion den Erzählteil auszudehnen. Nach dem bereits zitierten Promythion erfolgt die Handlung zunächst wie in der Vorlage, der Rabe wird zum Opfer der Schmeichelei des Fuchses. Hierbei greift Hagedorn fast in wörtlicher Übersetzung auf den La Fontaine'schen Prätext zurück, was auch im durch den Fuchs formulierten Epimythion deutlich wird: „Mein schönster Rabe, / Ein Schmeichler lebt von dem, der ihn zu gerne hört, / Wie ich dir itzt bewiesen habe. / Jst diese Lehre nicht zehn solcher Käse wehrt?" (113) An diese Lehre schließt sich nun jedoch nicht der Schwur des Raben an, daraus zu lernen, sondern sein Wunsch, „den schlauen Fänger auch zu fangen." (113) Daraus ergibt sich der zweite Teil der Fabelhandlung, in der der Rabe dem Fuchs ein Stück Speck abschwatzt, indem er ihn nach Besserem streben lässt: „die Hennen, die dort gehen, / Sind klügrer Füchse Kost" (114). Die zweite Moral wandelt sich von der Warnung vor Schmeichlern hin zu der Mahnung, die Gegner nicht zu unterschätzen: „Freund, schreyt er, mit Vergnügen / Erlern ich Füchse zu betrügen. / Gedenk an meinen Käs, ich denk an deine List: / Vorhin war ich ein Thor, wie du es heute bist." (114)

Beide Fabelteile, die überlieferte Handlung von Rabe und Fuchs sowie ihre Erweiterung durch die Rache des Raben, entsprechen dem typischen Aufbau einer Fabel. Sie beginnen mit der Schilderung der Ausgangssituation, es folgt ein Wechsel von Rede und Gegenrede beziehungsweise *actio* und *reactio* und am Ende stehen ein Ergebnis sowie die damit verbundene Lehre. Hagedorn kombiniert jedoch nicht einfach zwei Fabeln zu einer – vielmehr wird durch das einleitende Promythion eine neue Auslegung präsentiert: Der La Fontaine'sche Prätext wird zwar zitiert, dann jedoch erweitert und umgedeutet, denn der Schmeichler wird bestraft, indem sein Opfer lernt, sich der

---

4   Jean de La Fontaine: Fables. Fabeln. Französisch/Deutsch. Ausgewählt, übersetzt und kommentiert v. Jürgen Grimm, Stuttgart 2009, S. 24. Die dortige Übersetzung der Verse lautet: „Mein guter Herr, merkt Euch, dass jeder Schmeichler auf Kosten dessen lebt, der auf ihn hört. Diese Lehre ist ohne Zweifel einen Käse wert." (Ebd., S. 25).

5   Ebd., in der Übersetzung: „Voll Scham und ganz verwirrt schwor der Rabe, wenngleich ein wenig spät, man werde ihn auf diese Weise nicht mehr hereinlegen." (Ebd., S. 25).

gleichen Mittel zu bedienen und nach der Maxime „Wurst wider Wurst" zu handeln.

Mit dieser Veränderung der Fabellehre verändern sich nicht nur die Nahrungsmittel, von Fleisch zu Käse, von Speck zu Wurst, sondern auch die Konnotationen des Essens. In den Varianten von Äsop und La Fontaine wird der Rabe mit dem Verlust von Nahrung dafür bestraft, dass er ihr die Wertschätzung durch den Schmeichler vorzieht. Das Grundbedürfnis nach Nahrung wird also zugunsten gesellschaftlicher Anerkennung aufgegeben – ein Vorgang, der negativ konnotiert ist, bildet doch die Nahrung eine Grundlage des menschlichen (Über-)lebens. Hagedorn greift genau diesen Grundgedanken auf und steigert ihn, da im zweiten Teil der Rabe die gleiche Taktik anwendet und somit niemand als überlegener Part gelten kann. Beide Tiere handeln rücksichtslos und sind auf Anerkennung beziehungsweise auf das Überlisten des Gegenübers aus. Ihr ‚Verschlingen' von Käse und Speck ist zwar ein Zeichen verbaler, jedoch nicht von moralischer Überlegenheit – vom Genuss der Speisen ist bezeichnenderweise auch nicht die Rede. Der besondere Stellenwert der Nahrung, der sich in der Fabel im Verhandeln und Konkurrieren um Nahrung äußert, ist daher paradigmatisch zu lesen für Fragen des gesellschaftlichen Miteinanders.

Darüber hinaus stellt sich die Frage nach dem *fabula docet* in Hagedorns Fabel, denn das Prinzip von „Wurst wider Wurst" ist eine alttestamentliche Handlungsmaxime, die im Kontext der Aufklärung sicher nicht zur Verbesserung des menschlichen Miteinanders dienen soll. So wird das ihr zugrunde liegende Prinzip durch die Erzählinstanz lakonisch als „Spiel der Welt" bezeichnet, das zwar deren tatsächlichen Lauf, nicht jedoch das Ideal beschreibt. Da diese Moral lediglich implizit abzuleiten ist, wird die Fabel zu einem eher unterhaltenden Stück, was zu Hagedorns Fabelkonzeption passt, der es „nicht so sehr um die vermittelnde Moral, sondern um den Akt des Erzählens selbst geht."[6] Diese starke Gewichtung des Fabulierens lässt den intertextuellen Verweis auf La Fontaines Fabel auf einer Metaebene als eine Form literarischer Einverleibung erscheinen. Hagedorns Bezugnahme steht für das programmatische Einschreiben in die französische Fabeltradition zu Beginn der deutschen Fabeldichtung der Aufklärung: „Der Erfolg seiner Fabeln und Erzählungen von 1738 läßt sich unter anderem darauf zurückführen, daß er als erster deutscher Fabeldichter die leichte Art des La Fontaineschen Erzählens in die deutsche Sprache umzusetzen verstand."[7] Allerdings geht Hagedorns Fassung über eine bloße Einverleibung im Sinne einer *imitatio* hinaus, da

---

6 Eichhorn [Anm. 1], S. 86.
7 Ulrike Bardt: Literarische Wahlverwandtschaften und poetische Metamorphosen. Die Fabel- und Erzähldichtung Friedrich von Hagedorns, Stuttgart 1999, S. 69.

durch die Verdoppelung und Rahmung der Handlung eine Umwertung stattfindet. Der Traditionsbezug erfolgt mit dem Anspruch, weiter zu gehen und die Vorbilder zu überbieten. In diese Richtung äußert er sich auch in der Vorrede zu den *Moralischen Gedichten*: „Man sollte nachahmen wie Boileau und La Fontaine nachgeahmet haben. Jener pflegte davon zu sagen: Cela ne s' appelle pas imiter; c' est joûter contre son Original."[8] Anstelle der Nachahmung tritt vielmehr ein sich Messen an und Rivalisieren mit den literarischen Vorbildern. Nicht nur das Einreihen in die französische Tradition, sondern das Hinzufügen von Eigenem, die „Nachahmung als eine Form der produktiven Rezeption",[9] steht hier im Vordergrund.

Wiederum eine andere Konnotation bekommt das Essen in Lessings Variante des Fabelstoffs *Der Rabe und der Fuchs*. Bei dem durch den Raben erbeuteten Essen handelt es sich um „ein Stück vergiftetes Fleisch",[10] dessen Schädlichkeit weder dem Raben noch dem Fuchs bewusst ist. Als der Fuchs mit Hilfe einer Rede das Fleisch erbeutet – anders als bei Äsop, La Fontaine und Hagedorn soll der Rabe nicht singen, sondern ihm als göttlicher Vogel eine „Gabe" zukommen lassen –, stirbt er nach dessen Verzehr. Auffallend ist hier die starke Wertung durch die Erzählinstanz. Zunächst wird der Fuchs als „lachend" und „mit boshafter Freude" (35) fressend negativ charakterisiert. Sein Sterben wird mit dem Wort „verrecken" ebenfalls abschätzig bezeichnet. Der Handlung folgt ein Epimythion, das die Tonlage in unvermuteter Schärfe steigert: „Möchtet ihr euch nie etwas anders als Gift erloben, verdammte Schmeichler!" (35) Der belehrende Moralsatz ist hier einem Fluch gewichen, der sich explizit gegen die Personengruppe der Schmeichler richtet. Die Erzählinstanz übt also eine deutliche Kritik an dieser Verhaltensweise, die im zeitgenössischen Kontext dem höfischen Leben zugesprochen und im Rahmen einer bürgerlichen Moral verurteilt wird.

Betrachtet man das Verhältnis zwischen dieser ungewöhnlichen ‚Moral' und der Handlung genauer, so fallen Elemente auf, die mit der drastischen Wirkung des Fluches korrespondieren. Hauptakteur der Fabel ist der Fuchs, der Rabe scheint ihm weniger als Lieferant seiner Nahrung, denn als Gegenspieler zu dienen. Die Rezipienten jedoch, die durch die eingangs gegebene Information um das vergiftete Fleisch wissen, nehmen durchaus wahr, dass der Rabe gerade durch seine Einfalt mit dem Leben davonkommt. So wird auch die Reaktion des Raben auf die Rede des Fuchses zunächst als Erstaunen, dann als innige

---

8   Hagedorn [Anm. 2], S. *2v.

9   Bardt [Anm. 7], S. 96.

10 Gotthold Ephraim Lessing: Fabeln. Abhandlungen über die Fabel, hg. v. Heinz Rölleke, Stuttgart 2013, S. 34, Im Folgenden mit Seitenangaben in Klammern im Text nachgewiesen.

SYMBOLIKEN DES ESSENS IN DER DEUTSCHEN FABELDICHTUNG 73

Freude beschrieben – eine Kritik durch die Erzählinstanz findet nicht statt. Die Herausgabe der Beute wird darüber hinaus als „großmütig dumm" (35) bewertet, sodass seiner Naivität sogar noch Großmut innewohnt. Laut Isabella von Treskows Interpretation „untermauert [Lessing] damit auch die Harmlosigkeit des Betrogenen",[11] wodurch der Fluch des Erzählers im Epimythion motiviert ist:

> Er verurteilt nicht die Einfalt, auch nicht die Eitelkeit des Angesprochenen, sondern die böse Absicht des Verführers. [...] Er ersetzt die Polarität von Klug und Dumm durch die fundamentalere von Gut und Schlecht. Daß der böswillige Mißbrauch verstandesmäßiger Überlegenheit [...] kraft einer höheren Gewalt gerächt wird, kann nur aus der Perspektive von Lessings moralischem und politischem Optimismus verstanden werden.[12]

Auf der Handlungsebene wird die Fabel als Konflikt zwischen zwei Akteuren zwar nicht aufgelöst – der naive Rabe überlebt, weiß aber weder von der Gefahr durch das Gift noch von dem Betrug sowie von dem Tod des Betrügers – aber am Ende triumphiert keine Seite, lediglich die Erzählinstanz verbirgt ihren Hohn über den Tod des Schmeichlers nicht.

Während in den anderen Fabelversionen der Verlust des Essens negativ konnotiert ist, wird hier sein unrechtmäßiger Gewinn bestraft. Die Symbolik des Essens entwickelt sich also weg von der Nahrung als Lebensgrundlage, deren Verlust schwerwiegende Konsequenzen haben kann, hin zu einer gesellschaftlichen Aushandlung ihres rechtmäßigen Erwerbs. Darüber hinaus ist die Veränderung der Essensthematik auch poetologisch zu interpretieren: Treskow erklärt den Wechsel von Käse zu Fleisch mit Lessings Fabelkonzeption, die eine Handlungsführung nach innerer Wahrscheinlichkeit anstrebt: Der Rabe kann die vergiftete Nahrung nicht im Schnabel halten und Fleisch lässt sich besser mit den Krallen greifen. Auf das tradierte Element des Gesanges wird zugunsten einer moralischen Aufwertung des großzügigen Raben verzichtet. Der Sinn der vergifteten Beute wird erst am Schluss verständlich, sodass Spannung auf diese Pointe hin erzeugt und die Handlungsmotivation nach innen verlagert wird.[13] Auch Karl August Ott sieht in der Veränderung des Nahrungsmittels

---

11   Isabella von Treskow: Zur Entstehung von Lessings Fabelkonzeption. Die Auseinandersetzung mit La Fontaine und seinen Nachfolgern am Beispiel von *Der Rabe und der Fuchs*, in: Archiv für das Studium der neueren Sprachen und Literaturen 237, 2000, Heft 1, S. 1–23, hier S. 16.

12   Ebd., S. 20.

13   Vgl. ebd., S. 8f.

eine Entfernung „von dem konventionellen Modell der Fabel [...], indem er in seiner Bearbeitung seiner Theorie gemäß eine eindeutige moralische Verurteilung der Schmeichler aussprechen will."[14] Dieser Innovationsanspruch Lessings im Umgang mit der Fabeltradition verleiht dem Fleisch darüber hinaus auch eine weitere Dimension: Es wird zum Zeichen dafür, dass sich Lessing von La Fontaine und Hagedorn entfernt und unter Rückgriff auf die Äsop'sche Stoffgrundlage neue, eigene Wege einschlägt.

Diese neue Richtung formuliert Lessing auch in seinen *Abhandlungen über die Fabel*, wo er sein Verhältnis zu La Fontaine in einer vielzitierten Passage wie folgt schildert:

> Ihm [La Fontaine] gelang es die Fabel zu einem anmutigen poetischen Spielwerke zu machen, er bezauberte, er bekam eine Menge Nachahmer, die den Namen eines Dichters nicht wohlfeiler erhalten zu können glaubten als durch solche in lustigen Versen ausgedehnte und gewässerte Fabeln; [...] und jene fingen dafür an, sie als ein Kinderspiel zu betrachten, das sie, soviel als möglich auszuputzen, uns lehren müßten. – So stehen wir noch![15]

Lessing grenzt sich hier zwar einerseits von der mit La Fontaine verbundenen „Ästhetisierung der Fabel",[16] der auch Hagedorn folgt, ab. Andererseits sollte dieses Postulat nicht als Desinteresse am ästhetischen Charakter der Fabel gewertet werden, sondern eher als eine qualitative Umwertung ihrer Wirkmechanismen zugunsten einer abstrakten Morallehre, beispielsweise durch sprachliche Konzentration auf die Pointe hin.[17] Dennoch wohnt seiner Abgrenzung noch eine weitere Dimension inne, die sich mit dem Moralsatz der untersuchten Fabel *Der Rabe und der Fuchs* verbinden lässt. Die Ablehnung richtet sich auch gegen das mit La Fontaine verbundene Literaturmodell im höfischen Kontext, sodass die Verfluchung der Schmeichler bei Lessing auch unter politischen Vorzeichen lesbar wird:

---

14 Karl August Ott: Lessing und La Fontaine. Von dem Gebrauche der Tiere in der Fabel, in: Proverbia in Fabula. Essays on the Relationship of the Fable and the Proverb, hg. v. Pack Carnes, Bern 1988, S. 117–163, hier S. 135. [Laut einleitender Fußnote handelt es sich um eine überarbeitete Fassung des Aufsatzes, der bereits in der Germanisch-Romanischen Monatsschrift 9, 1959 erschienen ist.]

15 Vgl. Lessing [Anm. 10], S. 135.

16 Bardt [Anm. 7], S. 67.

17 Vgl. Eichhorn [Anm.1], S. 166–170.

Lessing interessiert sich in seiner Version, politisch gesehen, nicht für die Konsequenzen aristokratischer Eitelkeit, sondern für die von Berechnung und Heuchelei. Die Stilisierung des Raben zum 'Adler', der die fürsorgende Aufgabe des Jupiter erfüllt, im staatspolitischen Sinne: des Souverän, des Landesherrn, steht im Gegensatz zu La Fontaines mythischem 'Phönix.' Hier macht sich der Wandel vom klassischen zum aufgeklärten Absolutismus bemerkbar. [...] Die Schmeichelei der Höflinge steht nahe der Korruption und wird buchstäblich mit dem Tod bestraft.[18]

Der Verlust des Essens wird also in den Fabelvarianten, je nach poetologischem und politischem Standpunkt, umgewertet. Während in der Tierwelt eigentlich der Hunger als Triebfeder der Handlung fungiert, wird dieser durch die Anthropomorphisierung auf negative menschliche Verhaltensweisen wie Gier, Rache oder Schmeichelei übertragen. Der Fabelstoff verändert sich je nach literarhistorischem Zusammenhang, ebenso die Symbolik der Nahrungsmittel. Werden in der Äsop-Version sowie in La Fontaines Fassung noch die Opfer angesprochen und ihr Fehlverhalten in der Konsequenz des Nahrungsverlustes vorgeführt, so präsentiert Hagedorn die Rache als sprichwörtliches Spiel der Welt, deren Spielball – ob Käse oder Wurst – ebenso austauschbar ist, wie die Rolle von Opfer und Täter. Lessing wiederum lässt den Schmeichler seine Strafe finden, deren Radikalität vor dem Hintergrund des veränderten politischen Gefüges, aber auch als Abgrenzung zu vorherigen Fabelkonzepten, erklärbar wird. Die Essensthematik erweist sich hierbei als besonders anschlussfähig für moralische Sittenlehren, da ihre Symbolik zwischen der Deutung als notwendige Lebensgrundlage auf der einen und als Genussmittel auf der anderen Seite oszilliert.

2 Aufklärungsspezifische Aspekte des Essens

Erweist sich im Fassungsvergleich die jeweilige Symbolik des Essens als anschlussfähig für poetologische oder politische Aufladungen, so gibt es auch Aspekte, die gerade in der Fabeldichtung der Aufklärung besonders hervortreten. Auffällig ist, dass in den Fabeln, die nicht auf tradierte Stoffe zurückgreifen, das gegenseitige Fressen und Gefressen-Werden unter den Tieren kaum noch präsent zu sein scheint. So handeln beispielsweise in den Fabeln Christian Fürchtegott Gellerts meist Akteure aus „einer domestizierten Welt

---

18 Treskow [Anm. 11], S. 19.

von Klein- und Haustieren, in deren Verhältnis untereinander jene Spannung von Macht und Ohnmacht, groß und klein, grenzenloser Unverschämtheit und unterwürfiger Bescheidenheit fehlt."[19] Durch die Verlagerung in das domestizierte Umfeld werden anhand der Essenssymbolik nun weniger das Verhältnis von Opfer und Beute oder die lebensgefährlichen Konsequenzen falschen Handelns, denn bestimmte Tugenden ausgehandelt. Nahrung und ihr Verzehr werden daher in Gellerts Fabeln als Handlungselemente beispielsweise verbunden mit Warnungen vor maßlosem Genuss (*Die Elster und der Sperling*) oder dem Verlachen von Geiz (*Der Hund*).

Sichtbar wird diese Tendenz auch in Gellerts Fabel *Der Sperling und die Taube*, in der ein negativ charakterisierter Sperling das eigentlich für Tauben bestimmte Futter frisst und sich nicht verjagen lässt. Die Tauben schicken das mustergültigste Exemplar ihrer Gattung vor, das ihn mit den folgenden Worten zur Rede stellt: „Bist du, so fragt sie, tugendhaft? / Mit deiner Nahrung unzufrieden, / Nimmst du, was mir und den beschieden? / Dieß ist der Bösen Eigenschaft!"[20] Durch das negative Verhalten wird seine Tugendhaftigkeit insgesamt infrage gestellt, das Ignorieren der Eigentumsverhältnisse sogar als „böse" bewertet. Der Sperling gelobt Besserung, stillt jedoch seinen Hunger, durch die Erzählinstanz als „seine Lust" (11) bezeichnet, an anderer Stelle. Es wird deutlich, dass der Sperling aus Sicht der Tauben und des Erzählers nicht aus Notwendigkeit, sondern aus reinem Genuss die fremde Nahrung frisst. Das Epimythion kritisiert folglich, dass lasterhafte Naturen nicht zu bessern seien, sondern sich nur von einem auf das andere Laster verlagern: „Die Tugend scheint ein Tausch zu seyn; / Ein Laster wird itzt ausgetrieben, / Ein anders fängt man an zu lieben." (11) Der Sperling handelt zwar nach seiner Natur, doch entschuldigt ihn dies in den Augen der Taube und der Erzählinstanz nicht.[21]

---

19 Peter Hasubek: Tugendspiegel und Lasterschelte. Gellerts Fabeln im soziokulturellen Kontext, in: Fabel und Parabel. Kulturgeschichtliche Prozesse im 18. Jahrhundert, hg. v. Theo Elm, Peter Hasubek, München 1994, S. 157–174, hier S. 165.

20 Christian Fürchtegott Gellert: Gesammelte Schriften. Kritische, kommentierte Ausgabe, hg. v. Bernd Witte, Bd. 1: Fabeln und Erzählungen, hg. v. Ulrike Bardt, Bernd Witte, unter Mitarbeit von Tanja Reinlein, Berlin, New York 2000, S. 10. Im Folgenden mit Seitenangaben in Klammern im Text nachgewiesen.

21 Gellert äußert später selbst Kritik an seiner Konzeption der Fabel und stellt die Frage, was der Sperling denn sonst fressen solle. Auf diese nachträgliche „Auseinandersetzung mit der Ambiguität literarischer Darstellung" verweist Katja Barthel in ihrem Aufsatz zu den Dynamiken und Entwicklungen in Gellerts Fabeltheorie und -praxis. Vgl. Katja Barthel: „Ich bin ein Original" – Dynamiken und Entwicklungen in der Fabeltheorie und Fabeldichtung Christian Fürchtegott Gellerts (1715–1769), in: Europäische Fabeln des 18. Jahrhunderts. Zwischen Pragmatik und Autonomisierung. Traditionen, Formen, Perspektiven, hg. v. Dirk Rose, Jena 2010, S. 95–123, hier S. 105.

SYMBOLIKEN DES ESSENS IN DER DEUTSCHEN FABELDICHTUNG

Durch die Anthropomorphisierung wandelt sich das Essen hier vom basalen Grundbedürfnis hin zum grundlegendsten menschlichen Laster, in dem sich die Triebhaftigkeit der Menschen artikuliert. Als solches muss es durch gesellschaftliche Normen im Zaum gehalten und kultiviert werden. Peter Hasubek erklärt diese eindeutige Position der Fabel damit, dass menschliches Handeln laut der Morallehre Gellerts nicht in allen Situationen der Natur folgen solle, sondern durch Reglementierung korrigiert werden könne:

> Wo die Natur versagt und den Menschen nur mangelhaft ausgestattet hat, dort greift moralisch-soziales Handeln helfend und nachbessernd ein. Die von der Natur den Menschen mitgegebene Unvollkommenheit erscheint als Beweggrund, gesellschaftliches Denken und Verhalten hervorzubringen. Richtiges, d.h. mitmenschliches, verantwortungsbewusstes Handeln kann demnach als Korrektiv der Natur verstanden werden.[22]

Der Verzehr fremder Nahrung wird in der Fabel zum Beispiel für ein Handeln nach der Natur, das kultiviert werden müsste: Nicht dass man isst, sondern was – oder in anderen Beispielfabeln wie[23] – man isst wird wichtig. Am Themenfeld des Essens, das hier paradigmatisch für einen Grundtrieb der Lebewesen steht, wird also ausgehandelt, in welchem Verhältnis Natur und Vernunft zu stehen haben. Dazu verbindet das *fabula docet* das Essen mit Affektkontrolle, durch die tugendhaftes Verhalten und konfliktfreies gesellschaftliches Zusammenleben erst möglich werden. So lässt sich die Essensthematik auch hier als „Symbol einer kollektiven oder individuellen Lebenshaltung"[24] verstehen.

Diese Moral der Fabel ist ein Beispiel für die Denkweise der *moral sense*-Theorie, die von einer natürlichen Disposition des Menschen zum moralischen Handeln ausgeht und zu deren Illustration verschiedene Geschmacksbegriffe nutzt:

> Während der ‚moral sense' als eine Veranlagung die ursprüngliche Neigung zum Guten und die instinktartige Sozialität meint, soll die Ausbildung des ‚moral taste' die gesellschaftliche Natur des Menschen zur Entfaltung

---

22 Hasubek [Anm. 19], S. 162.

23 Vgl. Gellerts Fabel *Die Elster und der Sperling*, in der eine lautstarke Form des Nahrungsgenusses zugunsten einer stillen, ins private verlagerten Freude verurteilt wird: „Du, der sein Glück der ganzen Welt entdeckt, / O Schwätzer, lern ein Gut geniessen, / Das, weil es wenig Neider wissen, / Uns sicher bleibt, und süsser schmeckt!" Gellert [Anm. 20], S. 222. (Bzw. in der ersten Fassung S. 19–20.)

24 Tanja Rudtke: Essen/Verzehren, in: Metzler Lexikon literarischer Symbole, hg. v. Günter Butzer, 2., erweiterte Auflage, Stuttgart, Weimar 2012, S. 102–103, hier S. 102.

bringen. [...] Der Geschmack bezeichnet die nicht angeborene, sondern die in konkreten Situationen praktizierte moralische Urteilsfähigkeit, für die der ‚moral sense' ein sinnlich-natürliches Fundament darstellt.[25]

Kristin Eichhorn verweist auf die Bedeutung dieser Lehre sowie ihres Moralbegriffs für Gellerts Fabeltheorie, deren Grundzüge sie skizziert. Gellert geht es darum, dem Publikum moralische Urteilskompetenz zu vermitteln, damit es Handlungen anhand der ihnen zugrundeliegenden Absichten beurteilen kann. Es soll also seine Fähigkeit schulen, darüber zu entscheiden, wie man situationsabhängig richtig handelt.[26] Um diesen ‚moralischen Geschmack' in der Fabelhandlung darstellbar zu machen, verwendet die untersuchte Fabel die Symbolik des Essens: Der Sperling verfügt eben nicht über eine solche naturgegebene Disposition, er wird als „Vogel unverschämter Zucht" (9) eingeführt, sodass sein Fehlverhalten in seinem Wesen begründet liegt. Auch missversteht er den Grundkonflikt, da er zwar nicht mehr die Nahrung der Tauben stiehlt, dafür aber den Garten der Menschen plündert. Sein Mangel an ‚moralischem Geschmack' äußert sich daher in der unreflektierten Einverleibung fremden Eigentums, der statt Tugend die „lüsterne Natur" (11) der Triebe zugrunde liegt. Die Kultivierung des Geschmacks bestünde also nicht nur in einer Änderung des Essverhaltens, sondern in der Einsicht in dessen moralische Notwendigkeit – mit all ihren gesellschaftlichen Implikationen. Die Ambivalenz der Essensthematik zwischen Lebensnotwendigkeit einerseits und Genussmittel auf der anderen Seite macht es also möglich, die Protagonisten der Fabel hinsichtlich ihres gesellschaftlichen Verhaltens zu charakterisieren.

Neben dieser symbolischen Aushandlung von Moral wird am Beispiel der Essensthematik noch ein weiterer aufklärungsspezifischer Aspekt in den Fabeln illustriert. So erfolgt die Darstellung von Gelehrten und deren Umgang mit Wissen anhand von Essenssymboliken, beispielsweise in Daniel Stoppes Fabel *Die Maus in der Falle* aus seinem 1738 in Breslau erschienenen ersten Fabelband *Neue Fabeln oder Moralische Gedichte, der Jugend zu einem nützlichen Zeitvertreibe aufgesetzt von Daniel Stoppen*. In einem narrativ ausgedehnten Handlungsteil wird der scheiternde Versuch von Mäusen geschildert, eine gefangene Maus zu befreien und ihr in der ausweglosen Lage Trost zu spenden. Es tritt eine weitere Maus auf, die durch die Erzählinstanz als Gelehrte beschrieben wird: „Die in der Schulberedsamkeit / Was ehrliches gethan, und schon seit achtzehn Wochen, / Den Senecam durchkaut, zernagt, durchwühlt,

---

25   Wilhelm Amann: „Die stille Arbeit des Geschmacks." Die Kategorie des Geschmacks in der Ästhetik Schillers und in den Debatten der Aufklärung, Würzburg 1999, S. 211f.

26   Vgl. Eichhorn [Anm. 1], S. 125–127.

SYMBOLIKEN DES ESSENS IN DER DEUTSCHEN FABELDICHTUNG 79

durchkrochen."[27] Die Fabel greift also die Bildlichkeit von der „Bibliophagie als Symbol der Erkenntnis und Aneignung von Wissen"[28] auf, jedoch in ironischer Verkehrung. Denn indem das ‚Studium' der Maus in einer wortwörtlichen Einverleibung der Schriften Senecas besteht, erfolgt eine Ironisierung der Gelehrsamkeit. Die Maus ist nur eine Scheingelehrte, da sie sich ihr philosophisches Wissen dilettantisch angeeignet und es scheinbar nicht geistig ‚verdaut' hat – sie selbst ist allerdings von ihrem Wissen überzeugt und tritt im weiteren Verlauf der Handlung entsprechend auf.

Ein weiterer Anspruch der Aufklärung liegt in der Anwendbarkeit von Gelehrsamkeit. Ausgehend von Christian Thomasius und Christian Wolff, die in ihren Schriften das Idealbild eines Gelehrten beschreiben, bemüht man sich „um die Integration der Gelehrten in die bürgerliche Gesellschaft."[29] In satirischem Ton führt die Fabel jedoch die Diskrepanz von weltabgewandter Theorie und Lebenswirklichkeit vor, denn die gelehrte Maus kann der todgeweihten Maus durch Verweise auf philosophische Denktraditionen keinen Trost spenden. So lässt sich *Die Maus in der Falle* dem Genre der Gelehrtensatire zuordnen, das besonders das Nicht-Erfüllen dieses Anspruchs an die Gelehrten ironisiert. Die Gelehrtensatire „repräsentiert den Umschlagpunkt zwischen dem traditionellen Verständnis des ‚Gelehrten' und der modernen Auffassung des ins Bürgertum integrierten Wissenschaftlers, dessen Forschen und Lehren gesellschaftlichen Zwecken dienen sollte."[30] Folgerichtig scheitert die gelehrte Maus – von ihrer dilettantischen Wissenseinverleibung einmal abgesehen – in der Praxis, denn es gelingt ihr nicht, das Wissen zum Nutzen der Gesellschaft anzuwenden.[31]

Das neue Verhältnis von Gelehrsamkeit und Leben wird auch in Lessings Fabel *Die Eule und der Schatzgräber* anhand von Essenssymbolik dargestellt. Ein Schatzgräber sieht, wie eine Eule eine „magere Maus"[32] erbeutet und stellt ihr Verhalten in Frage: „Schickt sich das, sprach er, für den philosophischen

---

27 Daniel Stoppe: Neue Fabeln oder Moralische Gedichte, der Jugend zu einem nützlichen Zeitvertreibe aufgesetzt von Daniel Stoppen, aus Hirschberg in Schlesien, Mitgliede der deutschen Gesellschaft in Leipzig. Erster Theil, Breslau 1740, S. 201.

28 Rudtke [Anm. 24], S. 102.

29 Gunter E. Grimm: Letternkultur. Wissenschaftskritik und antigelehrtes Dichten in Deutschland von der Renaissance bis zum Sturm und Drang, Tübingen 1998, S. 159.

30 Ebd., S. 162.

31 Vgl. ausführlich zu dieser Fabel Stephanie Blum: „Der Mensch ist zwar ein Mensch, und folglich keine Maus." Zum Verhältnis von *moralisatio* und Witzprinzip in Daniel Stoppes Fabel *Die Maus in der Falle*, in: *narratio* und *moralisatio*, hg. v. Björn Reich, Christoph Schanze, Oldenburg 2018, S. 207–226.

32 Lessing [Anm. 10], S. 22. Auch die folgenden Zitate aus *Die Eule und der Schatzgräber* entstammen dieser Seite, daher erfolgt kein weiterer Nachweis.

Liebling Minervens?" Die rechtfertigende Gegenrede der Eule stellt gleichzeitig das indirekte Epimython der Fabel dar: „Warum nicht? versetzte die Eule. Weil ich stille Betrachtung liebe, kann ich deswegen von der Luft leben? Ich weiß zwar wohl daß ihr Menschen es von euren Gelehrten verlanget –." Da Lessing keine Erzählinstanz einsetzt, die eine Moral formuliert, muss diese aus der Handlung und der finalen Aussage der Eule abgeleitet werden. Als Symbol für Klugheit und Weisheit sollte die Eule aus Sicht des Schatzsuchers auf Nahrung verzichten. Er rekurriert auf den scheinbaren Kontrast von Rationalität und natürlichen Bedürfnissen und ruft dazu das Vorurteil einer lebensabgewandten Askese der Gelehrten auf. Die Eule selbst verwehrt sich gegen eine solche Trennung von Geist und Natur – sie verweist stattdessen auf die Befriedigung ihrer natürlichen Bedürfnisse.

In ihrer Gegenrede wird dezidiert Bezug auf gesellschaftliche Vorstellungen von Gelehrsamkeit genommen, die traditionell mit Askese verbunden sind. Darüber hinaus spielt sie auf die sozialhistorische Realität vieler Gelehrter im 18. Jahrhundert an, denen selbst eine „margere Maus" nicht vergönnt sein soll: „Lessing gibt ihm [dem Symbol der Klugheit bzw. Weisheit, S.B.] eine ironisch-kritische Wendung; die Eule der Minerva übt Kritik an der Situation der Gelehrten."[33] Die Eule entlarvt den Topos von der asketischen Bedürfnislosigkeit als reinen Vorwand zur Rechtfertigung sozialer Ungerechtigkeit. In ihrer Bewertung des Essens als ebenso essenziell wie das Atmen geht sie auf die Situation der Gelehrten ein, die ihren Lebensunterhalt durch Geistesarbeit bestreiten müssen. Gleichzeitig nimmt sie eine Art Vermenschlichung der Gelehrten vor, die statt eines weltabgewandten Daseins ihr Recht auf „Leben" einfordern. Dass das Essen lediglich eine „magere Maus" ist, die laut Aussage der Eule zum „[L]eben" benötigt wird, macht deutlich, dass es sich hier um ein Grundbedürfnis handelt – abgegrenzt von ihrer Liebe zu „stille[n] Betrachtungen." Die Vermenschlichung der Gelehrten richtet sich also gegen eine exzessive Moralisierung, die eine zu scharfe Trennung von Ratio und menschlicher Natur vornimmt, aber auch gegen die Vorstellung von einer Gelehrsamkeit ohne Lustgewinn.

Diese exemplarischen Analysen zeigen, dass die Essensthematik häufig zur Darstellung von Wissen und Gelehrsamkeit genutzt wird, deren Stellung im Leben darüber ausgehandelt werden kann. Sie erweist sich hierbei als besonders anschlussfähig für moralische Aussagen über den Umgang mit natürlichen Bedürfnissen sowie über deren Kultivierung im Sinne einer

---

33   Helga Dormann: Eule, in: Metzler Lexikon literarischer Symbole, hg. v. Günter Butzer, 2., erweiterte Auflage, Stuttgart, Weimar 2012, S. 103–105, hier S. 104.

SYMBOLIKEN DES ESSENS IN DER DEUTSCHEN FABELDICHTUNG

Affektkontrolle. Anhand der Symboliken des Essens lassen sich gesellschaftliche Normen ebenso ablesen wie situativ richtiges Verhalten und das Verhältnis von Natur und Vernunft. Der in Fragen des moralischen Handelns verwendete Geschmacksbegriff greift auf eine kulinarische Metaphorik zurück, die im nächsten Kapitel auch auf poetologischer Ebene herausgearbeitet wird.

3 Theoretische Denkfiguren des Einverleibens und der Wirkmechanismus der Fabel

Die Verbindung von Essen und Lesen oder Schreiben zu einem literarischen Topos reicht bis in die Antike zurück. Dabei variiert er in seinen Ausformungen je nach Epoche und kultureller Prägung. Neben unterschiedlich konnotierten Vorstellungen von einer Einverleibung der Schrift auf Ebene des Lesens findet sich kulinarische Metaphorik ab dem 18. Jahrhundert auch in den theoretischen Reflexionen über eben diesen Vorgang.[34] Dahinter steht die „zentrale anthropologische Frage [...] nach der Bedeutung des Schrifttums – des Lesens – für das Leben."[35] Dass gerade diese Frage in den Fabeltheorien der Aufklärung virulent wird, ist aufgrund der didaktischen Bestimmung der Gattung naheliegend, denn diese soll mit einem gewissen Nutzen für das Leben und die menschliche Gemeinschaft rezipiert werden. In den Theorien widmet man sich daher im Großen und Ganzen der Frage, wie die zentrale Maxime des *prodesse et delectare* gewichtet und umgesetzt werden kann. Der Wirkmechanismus der Fabel, ihr Wahrheitsanspruch sowie das Paradigma der Wahrscheinlichkeit und der Grad der poetischen Ausschmückung sind hierbei zentrale Diskussionspunkte. In den Fabeltheorien, aber auch in poetologischen Fabeln, wird daher zur Illustration ihres Wirkmechanismus ebenfalls auf kulinarische Metaphorik zurückgegriffen.

Johann Jacob Breitinger formuliert 1740 in seiner *Critischen Dichtkunst* eine der ersten deutschsprachigen Fabeltheorien und betont dabei besonders die didaktische Funktion der Fabel. Laut Breitinger ist die Fabel

> erfunden worden, moralische Lehren und Erinnerungen auf eine verdeckte und angenehm-ergetzende Weise in die Gemüther der Menschen einzuspielen, und diesen sonst trockenen und bittern Wahrheiten, durch

---

34 Vgl. Christine Ott: Feinschmecker und Bücherfresser. Esskultur und literarische Einverleibung als Mythen der Moderne, München 2011, S. 33–35 und S. 50.

35 Ebd., S. 461.

die künstliche Verkleidung in eine reizende Maßke, einen so gewissen Eingang in das menschliche Hertz zu verschaffen, daß es sich nicht erwehren kan, ihren heilsamen Nachdruck zu fühlen.[36]

Zwar wird die narrative Einkleidung der Moral hier als Verkleidung metaphorisiert, jedoch rekurriert ihre Beschreibung als „trocken und bitter" auf Eigenschaften von Nahrungsmitteln. Auch bei Johann Christoph Gottsched heißt es in der vierten Auflage der *Critischen Dichtkunst*, in der er sich zur Fabel als literarischer Gattung äußert: „Die Fabeln schickten sich nun sonderlich dazu, um die an sich bittern Lehren, gleichsam zu verzuckern."[37] Die zu vermittelnde Moral wird in beiden Theorien mit Nährstoffen umschrieben, die den Menschen in Form einer gewürzten oder bekömmlichen ‚Verpackung' zugeführt werden soll, damit sie ihre Wirkung entfalten kann. Um die gewünschte Belehrung zu erzielen, muss die Moral der Fabel über die Handlung von Tieren, Pflanzen, Menschen, Göttern oder Gegenständen transportiert werden – der Erzählteil ist also notwendiges Mittel zur didaktischen Wirkungsabsicht.

Die Rezipienten nehmen im Akt dieser metaphorischen Einverleibung der Fabel fast beiläufig die so verpackten und versüßten Werte auf. Hier tritt ein normativer Aspekt anhand der Speisemetaphorik zutage:

> Die Schrift essen bedeutet vielmehr, allgemeiner, das Verinnerlichen jener Gebote und jener symbolischen Ordnung, die eine Kultur begründen. [...] Die Vorstellung von der Einverleibung einer Zeichenordnung [...] erweist sich so als eine diskursive, *metaphorische* Strategie, die das Kreatürliche und das Individuelle zu disziplinieren und zu vergeistigen strebt. Sie knüpft an sinnliche Vorstellungen an, doch sie tut es, um dem Menschen die Notwendigkeit einer geistigen Nahrung nahe zu bringen.[38]

Das disziplinierende Moment wird in den Fabeltheorien vor allem anhand der passiven Haltung der Rezipienten deutlich, ihr Herz kann sich laut Breitinger der Morallehre „nicht erwehren" und der „heilsame Nachdruck" wird ohne ihr Zutun erzielt. Die eigentlich mit dem Essen verbundene kulinarische

---

36   Johann Jacob Breitinger: Critische Dichtkunst Worinnen die Poetische Mahlerey in Absicht auf die Erfindung Jm Grunde untersuchet und mit Beyspielen aus den berühmtesten Alten und Neuern erläutert wird. Mit einer Vorrede eingeführet von Johann Jacob Bodemer, Zürich 1740, Reprint Stuttgart 1966, S. 166.

37   Johann Christoph Gottsched: Versuch einer Critischen Dichtkunst, durchgehends mit den Exempeln unserer besten Dichter erläutert. Anstatt einer Einleitung ist Horazens Dichtkunst übersetzt, und mit Anmerkungen erläutert, Leipzig 1751, S. 446.

38   Ott [Anm. 34], S. 34.

SYMBOLIKEN DES ESSENS IN DER DEUTSCHEN FABELDICHTUNG 83

Genusshaltung tritt in dieser Metaphorik hinter die didaktische Strategie der Gattung zurück – die sinnliche Qualität ist im Kontext der rationalistischen Poetiken eher Mittel zum Zweck.

Monika Schmitz-Emans stellt zusammenfassend für die Aufklärung fest, dass sich die Metapher vom Verschlingen von Büchern aus ihrer religiös-spirituellen Prägung löst und im 18. Jahrhundert im Zuge eines veränderten Leseverhaltens zur Metapher der Vielleserei wird. Sie verbindet dies mit dem Geschmacksbegriff, über den sich wiederum ein Bogen zu den zuvor knapp skizzierten Fabeltheorien spannen lässt:

> Es ist die Karriere des ‚Geschmacks'-Begriffs, also eines Ausdrucks, der vom Namen eines physischen Sinnes zum programmatischen Titel einer kulturell hochgeschätzten Kompetenz wird, welche sinnliche und intellektuelle Momente integriert. Indem das für Kunsttheorie, Kulturverständnis und Anthropologie der Aufklärung hochwichtige ästhetische Sensorium des Menschen metaphorisch nach jenem Sinn benannt wird, der beim Verzehr von Nahrungsmitteln als Urteilinstanz fungiert, erscheint es plausibel, die ‚Aufnahme' literarischer, ästhetisch beurteilbarer Texte als einen ‚Verzehr' zu deuten, bei dem etwas ‚geschmeckt' wird.[39]

Analog zu dem zuvor im Kontext der *moral sense*-Theorie thematisierten ‚moralischen Geschmack' wird auch die Urteilsfähigkeit in Fragen der Ästhetik anhand kulinarischer Metaphorik beschrieben. Indem die Bildspender aus dem Bereich des Essens der Sphäre des Alltäglichen entstammen, bekommt die Literatur einen Platz und einen Stellenwert im Leben der Rezipienten zugesprochen. Auch verweisen sie auf den Bereich des Somatischen und Sinnlichen, der somit die rein vernunftgeleitete Reflexion ergänzt. Darüber hinaus wird einem elitären Literaturverständnis eine Absage erteilt, denn der Geschmackssinn ist grundsätzlich in jedem Menschen angelegt und kann geschult werden. Somit lässt sich eben diese Ausbildung eines guten Geschmacks als ein zentrales poetologisches Anliegen der Aufklärung festmachen: „Die Ausbildung eines guten Geschmacks gilt der Vervollkommnung natürlicher Anlagen zu einem vor Überlegung und Reflexion liegenden Gespür für das ästhetisch Schöne, das mit dem moralisch Guten übereinstimmt."[40] Moralischer und ästhetischer Geschmack werden als zusammengehörig gedacht, beide lassen sich ausbilden und somit verbessern – die Frage nach dem *Wie* wird

---

39 Monika Schmitz-Emans: Bibliophagische Phantasien. Bücherfresser und ihre Mahlzeiten, in: GastoLogie, hg. v. Eva Kimminich, Frankfurt am Main 2005, S. 25–68, hier S. 42.

40 Amann [Anm. 25], S. 212.

allerdings je nach poetologischer Position und Gattungszusammenhang unterschiedlich beantwortet.

In den Fabeltheorien von Breitinger und Gottsched wird durch die Verwendung kulinarischer Metaphorik auf diesen Geschmacksbegriff rekurriert, allerdings zeigt sich eine normativ-regulierende Haltung hinsichtlich der Rezipienten. Dies hängt mit dem Konzept der Diätetik zusammen, das im Kontext der Geschmacksdiskussion im 18. Jahrhundert aufgegriffen wird und die Debatte mitprägt: „Diätetik meint also eine vernünftige Kontrolle, die von außen regulierend auf den zur Maßlosigkeit tendierenden Geschmack wirkt", beispielsweise „durch eine Gruppe von Experten", die eine Art „Diätprogramm" zusammenstellt: „Dem Dichter als ‚Koch' wird der Aufklärer als ‚Arzt' beiseite gestellt. Dieser verordnet die Diät, nach der die Speisen anzurichten sind."[41] Auf den Wirkmechanismus der Fabel übertragen bedeutet dies, dass der Fabeldichter, ausgehend von den gesellschaftlichen Tugendvorstellungen der Aufklärer, eine ‚medizinische' Moral wählt, die er dann narrativ ‚zubereitet.' Gottsched beginnt seine Anleitung zum Fabeldichten folglich mit der ‚Zutat' des Moralsatzes: „Man setze sich einen untadelichen moralischen Satz vor, den man durch die Fabel erläutern, oder auf eine sinnliche Art begreiflich machen will."[42] Gottscheds Metapher des ‚Verzuckerns' und Breitingers Bild einer geschmacklichen Verkleidung der „trockenen und bittern Wahrheiten" rekurrieren auf den Topos von der verzuckerten Pille, den Breitinger auch an anderer Stelle in der *Critischen Dichtkunst* aufgreift, um die ‚diätetische Strategie' der Fabel zu beschreiben. Dieser Topos verweist auf ein Grunddilemma der Aufklärung: Auf der einen Seite muss man das Publikum locken und unterhalten, um überhaupt Leser für moralische Sujets zu gewinnen, auf der anderen Seite möchte man sich jedoch nicht seinem Geschmack anpassen, den man ja zu verbessern sucht.[43]

Eine Auseinandersetzung mit eben dieser Kategorie des Geschmacks findet sich auch in Lessings poetologischen Fabeln. Der Fabelstoff vom Fuchs und den Trauben wird von Lessing unter dem Titel *Die Traube* auf die Geschmacksdebatte übertragen. Im Promythion heißt es „Ich kenne einen Dichter, dem die schreiende Bewunderung seiner kleinen Nachahmer weit mehr geschadet hat als die neidische Verachtung seiner Kunstrichter."[44] Im darauffolgenden Handlungsteil wird – gemäß der tradierten Fabel – zunächst

---

41 Ebd., S. 302.
42 Gottsched [Anm. 37], S. 446.
43 Vgl. Amann [Anm. 25], S. 302f.
44 Lessing [Anm. 10], S. 38. Alle folgenden Zitate dieser Fabel entstammen dieser Seite, daher erfolgt kein weiterer Nachweis.

SYMBOLIKEN DES ESSENS IN DER DEUTSCHEN FABELDICHTUNG 85

geschildert, wie der Fuchs die Traube nicht erreicht und sie daher als „sauer" bezeichnet. Lessing erweitert die Handlung, denn es kommt ein Sperling hinzu, der ihn beobachtet hat. Dieser findet die Traube süß und ruft „näschige Brüder herbei", die das Obst so zurichten „daß nie ein Fuchs wieder darnach sprang." Während der Fuchs zunächst das, was er nicht erreichen kann, geschmacklich abwertet, wird die Qualität der Traube durch den Beifall der Masse dann tatsächlich in Mitleidenschaft gezogen. Einerseits schwingt hier Kritik an den Kunstrichtern mit, die das verachten, was sie geistig nicht erreichen oder erfassen können. Andererseits wird auf die Gefahren der Popularität hingewiesen, denn das von der Masse gelesene Werk wird von Nachahmern schnell verunstaltet und dadurch von den Kunstrichtern erst recht verachtet. Die dilettantische Nachahmung zerstört den Ruf des ursprünglichen Werkes, was durchaus als Rekurs auf die La Fontaine-Rezeption zu lesen ist, die Lessing in der eingangs zitierten Passage aus seiner Fabeltheorie auf ähnliche Weise beschreibt.[45]

Unklar bleibt die wirkliche Qualität des Werkes, denn der Geschmack erweist sich in der Fabel als beeinflussbar. Der Fuchs bildet sich sein Urteil aus dem Gefühl der Resignation heraus, nachdem „er lange genug vergebens gesprungen war." Aus seiner Ablehnung erwacht das Interesse des Sperlings, er fühlt sich zunächst durch das Urteil des Fuchses angespornt: „Sauer sollte diese Traube sein? Darnach sieht sie mir doch nicht aus!" Erst aus diesem Vorurteil heraus verzehrt er die Traube und kommt zu der Erkenntnis, dass sie tatsächlich süß sei. Daraufhin lockt er die anderen Sperlinge, ebenfalls mit dem negativen Urteil des Fuchses: „Kostet doch! schrie er, kostet doch! Diese treffliche Traube schalt der Fuchs sauer." Es scheint, als erwachse die Begeisterung der Nachahmer erst aus der Ablehnung durch den Kritiker – das Geschmacksurteil offenbart sich also als subjektiv und die Masse als leicht beeinflussbar. Die Popularität eines Dichters ist folglich nicht von der ästhetischen Qualität seiner Werke abhängig, sondern folgt den Dynamiken des literarischen Systems.

Auch in *Die Nachtigall und der Habicht* erweist sich das Geschmacksurteil als fragwürdig. Im kurzen Handlungsteil wird nur beschrieben, dass sich ein Habicht auf eine singende Nachtigall stürzt mit den Worten: „Da du so lieblich singst, [...] wie vortrefflich wirst du schmecken!"[46] Im Epimythion versagt sich der Erzähler zunächst eine Bewertung dieser Aussage: „War es höhnische Bosheit, oder war es Einfalt, was der Habicht sagte? Ich weiß es nicht." Dann bringt er die Fabelhandlung jedoch mit einem Beispiel aus der literarischen Welt in Verbindung: „Aber gestern hört ich sagen: dieses Frauenzimmer, das

---

45 Vgl. das Zitat Fußnote 15.
46 Lessing [Anm. 10], S. 16. Auch hier entstammen alle weiteren Zitate dieser Seite.

so unvergleichlich dichtet, muß es nicht ein allerliebstes Frauenzimmer sein! Und das war gewiß Einfalt!" Ist der Geschmack im Handlungsteil noch auf den Bereich der Nahrung bezogen, so wird in diesem Epimythion eine Übertragung auf den Bereich der Tugend nahegelegt. Der Habicht schließt aufgrund einer ästhetischen Eigenschaft, dem lieblichen Gesang, auf die Beschaffenheit der Urheberin – hier die im ursprünglichen Wortsinn geschmackliche Beschaffenheit der Nachtigall. Der Erzähler verurteilt eine solche Analogiebildung im Epimythion als einfältig, denn auch im Bereich der Literatur lässt sich von der Qualität des literarischen Erzeugnisses nicht auf die Tugend der Autorinnen[47] und Autoren schließen. In Konsequenz erfolgt eine Positionierung zugunsten der Trennung von ästhetischer und moralischer Ebene.

Die beiden poetologischen Fabeln zeigen unterschiedliche Problematiken auf, die mit der Kategorie des Geschmacks verbunden werden. Einerseits die enge Verbindung von Geschmack und Vorurteil, die im aufklärerischen Selbstverständnis einer Vorurteilskritik zum Dilemma wird und zur Diskussion eben des Geschmacksbegriffs und seiner poetologischen Implikationen führt. Gerade die Frage nach der Erfahrungsgrundlage, auf der die moralischen oder ästhetischen Erkenntnisse und Urteile basieren, wird je nach Stellung zur Sinnlichkeit unterschiedlich beantwortet.[48] Andererseits ist es die Koppelung von Moral und Geschmack, deren Infragestellung gleichzeitig das Verhältnis von Literatur und Gesellschaft neu bewertet. Der Geschmacksbegriff lädt also anhand seiner kulinarischen Metaphorik zur poetologischen Selbstreflexion ein und erweist sich als anschlussfähig für aktuelle Debatten: „Der Metaphernkomplex um das ‚Verschlingen' des Buches wird auf dieser Grundlage zum wichtigen Vehikel der Selbstkritik des Buchzeitalters."[49] Diese Selbstkritik wird auf unterschiedlichen Ebenen auch in der Gattung der Fabel formuliert, denn dort können über das Anknüpfen an oder das Abgrenzen von Gattungstraditionen sowohl Kontinuitäten als auch Innovationen epochenspezifisch ausgehandelt werden.

---

47 Indem die Fabel eine Dichterin als Beispiel nennt, nimmt sie Bezug auf die aufklärerische Debatte um weibliche Autorschaft, die ebenfalls stark mit Fragen der Moral aufgeladen wurde. Vgl. dazu die einschlägige Studie von Barbara Becker-Cantarino: Der lange Weg zur Mündigkeit. Frau und Literatur (1500–1800), Stuttgart 1987.

48 Vgl. ausführlich zu Vorurteilskritik und Geschmack Amann [Anm. 25], S. 256–259.

49 Schmitz-Emans [Anm. 39], S. 42.

TEIL 2

Poetiken der Einverleibung im 19. Jahrhundert

Zerstückelung und Einverleibung
Fragmente einer Poetik des saturierten Texts

Sina Dell'Anno

Abstract

Indem er die Metaphorik der Einverleibung als das poetologische Fundament der *satura* (Satire) entdeckt, formuliert dieser Beitrag Vorüberlegungen zu einer Theorie des grotesken Textkörpers. Im Fokus steht damit die Faktur von Texten, die in ihrer wilden Mischförmigkeit und intertextuellen Hypertrophie eine monströse Qualität gewinnen. Ausgehend von der Etymologie des Wortes *satura* (etwa: Pastete, farce, farsa) wird eine Idee des saturierten Textes als einer Unform entworfen, die sich der destruktiven Dynamik umfassender Gefräßigkeit verschreibt. In exemplarischen Blicken auf Petron (*Satyrica*) und James Joyce (*Finnegans Wake*) sowie insbesondere auf Jean Pauls Anti-Poetik des Appendix und ihre Anwendung im hybriden Werkkorpus von *Dr. Katzenbergers Badereise* wird der Versuch unternommen, die kynische *reductio ad materiam* zu entfalten, die der saturierte Text in der ihm eigenen Hypertrophie und Heterogonie zelebriert.

1 Brocken: Zu Tisch[1]

In der an Essensszenen reichen Literaturgeschichte sticht das Tisch-Verhalten von Jean Pauls Dr. Katzenberger als ein besonderer Fall von schlechtem Benehmen hervor. „Sie brauchen bloß zu meinem Sprechen zu käuen;"[2] wendet sich der Anatom Katzenberger an einen der anwesenden Tischgäste, den Zoller neben ihm:

---

1   Mit der folgenden Skizze präsentiere ich einige zentrale Theorie-Brocken aus dem Kontext meiner Dissertation, die sich der *satura* als einer hypertrophen literarischen Unform widmet. Ich danke den Herausgeberinnen dieses Bandes für die Möglichkeit, meine Überlegungen einem gastrosophisch wie literaturwissenschaftlich beschlagenen Publikum vorzustellen.

2   Jean Paul: Dr. Katzenbergers Badereise. Nebst einer Auswahl verbesserter Werkchen, in: Ders.: Sämtliche Werke., hg. v. Norbert Miller. Nachwort von Walter Höllerer, Abteilung I, Bd. 6, München 1963, S. 77–364. Im Folgenden abgekürzt unter der Sigle SW.

© KONINKLIJKE BRILL NV, LEIDEN, 2021 | DOI:10.1163/9789004439146_006

Nun gut! – Sie käuen jetzt; wissen Sie aber, daß die Hebelgattung, nach welcher die Käumuskeln Ihre beiden Kiefern bewegen (eigentlich nur den untern), durchaus die schlechteste ist, nämlich die sogenannte dritte, d. h. die Last oder der Bolus ist in der größten Entfernung vom Ruhepunkte des Hebels; daher können Sie mit Ihren Hundzähnen keine Nuß aufbeißen, obwohl mit den Weisheitzähnen. Aber weiter! Indem Sie nun den Farsch da auf Ihrem Teller erblicken: so bekommt (bemerken Sie sich jetzt) die Parotis (hier ungefähr liegend) so wie auch die Speicheldrüse des Unterkiefers Erektionen, und endlich gießt sie durch den stenonischen Gang dem Farsche den nötigen Speichel zu [...]. Ich bitte Sie, lieber Zoller, fortzukäuen, denn nun fließet noch aus dem ductus nasalis und aus den Tränendrüsen alles nach, woraus Sie Hoffnung schöpfen, so viel zu verdauen, als Sie hier verzehren. [...] jetzt greift Ihr Trompetermuskel ein und treibt den Farsch unter die Zähne – Ihre Zunge und Ihre Backen stehen ihm bei und wenden und schaufeln – fein hin und her – ausbeugen kann der Farsch unmöglich – auswandern ebensowenig, weil Sie ihn mit zwei häutigen Klappen (Wangen im gemeinen Leben) und noch mit dem Ringmuskel oder Sphinkter des Mundes (dies ist nur Ihr erster Sphinkter, nicht Ihr *letzter*, damit korrespondierender, was sich hier nicht weiter zeigen läßt) auf das schärfste inhaftieren und einklammern – kurz der Farsch wird trefflich zu einem sogenannten Bissen, wie ich sehe, zugehobelt und eingefeuchtet. – Nun haben Sie nichts weiter zu tun (und ich bitte Sie um diese Gefälligkeit), als den fertigen Bolus in die Rachenhöhle, in den Schlundkopf abzuführen. Hier aber hört die Allmacht Ihres Geistes, mein Umgelder, gleichsam an einem Grenzkordon auf, und es kommt nun nicht mehr auf jenes ebenso unerklärliche als erhabne Vermögen der Freiheit (unser Unterschied von den Tieren) an, ob Sie den Farsch-Bissen hinunterschlucken wollen oder nicht (den Sie noch vor wenigen Sekunden auf den Teller speien konnten), sondern Sie müssen, an die Sperrkette oder Trense Ihres Schlundes geheftet, ihn nun hinabschlingen. Jetzt kommt es auf meine gütige Zuhörerschaft an, ob wir den Bissen des Herrn Zollers begleiten wollen auf seinen ersten Wegen, bis wir weiterkommen. (SW I/6, 275–276)

Die verstörende Tisch-Szene ist eine poetologische: Katzenbergers leibliche Rezeptionsästhetik, dies soll im Folgenden plausibilisiert werden, beschreibt die Verdauungsschwierigkeiten des Lesers mit dem satirischen Text.[3] Dafür gilt

---

3   Dr. Katzenbergers Tischreden hat Cosima Lutz unter dem Gesichtspunkt des Ekels eingehende Überlegungen gewidmet. Cosima Lutz: Aufess-Systeme. Jean Pauls Poetik des Verzehrs,

ZERSTÜCKELUNG UND EINVERLEIBUNG

es zunächst, *satura* als ein Modell für Texte zu profilieren, die in ihrer wilden Mischförmigkeit und (inter)textuellen Hypertrophie eine ‚monströse' Faktur gewinnen. Die Satire in diesem Sinne erscheint als ein grotesker Textkörper von besonderer Gefräßigkeit. Damit wird hier zugleich der Versuch unternommen, die Symbolik der Einverleibung als eine kynische Reduktion des literarischen Textes auf seine unbekömmliche Materialität zu denken. Meine vorläufigen Überlegungen zur Poetik des sprachlichen Fremdkörpers führen von der kannibalistischen Intertextualität Petrons zu den unverdaulichen Resten des Jean Paul'schen Spätwerks und schließlich auf James Joyce' *Finnegans Wake*, Inbegriff literarischer Hypertrophie.

2 Brocken: Etymologie – Der groteske Textkörper

Jede theoretische, poetologische und poetische Beschäftigung mit der Satire führt zurück auf deren Etymologie.[4] Die Herkunftsspekulationen um den Namen der *satura* situieren sich von den Anfängen dieser Unform an im Zentrum ihrer (impliziten) Poetik.

Eine kanonische Übersicht der bereits in der Antike kursierenden Etymologien findet sich beim spätantiken Grammatiker Diomedes.[5] Der Herleitung des Wortes von den scherzhaften und unverschämten Satyrn stellt Diomedes ohne zu systematisieren weitere ‚Bilder' zur Seite, mit denen er die *satura* verknüpft. In der üppigen Vermengung von Heterogenem (*„a copia ac saturitate"*) kommen alle diese Etymologien überein.[6] Da ist zunächst die mit Früchten bunt und prall gefüllte Schüssel oder Opferschale (*lanx*), welche die *satura* in den Bereich des Fruchtbarkeitskultes rückt.[7] Nicht ganz so eindeutig wie diese berühmte Etymologie ist die Herleitung der *satura* aus „einer Art *farcimen*'": Diomedes verweist hier auf ein Rezept für „*satura*", ein „mit vielen Dingen gefülltes" (*„multis rebus refertum"*) Gericht, das sich beim römischen Polyhistor

---

Würzburg 2007, hier: S. 77–91; Dies.: Arzt/„Artista": Menschenfresser. Jean Pauls Poetik des Verzehrs, in: Gastrosophical Turn. Essen zwischen Medizin und Öffentlichkeit, hg. v. Christian Hoffstadt u.a., Bochum, Freiburg 2009, S. 339–350.

4 Vgl. Otto Weinreich: Römische Satiren. Ennius, Lucilius, Varro, Horaz, Persius, Juvenal, Seneca, Petronius. Mit einem Essay ‚Zum Verständnis der Werke', Hamburg 1962, S. 289–292.

5 Alle Zitate im Folgenden aus: Diomedis artis grammaticae libri iii, in: Grammatici Latini, hg. v. Heinrich Keil. Bd. 1, Leipzig 1857; Nachdruck Hildesheim 1961, S. 485–486.

6 Otto Weinreich [Anm. 4] (S. 289) spricht vom gemeinsamen „Oberbegriff des Erfülltseins von mannigfaltigen Bestandteilen."

7 Vgl. dazu auch Ulrich Knoche: Die Römische Satire, Göttingen 1982, S. 7.

DELL'ANNO

Varro finde.[8] Ganz offensichtlich verortet diese Etymologie die *satura* im Kulinarischen. Ulrich Knoches nach wie vor grundlegender Monographie zur römischen Satire zufolge „spricht doch wohl die allergrößte Wahrscheinlichkeit dafür, daß die dritte Deutung des Diomedes zutrifft, derzufolge *satura* aus der Küchensprache genommen ist. *Satura* wäre dann, ähnlich wie italienisch *farsa* oder französisch *farce*, der Name für ein derbes, nahrhaftes Misch-Füllsel gewesen [...].“[9]

Es ist davon auszugehen, dass der kulinarische Begriff zuerst im Sinne einer Sammelbezeichnung als Titel mehrerer Gedichte verwendet wurde. Die notorische Vielgestalt der Satire entwickelt sich also schon sehr früh von der Beschreibung eines uneinheitlichen Werkkorpus zur Charakteristik des einzelnen Textes: *satura* meint ursprünglich ,gemischte Dichtung‘, wie die ,gemischte Platte‘ (*Poikilia*) der griechischen Küche.

Die Satire ist also von der Küche nicht zu trennen.[10] Schon die Bedeutung des geläufigen lateinischen Adjektivs *satur* (*satura*, *saturum*): „satt“, von dem der Sammelbegriff abgeleitet ist, bringt den Namen dieser Dichtung in eine genuine Nähe zum kulinarischen Bereich. Die Satire ist ebenso vollgestopft mit verschiedenen Dingen wie ein deftiges Gericht, eine „Pastete“[11] oder ein Auflauf, oder eben: wie ein überfressener Gourmand: „*satura* was originally

---

8   Im zweiten Buch seiner *Quaestiones Plautinae*, so Diomedes, lese man: „*satura est uva passa et polenta et nuclei pini ex mulso consparsi.*“ „*satura*, das sind getrocknete Trauben, Graupen und Pinienkerne, mit Honigwein besprengt.“

9   Knoche [Anm. 7], S. 10. Knoche glaubt, im bündnerischen „*il plains*“ eine Entsprechung für dieses „Füllsel“-Gericht gefunden zu haben (S. 9). Gemeint ist wohl der Kartoffel-Maisgriess-Auflauf ,Plain in Pigna.‘

10 So behauptet auch der Titel einer verlorenen Abhandlung des Polyhistors und Menippeers Varro, *De compositione saturarum*, eine prägnante Ambiguität zwischen poetologischem Traktat und römischem Kochbuch. Zur etymologisch verbürgten Kulinarik der (antiken) *satura* hat Emily Gowers die eingehendste Studie vorgelegt (Emily Gowers: The Loaded Table. Representations of Food in Roman Literature, Oxford 1993, S. 109–219, hier: S. 119). Die *satura* ist zwar die erste, aber durchaus nicht die einzige literarische Gattung, deren Namen dem kulinarischen Bereich entstammt. Vielmehr scheint von ihr gleichsam eine Tradition des notorisch ,formlosen‘, gemischten Schreibens auszugehen, das im kulinarischen ,Pot Pourri‘ (!) eine (absolute) Metaphorik findet – man denke nur an Farce, Pastiche, makkaronische Poesie; eine Liste, die sich insbesondere mit Blick auf die phantasievollen Titel neuzeitlicher *mixta composita*, wie etwa der Zeitschrift *Olla potrida* (1778–1797), um Vieles erweitern ließe. Meinem quasi ,fundamentalistischen‘ Entwurf einer Theorie des grotesken Textkörpers ist es indes nicht um die differenzierende Klassifikation dieser verschiedenen ,Formen‘ zu tun, sondern um einen metaphorologischen Blick auf die immanenten Poetiken eines radikal hybriden und hypertrophen Schreibens.

11 So die Interpretation von Varros „*farcimen*“ bei Helmut Arntzen: Art. Satire, in: Ästhetische Grundbegriffe. Historisches Wörterbuch in sieben Bänden, hg. v. Karlheinz Barck, Dieter Schlenstedt, Martin Fontius, Bd. 5, Studienausgabe, Stuttgart 2010, S. 346.

ZERSTÜCKELUNG UND EINVERLEIBUNG

a kind of mixed dish named by analogy with a person or his stomach, mixed with a great variety of things and bursting at the seams. [...] in other words, the dish was personified as though it had eaten its fill."[12] Das heißt: Satiren sind ‚saturierte' Texte und sie sind generische Allesfresser. In diesem Sinne darf der Satire der Beiname „Pamphagus" (Allesfresser, Vielfraß) verliehen werden, der gemeinhin auch dem Parasiten der antiken Komödie zukommt[13] – der *textus edax*, als der sich die *satura* präsentiert, gewinnt damit das paradoxe Profil des unersättlichen Mitessers.[14]

Als markanteste Exponentin der hier skizzierten Unform darf die sogenannte menippeische Satire gelten, benannt nach dem Kyniker Menippos von Gadara. In ihrer prosimetrischen Faktur kehrt sie die hypertrophe Heterogonie der *satura* als eine monströse Ungestalt des Textes heraus: Groteske Missbildung und intertextuelle Gefrässigkeit sind die wesentlichen Merkmale der Menippea, die sich bezeichnenderweise am intrikaten generischen Schnittpunkt von Roman und Satire situiert.[15]

Durchaus wörtlich zu nehmen ist also die Wendung von der satirischen Unform: Die menippeische Satire ist ein „Antigenre"[16] insofern, als sie die einverleibten Formen zerfrisst. Man wird diese radikalisierte *satura* als *groteske Textkörper* beschreiben müssen:[17] Diese generischen Monster sind hybride

---

12   Gowers [Anm. 10], S. 110.

13   Bezeichnend ist auch der Eigenname eines der berühmtesten Parasiten der römischen Komödie, Saturio, der in Plautus' *Persa* die komische Hauptrolle spielt (vgl. Andrea Antonsen-Resch: Von Gnathon zu Saturio: die Parasitenfigur und das Verhältnis der römischen Komödie zur griechischen, Berlin, Boston 2005, hier: S. 4.)

14   Der Figur des Parasiten hat Serres einschlägige Überlegungen gewidmet (Michel Serres: Der Parasit. Aus dem Französischen von Michael Bischoff, Frankfurt/Main 1987).

15   Es ist hier nicht der Platz, die Geschichte der menippeischen Satire resp. ihrer schwierigen Gattungstheorie zu vertiefen. Die konstitutive Hybridität dieser Texte hat Werner von Koppenfels – im Anschluss an die ältere Gattungstheorie – ins Zentrum seiner Beschreibung der Menippea gerückt: Werner von Koppenfels: Der andere Blick. Das Vermächtnis des Menippos in der europäischen Literatur, München 2007, hier: S. 13–29. Weinbrots Versuch, den generischen Proteus ‚Menippea' durch einen klar definierten gemeinsamen Nenner zu bändigen, „so that the genre who ate the world can be put on a diet", verfehlt – wie ich zu zeigen hoffe – den springenden Punkt (vgl. Howard D. Weinbrot: Menippean Satire Reconsidered, Baltimore 2005, hier: S. 303).

16   Als „antigenre" beschreibt Joel Relihan die antike Menippea, allerdings ohne dass seine überaus anregende Studie dem Begriff dieselbe Radikalität zudenkt, die hier visiert ist (vgl. Joel S. Relihan: Ancient Menippean Satire, Baltimore, London 1993, S. 34). Zur markanten Formlosigkeit der menippeischen Satire vgl. auch W. Scott Blanchard: Scholar's Bedlam. Menippean Satire in the Renaissance, Lewisburg 1995, S. 11–44.

17   Es mag den Anschein erwecken, dass sich meine Annäherung an die satirische Unform, indem sie die menippeische Satire und den grotesken Körper zusammendenkt, ganz auf der Argumentationslinie Bachtins bewegt. Tatsächlich aber gehen Bachtins Überlegungen

Mischkreaturen, grotesk deformiert von digressiven Ausstülpungen; sie sind zu ihrer Umwelt hin offen, sie fressen und verdauen sprachliches Material. Das heißt auch: Indem er unablässig inkorporierte Brocken ruminiert, bewegt sich der groteske Textkörper der *satura* stets am Rande der Dissoziation. Ich möchte diese destruktive textinterne Dynamik auf den Begriff der Paratextualität bringen: Die krasse Hybridität der *satura* ist als eine Angelegenheit der multiplen intra- und intertextuellen Schwellen[18] oder Grenzen zu denken. Im Prosimetrum aktualisiert sich nur eine Spielform dieser liminalen Dynamik.[19] Als Antigenre kennt diese Satire tatsächlich keine positiven Formmomente. Sie liegt ebenso *vor* wie *nach* der Form.[20] Im Hinblick auf den überfüllten Magen, den die kulinarische Etymologie der *satura* evoziert, kann man auch kalauernd sagen: Satire ist vor und nach dem *Ersprechen*. Dem Satirischen eignet die Qualität des Wiedergekäuten, des Halbverdauten. Der ‚saturierte' Text gleicht also einem Pansen, in dem die literarischen Brocken quasi in einem kontinuierlichen Verdauungsprozess begriffen sind: Zerstückelung und Einverleibung.

Mit Horaz lassen sich die destruktiven Implikationen dieser kulinarischen Dynamik auf eine berühmte Wendung bringen. Seiner vierten Satire entstammt das geflügelte Wort von den *„disiecti membra poetae"* (Hor. sat. I,4,62), den „Gliedern des zerstückelten Dichters."[21] Dass der Sparagmos durchaus am poetologischen Horizont der Satire steht, zeigt ein Blick auf Petrons *Satyrica*.

---

zum Karneval und zur karnevalisierten Literatur an keiner Stelle so weit, den grotesken Körper als ein poetologisches Modell ernst zu nehmen. Vielmehr konzentriert sich die Anthropologie der „Gegenkultur", an der Bachtin arbeitet, auf die Darstellung des grotesken Körpers in der Literatur (vgl. Michail Bachtin: Rabelais and His World. Trans. by Helene Iswolsky, Cambridge 1968 [zuerst 1965]; Ders.: Problems of Dostoevsky's Poetics. Ed. and trans. by Caryl Emerson, Minneapolis 1984 [zuerst 1963]). Die Figur des grotesken Körpers macht auch Musgrave für seine Studie der neuzeitlichen Menippea fruchtbar (vgl. David Musgrave: Grotesque Anatomies: Menippean Satire since the Renaissance, Cambridge 2014).

18 „Seuil", „Schwelle" ist der Begriff, auf den Gérard Genette seine Theorie des Paratextes gründet. Vgl. Gérard Genette: Paratexte. Das Buch vom Beiwerk des Buches, Frankfurt/ Main 2003.

19 Bereits Koppenfels sieht den menippeischen „Vers/Prosa-Kontrast als Zeichen einer umfassenden Dissoziation" (Werner von Koppenfels: Mundus alter et idem. Utopiefiktion und menippeische Satire, in: Poetica 13, 1981, S. 16–65, hier: S. 26). Zu den weiteren Spielformen menippeischer Paratextualität siehe die folgenden Brocken zu Jean Paul.

20 Hier nehme ich einen Gedanken auf, den Ralf Simon expliziert hat (Ralf Simon: Vor und nach der Form, in: Zeit der Formen, Formen der Zeit, hg. v. Michael Gamper u.a., Hannover 2016, S. 63–82).

21 Es ist mir in diesem Rahmen nicht möglich, der Komplexität des Kontexts Geltung zu verschaffen, in dem Horaz dieses zur Floskel geronnene Diktum formuliert. Folgende Hinweise müssen genügen: Die vierte Satire des ersten Buches horazischer *Sermones* gestaltet sich als eine metapoetische ‚Digression', in der nicht zuletzt der problematische

ZERSTÜCKELUNG UND EINVERLEIBUNG

3   Brocken: Petron – *disiecti membra poetae*

Begreift man *satura* als den treffenden Namen für Werke von einer ebenso hybriden wie hypertrophen Textur, so begegnet einem Petrons *Satyrica* als Paradefall eines *opus monstrosum*.[22] Denn zum einen haben wir es bei diesem sogenannten ‚Roman' mit einem prosodisch und metrisch äußerst heterogenen Vers-Prosa-Gemenge zu tun. Schon an der prosimetrischen Oberfläche zeigt sich der Text als ein buntscheckiges Flickwerk, als ein Konglomerat von textuellen Brocken. Zweitens bersten die *Satyrica* vor Anspielungen auf die (hohe) Literatur. Tatsächlich scheint dem parodistischen Zugriff Petrons keine Gattung und kein Autor zu entgehen; bei genauer Lektüre gerät beinahe jede Sequenz unter Zitat-Verdacht.[23] Die Dichte der intertextuellen Anspielungen verleitet einen der Kommentatoren sogar zu der These, dass hier die Komposition des „ultimate mosaic" anvisiert werde: „tesserae borrowed from every kind of literary work [...]."[24] Seine intertextuelle Hypertrophie lässt den Text also als ein „Mosaik aus Zitaten" erscheinen. So gesehen zeugt das, was von Petrons römischem Roman geblieben ist, vor allem von der „Absorption" anderer Texte, von der lesenden Einverleibung literarischen Materials.[25] Bruchstücke von Epos, Elegie, Tragödie, Komödie und anderen Gattungen liegen über die diskontinuierliche Textoberfläche der *Satyrica* verteilt, wie die *membra disiecta* gelesener Textkorpora.

Status des Satirikers als eines Dichters verhandelt wird. Zum entscheidenden Argument in der Frage, ob man die Satire zur Dichtung zählen dürfe oder nicht, wird ein in äußerster Verdichtung formulierter Vergleich des horazischen Schreibens mit Ennius, dem Vater der römischen Epik (Hor. sat. 1,4,55–62). Diese faszinierende philologische Selbstkritik wäre ins Zentrum einer spekulativen Theorie der satirischen Unform zu stellen.

22   Die Nicht-Klassifikation der Menippea als *opus monstrosum* stammt von Casaubon, der mit dieser Wendung das satirische Werk Varros beschreibt (Isaac Casaubonus: De satyrica Gaecorum poesi & Romanorum Satira. Paris 1605. Faksimile ed. Peter E., Medine 1973, S. 199–200). Aus Platzgründen bleibt die hier eröffnete Perspektive auf Petrons *Satyrica* an der Oberfläche dieses faszinierenden Textes.

23   Gareth Schmeling: A Commentary on the Satyrica of Petronius, Oxford 2011, S. xxix: „It is easier to find a writer not parodied than to list all those at whom he smiles."

24   Schmeling [Anm. 23], S. xxxiv.

25   Ich formuliere hier bewusst in Anlehnung an die Intertextualitätstheorie, die Kristeva im Anschluss an Bachtin entworfen hat (vgl. Julia Kristeva: Bachtin, das Wort, der Dialog und der Roman, in: Literaturwissenschaft und Linguistik, hg. v. Jens Ihwe, Frankfurt/Main 1972, Bd. 3, hier S. 351–367). Die Rede von der zerlegenden Absorption von Texten prägt auch Kristevas „Semiologie der Paragramme" (Dies.: Zu einer Semiologie der Paragramme, in: Strukturalismus als interpretatives Verfahren, hg. v. Helga Gallas, Darmstadt, Neuwied 1972, S. 163–200). Kristevas Anspruch auf logische (strukturalistische) Formalisierung der Bachtin'schen Dialogizität lässt allerdings die metaphorischen Substrate dieses Systems textueller Einverleibungen nicht in den Fokus geraten.

Und ausgerechnet mit den „Gliedern des zerstückelten Dichters" finden die satyrischen Geschichten[26] zu einem jähen und verstörenden Ende: In der letzten überlieferten Szene verkündet der Dichtersänger Eumolp den Erbschleichern von Kroton (Petr. Sat. 141,2): *„omnes, qui in testamento meo legata habent, praeter libertos meos hac condicione percipient quae dedi, si corpus meum in partes conciderint et astante populo comederint."* – „Alle, die in meinem Testament mit einem Legat bedacht sind, mit Ausnahme meiner Freigelassenen, werden, was ich gebe, nur unter der Bedingung erhalten, dass sie meinen Leichnam in Stücke schneiden und im Beisein der Leute aufessen."[27] Das geforderte Ritual trägt deutlich die Züge der Grammatophagie;[28] der Kannibalismus am Autor wird zur makabren Hermeneutik, wenn Eumolp formuliert (Petr. Sat. 141,4): *„his admoneo amicos meos [...] quibus animis devorarint spiritum meum, eisdem etiam corpus consumant."* – „Hiermit fordere ich meine Freunde auf [...] mit derselben Gesinnung, mit der sie meinen Geist in sich aufgesogen haben, auch meinen Leichnam zu verzehren."[29] In

---

26 „Satyrische Geschichten" ist Holzbergs treffende Übersetzung des gräzisierenden Titels, der den grotesken Leib des triebhaften Bock-Manns (Σάτυρος) ebenso evoziert wie das üppige Potpourri heterogener Zutaten (*satura*). Vgl. Niklas Holzberg: Petron. Satyrische Geschichten, Berlin 2013.

27 Holzberg [Anm. 26], S. 349. Den „Topos" des Menschenverzehrs in der Antike hat mit Bezug auf Petron Rankin aufgearbeitet (H. D. Rankin: Eating people is right. Petronius 141 and a topos, in: Hermes 97, 1969, S. 381–384). Herzog bezeichnet ihn als ein „auf Diogenes zurückgehendes Erbstück der menippeischen Satire" (Reinhart Herzog: Fest, Terror und Tod in Petrons Satyrica, in: Ders.: Spätantike. Studien zur römischen und lateinisch-christlichen Literatur, hg. v. Peter Habermehl, Göttingen 2002, S. 75–113, hier: S. 91).

28 Zum Topos des Schriftverzehrs vgl. Günter Butzer: Pac-man und seine Freunde. Szenen aus der Geschichte der Grammatophagie, in: DVjS 72, 1998, Sonderheft, S. 228–244; Christine Ott: Feinschmecker und Bücherfresser. Esskultur und literarische Einverleibung als Mythen der Moderne, München 2011; Mona Körte: Essbare Lettern, brennendes Buch. Schriftvernichtung in der Literatur der Neuzeit, München 2012.

29 Holzberg [Anm. 26], S. 349. Der frappierenden Körperlichkeit der *Satyrica* und ihrer immanenten Rezeptionsästhetik hat Rimell eine eingehende Studie gewidmet: „[L]iterature in the *Satyricon* is no longer just written, static and containable, but is imaged as a live body, a flesh or food ingested in the process of learning and spewed out from bodies in performance: inside the consumer, it is a volatile force transmuted in the process of digestion which may also gnaw away its host from within." (Victoria Rimell: Petronius and the Anatomy of Fiction, Cambridge 2002, hier: S. 8–9.) Einen ebenso makabren, dem kynischen Humor verpflichteten, ‚Tod des Autors' inszeniert Michel Houellebecq: Karte und Gebiet, Köln 2011, hier: S. 287–288: Am Ende des Romans findet sich der Dichter Houellebecq zerstückelt und unter die *disiecta membra* seines auf den sinnigen Namen Platon getauften Hundes vermengt. Zur kynischen Tradition der Szene vgl. Joséphine A. Jacquier: Von Salzfischen und Hunden. Kriterien für eine kynische Literatur, in: Parrhesia. Foucaults letzte Vorlesungen – philosophisch, philologisch, politisch, hg. v. Petra Gehring, Andreas Gelhard, Zürich 2012, S. 121–139, insbes. S. 129.

den letzten überlieferten Fragmenten der satyrischen Erzählung kündigt sich der Vollzug ebendieses poetologisch prägnanten Aktes an. Mit dem Verzehr des in seine Glieder zerstückelten Dichters inszeniert Petron die kannibalistische Dispersion des poetischen Textkörpers. Die geforderte Zerstückelung des Dichters expliziert also nicht zuletzt die dissoziativen Bedingungen des gefräßigen Textes: Wie sich das Prosimetrum Petrons ‚Brocken' (*fragmenta*) versifizierter Rede einverleibt, muss sich die Aneignung des poetischen *corpus* an dessen *membra disiecta* vollziehen. Es ist die archaische Ur-Szene einer Intertextualität, die sich des Zitats als eines Bruchstücks bewusst ist. Ist es wirklich überlieferungsgeschichtlicher Zufall, dass dieser ‚Roman' in Brocken auf uns gekommen ist?

4   Brocken: Die Grenzen der Verdauung

Die *satura* im hier skizzierten Sinne als einen grotesken Textkörper zu denken, bedeutet auch, das Drama der Einverleibung wörtlich zu nehmen, das sich in ihm abspielt. Denn die kannibalistische Inkorporation fremder Körper, als welche sich die Intertextualität der *satura* gestaltet, ist in gewisser Weise von Anfang an zum Scheitern verurteilt: Als die zerstückelten Glieder *fremder* Textkorpora behaupten die einverleibten Brocken eine widerständige Alterität; sie sträuben sich gegen die restlose Integration. Für die Intertextualität des saturierten Textes lässt sich also eine dekonstruktive Gedankenfigur fruchtbar machen: Der Fremdkörper des Zitats[30] (die ‚fremde Zunge') behauptet als ein „Xenolith" seine Ambivalenz zwischen Integration und Dissoziation[31] – Satire, das ist buchstäblich: ‚schwere Kost.' Im Sprachpansen dieser Texte rumoren unverdauliche Redebrocken, die sich gegen ihre vollständige Rezeption zur Wehr setzen. Die der *satura* charakteristische Tendenz zum Fragmentarischen – zuvor ins gefällige Bild des Zitate-Mosaiks gebracht – ist demnach als eine anhaltende, zergliedernde Verdauungsarbeit am sprachlichen Material zu denken. Die nicht verwertbaren Reste, die unintegrierbaren Überbleibsel des

---

30   Die Idee vom ‚Fremdkörper' findet sich bereits bei Compagnons Theorie des Zitierens (vgl. Antoine Compagnon: La seconde main ou le travail de la citation, Paris 1979, S. 31).

31   Vom „Xenolith" spricht Bahr im Rahmen seiner Analyse des Abendmahls, in deren Zentrum der nicht assimilierbare „Fremdkörper' der Speise" steht (vgl. Hans-Dieter Bahr: Die Sprache des Gastes. Eine Meta-Ethik, Leipzig 1994, S. 158; der Ausschnitt aus Bahrs „Meta-Ethik", auf den ich mich beziehe, ist wieder abgedruckt in der Sammlung Theorien des Essens, hg. v. Kikuko Kashiwagi-Wetzel, Anne-Rose Meyer, Berlin 2017, S. 225–238). Die Figuren der Gastlichkeit, die Bahr beschreibt, gehen in wesentlichen Zügen mit Serres' Analyse des Parasiten überein.

diskursiven Verdauungsvorgangs finden im hypertrophen Text-Korpus der Satire einen privilegierten Ort.[32]

Tatsächlich spielt im satirischen Metabolismus eine bisher ungenannte Figur des Dritten[33] eine entscheidende Rolle: das Exkrement. In der Ausscheidung materialisiert sich der widerständige Rest eines nie vollumfänglich geglückten Inkorporationsprozesses. Die weitere Veranschaulichung dieser poetologischen *reductio ad materiam* führt ins 18. Jahrhundert, genauer: zu den unbekömmlichen Resten im Verdauungstrakt von Jean Pauls Texten.[34]

5 Brocken: Jean Paul – „unverdauliche residua"

5.1 *Ausscheidung (Theorie)*

Jean Pauls *Jubelsenior* (1779) wird im Untertitel als *Ein Appendix* ausgewiesen. Der vorausgehende „Prodromus galeatus" („behelmte Vorreiter") wiederum liefert eine „Poetik" ebendieser von Jean Paul selbst begründeten Textsorte.[35]

---

32 Indem er dergestalt die Arbeit am Unverdaulichen, Nicht-Assimilierbaren ins Zentrum der satirischen Poetik stellt, knüpft der hier exponierte Theorieansatz in gewisser Hinsicht an ein Leitmotiv von Derridas später Beschäftigung mit dem Essen an. In einem Interview mit Daniel Birnbaum und Anders Olsson gibt Derrida Auskunft über sein Interesse an den Praktiken der Einverleibung und deren Grenzen: „My thoughts on the limits of eating follow in their entirety the same schema as my theories on the indeterminate or untranslatable in a text. There is always a remainder that cannot be read, that must remain alien." Vgl. http://www.e-flux.com/journal/02/68495/an-interview-with-jacques-derrida-on-the-limits-of-digestion/ (aufgerufen am 12.5.2018). Vgl. auch Jacques Derrida: „Man muss wohl essen" oder die Berechnung des Subjekts, in: Kashiwagi-Wetzel, Meyer [Anm. 31], S. 375–383. Für Hinweise auf und zu Derrida danke ich Lucas Knierzinger und Nicole Sütterlin.

33 Vgl. Die Figur des Dritten. Ein kulturwissenschaftliches Paradigma, hg. v. Eva Eßlinger u.a., Berlin 2010.

34 Die Exkrementalpoetik Jean Pauls ist kein unbekannter Aspekt seines Schreibens. Richters in der Satire verwurzelte idiosynkratische Gelehrsamkeit verschreibt sich der literarischen Ausscheidung schon insofern, als er seine saturierten Texte aus „Behältnisse[n] der verdauten Exzerpten" (SW II/1, 391) schöpft. Diesen produktionsästhetischen Aspekt betonen insbesondere Maximilian Bergengruen: Schöne Seelen, groteske Körper. Jean Pauls ästhetische Dynamisierung der Anthropologie, Hamburg 2003, S. 15–17 und Magnus Wieland: Vexierzüge. Jean Pauls Digressionspoetik, Hannover 2013, S. 178–179. Cosima Lutz (Aufess-Systeme [Anm. 3], S. 662–663) verweist weiterhin mit Blick auf eine Stelle im *Leben Fibels* darauf, dass die exkrementale Metaphorik sich aus Jean Pauls Rezeption von Luthers Tischreden speise.

35 Die Jean-Paul-Forschung fokussiert in erster Linie das Verhältnis von primär digressivem Appendix und primär narrativem Roman. Die eingehendste Auseinandersetzung mit Jean Pauls Appendix-Poetik findet sich bei Till Dembeck: Texte rahmen, Berlin, New York 2007, S. 371–405. Auch Magnus Wieland beschäftigt sich eingehend mit den

ZERSTÜCKELUNG UND EINVERLEIBUNG

Beim Blick in die Appendixtheorie wird schnell deutlich: Der Appendix ist ein „Anti-Roman",[36] diese Unform generiert sich also aus einer tiefgreifenden Verkehrung der gängigen Textlogik:

> [E]in guter Appendix erzählt wenig und scherzt sehr – [...] In der Tat ist das im Appendix Ziel und Schmuck, was im Roman Irr- oder Ausweg und Makel ist. Die Schmetterlingsflügel bunter Einfälle, die das Insektenkabinett oder den Glaskasten des Appendix putzen und füllen, durchziehen nur als fremdes Einschiebsel den solidern deutschen Roman, so wie wahre Schmetterlingsflügel nach Buffon als unverdauliche residua aus den Exkrementen der Fledermäuse schimmern. Die Digression ist nie im Roman Hauptsache, darf hingegen nie im Appendix als Nebensache behandelt werden; dort ist sie wartendes Auskehricht, hier ist sie ein musivisch in den Stubenboden eingelegtes, ein poetisches Asaroton, so wie die Alten auf ihren Fußböden musivisches Vexier-Stroh, Knochen und dergleichen, kurz die Stube des Auskehrichts wegen hatten. (sw i/4, 413–414)

Entscheidend sind für unseren Zusammenhang die exkrementalpoetischen Metaphern, welche diese Appendixtheorie aufruft: „unverdauliche residua" werden hier zum Hauptbestandteil des Appendix erklärt. Der textuelle ‚Wurmfortsatz' macht damit zum einen seiner intestinalen Bedeutung alle Ehre.[37] Zum anderen erscheint er genau in dem Sinne als *satura*, in dem ich diese hypertrophe Unform mit unverbesserlichem Schalk als „vor und nach dem *Ersprechen*" beschreibe: Als ‚poetisches Auskehricht' erklärt Jean Paul seinen Appendix zunächst zum literarischen „Mist", laut Adelung „ein Wort, welches überhaupt einen vermischten Körper der schlechtesten verächtlichsten Art bedeutet."[38] Auch im Exkrement ist also der Mischcharakter vordringlich. Der

---

autorpoetologischen Implikationen der *Jubelsenior*-Vorrede (Wieland [Anm. 34], S. 175–194), allerdings ohne eine Verbindung zur Faktur des Jean Paul'schen Spätwerks herzustellen. Kilcher widmet dem Anhang als einem enzyklopädischen Format Aufmerksamkeit (vgl. Andreas B. Kilcher: mathesis und poiesis. Die Enzyklopädik der Literatur 1600 bis 2000, München 2003, S. 140–141). Die dissoziative Faktur des musivischen Appendix betont Bettine Menke: Gedankenstriche, in: Am Rande bemerkt. Anmerkungspraktiken in literarischen Texten, hg. v. Bernhard Metz, Sabine Zubarik, Berlin 2012, S. 169–190, insbes. S. 187–189.

36 Dembeck [Anm. 35], S. 371.
37 Vgl. Wieland [Anm. 34], S. 176.
38 „1. Im weitesten Verstande, wo es nur noch in einigen Fällen üblich ist. So wird das Auskehricht in einigen Gegenden Stubenmist genannt. Der Gassenkoth, ja ein jeder Koth führet im gemeinen Leben oft den Nahmen des Mistes. Untaugliche Waaren und andere

Anhang versammelt gleich einer inventorischen Rumpelkammer den Unrat witziger Gelehrsamkeit und ist gerade darin ‚Ausscheidung.'[39] Jean Paul beschreibt diese Faktur mit der Metapher des „Asaroton"; ein Typ Bodenmosaik, auf dem in der Art eines *Trompe-l'oeuil*-Effekts unter den Tisch gefallene Essensreste dargestellt sind. Im Asaroton verbindet sich die Fragmentarik des aus Bruchstücken zusammengesetzten Mosaiks mit jener kulinarischen Dimension, die der *satura* kraft ihrer Etymologie eingeschrieben ist.

Die tollkühne Verkehrung der Jean Paul'schen Mosaik-Metapher besteht freilich darin, dass die figürlich-ornamentale Darstellung von Speiseresten einen künstlerischen Selbstzweck erfüllt und die Stube in ihrer Funktion dem Kehricht unterstellt. Als „musivisches Vexier-Stroh" drängen sich die unter den Tisch gefallenen Brocken paradox ins Zentrum der Aufmerksamkeit. Analog dazu erklärt diese Appendix-Poetik den paratextuellen Anhang zum selbständigen Hauptwerk.[40] An dieser Stelle sei in Erinnerung gerufen: Die Poetik des Paratexts (Appendix), aus der ich zitiere, ist selbst ein Paratext (eine Vorrede) – und auf den *Jubelsenior*-Appendix folgt, konsequenterweise, ein *Appendix des Appendix* (sw I/4, 545). Jean Paul zementiert damit eine Poetik des grotesken Paratextes, eines menippeischen Anti-Genres von verkehrtem Roman.[41] Ebendiese paradoxe Bewegung eines an die Stelle des Haupttextes gerückten Paratexts (Appendix) kennzeichnet den gefräßigen Textkörper der Satire, die ich zu Beginn als einen unersättlichen Mitesser charakterisiert habe.

---

untaugliche Sachen werden oft aus Verachtung nur Mist genannt, in welcher Bedeutung es zunächst von miß abzustammen scheinet. 2. In engerer Bedeutung. 1) Der Koth von Menschen und Thieren, die untauglichen Überbleibsel von den verdaueten Speisen; in welchem Verstande es besonders im gemeinen Leben üblich ist, und alsdann von dem natürlichen Auswurfe alle [sic!] Thiere gebraucht wird. [...]" (Johann Christoph Adelung: s.v. Mist, in: Grammatisch-kritisches Wörterbuch der Hochdeutschen Mundart, Bd. 3. Leipzig 1798, Sp. 228–229).

39   Bezeichnenderweise ist auch Derrida die Bedeutung der Jean Paul'schen Appendix-Poetik nicht entgangen: Die umfangreichste Fußnote (!) in seinen Überlegungen zum *Hors-Livre* („Buch-Außerhalb", Dissemination, S. 11–68) ist unter dem Stichwort der „Nachrede" ([Anm. 15], S. 35–36) zu einem wesentlichen Teil Jean Pauls *Jubelsenior* als einer „Analyse des Exkrements" gewidmet (Jacques Derrida: Dissemination, hg. v. Peter Engelmann, übers. v. Hans-Dieter Gondek, Wien 1995, hier: S. 36; vgl. Wieland [Anm. 34], S. 176).

40   Wieland ([Anm. 34], S. 182–183) rückt in diesem Sinne das Asaroton in die Nähe des Stilllebens, welches im Laufe des 17. Jh.s vom (ornamentalen) *parergon* zum *ergon* avancierte.

41   Die zentrale Rolle des Paratexts für Jean Pauls Schreiben hat insbesondere die kenntnisreiche Studie von Till Dembeck [Anm. 35] (hier: S. 371–405) herausgearbeitet; freilich gänzlich ohne die menippeische Tradition zu berücksichtigen. Vgl. auch Wieland [Anm. 34], S. 184: „[Der Appendix] invertiert (bzw. parodiert) den Roman."

ZERSTÜCKELUNG UND EINVERLEIBUNG

Um ein weiteres Musterexemplar eines grotesken, paratextuell deformierten Textkörpers, soll es nun noch einmal gehen.

5.2 Wurmfortsatz (*Praxis*)

Dr. Katzenbergers Badereise nebst einiger verbesserter Werkchen von Jean Paul (1809/1823) realisiert die hier skizzierte (Exkremental-)Poetik der *satura* in aller Anschaulichkeit. Denn die ‚Badegeschichte' um einen Missgeburten sammelnden Anatomen (Katzenberger) auf Rachefeldzug gegen einen kritischen Rezensenten wird – in der von Jean Paul autorisierten Edition – immer wieder absichtsvoll unterbrochen von den „verbesserten Werkchen" des Autors: Neuauflagen kürzerer journalistischer Publikationen, Aufsätze, Satiren, Rezensionen. Tatsächlich kommt das in der Forschung noch immer als ‚Roman' apostrophierte Werk also als ein widerspenstiges Konvolut *vermischter Schriften* daher.[42] Die markante Heterogonie dieses Korpus hat es nämlich darauf angelegt, eine ungehemmte, kontinuierliche Lektüre der in 45 „Summulae" geteilten Badegeschichte zu verunmöglichen. In diesem Sinne ist die Anatomie der Missgeburt hier auch poetologisches Programm:[43] Das

---

[42] Jüngst hat Kaminski der Faktur dieses heterogenen Werks eine umfangreiche Studie gewidmet. Anhand der Publikationsgeschichte arbeitet sie heraus, dass das hybride Format der Zeitschrift für das *Katzenberger*-Korpus als werkorganisatorisches Modell *par excellence* zu betrachten ist (vgl. Nicola Kaminski: „Nachdruck des Nachdrucks" als Werk(chen)organisation oder Wie *D. Katzenberger* die *Kleinen Schriften* von Jean Paul Friedrich Richter anatomiert, in: Jahrbuch der Jean-Paul-Gesellschaft 52, 2017, S. 29–70). Die treffende Rede von der „Korpus-Struktur" des *Katzenberger* hat Neumann bereits 1975 in die Forschung eingebracht, jedoch ohne dass sein nachdrücklicher Verweis auf die gewollte Hybridität des Spätwerks gebührende Beachtung gefunden hätte (vgl. Peter Horst Neumann: Die Werkchen als Werk. Zur Form- und Wirkungsgeschichte des Katzenberger-Korpus von Jean Paul, in: Jahrbuch der Jean-Paul-Gesellschaft 10, 1975, S. 151–186). Das ‚Format' der Einschiebe-„Aufsätze" vergleicht auch Schäfer schon mit den in der Vorrede programmatisch benannten „Taschenkalendern und Zeitschriften." Jedoch zieht er den Schluss, dass es sich bei der Hybridität des *Katzenberger*-Korpus um eine Parodie derjenigen Form handle, „die seiner [Jean Pauls] Meinung nach das Schaffen von umfangreichen Werken in die Krise geführt hat". Schäfer unterstellt Jean Paul also einen impliziten Willen zum Werk(ganzen). Dagegen zielt die hier skizzierte Lektüre darauf, die radikale Heterogonie dieses „Romans" als eine menippeisch-satirische Poetik der Dissoziation ernst zu nehmen. (Armin Schäfer: Jean Pauls monströses Schreiben, in: Jahrbuch der Jean-Paul-Gesellschaft 37, 2002, S. 216–234, hier: S. 220).

[43] Die Programmatik der Missgeburt hat Bergengruen im Kontext der zeitgenössischen medizinischen Debatte entfaltet. Seine äußerst weitsichtige Lektüre des *Katzenberger* vor dem Hintergrund der Jean Paul'schen Humor-Theorie krankt allein daran, dass sie die hybride Korpus-Struktur dieses Spätwerks nicht berücksichtigt (vgl. Maximilian Bergengruen: Missgeburten. Vivisektionen des Humors in Jean Pauls „Dr. Katzenbergers Badereise", in: Anatomie. Sektionen einer medizinischen Wissenschaft im 18. Jahrhundert, hg. v. Jürgen

DELL'ANNO

unförmige, ‚monströse' Konglomerat von Werkchen gründet in einer Poetik des grotesken, ja: des zergliederten Textkörpers; in einer menippeischen Schreibweise des Anti-Opus.

Ganz im Sinne der ‚Vermischten Schriften' bedeutet die Korpus-Struktur des *Katzenberger* zunächst eine Vervielfachung werkinterner Schwellen: Auch die Montage der Werkchen ist demnach als eine ‚paratextuelle' Organisation zu verstehen. Gegenüber der digressiven Struktur von Jean Pauls großen Romanen zeigt sich in diesem Spätwerk allerdings eine zunehmende Dissoziation des hybriden Textes. Anders als noch bei Extrablatt, Vorrede und anderen digressiven Einschüben verzichtet die Korpus-Struktur auf den Schein eines kohärenzstiftenden Hauptnarrativs und realisiert dagegen die radikale Heterogonie des Textgemenges (*satura*).[44] Denn das gleichberechtigte Nebeneinander von Roman-„Summeln" (die ja auch ‚kleine Ganzheiten' sind) und „Werkchen" subvertiert die Hierarchie von Text und Paratext besonders tiefgreifend.[45] Die Gleichstellung der ‚Vermischten Schriften' erhöht nämlich die Widerständigkeit der digressiven Brocken; diese lassen sich – als Werkchen – nicht mehr im Zuge der Lektüre in die Narration eingliedern, sprich: verdauen.[46] Am *Katzenberger*-Korpus ist also auch jenes Drama der textuellen Einverleibung zu beobachten, das hier als die satirische Dynamik *par excellence* exponiert wurde. Als quasi-autonome „fremde [ ] Einschiebsel" (SW I/4, 413) im textuellen Korpus entsprechen die Werkchen den ornamentalen Essensresten des Bodenmosaiks: Sie sind marginale Brocken, die dennoch eine vexierbildliche Eigenständigkeit behaupten.[47] Es ist in der

---

Helm, Karin Stukenbrock, Stuttgart 2003, S. 271–292). Vgl. auch Schäfer und, an ihn anschließend, Achim Geisenhanslüke: Dummheit und Witz. Poetologie des Nichtwissens, München 2011, S. 82–90 sowie Magnus Wieland: Gestörter Organismus: Jean Pauls Ästhetik der Abweichung in der Erzählung *Dr. Katzenbergers Badereise*, in: New German Review 24, 2011, S. 7–25.

44 Dass die ‚Vermischten Schriften' des Katzenberger-Korpus als ein hypertrophes Potpourri konzipiert sind, bekräftigt anschaulich das letzte der eingefügten Werkchen: Mit den „Polymetern" (I/6, 358–366), einer bunten Sammlung lyrischer Kleinformen (sog. Streckversen), integriert Jean Paul an prominenter Stelle ein Mischwerkchen im Mischwerk. Es handelt sich gleichsam um eine poetologische Mise en abyme des *mixtum compositum*.

45 Bereits Neumann [Anm. 42] (S. 175) verweist auf die „Segmentierung" des Romans (d.h. der Badegeschichte) in Gruppen von Summulae (Abteilungen), deren Bezeichnung ebenfalls als „Werkchen" gelesen werden kann: Die Badegeschichte wiederholt also in gewisser Weise die paratextuelle Struktur des Werkchen-Korpus in sich.

46 Zur Neutralisierung der Digression im Zuge des Lesens vgl. Wieland [Anm. 34], hier: S. 21–22.

47 Während die Relevanz des Appendix für die „Digressionspoetik" Jean Pauls (vgl. Wieland [Anm. 34]) durchaus zur Kenntnis genommen wurde, ist die werkpolitische Tragweite

ZERSTÜCKELUNG UND EINVERLEIBUNG

Forschung noch zu wenig betont worden, welche Konsequenzen die (relative) Autonomie der Paratexte in der Korpus-Struktur birgt: Lässt man sich nämlich einmal auf die einzelnen Werkchen ein, wird schnell deutlich, dass sie in ihrer Abgeschlossenheit eine erhöhte Komplexität gegenüber einer in ein narratives Kontinuum integrierten Digression haben, eben: Werkchen-Charakter.[48] Dadurch, dass jedes textuelle Ornament (*parergon*) ein für sich betrachtbares Werkchen (*ergon*) ist, vervielfachen sich die Lesarten, die zueinander in bedeutungshafte Beziehungen treten: Das (der) *Katzenberger*-Korpus wird zum mehrdimensionalen, polymorphen Gebilde, das eine unerschöpfliche Konfiguration von Lesarten in sich birgt.[49] Gerade in dieser Eigenheit

---

des im Asaroton kondensierten Textbegriffs bisher nicht ausreichend in den Blick gerückt. So konstatiert Wieland ([Anm. 34], S. 321) zwar eine Tendenz zur „Auslagerung" der „digressiven Einlagerungen" (Extrablätter) in Appendices; dass das *Katzenberger*-Korpus die Appendix-Poetik geradezu idealtypisch realisiert, entgeht ihm allerdings. Der Grund für die Ignoranz der Jean Paul-Forschung gegenüber dem programmatischen Format des *Katzenberger*-Korpus ist in der nach wie vor unhinterfragten Orientierung an der mittleren Werkphase des Autors zu suchen, der die großen Romane entstammen. Tatsächlich handelt es sich – wie Neumann ([Anm. 42] hier: S. 168) durchaus treffend anmerkt – beim heterogenen Schrift-Konvolut um die privilegierte Erscheinungsweise des Jean Paul'schen Spätwerks, mit dem allerdings zugleich ein Anschluss an die Unform der frühen Satire-Sammlungen erfolgt. Sogar Neumanns erstaunlich weitsichtige Studie aber folgt insofern dem Konsens der Forschung, als sie in der epischen Integrationsleistung der Romane den Höhepunkt des Jean Paul'schen Schaffens erkennt. Demgegenüber ist hier ein Blick auf Jean Pauls Schreiben entworfen, der in der dissoziativen Unform der menippeischen *satura* das ab dem Frühwerk herausgebildete Modell seiner grotesken Textkörper erkennt.

48   Man wird hier zu Recht Schlegels berühmte Beschreibung des Fragments assoziieren: „Ein Fragment muß gleich einem kleinen Kunstwerke von der umgebenden Welt ganz abgesondert und in sich selbst vollendet sein wie ein Igel." (Friedrich Schlegel: Lyceums-Fragmente, in: Kritische Friedrich-Schlegel-Ausgabe, Bd. II, S. 19)

49   Ich kann auf die Vielzahl der korpusimmanenten Bezüge zwischen Werkchen und Roman-Summeln hier nur exemplarisch verweisen. So widmet Jean Paul etwa eine skurrile Episode der Badegeschichte der gemeinsamen Kutschfahrt von Anatom, dessen Tochter und einem anonymen Dichter, der diese mit empfindsamen Diskursen umgarnt. Der solchen Tönen abgeneigte Zyniker Katzenberger versucht sich dadurch zu behelfen, dass er sich einen Pinsel ins rechte Ohr steckt, um weniger von der Konversation mithören zu müssen. Diese Aktion kommentiert der Erzähler: „Da aber die Menschen immer noch links hören, wenn sie in Lust-Geschäften rechts taub sind: so vernahm er noch viel vom Gespräch." (SW 1/6, 118) Vor dem Hintergrund dieser Episode liest sich der folgende Werkchen-Titel wie eine Ergänzung zur Badegeschichte: *Das Glück, auf dem linken Ohre taub zu sein* (SW 1/6, 251). Tatsächlich aber handelt es sich um eine frühe Satire Jean Pauls, die, wie die ersten Sätze des Werkchens verdeutlichen, zuvor bereits in der *Zeitung für die elegante Welt* erschienen war und durchaus literarische Eigenständigkeit behauptet. Summeln und Werkchen realisieren also ein spannungsvolles Nebeneinander, das ebenso von relationalen Bezugnahmen wie von markanter Abgrenzung geprägt ist. Zum

behauptet der hybride Text seine buchstäbliche Unverdaulichkeit. Dass diese Metaphorik der *satura* nicht von außen an den *Katzenberger* herangetragen ist, zeigt die Allegorie des Lesens, die am Anfang dieser Überlegungen stand.

5.3 satura/*Farsch: Hermeneutik als Gastrosophie*

Das Einverleibungsdrama, das der Anatom Katzenberger an seinem Tischnachbarn, dem Umgelder Mehlhorn, inszeniert, zitiert einen der berühmtesten Topoi der verfressenen Literaturgeschichte. Scheinbar beiläufig kommentiert der Arzt die Kauwerkzeuge seines Demonstrationsobjekts: „daher können Sie mit Ihren Hundzähnen keine Nuß aufbeißen, obwohl mit den Weisheitzähnen" (SW I/6, 275). Für Kenner derjenigen satirischen Tradition, in die sich die Badegeschichte mit der Vorrede explizit einschreibt (SW I/6, 82–83), ist die Kollokation von Hund, Nuss und Weisheit im Kontext einer Einverleibungsszene einschlägig. Sie verweist, vermittelt über ein berühmtes Adagium des Erasmus, wo das Lesen der Heiligen Schrift mit dem Knacken einer Nuss (*nucem frangere*) verglichen wird, auf den Prolog von Rabelais' *Gargantua* (1535).[50] Hier werden die Leser dazu aufgefordert, sich für die Lektüre des Buches den Hund zum Vorbild zu nehmen, der mit aller Sorgfalt und Ausdauer einen Knochen zernagt. Wie der Hund müsse sich auch der Leser zum Ziel nehmen, den Knochen zu zerbrechen („rompre l'os"), um das Knochenmark zu schlürfen („sugcer la substantificque mouelle"), sprich, die innere Weisheit des äußerlich unansehnlichen Textes zu extrahieren.[51] Vor diesem Hintergrund wird der Farsch-Verzehr, die Einverleibung eines derben *mixtum compositum* von Gericht, als die implizite Rezeptionsästhetik des satirischen Textes lesbar.[52] Was allerdings bei Rabelais noch als Einladung zur Allegorese gelesen werden konnte, das Aufbrechen der geistigen Nahrung im Munde durch die Kauwerkzeuge des Lesers,[53] wird bei Jean Paul auf die

---

leitmotivischen Spiel mit metaphorischen und echten Gliedern (*membra*), mit Rede- und Körperteilen s.u.

50 Vgl. zum erasmianischen Intertext bei Rabelais bereits Louis Delaruelle: Ce que Rabelais doit à Erasme et à Budé, in: Revue d'histoire Littéraire de la France 11, 1904, S. 220–262.

51 François Rabelais: Gargantua [1534], in: *Œuvres complètes*, éd. Mireille Huchon avec la collaboration de François Moreau, Paris 1994, S. 7.

52 Cosima Lutz (Aufess-Systeme [Anm. 3], S. 85) liest den Farsch als generische Chiffre für die „Farce", zu der die Tischszene gerate, ohne die Etymologie der *satura* in der derben Mischkost zu erkennen.

53 Das berühmte Bild aus dem Prolog parodiert die monastische Praxis der *ruminatio*, der (wieder-)käuenden Lektüre der Heiligen Schrift, in deren Prozess die verschiedenen Schriftsinne entbunden werden. Es handelt sich um eine für die Poetik der Einverleibung absolut einschlägige *memoria*-Metaphorik (vgl. Butzer [Anm. 28], S. 236. Vgl. auch Mary Carruthers: The Book of Memory. A Study of Memory in Medieval Culture, Cambridge

ZERSTÜCKELUNG UND EINVERLEIBUNG

gastrische Materialität reduziert: Der Anatom Katzenberger beschreibt die Rezeption des *satura*-Farsches als physiologisches Drama der Verdauung. Die Körperströme des Schriftverkehrs[54] sind hier die vereinten Sekrete und Verdauungssäfte, welche zur Inkorporation der derben Kost mobilisiert werden. Dem ironischen *ductus obliquus* der Satire[55] entspricht der verborgene Nasengang, der hier die umfassende Rezeption der aufgetischten Speise gewährleisten soll. Während zunächst der Leser den (appetitanregenden) Text nach Kräften traktiert, um ihn mundgerecht zu machen, dadurch die hermeneutische Gewalt über den Farsch scheinbar erringend (erkäuend), gleicht das Herunterschlucken einer Peripetie: Einmal den Untiefen des Verdauungstraktes anheimgegeben, entzieht sich die Rezeption der schweren satirischen Kost der Kontrolle durch den Kopf. In der Katzenberger'schen Darstellung gewinnt die satirische Speise ebenso wie der Prozess ihrer Einverleibung eine beunruhigende Ambivalenz: Der kauende Umgelder, dem unter dem Schlaglicht der medizinischen Aufmerksamkeit „der Farsch so schmeckte wie Teufelsdreck", wird Katzenberger zum Anlass, die beiden „Sphinkter" am Anfang und am Ende des Inkorporationsvorgangs kurzzuschließen – „Jetzt kommt es auf meine gütige Zuhörerschaft an, ob wir den Bissen des Herrn Zollers begleiten wollen auf seinen ersten Wegen, bis wir weiterkommen." (SW I/6, 276)

Der metaleptisch oszillierende Schluss, bei dem man kaum mehr zu unterscheiden vermag, wer hier zu welchem Publikum spricht, vollzieht die typisch satirische Ellipse, die markierte Auslassung. Obwohl der Abbruch der Kommentar-Sequenz dem Publikum die Rezeptionsbewegungen des Unterleibs erspart, eignet dem bewussten Vollzug der Nahrungsaufnahme etwas Obszönes, das der Doktor dadurch zu bestätigen und zu verschlimmern versteht, dass er das Gespräch auf den Verzehr von „Schnepfendreck" (SW I/6, 277) lenkt.[56] Damit gerät das Exkrement unweigerlich in den Horizont eines Einverleibungsdiskurses, der sich zugleich als eine Allegorie des Lesens zu erkennen gibt. Das *eschaton* dieser materialistisch reduzierten *ruminatio* ist

---

2008, S. 206; Michel Jeanneret: Des Mets et des Mots. Banquets et Propos de Table à la Renaissance, Paris 1987, insbes. S. 119–123; Ott [Anm. 28], S. 38–42). Aus Gründen einzuhaltender Text-Rahmen muss ich die Debatte darüber, wie der komplexe und vielstimmige Prolog zum *Gargantua* zu verstehen sei, hier ausklammern.

54 Vgl. Albrecht Koschorke: Körperströme und Schriftverkehr. Mediologie des 18. Jahrhunderts, München 1999.

55 Dass der ironische Duktus die Satire bekömmlicher mache und damit dazu diene, ihre zuweilen unangenehme aber heilsame Wirkung im Leser umso effektiver zu entfalten, ist einer der ältesten Topoi der Poetik (vgl. nach wie vor Jürgen Brummack: Zu Begriff und Theorie der Satire, in: DVjS 45, 1971, S. 275–377; hier insbes. S. 290–291; S. 314).

56 Zum Exkrement als Motiv eines Ekel-Diskurses vgl. Lutz, Aufess-Systeme [Anm. 3], S. 86–88; Dies., Arzt/„Artista" [Anm. 3], S. 579–580.

nichts anderes als Kot, also das, was im Zuge der Inkorporation nicht assimiliert werden konnte. Dabei ist die assoziative Annäherung von Mischkost (Farsch) und Exkrement mehr als eine auf ultimativen Ekel zielende Provokation. Tatsächlich versinnbildlicht sich im Verzehr der Ausscheidung die Poetik eines Textkörpers, der verschiedenste bereits edierte Werkchen[57] erneut der hermeneutischen Einverleibung überlässt. Darin liegt gleichsam die Pointe dieser kulinarischen Rezeptionsästhetik: Der Leser selbst trägt hier die Züge des Kynikers, nicht nur mit seinen „Hundzähnen", sondern insbesondere in seiner Funktion als „Umgelder" (SW I/6, 275): Bekanntlich war es die Devise des als Fälscher verrufenen Diogenes, „die Münze umzuprägen" (παραχαράττειν το νόμισμα), also dem Bestehenden eine neue, unabsehbare Bedeutung zu verleihen.[58] Mit diesem Gestus wendet sich der Kyniker noch dem Niedrigsten zu, um es in subversiver Absicht zu verkehren. Der äußerlich ungenießbare Fraß, den Jean Paul seinem Publikum auftischt, ruft einen solchen, in kynischer Umwertung versierten Leser auf den Plan. Im *Katzenberger*-Korpus backt Jean Paul gleichsam seine literarischen Ausscheidungen erneut zu einer gespickten Pastete (*satura*/Farsch) zusammen, um sie einer Leserschaft vorzusetzen, die – unter beharrlichem Kauen – dem scheinbar Wertlosen etwas abzugewinnen weiß. Das hybride Konglomerat von episodischen Roman-Summeln und wiederaufgelegten Werkchen verhilft dergestalt den publikatorischen Residua des Autors zu neuer Geltung, indem es sie als „Vexier-Stroh, Knochen und dergleichen" (SW I/4, 414) in einem inszenierten Misthaufen präsentiert. Gemäß der Jean Paul'schen Appendix-Poetik rückt dabei die Widerständigkeit dieser Reste in den Vordergrund. Die unter den Tisch gefallenen Werk-Brocken (*fragmenta*) dieses Asarotons sind allesamt buchstäbliche *pièces de résistance*, übriggebliebene, unerledigte Stücke, an denen Leser und Leserin die Kauwerkzeuge erproben soll.

Als *Pièces de Résistance* im kulinarischen Sinne, als besonders deftige, schwerverdauliche Speisen, zeigen sich die Werkchen aber nicht nur insofern, als es sich um wiederaufgelegte journalistische Publikationen handelt, sondern auch im Hinblick auf ihren Inhalt: Gleich mehrere Texte nehmen sich gewichtiger und ernster Themen an, besonders eindrücklich etwa der apokalyptische Fiebertraum *Die Vernichtung. Eine Vision* (SW I/6, 257–265). Zu ihnen zählt auch die Erzählung *Über den Tod nach dem Tode* (SW I/6, 160–172), im

---

57   Zur Publikationsgeschichte der einzelnen Werkchen siehe Kaminski [Anm. 42].

58   Vgl. zu dieser kynischen Maxime in der Antike Branham R. Bracht: Defacing the Currency: Diogenes' Rhetoric and the Invention of Cynicism, in: Branham R. Bracht, Marie-Odile Goulet-Cazé: The Cynics. The Cynic Movement in Antiquity and Its Legacy, Berkeley, Los Angeles 1996, S. 81–104, insbes. S. 90.

ZERSTÜCKELUNG UND EINVERLEIBUNG

Wesentlichen ein philosophischer Dialog eines gewissen ,Jean Paul' mit dem schwärmerischen Jüngling Ernst, der um die Frage nach der Vorstellbarkeit der zweiten Welt kreist. Der Disput zwischen den beiden kommt zu keiner Konklusion; vielmehr kommentiert der Erzähler: „[E]in solcher Streit kann nur abgebrochen, nicht abgeschlossen werden, er lässet, wie die ganze Philosophie, nur Waffenstillstände, nicht Friedenschlüsse zu." (SW I/6, 167) Gerade als Schauplatz letzter Fragen behaupten die Werkchen ihre rezeptionsästhetische Unverdaulichkeit. In einer Fußnote gliedert sich das metaphysische Werkchen Jean Pauls 1797 erschienenen *Kampaner Tal* (*Über die Unsterblichkeit der Seele*) an, zu dem der Autor eine Fortsetzung ankündigt (SW I/6, 167).[59]

Gerade dadurch, dass sie auf paratextuelle Weise ihre Fremdheit im Korpus ausstellen, sträuben sich die inserierten *opuscula* aber auch gegen eine restlose Assimilation im neuen Werkkontext. Schon auf der ersten Seite verweisen die „verbesserten Werkchen", in Untertiteln, Fußnoten oder Eingangsbemerkungen, auf ihren ursprünglichen Publikationskontext und weisen sich damit als Fremdkörper im Werkzusammenhang des *Katzenberger* aus.[60] Indem sie dergestalt ihre Unzugehörigkeit hervorkehren, radikalisieren die re-edierten Aufsätze das Charakteristikum der Digression, zugleich eingeschlossen und ausgeschlossen zu sein.[61] Als ambigue Xenolithe entziehen sie sich der definitiven Integration in ein Korpus, sie ragen als unstimmige Glieder aus dem organischen Textleib heraus. Die dissoziative Tendenz des monströsen *Katzenberger*-Korpus gehört dabei zur textimmanent reflektierten Poetik, wie ein exemplarischer Blick auf eines der Werkchen zeigt.

---

59 Diese *opuscula metaphysica* unterhalten aber zugleich vielfache korpusimmanente Bezüge, etwa zu Dr. Katzenbergers eigener Auferstehungsvision, einem Dichtungsversuch aus Jugendjahren, den er bei Tisch vorträgt. Tatsächlich handelt es sich um das satirische Komplement zur erhabenen Bildlichkeit des Werkchens; Katzenberger skizziert einen *mundus inversus* der verkehrten Körperreaktionen, wo sich „Freude [...] durch Erbrechen", Wut durch Defäkieren, „Nachdenken mit Schlucken und Niesen" ausdrückt (SW I/6, 197–198).

60 Eine (die Regel bestätigende Ausnahme) bildet die bereits erwähnte *Vernichtung*, die keine entsprechende Angabe zur Erstpublikation aufweist. Kenner des Jean Paul'schen Œuvres werden den in seiner Drastik sogar die berühmte *Rede des toten Christus* übertreffenden Text allerdings unschwer dem Werkkontext der *Unsichtbaren Loge* (1793) zuordnen können; handelt es sich doch um die Todeserfahrung eines gewissen „Ottomar" (SW I/6, 257), jener Figur also, die in Jean Pauls erstem Roman nach einem Begräbnis bei lebendigem Leib verändert auf die Welt zurückkehrt. Dem werkpoetologischen Zusammenhang von *Unsichtbarer Loge* und *Katzenberger*-Korpus sind andernorts weiterführende Überlegungen zu widmen.

61 Zu dieser Eigenheit der Digression als einer Figur des Dritten im Anschluss an Michel Serres' *Parasit* (1987) siehe Wieland [Anm. 34], S. 23–25.

108   DELL'ANNO

Denn tatsächlich findet die gastrosophische Allegorie des Lesens ihre Fortsetzung, oder zumindest ihr Pendant in einem anderen elliptischen Brocken des *Katzenberger*-Korpus: Mit *Dr. Fenks Leichenrede auf den höchstseeligen Magen des Fürsten von Scheerau* (sw I/6, 153) präsentiert Jean Paul Jahre später eine unverwirklichte Satire aus dem Kontext seines ersten Romans, *Die Unsichtbare Loge* (1793).[62] Der Arzt und Satiriker Fenk scherzte dort, den Tod des Fürsten von Scheerau und die Bestattung seiner einzelnen Organe kommentierend: „Wenn ich aber erster Leichenprediger eines gekrönten Unterleibes wäre: [...] ich nähm' den Schlund zum Eingange der – Trauerrede und den Blinddarm zum Beschluß!" (sw I/1, 91) Unmissverständlich korrespondieren hier die *membra orationis* der Leichenrede den *membra* des Fürstenkörpers.

Für die im *Katzenberger*-Korpus abgedruckte Rede auf den fürstlichen Magen, die Fenk vor einer essenden (!) Klostergemeinschaft hält,[63] muss allerdings ein anwesender Hund als symbolisches Organ herhalten. Der metonymische Bezug von Fürst und Magen, auf dem die satirische Huldigungspredigt beruht, wird also nochmals in ein Repräsentationsverhältnis überführt. Angesichts des klösterlichen Publikums evoziert diese Konfiguration nicht zuletzt die abenteuerliche Vermittlungsleistung der Eucharistie.[64] Zugleich liegt hier eine prägnante Topik der *satura* vor: Der einst überfüllte Pansen eines parasitär von seinen Untertanen zehrenden Gourmands wird repräsentativ konterkariert von einem Hund, Wappentier des Kynismus. Abgebrochen wird die satirische Trauerrede denn auch unvermittelt durch das Ausreißen des symbolischen κύων, der beginnt, mit einem zugeworfenen „leere[n] Markbein" (sw I/6, 159) herumzugehen und damit die prekäre repräsentative Konstellation sabotiert. Unverkennbar ist damit wiederum die hermeneutische

---

62   Zur Editionsgeschichte der Satire vgl. Lutz, Aufess-Systeme [Anm. 3], S. 65, Anm. 181). Die erste Ausarbeitung der Rede stammt aus den Materialien zum *Titan* (1797), wo sie dem Satiriker Schoppe zugeschrieben werden sollte. Aus Gründen der Zensur wurde sie erneut Fenk übertragen und findet im *Katzenberger*-Korpus nach mehreren Ablehnungen der Publikation ihre erste Aufnahme. Freilich gibt Jean Paul vor, mit dem Werkchen eigentlich ein anderes literarisches Korpus zu bereichern, nämlich die Sammlung von „fürstliche[r] Leichenpredigten" eines gewissen „Frommann" (sw I/6, 153). Die Un/ Zugehörigkeit der Rede ist also mindestens eine dreifache. Als „Modell der Werk(chen) organisation" liest auch Kaminski ([Anm. 42], S. 53–61) die Magen-Episode und ihr Nachspiel im *Katzenberger*-Korpus.

63   „Dr. Fenk hielt die Predigt im Kloster *Hopf* an die Patres, da sie aßen." (sw I/6, 153) Vgl. zur Leichenrede als einem Schlüsseltext von Jean Pauls „Poetik des Verzehrs" die erhellende Analyse von Lutz, Aufess-Systeme [Anm. 3], S. 65–77.

64   So Lutz (Aufess-Systeme [Anm.3], S. 72), die allerdings vom Rabelais'schen Intertext keine Notiz nimmt.

ZERSTÜCKELUNG UND EINVERLEIBUNG

Szenographie der Rabelais'schen Satire aufgerufen. Allerdings erscheint der allegorische Knochen bei Jean Paul um seine „substantifique mouelle"[65] beraubt; die Fenk'sche Intervention endet – abrupt – mit dem „unverdaulichen Rest schlechthin."[66] Der Sermon selber bleibt also wiederum Fragment, *membrum disiectum*, das nun in das *Katzenberger*-Korpus eingeht wie der apostrophierte Fürstenmagen in seine Kapelle. Als eines von mehreren Werkchen formuliert die Leichenrede des Anatomen jene Poetologie, die im dissoziativen satirischen Textkörper am Werk ist. Schon zu Beginn der Rede nimmt Fenk die Zergliederung des Fürsten zum Anlass für ein makabres Gedankenspiel mit den eigenen zerstückelten Gliedern (sw I/6, 153–154):

> [E]r würde nie [...] sich in so großen breiten Bruchstücken begraben lassen wie die östreichischen Erzherzöge, nämlich nie, wie diese, bloß Herz und Zunge in die Lorettokapelle bei der Hofkirche zu den Augustinern, Eingeweide und Augen in die heilige Stephanskirche und den Torso in die Gruft bei den Kapuzinern: – sondern jeder Stummel, schwur er, und jede Subsubdivision seines Gemächs müßte, wie vom Osiris, in ihren eigenen Gottesacker einlaufen. [...] so könn' er ja recht gut das geheime Kabinett zur Begräbniskapelle für seine Schreibfinger erlesen, die Antichambre für Milz und Leber, den Audienz- und Landtagsaal für die Ohren, die Kammer für die Hände, den Regensburger Re- und Korrelationsaal als Familiengruft für die Zunge [...].

Es ist diese Vision von den *disiecta membra* des Dichters zugleich eine kynische Allegorie für die Werkpolitik des anatomierten Textes. Jean Pauls hybrides Spätwerk spielt, selbstreflexiv, mit den *membra* des zerstückelten und zerstreuten Korpus. Der monströse, paratextuell deformierte Textkörper gibt sich in seinen fortwährenden Ruminationen der Selbst-Anatomierung anheim.

6 Brocken (Ausblick): Finnegans Cake

Blickt man auf der Suche nach dem saturierten Text in die Geschichte der Literatur, so drängt sich der Name James Joyce unweigerlich in den Horizont der Betrachtungen: *Finnegans Wake* steht geradezu inbegrifflich für die Idee eines hypertrophen, bis zur Unleserlichkeit verdichteten literarischen Œuvre. Das Joyce'sche Spätwerk als *satura* im hier skizzierten Sinne zu begreifen,

---

65 Rabelais [Anm. 51], S. 7.
66 Lutz, Aufess-Systeme [Anm. 3], S. 76.

hieße, den nahezu opaken Text von *Finnegans Wake* als einen an Bedeutungen übersättigten zu denken. Und tatsächlich findet sich gleich zu Beginn des Textes ein entscheidender Hinweis auf die kulinarische Topik dieses unverdaulichen Welt-Gedichts: Im Kontext einer Trauer- und Klage-Szene um den gestürzten Finnegan zitiert Joyce den Refrain eines irischen Volksliedes, in dem die legendäre Unverdaulichkeit von *Mrs. Hooligan's Christmas Cake* besungen wird.[67] Der mythische Stollen ist so vollgestopft mit Trockenfrüchten, Beeren, Gewürzen und Nüssen, dass sich die zum Tee geladenen Gäste in der Ballade buchstäblich die Zähne daran ausbeißen: „that cake was enough by the powers,/ to paralyse any man's jaw."[68] Wenn das keine Allegorie der Joyce-Lektüre ist.[69] Die wiederkehrende Beschreibung des Kuchens nimmt, komisch übersteigernd, die rezeptionsästhetischen Prämissen des literarischen Wake/ Cake[70] vorweg:

> There was plums and prunes and cherries, / And citron and raisins and cinnamon too, / There was nutmeg, cloves, and berries, / And the crust it was nailed on with glue. / There was carraway seeds in abundance, / Sure 'twould build up a fine stomachache, / 'Twould kill a man twice after 'ating a slice / Of Miss Hooligan's Christmas cake/

---

67   Vgl. William York Tindall: A Reader's Guide to Finnegans Wake, Syracuse 1996, hier: S. 34. Vgl. auch Matthew J. C. Hodgart, Mabel P. Worthington: Song in the Works of James Joyce, New York 1959, hier: S. 85. Die Ballade vom Kuchen erscheint bis heute unter verschiedenen Namen. Neben dem in der Joyce-Literatur genannten Titel *Mrs. Hooligan's Christmas Cake* kursieren die Varianten *Houlihan's Cake* resp. *Miss Houlihan's Christmas Cake*; als *Miss Fogarty's Christmas Cake* wird die Komposition einem gewissen Frank Horn zugeschrieben. In *Finnegans Wake* findet sich mehr als eine Anspielung auf den Cake-Song (vgl. James Joyce: Finnegans Wake, London 1939, S. 6.12–18; S. 58.13). Es gibt sogar Hinweise darauf, dass der junge Joyce das Lied am 26.6.1888 im Rahmen eines Wohltätigkeitskonzertes selbst zur Aufführung gebracht hat; vgl. http://jamesjoyce.ie/on-this-day-26-june/ (aufgerufen am 29.5.2018).

68   Vgl. zur Textversion hier und im Folgenden https://www.finwake.com/1024chapter1/hooligan.htm (aufgerufen am 29.5.2018).

69   Die etwas flapsige Formulierung verdankt sich nicht zuletzt den überaus bereichernden Erfahrungen, die ich mit der Joyce-Lesegruppe um Michelle Witen, Andrew Shields und Ulrich Blumenbach machen durfte.

70   Ein Blick in die Vorfassung(en) von *Finnegans Wake* zeigt, dass es sich bei der paronomastischen Identifikation von Text und Kuchen nicht nur um eine sich aufdrängende Assoziation handelt: In der *First Draft Version of Finnegans Wake* (1963) findet sich an der entsprechenden Stelle (Joyce, S. 6.13) tatsächlich die Ersetzung des gestrichenen Wortes „cake" durch „wake"; vgl. http://digicoll.library.wisc.edu/cgi-bin/JoyceColl/JoyceColl -idx?type=turn&id=JoyceColl.HaymanFirstDrft&entity=JoyceColl.HaymanFirstDrft .p0059&isize=XL&q1=eve (aufgerufen am 30.5.2018).

ZERSTÜCKELUNG UND EINVERLEIBUNG

Verdauungsschwierigkeiten vorprogrammiert: Der Refrain beschreibt einen zum Bersten mit Zutaten übersättigten Kuchen, den nur eine gewaltsam angenietete Kruste zusammenzuhalten vermag. Dergestalt konkretisieren sich die Hermetik des allzu verdichteten Textes und die verheerenden Folgen seines Konsums.[71]

Ein näherer Blick auf Joyce' Spracharbeit lässt darüber hinaus ein gefräßiges Verfahren intertextueller Aneignung sichtbar werden. Im *Wake* werden die üppigen Ingredienzien des Kuchens auf groteske Weise zu Mitgliedern einer Trauergemeinde anthropomorphisiert:

> Sobs they sighdid at Fillagain's chrissormiss wake, all the hoolivans of the nation, prostrated in their consternation and their duodisimally profusive plethora of ululation. There was plumbs and grumes and cheriffs and citherers and raiders and cinemen too. And the all gianed in with the shoutmost shoviality.[72]

Joyce evoziert den Beginn der Totenwache um den verunfallten Finnegan als ein heterogenes Gedränge von Menschen, deren Stimmen sich zu einem lärmenden Klagechor vermengen. Die anwesenden Männer erscheinen hier als Zutaten von Joyce' hypertropher Welt-Erzählung. Geradezu gnostisch zu nennen sind die Implikationen der Wake/Cake-Allegorie: die Schöpfung, evoziert im Un-Fall des mythischen Baumeisters, wird bei Joyce zum missratenen Kuchen, zum amateurhaft zusammengekleisterten Potpourri. Als ‚verdorben‘ (pourri) darf man dieses Schöpfungsgebäck bezeichnen, insofern sich in den grotesk mutierten Zutaten Spuren von Kot (plumbs) und Menschenfleisch

---

71   Die Strophen der Ballade beschreiben denn auch auf drastische Weise den katastrophalen Verlauf des Tee-Kränzchens. Kopfschmerzen, Koliken und Ohnmacht gehören zu den Risiken und Nebenwirkungen der *satura*-Kost: „Miss Mulligan wanted to taste it, / But really there wasn't no use, / They worked at it over an hour, / And they couldn't get none of it loose. / Till Hooligan went for the hatchet, / And Killy came in with a saw [...] Maloney was took with the colic, / McNulty complained of his head, / McFadden lay down on the sofa, / And swore that he wished he was dead. / Miss Dally fell down in hysterics, / And there she did wriggle and shake, / While every man swore he was poisoned, / Through 'ating Miss Hooligan's cake.“

72   James Joyce: Finnegans Wake, London 1939, S. 6.12–18. Vgl. die an dieser Stelle durchaus kongenial zu nennende Übersetzung von Stündel: „Schluchzer seifzen sieh bei Filligrans blödsinnlicher TortenWache, all die Hallewamse der Naktion, und sie prostratierten in irrer Bestürrzung und ihre Zwölfzallichkeit prodellziehrte ein ÜbellMass an Plärrerei. Da gab es FlauMänn und Mannderln und Cherryfs und Bossköppe und Rüber und sogar Zimteasten. Und sie alle schlimmten in das schöckste Ginderascha ein.“ (Dieter H. Stündel: Finnegans Wehg. Kainnäh ÜbelSätzZung des Wehrkeß fun Schämes Scheuß, Frankfurt/Main 1993, S. 6)

112   DELL'ANNO

(cheriffs etc.) entdecken lassen. Joyce steigert die Ungenießbarkeit des im Lied besungenen Christmas Cake *ad summam nauseam*, wie es an einer Stelle bei Petron heißt.[73]

Als *textus edax* begnügt sich *Finnegans Wake* nicht mit der kulinarischen Allegorie vom Werk als Kuchen. Vielmehr ist dem Text auch verfahrenstechnisch eine spezifische Gefräßigkeit zu attestieren. Denn die Art und Weise, wie sich Joyce' *Wake* an der zitierten Stelle das Sprachmaterial des Liedtextes einverleibt, gleicht einem regelrechten Zerkauen der Worte: In paronomastischer, wortspielerischer Permutation und Perversion werden hier die Zutaten des Refrains ruminiert, um aus den fast bis zur Unkenntlichkeit zerkauten Worten eine Vielzahl von Nebensinnen zu entbinden. Der monströse Wake/Cake praktiziert also einen zerstückelnden Verzehr von sprachlichen Fremdkörpern. Allerdings scheitert diese Verbalmastikation an der vollständigen Aneignung der Wortbrocken, die sich noch immer als die *disiecta membra* eines anderen *corpus* oder Kuchens erkennen lassen, als entstellte Pflaumen und Kirschen. Gerade in ihrer grotesken Deformation erweisen sich die „bastardisierte[n] Sprachabfälle",[74] die Joyce auftischt, als unverdaulich. In ihrer vexierbildlichen Mehrdeutigkeit widerstehen die Kofferwörter und paronomastischen *puns* einer Assimilation durch den Kontext, der hier alles andere als disambiguierend wirkt: Es gibt bei Joyce nur gegenseitig sich potenzierende Vielsinnigkeiten; jeder Satz gleicht einem Spiegelkabinett der verbalen Monstrositäten. Schwindel und Ohnmacht sind die Nebenwirkungen, mit denen zu kämpfen hat, wer sich an der lesenden Einverleibung dieses hybriden Gebäcks versucht.

Geradezu mustergültig lässt sich in *Finnegans Wake* also jener überfüllte Sprachpansen erkennen, den ich hier als die Idee der *satura* exponiert habe. Im mythischen Christstollen aus dem Anfang des über 628 Seiten fortkalauernden Textes findet diese notorisch schwere literarische Kost ihr Inbild.

---

73 Sat. 78,5. Es handelt sich um eine Beschreibung der *cena Trimalchionis*, jenes berühmten Gelages im Zentrum der *Satyrica*, bei dem ein neureicher Gastgeber seinen Gästen grotesk manipulierte Speisen auftischt. Zur Einverleibungspoetik der Episode vgl. Rimell [Anm. 29]. Die poetologische Relevanz dieser Urszene grotesker Symposiastik für das Joyce'sche Spätwerk verdiente eine nähere Untersuchung.

74 So beschreibt Hess treffend die Sprache der *Geschichtklitterung* (1590), also die monströsen Ad-hoc-Kompositionen Johann Fischarts, der durchaus als der Ahnherr der Joyce'schen Verschreibkunst gelten darf (vgl. Günter Hess: Deutsch-lateinische Narrenzunft. Studien zum Verhältnis von Volkssprache und Latinität in der satirischen Literatur des 16. Jahrhunderts, München 1971).

Poetischer Metabolismus

Figuren der Einverleibung als Initiation zyklischer Erzählverfahren in Clemens Brentanos Die Mährchen vom Rhein

Yvonne Al-Taie

Abstract

Ausgehend von den frühromantischen Konzeptionen von Liebe, Sexualität und Nahrungsaufnahme sowie vom Konzept einer auf Formen des Märchens gründenden neuen, europäischen Mythologie liest der Beitrag Clemens Brentanos unvollendet gebliebener und in der Forschung bisher wenig beachteter Märchenzyklus *Die Mährchen vom Rhein* mit Blick auf die poetologische Funktion der beiden Einverleibungsszenen, die am Anfang der *histoire* und am Anfang des *discours* stehen. Es kann gezeigt werden, wie die an einem Staren sowie an einem Starenei vollzogene doppelte Einverleibung einen zyklischen Handlungsverlauf entwirft, der poetologisch zugleich der Funktion dient, unterschiedlichste europäische Märchenstoffe zu integrieren. Der verzehrte Star erweist sich dabei als Figur des Dritten, die über den Akt der Einverleibung einer dyadischen Struktur eingegliedert wird und dergestalt gleichermaßen Denkmodelle des Dritten als Eröffnung einer Vielzahl wie des Dritten als Ausgeschlossenen unterläuft.

1   Märchen und verzehrende Liebe in der Frühromantik

„Die deutsche Literatur wird, nach dem gegenwärtigen Anfange zu urteilen, in nicht gar langer Zeit, alle andren ältern Literaturen verbannt, sich einverleibt und in sich aufgenommen haben"[1] postuliert Friedrich Schlegel in den *Beiträgen zur Geschichte der modernen Poesie und Nachricht von provenzalischen Manuskripten* selbstbewusst, jener ersten literarischen Frucht seiner in den Pariser Bibliotheken betriebenen Studien, die ihn zu einem vertieften Verständnis der europäischen Literaturgeschichte führten und ihren ersten Niederschlag in den Veröffentlichungen seines eigenen, kurz zuvor gegründeten

---

1   Friedrich Schlegel: Beiträge zur Geschichte der modernen Poesie und Nachricht von provenzalischen Manuskripten, in: Ders.: Kritische Friedrich-Schlegel-Ausgabe, hg. v. Ernst Behler u.a., 1. Abt., Bd. 3, hg. v. Hans Eichner, München, Paderborn, Wien 1975, S, 17–37, hier S. 18.

© KONINKLIJKE BRILL NV, LEIDEN, 2021 | DOI:10.1163/9789004439146_007

Zeitschriftenprojekts *Europa* fanden.[2] Mit dieser selbstsicheren Aussicht auf die Entwicklung der deutschen Literatur beginnt Friedrich Schlegel das Programm der modernen deutschen Literatur zu konturieren, wie er es wenige Jahre zuvor – sehr viel schwärmerischer, sehr viel allgemeiner – in symphilosophischem Einklang gemeinsam mit dem engen Freund Friedrich von Hardenberg in den Jenaer Jahren des *Athenaeum* entworfen und in Begriffen wie der „progressiven Universalpoesie"[3] als poetologisches Programm der Romantik avisiert hat.

Es ist der früh verstorbene Freund Novalis, der auf der Suche nach dem Vorbild einer romantischen Poetik in seinen Aufzeichnungen eine intensive Beschäftigung mit dem Märchen hinterlassen hat. Das Märchen erhebt er darin zur universalen Gattung, erklärt es zum Paradigma seiner Poetik: „(POËTIK. *Alles* ist ein *Mährchen.*)",[4] hält er einmal fest und ist sich in einer anderen Notiz sicher: „Das Mährchen ist gleichsam der *Canon* der *Poesie* – alles poëtische muß mährchenhaft seyn."[5] Dass auch Friedrich Schlegel das Märchen eher als übergeordnete Form denkt, unter die sich verschiedene Gattungen subsumieren lassen, belegen wiederholt seine Aufzeichnungen aus den *Philosophischen Lehrjahren.* Zugleich werden dem Märchen Qualitäten des Phantastischen, Sonderbaren und Wunderbaren zugeschrieben, so dass auch andere Gattungen unter die Kategorie des Märchens fallen, etwa: „Das Alexandr.[inische] Drama in s.[einer] fantastischen Sonderbarkeit = Mährchen."[6] oder: „*Romanzen* mit allem φυ[phyisch] Wunderbaren d[er] Mährchen und dem grot.[esken] επ[Epos] d[er] Balladen."[7] Und schließlich ein für die nachfolgenden Überlegungen besonders relevanter Gedanke: „*Mährchen* sind Arab[esken] mythol[ogischer] Rel[igion]."[8] Das Märchen wird, so lässt sich aus diesen fragmentarischen Notizen rekonstruieren, einerseits als eine Gattung entworfen, die verschiedene

---

2 Vgl. dazu auch Yvonne Al-Taie: Aufsätze in der „Europa", in: Friedrich-Schlegel-Handbuch. Leben, Werk, Wirkung, hg. v. Johannes Endres, Stuttgart 2017, S. 214–218, hier S. 216–218.

3 Friedrich Schlegel: Athenaeumsfragmente, in: Ders.: Kritische Friedrich-Schlegel-Ausgabe, hg. v. Ernst Behler u.a., 1. Abt., Bd. 2, hg. v. Hans Eichner, München, Paderborn, Wien 1967, S. 165–255.

4 Novalis: Schriften. Die Werke Friedrich von Hardenbergs, hg. v. Paul Kluckhohn u. Richard Samuel, Bd. 3, hg. v. Richard Samuel, 2. Aufl. Stuttgart 1960, Bd. 3, S. 377.

5 Novalis [Anm. 4], S. 449.

6 Friedrich Schlegel: Philosophische Lehrjahre 1: 1796–1806; nebst philosophischen Manuskripten aus den Jahren 1796–1828, in: Ders: Kritische Friedrich-Schlegel-Ausgabe, hg. v. Ernst Behler u. Mitwirkung v. Jean-Jacques Anstett u. Hans Eichner, 2. Abt., Bd. 18, hg. v. Ernst Behler, München, Paderborn, Wien 1963, IV, Nr. 490, S. 234.

7 Ebd., IV, Nr. 538, S. 238.

8 Ebd., V, Nr. 443, S. 358.

POETISCHER METABOLISMUS

andere Literaturen, Quellen und Stoffe in sich aufzunehmen und zu integrieren vermag, und die andererseits – und damit zusammenhängend – eine frühe Form poetischen Ausdrucks darstellt, wodurch sie als Urkunde jener ersehnten und zunehmend systematisch gesuchten europäischen Mythologie erscheint.

Die gleiche Ursprünglichkeit und Natürlichkeit suchen die jungen Romantiker in anthropologischen Konstanten und menschlichen Beziehungen, die jenseits geschichtlich determinierter und transformierbarer politisch-gesellschaftlicher Ordnungen bestehen. Nichts entfaltet hier eine vergleichbare Suggestivkraft wie die beiden Formen menschlicher Selbsterhaltung: Essen und Sexualität.

Das Märchen als poetisches Paradigma, das alle Gattungen in sich einzuschließen scheint, behandelt nach Novalis einen gleichermaßen universalen Gegenstand: Die Liebe. „Alle Romane, wo wahre Liebe vorkommt, sind *Mährchen – magische Begebenheiten*",[9] hält er in seinem zwischen September 1798 und März 1799 angelegten *Allgemeinen Brouillon* fest. Schwärmerisch formuliert der 26-jährige Friedrich von Hardenberg darin sein a-historisches Weltbild: „Die Liebe ist der Endzweck der *Weltgeschichte* – das Unum des Universums."[10] Novalis bestimmt hier bereits – wie sein Jugendfreund Friedrich Schlegel drei Jahrzehnte später in seiner Vorlesung über *Philosophie der Sprache und des Wortes*[11] von 1828 noch einmal wiederholen wird – die Liebe als das Grundprinzip und *eschaton* von Welt und Geschichte. Der hervorgehobene Hinweis auf das magische Moment der Liebe, die ihre Wirkung vom Gegenstand auf die Poetik des Märchens überträgt, deutet eine Denkfigur des Verbindens und (An-)Verwandelns an, in der sich ein Einheitsdenken artikuliert, das auch in Konzepten wie jenem der „progressiven Universalpoesie" seinen Niederschlag findet. Friedrich Schlegels vier Jahre später formulierte Vorstellung von der Einverleibung und Aufnahme aller älteren Literaturen muss als Konkretion dieses Konzepts angesehen werden.

Dem durch Liebe angestrebten „Unum" korrespondieren Figuren des Verzehrs, der Einverleibung und der Nutrition, die sich nicht nur in der metaphorischen Umschreibung eines avisierten literaturgeschichtlichen Entwicklungsprozesses spiegeln, sondern auch in Novalis' Beschreibungen von Sexualität und Fortpflanzung in zyklischen Bildern von Empfangen

---

9   Novalis [Anm. 4], Nr. 80, S. 255.
10 Novalis [Anm. 4], Nr. 50, S. 348.
11 Friedrich Schlegel: Philosophische Vorlesungen insbesondere über Philosophie der Sprache und des Wortes, in: Ders.: Kritische Friedrich-Schlegel-Ausgabe, hg. v. Ernst Behler u. Mitwirkung v. Jean-Jacques Anstett u. Hans Eichner, 1. Abt., Bd. 10, hg. v. Ernst Behler, München, Paderborn, Wien 1969, S. 309–534.

und Verzehren wirksam werden. „Eine Ehe sollte eigentlich eine langsame, continuirliche Umarmung, Generation – *wahre* Nutrition – Bildung eines Gemeinsamen, harmonischen Wesens seyn? Selbstbildung, Selbstbetrachtung ist Selbstnutrition, Selbstgeneration."[12] Ernährung und Fortpflanzung als die beiden lebenserhaltenden und lebensgenerierenden Prozesse bezieht Novalis analogisch aufeinander:

> Wir fressen die Pflanze, und sie gedeihen in unserm Moder. Was uns das Fressen ist, das ist den Pflanzen die Befruchtung. *Empfangen* ist das weibliche Genießen – Verzehren das Männliche. [...] Das Befruchten ist die Folge des Essens – es ist die umgek[ehrte] Operation – dem Befruchten steht das *Gebähren*, wie dem Essen, das Empfangen entgegen.[13]

Novalis entwirft eine Figur des aufeinander bezogenen Absonderns und Einverleibens, auf dem alle Lebensprozesse basieren. Die Verbindung der Motive des Essens mit „der Zeugungskraft (Fruchtbarkeit, Wachstum, Geburt)" hat bereits Bachtin in seiner Analyse der Werke Rabelais' diagnostiziert.[14] Sie sind weithin wirksam in den Aufzeichnungen der Frühromantiker, wie sich an den Notizen Friedrich von Hardenbergs und Friedrich Schlegels rekonstruieren lässt. Der metabolische Vorgang von Verzehren, Aufnehmen und Ausscheiden wird zum paradigmatischen Modell vitaler Vorgänge. Während dem Zeugungsakt als ,gegenseitigen Essens' ein besonders intrikates Vorstellungsbild zukommt, lassen sich die Beschreibungen mentaler Prozesse als dem Metabolismus analoge Vorgänge leichter fassen: Bei der Verarbeitung der Sinneseindrücke im Schlaf gehen nach dieser Vorstellung analoge Prozeduren vonstatten wie im Verdauungstrakt beim Stoffwechsel aufgenommener Speisen. Die Windungen des Gehirns sind in ihren Tätigkeiten vergleichbar mit den Verschlingungen des Darms. „Das Zeugen ist ein gegenseitiges Essen", heißt es bei Friedrich Schlegel, „*Schlafen* ist Verdauen d[er] sinnlichen Eindrücke und Bewegungen. *Wachen* ist Essen von Abstr[aktem] *Träume* entstehn durch die wurmförmige Bewegung d[er] Eindrücke in d[en] Eingeweiden d[es] Gehirns. *Waches Träumen* ist d[er] höchste Zustand, wird auch immer seelig genannt."[15] Vorgänge der Nutrition, der Fortpflanzung aber auch des Schlafens und Wachens sind physiologische Vorgänge, die in ihrem

---

12 Novalis [Anm. 4], Nr. 83, S. 255.
13 Novalis [Anm. 4], Nr. 117, S. 262.
14 Vgl. Michail Bachtin: Rabelais und seine Welt. Volkskultur als Gegenkultur, aus dem Russischen von Gabriele Leupold, hg. u. mit einem Nachwort versehen v. Renate Lachmann, Frankfurt/Main 1987, S. 321.
15 Schlegel [Anm. 6], III, Nr. 289, S. 147.

POETISCHER METABOLISMUS 117

ubiquitären Vorkommen in der Natur die Frühromantiker faszinieren, ihrem Interesse an der Natur wie am Universalen entgegenkommen und sie zu wiederholtem Nachdenken anregen.

Friedrich Schlegel fragt nach dem Ort des Individuums im Kontext dieser zyklischen Stoffwechsel- und Regenerationsprozesse, das seinen Platz nicht außerhalb, sondern nur innerhalb dieses sich selbst erhaltenden Systems haben kann. Er entwirft es als imaginiertes Produkt der Natur:

> Die Natur als Thier muß essen, sich begatten, und träumen, wachen und schlafen. – Die Individuen sind *Traumbilder* <oder die *Einfälle*> d[er] Natur. Sie allein ißt sich selber, wie sie sich selber erzeugt, und befruchtet. So muß sie auch sich selbst wecken. Durch ihr Essen entstehn die Naturreiche. Die Pflanze ist d[as] Thier was sich verdaut hat und so die Kryst[alle].[16]

Aber auch die Tätigkeit des Subjekts beim Erschließen seiner Umwelt wird im Bild des Verzehrens und Zeugens gedacht. „*Um einen Gegenstand wahrzunehmen, muß ich ihn erst essen,* und mich dann mit ihm begatten, *dann ihn als Keim setzen, ihn befruchten, selbst empfangen und gebähren.* Die gemeine φσ[philosophische] Analyse hat viel Aehnlichkeit mit d[er] Onanie."[17]

Die Denkbewegung, die vom Einverleiben des fremden Gegenstandes zum Hervorbringen desselben als abgesonderten Teil des Eigenen reicht, eröffnet einen Denkraum der Nutrition, in dem die adäquate menschliche Speise dem Menschen nicht heterogen sein darf, sondern wesensgleich. Wahrhaft zu regenerieren vermag ein Mensch sich nur in einer Nahrung, die ihn den natürlichen Prozessen des Selbstverzehrs eingliedert. Nicht nur die tierische, sondern auch die pflanzliche Nahrung wird als ungenügend zurückgewiesen. In einer für Schlegel typischen, auf die zukünftigen Entwicklungen hin gerichteten Perspektive entwirft er die Vision einer bisher noch nicht entdeckten, dem Menschen angemessenen Speise, die ein zugleich körperliches wie kreatives Erstarken bewirke:

> Giebts nicht auch einen *negativen und positiven Raum* wie Zeit (*das Leere*). Für die Universalmedicin läßt sich das sagen; die eigenthümliche Speise d[es] Menschen kann noch nicht entdeckt sein. Die Versuche von Essen, die wir bis jetzt haben, sind falsche Tendenzen. Die Mannigfaltigkeit unsrer Speise ist wohl eine *Indikation* auf das Rechte,

---

16   Ebd., III, Nr. 295, S. 147.
17   Ebd., III, Nr. 276, S. 146.

aber mehr nicht. Wird die specifische Menschenspeise entdeckt, so hört viell.[eicht] der Ackerbau auf und die Menschheit wird noch einmal umgekehrt. Vielleicht ist d[as] böse Princip im Ackerbau eben so mächtig als im Handel. Nicht bloß die Thierspeise ist unmenschlich sondern auch die vegetabilische – Er sollte nur die Elemente essen. Nach Entdeckung jener Speise werden alle Menschen wieder zugl.[eich] *Krieger und Künstler* werden.[18]

Diese noch zu findende adäquate Menschenspeise dürfte wohl Ähnlichkeit mit dem Atem haben, den Schlegel in einer anderen Notiz als „ein göttl. [iches] Essen, ein Speisen d[es] Aether.“[19] bezeichnet. Am Zielpunkt dieser angestrebten menschlichen Entwicklung steht eine Vereinigung der physiologischen Vorgänge, die gänzlich in den beiden höchsten – dem „Zeugen und Empfangen" – aufgehen werden. Dies mündet bei Friedrich Schlegel schließlich in eine christologische Vision, wonach alle Menschen einander gegenseitig zur eucharistischen Speise werden:

> Bei d.[er] letzten Entwicklung werden das Hören und das Essen, das Sehen und das Fühlen coincidiren, die Intensität d.[er] niedern Sinne sich über die ganze Sphäre der höhern erstrecken. – Ja es wird sich alles in *Zeugen* und *Empfangen* verliehren. Jeder wird d[en] Leib und das Blut jedes andern genießen, und jeder wird der Herr sein.[20]

Das eucharistische Moment dieses Gedankens expliziert sich auch in den Aufzeichnungen Friedrich von Hardenbergs, wo das Essen und Trinken beim Abendmahl nicht nur als „Vereinigung", sondern auch als „generationsakt" begriffen wird und so der Übergang vom nutritiven Verzehren zur sexuellen Fortpflanzung innerhalb eines einzigen Satzes vollzogen wird: „*Abendmahl* – Gemeinschaftliches Essen und trinken ist eine Art *Vereinigung* – ein generationsact.“[21] Dabei entwirft Novalis aus männlicher Perspektive eine Kontinuität zwischen (pflanzlicher und tierischer) Nahrung und sexuellem Begehren des weiblichen Körpers als „höchstem" Nahrungsmittel. Die Argumentation tangiert damit nicht nur auf pikante Weise anthropophagische Vorstellungen, sie beinhaltet zugleich den Gedanken einer im Geschlechtsakt vollzogenen Transsubstantiation, die vom Körperlichen zum Geistigen leitet:

---

18   Ebd., III, Nr. 583, S. 174.
19   Ebd., III, Nr. 286, S. 147.
20   Ebd., III, Nr. 640, S. 179.
21   Novalis [Anm. 4], Nr. 186, S. 273.

POETISCHER METABOLISMUS

„Wie das *Weib* das *höchste sichtbare* Nahrungsmittel ist, das den *Übergang vom Körper zur Seele* macht – So sind auch die Geschlechtstheile die höchsten, *äußern* Organe, die den Übergang von sichtbaren und unsichtbaren Organen machen."[22]

2 (Selbst-)verzehrende Passion: Brentanos Liebesbriefe

Die Figur des Sich- und Einander-Verzehrens in der erotischen Leidenschaft sowie die damit verwobenen Metaphern des Nutritiven sind auch Brentano nicht fremd. Berühmt sind seine Liebesbriefe an Karoline von Günderrode.[23] In einem auf Ende Mai 1802 datierten, besonders leidenschaftlichen Brief ergeht er sich in rauschhaften Bildern wechselseitiger Transfusionen vitaler Körperströme, die sich doch nur im Schriftverkehr[24] Bahn brechen können:

> Gute Nacht! Du lieber Engel, ach bist du es, bist du es nicht? so öfne alle Adern deines weisen Leibes, daß das heiße schäumende Blut aus tausend wonnigen Springbrunnen sprizze, so will ich dich sehen, und trinken aus den Tausend Quellen, trinken biß ich berauscht bin, und deinen Tod mit jauchzender Raserei beweinen kann, weinen wieder in dich all dein Blut, und das meine in Trähnen, biß sich dein Herz wieder hebt, und du mir vertraust, weil das Meinige an deinem Pulse lebt.[25]

---

22 Ebd., Nr. 126, S. 264.

23 Vgl. zu diesem Brief: Wolfgang Bunzel: Bis(s) zum Morgengrauen. Clemens Brentanos erster Brief an Karoline von Günderrode – Kontext, Funktion, Materialität, in: Romantik kontrovers. Ein Debattenparcours zum zwanzigjährigen Jubiläum der Stiftung für Romantikforschung, hg. v. Gerhart v. Graevenitz, Walter Hinderer, Gerhard Neumann, Günter Oesterle u. Dagmar von Wietersheim, Würzburg 2015, S. 229–244. Der Band enthält auch einen Wiederabdruck sowie ein Faksimile des Briefes. Zum allgemeinen Motivkomplex der Wunde und des Mundes bei Brentano vgl. Bettine Menke: „Mund" und „Wunde." Zur Grundlosen Begründung der Texte, in: Stigmata. Peotiken der Körperschrift, hg. v. Bettine Menke u. Barbara Vinken, München 2004, S. 269–294 oder: Silke Horstkotte: Die Wunde und die Stimme. Clemens Brentanos Emmerickschriften, in: Einheit der Romantik? Zur Transformation frühromantischer Konzepte im 19. Jahrhundert, hg. v. Dirk von Petersdorff u. Bernd Auerochs, Paderborn 2009, S. 125–147.

24 Vgl. das Zusammentreten dieses Begriffspaars mit dem Titel der 1999 erschienenen Habilitationsschrift Albrecht Koschorkes: Körperströme und Schriftverkehr. Mediologie des 18. Jahrhunderts, München 1999, bei dem ich hier eine Anleihe nehme.

25 Clemens Brentano: An Karoline von Günderrode in Frankfurt, Marburg, gegen Ende Mai 1802, in: Ders.: Sämtliche Werke und Briefe. Historisch-kritische Ausgabe, hg. v. Jürgen Behrens, Konrad Feilchenfeldt, Wolfgang Frühwald u.a., Bd. 29, hg. v. Liselotte Kinskofer, Stuttgart, Berlin, Köln, Mainz 1988, Brief 180, S. 444–446, hier S. 444.

Auch Brentano kennt das an die Einverleibungsphantasien gekoppelte Bild der Verwandlung und die damit verbundene Analogisierung von Natur- und Erotikmotiven. So tragen ihn die Bilder seiner erotischen Phantasien förmlich fort, um in immer neuen Gestaltwandlungen ineinander überzugehen und einen ununterbrochenen Motivfluss zu gewährleisten, der über die verführerische Schlange, den giftig-tödlichen Schlangenbiss ins Herz als einer janus-köpfigen Figur von Verzehren und Töten hin zu einer Figur der Selbstopferung führt, in der er das eigene Blut der Geliebten zum Trank darzureichen und zugleich deren vitalisierendes Blut wie im Schlangenbiss aus ihren Adern zu saugen begehrt. Diese Metamorphose der Bilder nimmt eine zyklische Bahn, die die Ausgangsvision am Anfang des Briefes: „öffne alle Adern deines weisen Leibes", korrigiert: „Oefne deine Adern nicht Günterrödchen, ich will sie dir aufbeisen." Nicht nur das kannibalische Verlangen, mit den eigenen Zähnen in den Leib des Anderen einzudringen, wird hier gesteigert, auch die wechselseitige Gabe des eigenen Blutes wird angeboten:

> Alles das schreibe ich in einem süßen drehenden Rausch, die Mondnacht, und der Frühling haben sich gescheut, vor meinen Augen das süße heilige Liebeswerk zu vollbringen, und damit das Bewustsein solcher Wollust nicht verlohren gehe, haben sie das Seufzen ihrer Liebe an dem Echo meines Busens gebrochen, und wie sie sich umarmten, verwandelten sie sich in eine goldne süße bittere, wollüstige Schlange, die mich mit den lebendigen drükkenden Zückenden Feßeln ihres Leibes umwand, so saß ich am Berge und sah ins weite Thal, das sich wie ein leichter Berg auf mein Herz warf, und da riß ich die Kleider von mir, das die Umarmung keuscher sei, wie der Blizz schnell und elektrisch biß mir die goldne Schlange ins Herz, und ringelte wie in gewundener Lust an mir Herauf, wie vergiftete mich mit göttlichem Leben, und in mir war ein anderes Leben, es zieht mir mit ergebendem Wiederstand durch Adern und Marck, und die Schlange zog durch die Wunde nach, und ringelt sich jetzt freudig und liebend um mein Herz, es ist zu viel, waß ich habe, drum beiße ich mir die Adern auf, und will dir es geben, aber du hättest es thun sollen, und saugen müßen. Oefne deine Adern nicht Günterrödchen, ich will dir sie aufbeisen.[26]

Dieses Bild von Erotik ist damit weniger von einer Hierarchisierung oder Rollenverteilung geprägt, wonach einer Sich-Darbietender, der andere

---

26 Ebd., Brief Nr. 18, S. 445f.

POETISCHER METABOLISMUS

Verzehrender ist, wie in den Vorstellungen des Novalis', als dass vielmehr eine Wechselseitigkeit entworfen wird, in der beide gleichermaßen Verzehrende und Verzehrte sind. Immer wieder scheinen dabei auch eucharistische Figuren in merkwürdiger Verzerrung auf, etwa wenn es heißt: „ich glaubte Wein zu trinken, und trank mein Blut."[27] Dieses eher autophagische Bild des Selbstverzehrs visualisiert zugleich ein schmerzhaftes Entbehren der Geliebten, deren Blut wie das Blut Christi begehrt wird. Das Zurückgeworfensein auf den eigenen Körper, auf das eigene Blut, ist Folge der Distanz zur Geliebten, die alleine in den Briefen kompensiert zu werden vermag. Als Substitut des Leibes der Geliebten werden sie selbst als „Arznei und Lebensmittel"[28] bezeichnet. Was Brentano hier in kannibalisch-erotischer Rhetorik als wechselseitige Transfusion des Blutes im zugleich tötenden und reanimierenden Akt gegenseitigen Verzehrs beschreibt, lässt sich als Figuration lesen, die auch seine Märchenpoetik bestimmt und dort – so soll im Folgenden gezeigt werden – vom Motiv auf die Schreibweise übergreift.

3 Verbindendes Verschlingen: Zyklische Erzählverfahren in *Die Mährchen vom Rhein*

An diese Beobachtungen soll eine Lektüre von Clemens Brentanos in der Forschung bisher wenig beachteten *Mährchen vom Rhein* anschließen, in denen das Einverleibungsmotiv zu einer Grundfigur einer im Märchen entfalteten neuen Mythologie wird, die sich aus der Kombination unterschiedlichster Märchentraditionen generiert.

Getragen ist die Handlung dieses (unvollendet gebliebenen) Märchenzyklus entscheidend von zwei aufeinander bezogenen Einverleibungsszenen, die einen zyklisch wiederkehrenden Handlungsverlauf in Gang setzen, der sowohl unterschiedlichste tradierte (Märchen-)Stoffe integriert als auch auf Grundlage des Motivs der vier Elemente ein auf die Ursprünge der Natur rekurrierendes „mythenbildendes Erzählen"[29] entfaltet.

---

27 Clemens Brentano: An Karoline von Günderrode in Frankfurt, Marburg, 1. Mai 1804, in: Ders.: Sämtliche Werke und Briefe. Historisch-kritische Ausgabe, hg. v. Jürgen Behrens, Konrad Feilchenfeldt, Wolfgang Frühwald u.a., Bd. 31, hg. v. Liselotte Kinskofer, Stuttgart, Berlin, Köln 1991, Brief Nr. 369, S. 317.

28 An Karoline von Günderrode in Trages, Marburg 30. Mai 1804, in: ebd., Brief Nr. 374, S. 324.

29 Brigitte Schillbach: Erläuterungen, in: Clemens Brentano: Sämtliche Werke und Briefe. Historisch-kritische Ausgabe, hg. v. Jürgen Behrens, Wolfgang Frühwald u. Detlev Lüders, Bd. 17, hg. v. Brigitte Schillbach, Stuttgart, Berlin, Köln, Mainz 1983, S. 333–573, hier S. 396.

Im Sinne eines doppelten Anfangs stehen die beiden Einverleibungsszenen sowohl am Beginn des *discours* als auch am Beginn der *histoire*. Die handlungslogisch zweite Einverleibungsszene ist der Rahmenhandlung und damit dem Beginn des *discours* eingeschrieben. Ihr zugrunde liegt eine erste Einverleibung, die die komplizierten genealogischen Verstrickungen auslöst, die in den zweiten Akt der Einverleibung münden.

Die erste Einverleibungsszene folgt auf eine Exposition, in der die Figurenkonstellation hergestellt wird, deren intrikate Dynamiken durch die Einverleibung erst aktiviert und offengelegt werden. Nach dem gescheiterten Versuch der Vermählung der Prinzessin Ameley aus Mainz mit dem Prinzen Rattenkahl aus Trier, in dessen Folge die Schiffe der beiden Familien auf dem Rhein kentern und die Prinzessin durch den Müller Radlo[au]f[30] aus den Fluten gerettet wird, könnte mit der Gelobung des Vaters, seine Tochter ihrem Retter zur Frau zu geben, der Plot beschlossen und das *Happy End* hergestellt sein. Stattdessen aber knüpft Brentano hier einen weiteren Faden, der in die Mühle des Radlof führt, wo er der Geretteten ihre Lieblingsspeise zuzubereiten verspricht. Der Wunsch eines Starenbraten setzt die komplexe Handlung der Märchen erst in Gang. Mit ihm kommt eine dritte Figur ins Spiel: Ein Star namens Schwarzer Hannes, der Radlof vor einiger Zeit zugeflogen und seitdem sein treuer Begleiter geworden ist, nun aber zur Speise zubereitet werden soll. Es kommt zur Selbstopferung des Schwarzen Hannes, jedoch nicht, ohne dass dieser zuvor auf seine Vergangenheit als Graf von Stahrenberg hingewiesen und dem Müller Radlof einen Hinweis auf den Verbleib seines Testaments gegeben hätte. Die Selbsttötung vollzieht er mit einer goldenen Haarnadel, die ihm die Prinzessin als Graf von Stahrenberg einmal geschenkt hatte. Radlof und Ameley essen den Starenbraten, teilen das Herz und verzehren es zu je einer Hälfte. Erst durch den Verzehr des Herzens entbrennen sie füreinander in gegenseitiger Liebe.

Auch hier ist die Erzählung nicht an ihr Ende gelangt, vielmehr baut Brentano eine neuerliche Komplikation ein, die eine direkte Vermählung von Radlof und Ameley aufschiebt. Auf die Verweigerung des Königs von Mainz, Ameley ihrem Retter zur Braut zu geben, folgen allerlei Verwicklungen, in deren Konsequenz die Kinder von Mainz einschließlich der Prinzessin Ameley von einem Rattenfänger in den Rhein gestürzt und dort im Wasserschloss der Lureley festgehalten werden. Radlof findet derweil das Testament des Stares Hannes auf einem alten Mehlsack und befolgt die darin gemachte Anweisung,

---

30   Brentanos Text selbst verwendet am Anfang zunächst die Schreibung „Radlauf" ehe er zum leicht verfremdenden „Radlof" übergeht. Im Folgenden werde ich die im Text vorherrschende Variante „Radlof" gebrauchen.

die sterblichen Überreste des Schwarzen Hannes in dessen Familiengrab im Schwarzwald beizusetzen. Während die Rahmenerzählung zunächst nichts mehr über das Schicksal Radlofs berichtet, kehrt dieser am Ende der Rahmenerzählung an den Rhein zurück, just in dem Moment, in dem es heißt, dass die im Rhein gefangen gehaltenen Kinder eines nach dem anderen durch die Erzählung eines Märchens ausgelöst werden können. Damit ist der Moment in der Rahmenerzählung markiert, der die Erzählung auf die in einem Märchenkranz angeordneten Binnenerzählungen hin öffnet. Mit Radlofs Bericht von seiner Reise geht die Handlung in die erste Binnenerzählung über.

In der Binnenerzählung wird mit der Rekonstruktion der Genealogie der Stahrenberger der Anfang der *histoire* nachgeholt, an deren Beginn abermals eine Einverleibungsszene steht. Die Familiengründung setzt mit Frau Mondenschein und Damon dem Hirten ein. Noch vor deren Eheschließung und der Zeugung von Nachkommen kommt es zu einer folgenschweren Nahrungsaufnahme: Damon isst ein Starenei. Das solcherart aufgeschreckte Starenvolk beklagt mit der Starenkönigin Frau Aglaster den Verlust des „Schicksalseis", mit dem „die Hoffnung der Welt" auf „den künftigen Regenten des Starenvolkes vernichtet"[31] sei. Als Folge habe Damon „ein Schicksal mit sich verbunden."[32] Er verkörpert nun den neuen Regenten des Starenvolkes, das ihm – verwandelt in Menschen – folgt. Auch von dem Starenei wird wiederum eine höchst bemerkenswerte Vorgeschichte erzählt: Frau Aglaster, so erfährt man, wurde als Mensch unter einer gefährlichen Sternenkonstellation geboren, die ihr die „Eigenschaften Neugier, Hang nach blinckenden Gegenständen, Plauderei, und vor allem Hochfliegende Gesinnung"[33] mitgab. Um die von ihr ausgehende Gefahr für ihr gesamtes Geschlecht zu bannen, wurde sie in einen Staren verwandelt und sollte vom Forstjunker ihres königlichen Hauses – Picus de Mirandola – im Schwarzwald ausgesetzt werden. Picus aber verliebt sich in den Vogel, verwandelt sich durch einen Selbstmord ebenfalls in einen Star und geht mit Frau Aglaster eine Ehe ein, aus der das von Damon verschlungene Schicksalsei hervorgeht. In einer nachfolgenden mantischen Interpretation der Eierschale wird die Generationenfolge von Damon und Frau Mondenschein in vierzeiligen Liedstrophen vorweggenommen.[34]

Die Nachkommenschaft Damons als dem Träger des Stareneis und der Mondfrau entspricht Radlofs Stammbaum, den er im Verlauf seiner Reise zu

---

31 Clemens Brentano: Die Mährchen vom Rhein, in: Ders.: Sämtliche Werke und Briefe. Historisch-kritische Ausgabe, hg. v. Jürgen Behrens, Wolfgang Frühwald u. Detlev Lüders, Bd. 17, hg. v. Brigitte Schillbach, Stuttgart, Berlin, Köln, Mainz 1983, S. 11–331, hier S. 167.

32 Ebd., S. 167.

33 Ebd., S. 174.

34 Ebd., S. 178–181.

rekonstruieren vermag. Er trifft alle vier Generationen seiner Vorfahren, zunächst die Männer, die zusammen mit den Gebeinen des Schwarzen Hannes beigesetzt werden: Johannes von Stahrenberg als der Grubenhansel, Veit von Stahrenberg respektive Kauzenveitel, Jakob von Stahrenberg aka Kohlejockel und Christel; sodann deren Frauen: das Erdfräulein, Frau Phönix, Frau Feuerschein und Lureley, die ihm eine nach der anderen ihre Geschichte erzählen.[35] Diese erste Binnenerzählung ist mithin selbst wiederum durch vier eingeschobene Binnenerzählungen strukturiert. Die Männer sind jeweils die aus der vorherigen Generation hervorgegangenen Söhne. Alle Söhne tragen das aus der initialen Einverleibung inkorporierte Laster der Geschwätzigkeit, das jedem von ihnen aufs Neue zum Verhängnis wird und zur Auflösung der Ehe führt. Christel, der Ehemann von Lureley, ist Radlofs Vater. In dieser Generation verkompliziert und vervielfältigt sich die Genealogie der Nachkommenschaft. Lureley gebiert zunächst zwei Söhne, die dem Schicksal ihres Vaters folgend, zur Strafe für ihre Neugierde und Geschwätzigkeit in Goldfisch, Maus und Storch verwandelt werden (drei Figuren, die in der Rahmenerzählung relevant sind). Diesmal aber kommt es nicht zu einer Auflösung des Ehebündnisses und mithin zu einer Wiederholung des Schicksals in der nächsten Generation. Stattdessen biegt sich die Erzählung zyklisch zum Anfang zurück, wenn Lureley in einer zweiten Mutterschaft von Mondfräulein und Frau Aglaster ein weiteres Mal zwei Knaben überreicht werden – es sind Radlof und Hannes. Die genealogische Linie spaltet sich hier; nicht mehr ein Sohn ist wie bisher der Träger der negativen Stareneigenschaft der Geschwätzigkeit. Der seit Damon inkorporierte Starencharakter geht alleine auf Hannes über, während sein Bruder Radlof als erster Nachkomme frei von dieser negativen Eigenschaft ist. Zunächst trennen sich auch die Lebenswege der Brüder. Hannes wächst als Findelkind zusammen mit Ameley auf; sie werden dadurch ebenfalls gleichsam zu Geschwistern. Seine Zuneigung für Ameley wächst, er erhält als Probe für seine Verschwiegenheit eine Haarnadel von ihr, besteht die Probe jedoch nicht, wird zur Strafe in einen Star verwandelt und fliegt in dieser Gestalt seinem Bruder Radlof zu.[36] Binnen- und Rahmenerzählung berühren sich an diesem Wendepunkt, der in einer doppelten Bewegung auf die beiden Einverleibungsszenen sowohl am Anfang der *histoire* als auch am Anfang des *discours* zurückverweist. So folgt, wie aus der Rahmenhandlung bekannt, auf die Aufspaltung der beiden Linien – jene des Hannes und jene Radlofs – eine

---

35   Die vielfach verwickelten, allegorischen Handlungsstränge dieser Erzählungen erstrecken sich über beinahe den gesamten Umfang des ersten Binnenmärchens *Radlof erzählt seine Reise*, in: ebd., S. 185–264.

36   Vgl. ebd., S. 261–264.

POETISCHER METABOLISMUS

zweite Einverleibungsszene, deren Voraussetzung die Verwandlung Hannes' als dem Träger des Starenfluches in einen Star bildet. Durch seine Selbstopferung wird der Fluch gebrochen, alle Stahrenberger in Stare zurückverwandelt. Im Verzehr des Schwarzen Hannes inkorporiert Radlof abermals den zuvor externalisierten Star und mit ihm die Eigenschaft der Geschwätzigkeit. Diese Nachträglichkeit der Inkorporation entfaltet aber eine geradezu gegenteilige Wirkung wie die initiale Einverleibung des Stareneis. Das neuerliche Einverleiben neutralisiert den zunächst separierten Wesenszug der Stahrenberger.

Brentano entwirft mit dieser Genealogie Radlofs, in dessen Namen der zyklische Charakter der Erzählung bereits angedeutet ist, eine Art neue mittelrheinische oder gar europäische Mythologie. „Das *Rheinmährchen* hat die Funktion der Konstituierung des Mythos und seiner geographisch-realistischen Lokalisierungen"[37] vermerkt der Kommentar der historisch-kritischen Ausgabe, und weiter: „im Märchen *Radlof erzählt seine Reiße* wird dem Mythos die Dimension des Kosmisch-Elementaren erschlossen und zugleich der geographische Bereich vertieft."[38] Brentanos Märchenzyklus kommt einem Realisierungsversuch von Friedrich Schlegels Gedanken einer sich aus europäischen Stoffen speisenden deutschen Literatur gleich, wie er in dem eingangs zitierten *Europa*-Aufsatz formuliert ist. Auch Schlegels an anderer Stelle vermerkte Notiz: „Für d[en] R[oman] *Europa* als alleg.[orisches] Mährchen",[39] liest sich wie das kondensierte Programm zu Brentanos Märchenprojekt. Allegorisch ist auch Brentanos Märchenzyklus angelegt. So skizzieren die zahlreichen Allegorisierungen des Rheins und seiner Nebenflüsse und Orte die Topographie entlang des Rheingaus[40] und verweisen darüber hinaus auf andere Regionen Deutschlands. Die Abfolge der Eheschließungen mit den allegorischen Frauenfiguren, die die vier Elemente repräsentieren, unterstreicht ein Verwobensein mit der Natur in ihrer elementaren Gestalt.[41] Über den ge-

---

37 Schillbach [Anm. 29], S. 396.
38 Ebd.
39 Schlegel [Anm. 6], S. 217, Nr. IV, Nr. 272.
40 Vgl. dazu Susanne B. Kiewitz: Poetische Rheinlandschaft. Die Geschichte des Rheins in der Lyrik des 19. Jahrhunderts, Köln 2003, S. 90.
41 Auch dieses Vorgehen erscheint wie die Ausführung des frühromantischen Programms, wonach sich im Märchen der Naturzustand als allegorisches Abbild der geschichtlichen Welt spiegeln solle. So heißt es etwa in Novalis' berühmter Notiz zum Märchen: „Diese Zeit vor der Welt liefert gleichsam die zerstreuten Züge der *Zeit nach der Welt* – wie der Naturzustand ein *wunderbares Bild* des ewigen Reichs ist. Die Welt des Märchens ist die *durchausentgegengesetzte* Welt der Welt der Wahrheit (Geschichte) – und eben darum ihr so *durchaus ähnlich* – wie das *Chaos* der *vollendeten Schöpfung*." (Novalis [Anm. 4], S. 280f., Nr. 234.) „Der Rhein ersteht so nicht nur als Sammelland alles Poetischen und ‚Heimat

planten Fortgang des Märchenzyklus lässt sich nur spekulieren; anhand des fertiggestellten *Märchens vom Murmelthier*[42] lässt sich allerdings erkennen, wie die Erzählung Motive aus dem vorangehenden Märchen – *Radlof erzählt seine Reise* – aufgreift und sie aus der Perspektive anderer Figuren weitererzählt. Zweifelsohne lässt sich hier das Bestreben erkennen, die zahlreichen heterogenen und unabhängig voneinander bestehenden Märchenstoffe miteinander zu verknüpfen und zu einem einheitlichen und umfassenden Märchen zu verbinden, das sich wie eine mythologisch-ätiologische Erzählung der Mittelrheinregion liest.[43] Diese Integration von Prätexten zu einem neuen Ganzen hat ihren Ausgangs- und Endpunkt in je einer Einverleibungsszene, durch die der zyklische Erzählverlauf erst in Gang gesetzt wird.

Dass die Liebe das handlungsleitende Prinzip in Brentanos Märchenzyklus bildet, korrespondiert in auffälliger Weise mit Novalis' Idee von der Liebe als dem magischen Stoff des Märchens. Die genealogische Reihung der Liebespaare wird dabei nicht alleine durch die Zeugung von Nachkommen organisiert, sondern mit dem Motiv der Einverleibung kombiniert. Auf diese Weise wird die linear-progressive Entwicklung mit einer zyklischen Figur überschrieben, die die einzelnen Elemente der Teilnarrationen miteinander zu verbinden vermag. So entwirft Brentano aus dieser Motivik zugleich ein Erzählverfahren, das eine Vielzahl von einzeln vorliegenden Märchenstoffen zu einem „mythologischen" Großnarrativ integriert. Sein Umgang mit den Quellensammlungen unterscheidet sich damit grundlegend vom Vorgehen der Grimms bei Anlage

---

alles Wunderbaren', sondern auch alles in Zeit und Raum verstreuten Utopischen" vermerkt Susanne Kiewitz [Anm. 40], S. 92. Während aber in der gleichen Notiz von Novalis die herrschaftsfreie Märchenwelt dem zeitlichen Staatswesen gegenübergestellt wird: „Die ganze Natur muss auf eine wunderliche Art mit der ganzen Geisterwelt vermischt seyn. Die Zeit der allg[emeinen] Anarchie – Geselosigkeit – Freyheit – der *Naturstand* der Natur – die Zeit vor der *Welt* (Staat.)" vermag Kiewitz aufzuzeigen, wie in Brentanos *Rheinmährchen* die zeitliche Uferwelt mit der überzeitlichen Rheinwelt konfrontiert wird. Beide Welten sind jedoch – den politischen Bestrebungen der Hoch- und Spätromantik gemäß – monarchisch organisiert. Vgl. Kiewitz [Anm. 40], S. 95f.

42 Zu dem Tradierungsweg des *Murmelthier*-Stoffes vgl. Hein Rölleke: Die Märchen der Brüder Grimm und C. Brentanos – Zusammenhänge, Gemeinsamkeiten und Unterschiede, in: Formes du Récit dans la première moitié du XIXe siècle, hg. v. Jean-Louis Bandet, Erika Tunner, Paris 2001, S. 136–148, hier S. 146. Der Text ist identisch mit dem Aufsatz Heinz Rölleke: Clemens Brentano und die Brüder Grimm im Spiegel ihrer Märchen, in: Das selbstverständliche Wunder. Die Welt im Spiegel des Märchens, hg. v. d. Evangelischen Akademie Baden, Karlsruhe 1996, S. 78–93. Rölleke verweist dabei sowohl auf einen expliziten als auch einen mit der Herkunftsbezeichnung „Hessen" umspielten, in die *Rheinmährchen* eingeschriebenen Hinweis auf die Brüder Grimm (ebd., S. 147).

43 Vgl. ausführlich Ursula Reber: Formenverschleifung. Zu einer Theorie der Metamorphose, München 2009, S. 187–194. Vgl. dazu auch Kiewitz [Anm. 40], S. 100.

POETISCHER METABOLISMUS

und Ausgestaltung ihrer Märchensammlung.[44] Dass die Grimms schon recht bald andere Vorstellungen von dem Vorhaben hatten als Brentano, auf dessen Anregungen hin sie die Sammlung deutscher Märchen und Sagen in Angriff genommen hatten, ist in Briefen dokumentiert. Am 16. August 1809 etwa schreibt Jacob an seinen Bruder Wilhelm: „Der Clemens kann die Sammlung von den Kindermärchen herzensgern haben, und es wäre schlecht, wenn wir seine Güte durch so Kleinigkeiten nicht erkennen wollten, wenn er auch anders damit verfährt, als wir es im Sinn hatten. Dieser Grund gilt überhaupt.“[45] Inspiriert wurde Brentano durch eine Ausgabe von Giovan Battista Basiles *Pentamerone*, die er sorgsam verwahrte.[46] Brentanos Ziel war es, aus seinen Quellen mit Hilfe einer Rahmenhandlung ein in sich zusammenhängendes, geschlossenes Textcorpus zu gestalten. 1809 lag eine solche Rahmenhandlung in dem zum *Märchen von den Märchen oder Liebseelchen* umgestalteten Rahmentext des *Pentamerone* höchstwahrscheinlich bereits vor.[47] Die später in zwei Zyklen – die *Italienischen Märchen* und die *Mährchen vom Rhein* – aufgeteilten Textcorpora sollten ursprünglich in einem einzigen Zyklus vereinigt werden.[48] Besonders bei den Binnenmärchen hat er für dieses Verfahren ganze Passagen aus seinen Quellen wörtlich übernommen,[49] sie seinem Texthybrid gewissermaßen ‚einverleibt.‘ Zu beobachten ist dies bei den beiden ausgearbeiteten Binnenmärchen *Das Märchen vom Murmeltier* sowie *Der Schneider Siebentodt*, die im Handlungsaufbau deutlich den verwendeten Quellen folgen. Die Binnenerzählungen sollten sich auch aus Brentanos Basile-Bearbeitungen speisen.[50] Das einheitsstiftende, die Stoffe verbindende Element bildet die Rahmenerzählung, die Anknüpfungspunkte für alle zu integrierenden Stoffe

---

44   Zum intensiven Austausch zwischen den Brüdern Grimm und Brentano während ihrer Sammeltätigkeit von Märchen, Sagen und anderen literarischen Überlieferungen des ‚Volkes‘ vgl. z.B. Rölleke [Anm. 42]. Rölleke betont vor allem die Gemeinsamkeiten der Ansätze. Allerdings verweist auch Rölleke exemplarisch auf den Kunstmärchencharakter der Märchen Brentanos mit ihrer schmuckvoll-breiten narrativen Ausgestaltung (ebd., S. 145f.).

45   Jacob an Wilhelm Grimm, Kassel, 16. August [1809], in: Briefwechsel der Brüder Jacob und Wilhelm Grimm. Kritische Ausgabe in Einzelbänden, hg. v. Heinz Rölleke, Stuttgart 2001ff. Bd. 1.1: Briefwechsel zwischen Jacob und Wilhelm Grimm, S. 163.

46   Vgl. detailliert: Wolfgang Bunzel: Kooperation und Konkurrenz – oder: Das Ende einer Freundschaft. Clemens Brentano und die Brüder Grimm im auktorialen Wettstreit um das ‚romantische‘ Märchen, in: Märchen, Mythen und Moderne. 200 Jahre Kinder- und Hausmärchen der Brüder Grimm, hg. v. Claudia Brinker-von der Heyde, Holger Ehrhardt, Hans-Heino Ewers u. Annekatrin Inder, Frankfurt/Main 2015, Bd. 1, S. 51–64.

47   Vgl. Schillbach [Anm. 29], S. 336.

48   Vgl. ebd., S. 337.

49   Vgl. ebd., bes. S. 396.

50   Vgl. Bunzel [Anm. 46], S. 56.

bietet. Entsprechend aufwendig und eigenständig ist die Gestaltung der Rahmenerzählung, einschließlich des ersten Märchens *Radlof erzählt seine Reise*, das sich wie ein zweiter Rahmen zwischen das *Rheinmährchen* und die nachfolgenden Binnenerzählungen schiebt.[51] Die Forschung konnte für diese rahmenden Texte eine komplexe „Montagetechnik" rekonstruieren, „bei der die Quellen jeweils nur punktuell herangezogen werden, dem Text jedoch nicht als formale oder inhaltliche Grundlage dienen."[52] Die verschiedenen Märchentraditionen werden, wie Ursula Reber es mit einem Begriff Deleuzes und Guattaris formuliert, wie in einem „Myzel" miteinander verbunden.[53]

Der Schwarze Hannes figuriert dabei gewissermaßen als Paradigma dieses Verfahrens. Die intertextuellen Bezüge, die sich in der Figur des Stares brechen, sind vielfältig und bilden ein komplexes Spiel an motivischen Überlagerungen. Hier wäre etwa Boccaccios *Decameron* zu nennen, in dessen neuntem Märchen des fünften Tages die Geschichte von dem verarmten Coppo di Borghese Domenichi erzählt wird, der sein teuerstes Gut, einen Falken, einer Dame aus Liebe zur Speise zubereitet – ein Text, der selbst wiederum auf ältere Stoffe zurückgeht.[54] Daneben adaptiert Brentano in der Figur des Stares gleich eine Vielzahl von Prätexten aus der Grimm'schen Märchensammlung: Etwa *Die sieben Raben* sowie *Der Rabe*, aus denen Brentano das bestrafende Verwandlungsmotiv in einen Vogel, die Bruder-Schwester-Beziehung, die Wanderschaft, das Königstochtermotiv sowie nicht zuletzt die Erlösungsfigur

---

51 Briefwechsel mit seinem Verleger dokumentieren, dass Brentano unter dem *Rheinmährchen* nur den Text „bis zur Stelle wo Radlof sich auf das Gerüst an's Wasser sezt, um seine Reise nach Starenberg zu erzählen" versteht. „Die Geschichte des Hans von Starenberg würde ein folgendes Bändchen bilden" präzisiert er weiter. (Brief vom Januar 1840 an Böhmer), vgl. Schillbach [Anm. 29], S. 342. Die Herausgeber fassen hingegen auch noch die Erzählung der Reise unter den Titel des *Rheinmärchens* und begriffen sie damit als Teil des Rahmens. Vgl. ebd., S. 343.

52 Schillbach [Anm. 29], S. 396.

53 Vgl. Reber [Anm. 43], S. 193: „Über diese Einzelerzählungen werden Handlungselemente, anstatt eine kohärente Entwicklung oder Handlungskette vorzugeben, voneinander getrennt und in differierende Kontexte versetzt. Über diese Technik ergibt sich zwar einerseits der Eindruck einer Art von ‚Myzel', eines dicht gewebten Netzes an untergründigen und teilweise geheimen, dunklen Verbindungen von Disparatem, doch andererseits ist häufig der gegenläufige Eindruck einer heterogenen Masse an Uneinheitlichem vorherrschend." Dieses von Reber beschriebene Organisationsverfahren von Erzählung ist nicht zuletzt durch die Inkorporation des Stareneis und die dadurch etablierte genealogische Linie der Stahrenberger bedingt, deren Ursprung sich letztlich im Staren Hannes wieder externalisiert, mit ihm an die Oberfläche der Erzählung drängt, ehe der Erzählkreislauf mit seiner neuerlichen Einverleibung geschlossen wird.

54 Vgl. Giovanni Boccaccio: Das Dekameron, übers. v. Ruth Macchi, Berlin, Hamburg 1958, Bd. 1, S. 628–657.

POETISCHER METABOLISMUS

übernimmt.[55] Einzelne dieser Märchen, die prominente Vogelmotive enthalten, etwa *Die sieben Raben*, sind auch in einer frühen handschriftlichen Fassung von Volksmärchen enthalten, die Brentano aufgezeichnet hatte, die bisher von der Forschung aber noch wenig beachtet worden ist.[56] Und schließlich ist es der wohlbekannte Stoff des *Herzmaere*,[57] mit dem Brentano den Märchentopos der Verspeisung des Vogels überschreibt. Der Star Hannes wird auf diese Weise zu einem Intertexthybrid, zu einer paratextuellen Figur, die innerdiegetischer Handlungsträger und Reservoir sich überlagernder Textzeugnisse zugleich ist. Indem in der Figur des Hannes sowohl das Geschwister- und Verwandlungsmotiv, das *vor* dem Verzehr liegt, als auch das Erlösungsmotiv, das *nach* dem Verzehr liegt, über den Umweg der Inkorporation miteinander verschränkt werden, werden die verschiedenen adaptierten Stoffe und Narrationen zusammengeführt.

4   Die Figur der Einverleibung als Assimilation von Alterität im romantischen Einheitsdenken

Aufgrund dieser Konstellation wird der Schwarze Hannes zur exemplarischen Figur des Dritten. Durch die Spaltung der genealogischen Linie nimmt er in Gestalt des Hans von Stahrenberg zunächst gegenüber seinem Bruder, dem Müller Radlof, im Werben um die Liebe Ameleys die Position des Rivalen oder Nebenbuhlers[58] ein.

Die Lösung dieser triangulären Liebeskonstellation ist bei Brentano jedoch eine grundsätzlich andere als in den tradierten Erzählungen etwa des *Herzmaere*: Während dort der Rivale von seinem Kontrahenten getilgt und nur der Frau zum Verzehr gegeben wird, die spannungsvolle Dreierkonstellation

---

55   Vgl. Kinder- und Hausmärchen, gesammelt durch die Brüder Grimm. Vollständige Ausgabe auf der Grundlage dritten Auflage (1837), hg. v. Heinz Rölleke, Frankfurt/Main 2007, Nr. 25, S. 131–133, Nr. 93, S. 409–415.

56   Vgl. Heinz Rölleke: Im Vorfeld der Grimmschen Märchensammlung. Neun Volksmärchenskizzen Clemens Brentanos, in: Ders.: „Wo das Wünschen noch geholfen hat." Gesammelte Aufsätze zu den „Kinder- und Hausmärchen" der Brüder Grimm, Bonn 1985, S. 9–25.

57   Vgl. zu den vielfältigen Bearbeitungen des *Herzmaere*: Julia Bohnengel: Das gegessene Herz: eine europäische Kulturgeschichte vom Mittelalter bis zum 19. Jahrhundert: Herzmäre – Le cœur mangé – Il cuore mangiato – The eaten heart, Würzburg 2016.

58   Zur Figur des Rivalen, insbesondere in Bezug auf das erotische Begehren, vgl. den Beitrag von Andreas Kraß: Der Rivale, in: Die Figur des Dritten. Ein kulturwissenschaftliches Paradigma, hg. v. Eva Eßlinger, Tobias Schlechtriemen, Doris Schweitzer u. Alexander Zons, Berlin 2010, S. 225–237.

also nie in eine Einheit überführt werden kann, wird bei Brentano der Dritte vermittels der Einverleibungsszene in die binäre Ordnung der Liebenden integriert und die triadische Konfliktstruktur in einer dyadischen Liebesfiguration befriedet. Der Schwarze Hannes selbst ist es, der sich in einem Akt der Selbstopferung einem Mann und einer Frau zur Speise darbietet, von beiden zu gleichen Anteilen verzehrt wird und auf diese Weise eine innige Gemeinschaft zwischen ihnen stiftet, aus der ihre gegenseitige Liebe erwächst. Der Star als Verkörperung der Figur des Dritten[59] gibt diese Position gewissermaßen auf, um in der Zweierkonstellation aufzugehen. Indem die beiden Hälften des Starenherzens Radlofs und Ameleys Liebe zueinander wie in einem magisch-sympathischen Anziehungsprozess erst bewirken, ist die Figur des eifersüchtigen Dritten getilgt und die Liebe nicht mehr länger – wie in den vorherigen Generationen – durch Verrat gefährdet.

Während in den Gesellschaftstheorien, etwa nach Simmel, der Dritte als gesellschaftskonstituierend gilt, der aus der dyadischen eine (beliebig erweiterbare) triadische Struktur macht,[60] ist der Dritte bei Brentano eine Figur des Ausgegrenzten, des aus der Gesellschaft ausgeschiedenen Rests. Dieser Separationsprozess wird an Aglaster zunächst durch die Verwandlung, sodann durch die Deportation in den Schwarzwald vollzogen. Es ist jedoch die Liebe, die diese Aussonderung verhindert: In der Selbsttötung vollzieht Picus das eigene Heraustreten aus der Gesellschaftsordnung, er setzt sich der verwandelten Geliebten dadurch gleich und wird entsprechend durch eine Verwandlung ihr tatsächlich angeglichen.

Dadurch, dass ihr ungeborener Nachkomme im Starenei von Damon verzehrt wird, begründen sie jedoch keine eigene alteritäre soziale Linie, sondern werden vermittels Damons und des Mondfräuleins der Gesellschaft wieder eingegliedert. Und es ist kein Zufall, dass ein Ei als Träger eines ungeborenen Nachkommen einverleibt wird. Nahrungsaufnahme und Zeugungsakt überlagern sich auf diese Weise. Das einmal Inkorporierte vermag nicht mehr ausgeschieden zu werden; es wird vielmehr im nächsten Zeugungsakt weitergegeben. So wird mit dem Verzehr zugleich die ungewollte Eigenschaft der Geschwätzigkeit integriert; eine Separierung ‚guter‘ und ‚schlechter‘ Eigenschaften erweist sich damit zunächst als unmöglich. Die im anthropophagischen Akt aufgenommene Individualität des Anderen bewirkt zugleich

---

59 Vgl. Die Figur des Dritten. Ein kulturwissenschaftliches Paradigma, hg. v. Eva Eßlinger, Tobias Schlechtriemen, Doris Schweitzer u. Alexander Zons, Berlin 2010.

60 Vgl. Thomas Bedorf: Der Dritte als Scharnierfigur. Die Funktion des Dritten in sozial-philosophischer und ethischer Perspektive, in: Die Figur des Dritten. Ein kulturwissenschaftliches Paradigma, hg. v. Eva Eßlinger, Tobias Schlechtriemen, Doris Schweitzer u. Alexander Zons, Berlin 2010, S. 125–136.

POETISCHER METABOLISMUS

eine phänotypische Angleichung der Angehörigen des Inkorporierten. Die Vernichtung durch Inkorporation kann so nie gänzliche Auslöschung des Verzehrten sein; vielmehr gewinnt dieser nun eine Macht, die ihre Wirkung von innen heraus entfaltet und der sich derjenige, der sie inkorporiert hat, schlechterdings nicht entziehen kann.

Der Einverleibungsszene vorgeschaltet ist die Furcht vor der unverfügbaren Entwicklung der Nachkommenschaft, die man bei unerwünschten Tendenzen durch Verwandlung und Verstoßung auszusondern und so unter Kontrolle zu bringen versucht.[61] Der vom Affekt des Hungers geleitete Verzehr macht die Anstrengungen der Selektion von Nachkommen zunichte. Das Essen steht so wie der Sexualtrieb für die unverfügbare Entwicklung des Menschengeschlechts.

Umso beachtlicher bleibt es, dass am Endpunkt der Genealogie und nach Trennung der beiden Linien in Radlof und Hannes eine neuerliche Inkorporation des Hannes folgen muss. Sie bedingt, dass mit ihm nicht ein ‚fremder' Teil der Genealogie ausgeschieden, verstoßen wird; er bleibt vielmehr ihr integraler Bestandteil.

Sei der Dritte, so Koschorke, lange Zeit lediglich als „Störfaktor" wahrgenommen worden, habe er sich in der Moderne und Postmoderne zum „aktive[n] soziale[n] Operatoren" gewandelt.[62] Als „Eingeschlossenes/Ausgeschlossenes der Unterscheidung" vermag er binäre Ordnungen zu irritieren und zu destabilisieren.[63] Brentanos Erzählung oszilliert zwischen binärer und triangulärer Ordnung. Die Einverleibung, obgleich sie noch immer in die Konstellation um Liebe, Zeugung und Gebären eingeschrieben ist, gewinnt damit gegenüber den Denkmodellen der Frühromantik eine deutlich andere Funktion. Sie ist nicht mehr primär der Vereinigung einer dyadischen Mann-Frau-Konstellation gewidmet, sondern dient der Integration eines separierten Dritten in diese dyadische Struktur, jedoch nicht dergestalt, dass sie diese – wie in den Gesellschaftstheorien – zu einer triadischen Struktur hin erweitern würde, sondern indem sie durch Inkorporation ein zuvor Ausgeschiedenes zum integralen Bestandteil der Dualität macht. Was aus dem Eigenen abgesondert werden sollte, um so Verfügungsgewalt darüber zu erlangen, wird im Akt der Inkorporation als unverfügbarer Teil dem Selbst wieder eingegliedert.

---

61   Indem Damon das Starenei in sich trägt, ist auch der von der Familie Aglaster unternommene Versuch, es unschädlich zu machen, gescheitert. Vgl. Brentano [Anm. 31], S. 173–175.

62   Albrecht Koschorke: Ein neues Paradigma der Kulturwissenschaften, in: Die Figur des Dritten. Ein kulturwissenschaftliches Paradigma, hg. v. Eva Eßlinger, Tobias Schlechtriemen, Doris Schweitzer u. Alexander Zons, Berlin 2010, S. 9–31, hier S. 10.

63   Ebd., S. 11.

Frappant vor dem Hintergrund der Brentano'schen Erzählstruktur ist die bei Koschorke diagnostizierte „Zirkelstruktur, die den Dritten nur ableiten kann, indem sie ihn bereits voraussetzt: ein Hinweis auf den irritierenden *selbstinvolutiven* Charakter derartiger Triaden, der eine entsprechende kreisförmige Bestimmung des jeweiligen Anfangs erzwingt."[64] Nach der von Koschorke beschriebenen Logik ist es folgerichtig, dass der Schwarze Hannes als einverleibter Dritter nur vor dem Hintergrund funktionieren kann, dass er durch die erste Einverleibungsszene des Stareneis bereits in den Zirkel eingespeist war, ehe er als Figur des Dritten herauszutreten vermochte, um in einer neuerlichen Einverleibung wieder in den Zirkel der Dualität eingefügt zu werden.

Brentanos metabolischer Märchenentwurf muss vor diesem Hintergrund als Spielart einer „hochelaborierte[n] Metaphysik der Dreizahl"[65] betrachtet werden, in der die latente triadische Struktur dazu dient, die dyadisch organisierte Erzählung zu erweitern und ihr eine Vielzahl von hinzutretenden Stoffen zu integrieren. Der Dritte wird auf diese Weise zum exemplarischen Einfallstor der Vielzahl. Seine Reintegration vermittels der Einverleibungsszene ins dyadische Modell stellt dabei sicher, dass er keine einheitszerstörende Eigendynamik zu entfalten vermag.

Die Frage nach dem Verhältnis von zyklischer Welterhaltung und linearendlicher Gegenstandsvernichtung stellte sich bereits im 13. Jahrhundert bezogen auf die im Akt des Fressens vernichteten Lebewesen in einer vor König Manfred geführten Disputation, deren abschließende Determinatio von Petrus de Hibernia überliefert ist. Die Spannung zwischen Zerstörung von Leben und metaphysischer Grundprämisse ewiger Weltdauer wird mit Hilfe der aristotelischen Lehre von der Bewegung gelöst. In der Einverleibung erfolge eine metabolische Anverwandlung des Stoffes, die ihn in die Form des höheren Lebewesens eingehen ließe und mit ihm auf eine höhere Seinsstufe hebe. Der von Blumenberg schon in der Disputation beobachteten argumentativen Inkonsistenz dieser „Teleologie der Freßordnung",[66] der die selbsterhaltende ewige Bewegung der stellaren Himmelsbewegungen gegenübersteht, steht mit Brentanos zyklischem Denken ein romantischer Entwurf weltlich-mythischen Stoffwechsels entgegen, der nicht teleologisch ausgerichtet ist, sondern auf einer wechselseitigen Nutrition beruht. Die Verschränkung von genealogischem Zeugungsakt und vernichtender Inkorporation ist so

---

64 Ebd., S. 17.
65 Ebd., S. 13.
66 Hans Blumenberg: Die Genesis der kopernikanischen Welt. Die Zweideutigkeit des Himmels. Eröffnung der Möglichkeit des Kopernikus, Frankfurt/Main 1975, S. 220.

POETISCHER METABOLISMUS

nur folgerichtig. Erst wenn Einverleibung des Bestehenden und Geburt des Neuen aufeinander bezogen werden, kann aus der linearen Kette der Vertilgung ein Zyklus von Verzehr und Wiedergeburt werden. So steht in Brentanos kannibalischen Einverleibungsszenen nicht mehr die Vernichtung im Vordergrund, sondern die Vereinigung des Getrennten zu einem höheren Ganzen. Obgleich auch Brentanos Modell mit der Zerstörung und Assimilation des Verschlungenen Objekts einhergeht, ist die teleologische Erhöhung kein Akt, der das Gefressene auf die Stufe des Fressenden hebt, sondern im Akt der Einverleibung beide Wesen gemeinsam zu einer vereinigten höheren Seinsform erhebt. Dies gilt ebenso für den Verzehr lebendiger Wesen, wie es für die Integration separater Märchenstoffe gilt, die zu einer Narration höherer Ordnung verschmolzen werden.

„Mit dem Sonnenschein des Daseins warm auf dem Bauche" – Einverleibung als Erkenntnisform in Wilhelm Raabes *Stopfkuchen*

Marta Famula

Für mich hatte die ganze klassische und moderne Welt
nur deshalb geschrieben und drucken lassen,
um das nötige Einwickelpapier herzustellen.[1]

∴

Abstract

In seinem Roman *Stopfkuchen* (1891) entwirft Wilhelm Raabe eine einverleibende Daseinsform als kritisches Gegenkonzept zu dichotomischen Erkenntnis- und Existenzformen des Bürgertums und trägt so zur Auseinandersetzung mit den Krisen der Moderne bei. Das auf ahistorischen, materiell körperlichen Einverleibungs- und Ausscheidungsprozessen basierende Existenzkonzept seines Protagonisten Heinrich Schaumann hebt die Trennung zwischen Körper und Geist auf und stellt so ein alternatives Verhältnis zwischen dem Eigenen und dem Fremden dar, das jenseits räumlicher und zeitlicher Relationen gilt. Der Beitrag stellt die Facetten dieses Daseinskonzeptes heraus und beleuchtet seine Konsequenzen für kulturelle Institutionen wie Bildung und Justiz ebenso wie für individuelle Wahrnehmungsformen wie Historizität und Logik, deren Auswirkung bis in die literarische Konzeption des Textes selbst hinein reicht. Vor allem die erkenntniskritische Philosophie Arthur Schopenhauers dient dabei als Relationspunkt, der allerdings mit dem Konzept der einverleibenden Daseinsform in Raabes Roman eine radikale Überschreibung in überzeitlicher Materialität erfährt.

---

1 Wilhelm Raabe: Stopfkuchen. Eine See- und Mordgeschichte, in: Ders.: Sämtliche Werke, hg. v. Karl Hoppe, Bd. 18, Göttingen 1969 (Braunschweiger Ausgabe = BA), S. 102, im Folgenden mit der Sigle SK und jeweiliger Seitenzahl im Fließtext zitiert.

1 Erkenntniserschütterung

In Wilhelm Raabes Roman *Stopfkuchen. Eine See- und Mordgeschichte*,[2] den der Autor selbst als „eines der unverschämtesten Bücher [...], die jemals geschrieben worden sind",[3] bezeichnete, erzählt der nach Südafrika ausgewanderte Eduard von seinem letzten Besuch in der deutschen Heimatstadt, der sein bisheriges Selbst- und Weltverständnis grundlegend erschütterte. Ausgehend von einem Mordfall, von dessen Bedeutung für seinen Lebensweg er bis dahin nichts gewusst hatte, wird seine gesamte Denk- und Erkenntnisweise in Frage gestellt. Unmittelbar nach Antritt der Rückreise, noch an Bord des Schiffes, das ihn zurück nach Afrika bringt, strömt das Erlebte aus ihm heraus, er notiert es in ein Logbuch und dokumentiert so zugleich einen grundlegenden Einschnitt in sein Bewusstsein.

Jahrzehnte zuvor war auf einer Landstraße der Schweinehändler Kienbaum tot aufgefunden worden; aufgrund einer schwierigen Beweislage wurde der Mörder nicht ermittelt, doch galt der Bauer Andreas Quakatz als der Täter. Nun muss Eduard bei seinem Besuch in der Heimat von einem ehemaligen Schulkameraden erfahren, dass der damals nicht gefasste Mörder niemand anderes als sein Kindheitsfreund, der geistig zurückgebliebene Briefträger Friedrich Störzer gewesen sein soll. Dieser hatte damals seinen alten Jugendfeind und -rivalen im Affekt mit einem Stein verletzt, bevor dieser kurze Zeit später tot vorgefunden wurde.

Die Bedeutung dieser Tat für Eduard hängt mit der zentralen Rolle zusammen, die Störzer für seinen Lebensweg spielte: Der Briefträger hatte ihn mit seinem Fernweh und seinen Träumen über ferne Länder auf die Idee gebracht, zuerst als Schiffsarzt zwischen Europa und Amerika zu reisen, um sich anschließend als Grundbesitzer in Südafrika niederzulassen. Eduard hatte immer angenommen, dass sein Reisewunsch der Bewunderung für die Afrika-Beschreibungen des Forschungsreisenden François Levaillants

---

2 Zuerst als Fortsetzungsroman in sechs Teilen in der *Deutschen Roman-Zeitung* im Oktober und November 1890 veröffentlicht, jedoch vordatiert auf 1891; im November 1890 ist der Roman als Buch – ebenfalls auf 1891 vordatiert – im Otto Janke-Verlag in Berlin erschienen. Zur Entstehungsgeschichte vgl. Raabe 1969 [Anm. 1], S. 419–435 sowie Ralf Simon: Stopfkuchen, in: Raabe Handbuch. Leben – Werk – Wirkung, hg. v. Dirk Göttsche, Florian Krobb und Rolf Parr, Stuttgart 2016, S. 228–235, hier: S. 228.

3 Am 13.06.1891 schreibt Raabe an Edmund Sträter: „Daß der ‚Stopfkuchen' eines der unverschämtesten Bücher ist, die jemals geschrieben worden sind, hat der Freund, Braunschweigerstraße 1 a, doch noch nicht genug heraus gefunden. Nun, thut nichts! Auch diese Schönheit und Tugend an dem Dinge werden wohl noch einmal zu Geltung kommen und verdrießlich-zustimmende Liebhaber finden. – –" BA, Ergänzungsbd. 2. Briefe, Freiburg/Breisgau 1975, S. 301.

geschuldet war, die ihm Störzer aus eigenem Fernweh heraus vorgestellt hatte. Was er nicht wissen konnte, war die Tatsache, dass hinter dem Reisetraum seines Jugendfreundes immer auch ein Fluchtgedanke gesteckt hatte, dessen Gewicht umso schwerer wog, als der offensichtlich zu Unrecht beschuldigte Quakatz gemeinsam mit seiner Tochter einen Großteil seines Lebens juristischer Verfolgung und sozialer Ausgrenzung ausgesetzt gewesen war. Das zweifache schlechte Gewissen zwang den Briefträger offenbar mental in den Zustand eines dauerhaften Laufens, was ihm das stolze Ergebnis einbrachte, in seinen 31 Jahren Dienstzeit eine Laufstrecke zurückgelegt zu haben, die fünfmal um den Erdball reicht (SK, S. 14), ohne jemals seinen Heimatort verlassen zu haben. In dieser Diskrepanz zwischen Bewegung und Stillstand wird das Laufen zugleich als Symbol für den Versuch lesbar, die Realität durch Agitation zu bewältigen, was sich als leere Beschäftigung ausweist, die an der Wirklichkeit vorbeiführt.[4] Analog dazu erscheint auch das Reisen Eduards als fehlgeschlagener Versuch, die unbekannte Wirklichkeit zu erfassen, denn auch sein Zugang zum Fremden verbleibt im eigentlich Bekannten. So zeichnet sich sein Leben im fernen Afrika durch biedermeierlichen Habitus deutschen Stils aus, etwa hängt über dem Löwenfellteppich seines afrikanischen Wohnzimmers ein Bild Spitzwegs (SK, S. 51), und so resümiert er am Ende seiner Reise, auf das Leben seines daheim gebliebenen Schulkameraden blickend:

> Ja, im Grunde läuft es doch auf ein und dasselbe hinaus, ob man unter der Hecke liegen bleibt und das Abenteuer der Welt an sich herankommen lässt oder ob man sich von seinem guten Freunde Fritz Störzer und dessen altem Le Vaillant und Johann Reinhold Forster hinausschicken lässt, um es draußen auf den Wassern und in den Wüsten aufzusuchen! (SK, S. 204)

Doch wird ihm am Ende seines Heimatbesuchs nicht nur sein kulturell geprägter Umgang mit der (fremden) Wirklichkeit bewusst, die Verlässlichkeit seines Wirklichkeitsbegriffs generell gerät für ihn ins Wanken, denn sein Lebensweg steht von nun an in enger Verbindung mit einem Mordfall, der wiederum die Gültigkeit seiner Begriffe von Recht und Gerechtigkeit in Frage stellt. So vermag er die Überlegung: „Wie kommen Menschen dahin, wo sie sich besinnend,

---

4 Die Dichotomie zwischen Bewegung und Stillstand und die damit einhergehenden unterschiedlichen Konzepte von Lebenszweckhaftigkeit dienten bisher oft als Schlüsselmetaphern des Textes, vgl. exemplarisch: Hans Vilmar Geppert: Wilhelm Raabe: „Stopfkuchen. Eine See- und Mordgeschichte", in: Große Werke der Literatur. Eine Ringvorlesung an der Universität Augsburg 1994/1995, hg. v. Hans Wilmar Geppert, Tübingen 1995, Bd. 4, S. 175–187, hier: S. 177.

zu eigener Verwunderung dann und wann finden?" (SK, S. 7), die am Anfang seiner Aufzeichnungen steht, nur noch als literarische Idylle zu beantworten, indem er seinen eigenen Lebensweg mit jenem des *Mopsus* in Platens Lustspiel *Die verhängnisvolle Gabel* gleichsetzt und anschließend Störzer, den guten alten Freund seiner Kindertage, ins literarische Arkadien transponiert.[5] Seine Lesart der Wirklichkeit bleibt so nur noch als eine stilisierte und intentionale Interpretation bestehen, deren Relativität durch normative bürgerliche Weltordnung überschrieben ist.[6]

Damit wird bereits beim Blick auf den erzählerischen Rahmen des Romans die Beschaffenheit der Erkenntnis- und Wahrnehmungsstrukturen als zentrales Thema deutlich, deren Grenzen durch alternative Formen des Weltzugangs aufgedeckt werden, genauer: Der visuell und strukturierend ausgerichteten Form der Erkenntnis Eduards wird eine gegenübergestellt, die auf unmittelbarer körperlicher Aufnahme gegründet ist, verkörpert durch den korpulenten und unbeweglichen Heinrich Schaumann. Und es ist gerade die Position des trotzig sich die Welt einverleibenden Stillstands, die der mobil und räumlich ausgerichteten Ergründung der Welt ihre Grenzen aufzuzeigen vermag. Denn verantwortlich für Eduards Erschütterung ist jener frühere Schulkamerad Schaumann – seit Kindertagen aufgrund seiner Leibesfülle sowie seiner ausgeprägten Bequemlichkeit ,Stopfkuchen' genannt – der ihm auf unkonventionelle Art und Weise nicht nur die Zusammenhänge zwischen seinem eigenen Lebensweg und dem Mord an Kienbaum vor Augen führt, sondern ihm zugleich eine Daseinsform vorstellt, die ausschließlich im Vorgang der Einverleibung besteht und damit rationale Konzepte wie Systematisierung und Zweckausrichtung als Grundlagen bürgerlicher Erkenntnis- und

---

5   „Ich an dieser Stelle kann nur so viel sagen, dass ich glaube, den Landbriefträger Störzer als dafür [für seinen Lebensweg, M.F.] verantwortlich halten zu dürfen. Meinen alten Freund Störzer. Meinen alten guten Freund von der Landstraße der Kinderzeit in der nächsten Umgebung meiner Heimatstadt in Arkadien, also – von allen Landstraßen und Seewegen der weitesten Welt." (SK, S. 7)

6   Programmatisch ist daher der – wie durch die Forschung immer wieder aufgezeigt wurde, irreführende – erste Satz der Aufzeichnungen, in dem Eduard auf seine vermeintliche Bildung hinweist: „Es liegt mir daran, gleich in den ersten Zeilen dieser Niederschrift zu beweisen oder darzutun, dass ich noch zu den Gebildeten mich zählen darf." (SK, S. 7) Diese Behauptung steht nicht nur im Kontrast zu den inhaltlich falschen Behauptungen, die darauf folgen, sondern zur Erkenntnisskepsis generell, die ein zentrales Thema des Romans ist. Vgl. hierzu vor allem: Johannes Graf, Gunnar Kwisinski: Heinrich Schaumann, ein Lügenbaron? Zur Erzählstruktur in Raabes „Stopfkuchen", in: Jahrbuch der Raabe Gesellschaft (JdRG) 1992, S. 194–213. Eine skeptische Lesart der Erzählung Stopfkuchens gegenüber stellt auch Hörisch vor: Jochen Hörisch: Das Wissen der Literatur. München 2017, bes.: Kap. 7 „Zu Gericht sitzen. Wilhelm Raabes abgründige Prosa", S. 98–111.

138   FAMULA

Lebensmodelle in Frage stellt. Schaumann vermag die Realität ganz anders als der reisende Freund aufzunehmen, was sich nicht nur inhaltlich durch seine Lebenshaltung äußert, sondern zugleich performativ seine Art zu erzählen prägt, die sowohl eine Zweckausrichtung der Rede als auch eine sinnvoll aufgebaute Struktur vermissen lässt und so als langatmige und amorphe Redemasse seinen Zuhörer quält.

Wenn Eduard nun wieder auf der Rückreise nach Afrika zu Papier und Stift greift, hat dies mit dieser Erschütterung des eigenen Selbstverständnisses zu tun,[7] der gegenüber das Aufschreiben geradezu therapeutischen Charakter aufweist.[8] Während der Unterhaltung verstummt Eduard indessen allmählich in dem Maße, in dem Stopfkuchen sich jegliche Unterbrechung verbietet; er lässt sich selbst mit den unsortierten Informationen ‚vollstopfen' und wenn er abschließend die Rede des Freundes unkommentiert wiedergibt, hat dies Züge einer Entleerung, mit der er die Unverdaulichkeit der Informationen ausstellt und so die Unvereinbarkeit beider Positionen aufzeigt. Ihm bleibt nichts anderes übrig, als den zweckfreien und daher zur Langeweile neigenden Erzählduktus Stopfkuchens in jener sperrigen Form wiederzugeben, die der gesamten Daseinsform des gemütlichen Freundes entspricht, und so zugleich auch performativ dessen einverleibende – nicht systematisierende – Denkweise durch die Form der Rede zum Ausdruck zu bringen, was als Binnenerzählung den allergrößten Teil des Romans ausmacht.

2   Einverleibung als Daseinsform

Bereits zur Schulzeit lautete Schaumanns Motto: „Friss es aus und friss dich durch!" (SK, S. 114). Während sich seine agilen Schulkameraden in Strategien bürgerlichen Handelns übten, blieb Schaumann „unter der Hecke" (SK, S. 85

---

7 Überraschenderweise liegen zwar ausführliche Untersuchungen zur Erkenntnisdimension des Romans und der damit zusammenhängenden Position des unverschämt unzuverlässigen Erzählers vor, jedoch wird der Grad der persönlichen Desillusionierung des Icherzählers in seiner Bedeutung für den Roman weitgehend übersehen, vgl. bereits Hubert Ohl: Eduards Heimkehr oder Le Vaillant und das Riesenfaultier. Zu Wilhelm Raabes „Stopfkuchen", in: Raabe in neuer Sicht, hg. v. Hermann Helmers, Stuttgart u.a. 1968, S. 247–278 sowie Graf, Kwisinski [Anm. 6].

8 Entsprechend scheint Eduard seine Aufzeichnungen vielmehr als persönliche geistige Aufarbeitung zu begreifen, denn als die Verkündigung eines öffentlichen Skandalons. So weist er den neugierigen Blick des Kapitäns, der gerne sehen möchte, was sein Passagier die ganze Fahrt über geschrieben hatte, mit den Worten zurück: „Es würde Sie wirklich wenig interessieren, Kapitän. Die reine Privatsache!" (SK, S. 207)

„MIT DEM SONNENSCHEIN DES DASEINS WARM AUF DEM BAUCHE"

und 117) sitzen, wobei das Verspeisen seiner Butterbrote und die mentale Distanzierung von den ihm davongelaufenen Schulkameraden seine Hauptbeschäftigung ausmachten (vgl. SK, S. 66). Damit fällt seine Verhaltensform mit seinem Verhältnis zur Welt zusammen und beides manifestiert sich in einem bewegungslosen Akt der Einverleibung – und zwar sowohl von Nahrung als auch von Welt überhaupt.[9] Sowohl der Stillstand als auch die ungewöhnliche Perspektive auf die Welt von seiner Position unter der Hecke aus, machen Stopfkuchen zu einem Außenseiter, dessen Außenseiterdasein sich in einer alternativen Form des Weltzugangs manifestiert. Essenzieller Bestandteil dieser Interaktion mit der Welt ist die Einverleibung,[10] also eine körperliche Aufnahme der Umgebung, wobei von Anfang an feststeht, dass sich diese Einverleibung nicht allein auf die Aufnahme von Nahrung beschränkt, sondern als eine umfassende Aneignung der Welt zu verstehen ist. Einverleibt werden

---

9   Die bereits im Titel angelegte Lesart des *Stopfkuchen*-Romans als ein Text über Peristaltik und Diätetik wurde bereits oft vorgestellt, vgl. Simon [Anm. 2], S. 228. Mehrfach wurde dabei auf die vielschichtige und nicht zuletzt auch poetologische Dimension der Einverleibung in Raabes Werk hingewiesen, so liest etwa Wieland Zirbs den Erzählvorgang im *Stopfkuchen*-Roman als „körpersprachliches Ritual", vgl. Wieland Zirbs: Strukturen des Erzählens. Studien zum Spätwerk Wilhelm Raabes, Frankfurt/Main u.a. 1986, S. 127–137 und S. 203, während Julia Bertschik die Funktionen und Verästelungen von metaphorischem Kannibalismus, Vampirismus sowie die Metaphorik des Fressens in Raabes Erzählungen herausstellt, vgl. Julia Bertschik: Maulwurfsarchäologie. Zum Verhältnis von Geschichte und Anthropologie in Wilhelm Raabes historischen Erzähltexten, Tübingen 1995, S. 143–225. Für den *Stopfkuchen*-Roman hob schließlich Maurice Haslé erstmals umfassend die „Magen-Sprache" und die „peristaltische Schreibweise" hervor und etablierte damit die Einverleibungsthematik innerhalb der *Stopfkuchen*-Forschung, vgl. Maurice Haslé: Der Verdauungspastor. Magen-Sprache und peristaltische Schreibweise in Raabes „Stopfkuchen", in: JdRG 1996, S. 92–113. An diesen Ansatz angeknüpft hat Claus-Michael Ort, der die Nahrungsaufnahme im Kontext der Diätetik-Konzeption der zweiten Hälfte des 18. Jahrhunderts betrachtet, vgl. Claus-Michael Ort: ‚Stoffwechsel' und ‚Druckausgleich.' Raabes „Stopfkuchen" und die ‚Diätetik' des Erzählens im späten Realismus, in: JdRG 2003, S. 21–43. Während beide Autoren Peristaltik allerdings als Metapher für ein dem bürgerlichen Habitus überlegenes Dasein lesen, das als weitestgehend ethisch begründete Reaktion auf die negative soziale Erfahrung erklärt wird, scheint eine wertneutrale Weltwahrnehmung Stopfkuchens, die sich in seiner oft ambivalenten Handlung manifestiert, bislang wenig Beachtung gefunden zu haben.

10   Damit begreift die vorliegende Lesart Einverleibung im Roman als eine Form des Daseins, die nicht allein auf die Metaphorik der Nahrungsaufnahme beschränkt ist. So wird ein von der bisherigen Forschung abweichender Standpunkt vertreten, die im Vorgang des Essens und Verdauens in erster Linie eine *Metapher* für die Weltanschauung gesehen hat, so weist Ralf Simon, die Forschung zusammenfassend, Stopfkuchens Weltanschauung als eine aus, „die jeglichen Weltkontakt als Essen und Verdauen versteht." Simon [Anm.2], S. 228.

damit nicht nur die symbolischen Butterbrote, sondern auch die Gegenstände der Welt, die weniger als abstraktes Wissen denn als Lebenszustand ins Bewusstsein treten. Während sich Eduards Lebensvorstellung durch die Lektüre von Reiseberichten und den Geographie-Unterricht in der Schule formiert, ist Heinrichs Interesse an Schulbüchern gering und seine Schulkarriere nicht von Erfolg gekrönt.[11] Seine Form der Wissensaufnahme ähnelt vielmehr seiner Nahrungsaufnahme, wie diese ist sie exzessiv und unmittelbar, nicht begründet durch ihren sozial-gesellschaftlichen Zweck, sondern dient vielmehr als (Er)lebensgrundlage schlechthin.[12]

Auslöser für seinen Lebensweg ist eine Kanonenkugel, die im Siebenjährigen Krieg von der Roten Schanze – einer ehemaligen Festung über der Stadt – auf die Stadt abgefeuert worden war und nun im Hausgiebel seines Elternhauses steckt. Einerseits ist sie so ganz konkret Teil seines privaten Lebensraums, andererseits gehört sie bereits im vorbewussten Zustand zu seiner ersten Wahrnehmung der Welt.[13] Das Wissen erscheint also als eine Größe, die immer schon materiell Teil seines Daseins gewesen ist.[14] Wie die Kanonenkugel zugleich in die Mauern des Hauses eingedrungen ist und – umgekehrt – von

---

11 Doch ist es ihm ein Anliegen zu verdeutlichen, dass ihm damit Wissen und Bildung generell nicht vorenthalten bleiben: „Ich hoffe es dir im Laufe des Tages doch noch zu beweisen, dass auch die einsame Haustürtreppe, der unterste Platz in jeder Schulklasse, der tränenreiche Sitz am Wiesenrain den Menschen doch noch zu einem gewissen Weltüberblick und einem Zweck und Ziel im Erdendasein gelangen lassen können." (SK, S. 67)

12 Bemerkenswerterweise beschreibt Stopfkuchen einen historischen Roman als Bindeglied zwischen den ungeliebten Schulbüchern und den konkreten Personen und Gegenständen: „Es war ein Lokalprodukt, das die Geschichte der Belagerung unserer süßen Kindheitswiege durch den Prinzen Xaver von Sachsen, wenn nicht wahr, so doch für ein Kindergemüt um ein bedeutendes deutlicher ausmalte. *Den* Klassiker zog ich unter dem Schranke vor, den las ich lieber als den Cornelius Nepos, und von dem aus kam ich, [...] zu dem lebendigen alten Schmöker Schwartner." (SK, S. 69)

13 Aufschlussreich ist dabei ein Vergleich mit dem Auslöser für Eduards Lebensweg: Während Stopfkuchens entscheidendes Wissen unmittelbarer Teil seines Daseins war, stand zu Beginn von Eduards Lebenswunsch das Buch François Levaillants als begrifflich veräußerter, bereits festgelegter Blick eines anderen.

14 Eigentlich war die Rote Schanze Stopfkuchen offensichtlich bereits im Kleinkindalter ins Bewusstsein getreten: Verbunden mit der Idee, nicht gut zu Fuß zu sein, soll er noch im Kinderwagen mit seinen Eltern einen Spaziergang in den Schatten der Schanze gemacht haben: „Von meinem Kinderwagen her – du weißt, Eduard, ich war seit frühester Jugend etwas schwach auf den Beinen – erinnere ich mich noch ganz gut jener Sonntagsnachmittagsspazierfahrtstunde, wo mein Dämon mich zum erstenmal hierauf anwies, in welcher mein Vater sagte: ‚Hinter der Roten Schanze, Frau, kommen wir gottlob bald in den Schatten. Der Bengel da könnte übrigens auch bald zu Fuße laufen! Meinst du nicht?'" (SK, S. 62)

„MIT DEM SONNENSCHEIN DES DASEINS WARM AUF DEM BAUCHE" 141

diesen einverleibt wurde, dringt auch das Wissen ins Selbstbewusstsein Heinrichs ein, bevor es als Teil großer historischer Zusammenhänge gewusst wird, und manifestiert sich sowohl körperlich als auch geistig als Teil seines Daseins. Eine klare Trennung zwischen Kugel und Hausmauer ist dabei ebenso schwer auszumachen wie eine Unterscheidung zwischen Heinrichs Wissen von der Kugel und seinem Selbstbewusstsein. Dabei macht ein Versuch, zwischen den Bereichen Bewusstsein und Dasein zu unterscheiden, Schwierigkeiten, im Phänomen der Kanonenkugel scheinen beide Größen aufgehoben, das Wissen und materielles Sein erweisen sich als eine Einheit.

So ist es konsequent, dass in dieser durch Stopfkuchens Dasein einverleibten Materie auch sein weiterer Lebensweg eingeschrieben ist – zumindest besteht darin das Hauptnarrativ in Stopfkuchens Erinnerung als Erwachsener.[15] Denn als Kind auf diese Kriegsfestung aufmerksam geworden, lässt sie ihn nicht mehr los und führt schließlich dazu, dass er als Erwachsener zuerst Knecht, anschließend Besitzer der inzwischen in einen Bauernhof umfunktionierten Anlage wird, zudem die Tochter des Schanzenbesitzers für sich einnehmen kann und ihr Ehemann wird. Denn nachdem die Rote Schanze während des Krieges als Festung errichtet worden war, diente sie in Friedenszeiten als land-wirtschaftlicher Hof und stellte so als Materie ähnlich wie die Kanonenkugel einen neutralen Raum dar, der jedoch stets als Ort außerhalb der Stadt eine Außenperspektive auf diese markierte. Zu Zwecken der Kriegsführung einst als Aussichtspunkt auf die Stadt gebaut, ist sie schließlich das Domizil des Bauern Andreas Quakatz geworden, der des Mordes an Kienbaum be-schuldigt wird, und dessen Tochter. Den beiden dient die Schanze als Verteidigungswall gegen die Übergriffe aus der Stadt und schließlich verkör-pert sie für Schaumann einen Lebensraum, der zugleich seine außenstehende Perspektive auf die Welt – versinnbildlicht im Blick auf die Gesellschaft in der Stadt – zum Ausdruck bringt. Im Bild bleibend, ist der Lebensort Schaumanns, die Rote Schanze, ein neutraler externer Punkt jenseits der gesellschaftlichen Ordnung, der sich ihm in Form der Kanonenkugel in einem rational nicht fassbaren Modus in sein Dasein und in sein Bewusstsein einverleibt hatte und

---

15 „Sie war ja eine Merkwürdigkeit in der Stadt, und mein erstes Denken haftet an ihr: ‚Die ist von der Roten Schanze gekommen, Junge', sagte mein Vater [...]. So ein Wort schlägt ein und haftet im Gehirn und in der Phantasie wie die Kugel selber in der Mauer. ‚Sie kommt noch aus dem Kriege des Alten Fritz her, Heinrich', sagte mein Vater. ‚Pass in der Schule ordentlich auf, denn da können sie dir das Genauere darüber erzählen!' – Na, ich habe um alles andere in der Schule Prügel gekriegt, nur um den Siebenjährigen Krieg nicht; und daran ist die Geschützkugel des Prinzen Xaver an unserer Hauswand, die Kugel, die von der Roten Schanze hergekommen war, schuld gewesen, und sie hat mir denn auch so im Laufe der Zeiten zum Tinchen Quakatz und zu der Roten Schanze verholfen." (SK, S. 68)

142   FAMULA

so zugleich Ausdruck für eine materiell räumliche und eine geistige Form der Teilnahme an der Welt ist.

Das Wissen, das unmittelbare Relevanz für Stopfkuchens Leben bekommt, wird also nicht als akademische Bildung begriffen, die eine auf normativer Bewertung basierende Selbstverortung innerhalb der Gesellschaft zum Zweck hat, sondern ist unmittelbarer Bestandteil seines *Am-Leben-Seins*. Es ist nicht das historische Wissen als solches, das für ihn Bedeutung hat, sondern die Materie, die die Geschichte überdauert hat, und die – herausgelöst aus ihrer historischen Funktion – Teil von Schaumanns Lebensraum wurde. Dieser einverleibten Wissensform entspricht auch seine darauf folgende Lebensgeschichte, die durch das Wechselverhältnis zwischen der Aufnahme von Materie und dem Aufgehen in Materie bestimmt ist: Er wird zum Herren der Schanze und geht zugleich in ihr auf: „Er ist unser erster und letzter Knecht gewesen, als ob er's von Ewigkeit an gewesen wäre" (SK, S. 141). Und ähnlich wie die Kanonenkugel ihre eigentliche Bestimmung nicht erfüllt hat, verweigert auch Stopfkuchen eine bürgerliche Zweckerfüllung, er schließt sein Theologiestudium nicht ab und generiert seine Existenz auf der Roten Schanze als eine die Zeiten überdauernde Präsenz.

In dieser Daseinsform manifestiert sich zugleich ein ausgesprochen unkonventionelles Denkkonzept. Wie einst unter der Hecke nimmt er auch von der Schanze aus einen verschobenen Blick auf die Welt ein, der sich kognitiven Konzepten verweigert und stattdessen die Welt ganzheitlich in sich aufnimmt und dabei jener Erfahrung nahe kommt, die Hugo von Hofmannsthals zwölf Jahre später entstandener Brief Lord Chandos an Francis Bacon schildern wird. Der Sprache als Ausdrucksform entsagend, hatte dieser eine Form unmittelbarer Empfindung des äußeren Geschehens beschrieben („Alles war in mir"[16]), die sich als ein Zustand unmittelbarer Intensität der Wahrnehmung ausnahm. Diese Kriterien des unmittelbaren – und vorsprachlichen – Erlebens

---

16   Bekanntlich schildert Lord Chandos in seinem Brief die Intensität seiner Vorstellung einer Rattenvergiftung, die er in seinen Milchkellern in Auftrag gegeben hatte, und kommt bei diesem grundsätzlich als pragmatisch und zweckführend gesehenen Prozess auf die Vorstellung des tatsächlichen Geschehens zu sprechen, die ihn plötzlich überkommt: „Da, wie ich im tiefen, aufgeworfenen Ackerboden Schritt reite, nichts Schlimmeres in meiner Nähe als eine aufgescheuchte Wachtelbrut und in der Ferne über den welligen Feldern die große sinkende Sonne, tut sich mir im Innern plötzlich dieser Keller auf, erfüllt mit dem Todeskampf dieses Volks von Ratten. Alles war in mir: die mit dem süßlich scharfen Geruch des Giftes angefüllte kühldumpfe Kellerluft und das Gellen der Todesschreie, die sich an modrigen Mauern brachen; diese ineinander geknäulten Krämpfe der Ohnmacht, durcheinander hinjagenden Verzweiflungen; das wahnwitzige Suchen der Ausgänge; der kalte Blick der Wut, wenn zwei einander an der verstopften Ritze begegnen. Aber was versuche ich wiederum Worte, die ich verschworen habe!" Hugo von Hofmannsthal:

weist auch Stopfkuchens einverleibende Daseinsform auf und lässt sich so grundsätzlich im Kontext der modernen Krisenerfahrung verorten. Doch steht Raabes Figur nicht nur für das Verzweifeln an den Grenzen von Sprache, vielmehr veranschaulicht sie die abstrakte Idee eines generellen Rückzugs aus dem kulturellen und sozialen Leben, sie sucht also weniger nach einer Form des Ausdrucks für die individuelle Existenz, sondern verweigert vielmehr kognitive Prozesse der Abstraktion und Systematisierung unmittelbarer Existenzerfahrung generell.

Damit stellt Schaumanns einverleibende Daseinsform einen radikalen Ausdruck von Erkenntnisskepsis dar,[17] die sich generell gegen kognitive Formen der Welterfassung wendet und dabei provokant ein rein körperliches Aufnehmen der Welt entgegenstellt.

Während also weite Teile der Einverleibungsforschung körperliche Einverleibung als vorkulturelles Phänomen betrachten und es so einer menschheitsgeschichtlichen Entwicklungsstufe zuordnen, in der die dialektische Unterscheidung zwischen Körper und Geist, zwischen archaischer Notwendigkeit zur Nutrition und zum Überleben und verantwortungsvollem, ethischem Bewusstsein um den Vorgang der Einverleibung noch keine Stelle hatte,[18] stellt Raabes „unverschämter" Roman Einverleibung *über* kognitive Erkenntnisformen und lehnt dabei die Antinomie zwischen körperlicher und geistiger Tätigkeit als Teil des dialektischen Denkens ab.

3 Einverleibung und Anschauung

Diese im weiten Kontext moderner Erkenntniskrise lesbare Unterscheidung zwischen Stopfkuchens Weltanschauung und bürgerlich konstitutiven

---

Ein Brief, in: Ders.: Sämtliche Werke. Kritische Ausgabe, hg. v. Rudolf Hirsch u.a., Bd. 31: Erfundene Gespräche und Briefe (hg. v. Ellen Ritter), Frankfurt/Main 1991, S. 50–51.

17 Wegweisend für die erkenntnistheoretische Lesart des *Stopfkuchen*-Romans war bereits Ohls frühe Untersuchung, vgl. Ohl [Anm. 7]. Diese Beobachtungen im Kern aufgreifend, wurde das Thema in unterschiedliche Richtungen weiterentwickelt, vgl. exemplarisch: Graf, Kwisinski [Anm. 6] sowie Claudia Liebrand: Wohltätige Gewalttaten? Zu einem Paradigma in Raabes „Stopfkuchen", in: JdRG 1997, S. 84–102. Überraschenderweise wurden allerdings die beiden Interpretationsstränge zur Peristaltik und zur Erkenntnisskepsis bislang kaum zusammengedacht.

18 In diesem Sinne ist etwa der psychoanalytische Kulturbegriff als Ablösung eines einverleibenden Lebensmodus konzipiert, wie er sich im Kannibalismus äußert, vgl. Sigmund Freud: Totem und Tabu. Einige Übereinstimmungen im Seelenleben der Wilden und der Neurotiker, in: Ders: Gesammelte Werke chronologisch geordnet, hg. von Anna Freud, Edward Bibring, Ernst Kris, Bd. IX: 1912–13, Frankfurt/Main 1940.

Erkenntnisformen zeigt Bezüge zu erkenntnisskeptischen Positionen auf, die Arthur Schopenhauer im zweiten Teil seines Werkes *Die Welt als Wille und Vorstellung* (1844) entwickelt hat.[19] Vor allem im von Raabe intensiv rezipierten siebten Kapitel des zweiten Teils *Vom Verhältniß der anschauenden zur abstrakten Erkenntnis* entwickelt Schopenhauer das Konzept des Genies, das sich von der „willensbejahenden Mehrheit" der Menschen distanziert und dadurch auszeichnet, dass es in der Lage ist, die Wirklichkeit über die begriffliche Logik hinaus und damit herausgehoben aus einem historischen Wirklichkeitsverständnis zu erfassen. Diese seltene Fähigkeit fasst Schopenhauer als anschauende Erkenntnis auf, während er die abstrakte Erkenntnis ausschließlich der begrifflichen Systematik zuordnet und ihr so den Zugang zu neuen Erkenntnissen abspricht:

> Ein durchaus gründliches Verständniß von Dingen und deren Verhältnissen hat man nur, sofern man fähig ist, sie in lauter deutlichen Anschauungen, ohne Hülfe der Worte, sich vorstellig zu machen. Worte durch Worte erklären, Begriffe mit Begriffen vergleichen, worin das meiste Philosophiren besteht, ist im Grunde ein spielendes Hin- und Herschieben der Begriffssphären; um zu sehen, welche in die andere geht und welche nicht. Im glücklichsten Fall wird man dadurch zu Schlüssen gelangen: aber auch Schlüsse geben keine durchaus neue Erkenntniß, sondern zeigen uns nur, was Alles in der schon vorhandenen lag und was davon etwan auf den jedesmaligen Fall anwendbar wäre. Hingegen anschauen, die Dinge selbst zu uns reden lassen, neue Verhältnisse derselben auffassen, dann aber dies Alles in Begriffe absetzen und niederlegen, um es sicher zu besitzen: das giebt neue Erkenntnisse.[20]

---

19 Die Bedeutung der Philosophie Schopenhauers für das literarische Werk Raabes ist bereits ausgiebig dargelegt worden, vgl. zusammenfassend: Søren R. Fauth: Schopenhauer, in: Raabe Handbuch. Leben – Werk – Wirkung, hg. v. Göttsche, Krobb, Parr, Stuttgart 2016, S. 306–310. Eindeutige Hinweise auf Raabes Auseinandersetzung mit Arthur Schopenhauer finden sich zahlreich und detailliert dokumentiert in seinen Tagebüchern. Aus diesen geht hervor, dass Raabe seit 1868 im Besitz sämtlicher Hauptschriften Schopenhauers war, wobei anhand seiner Anmerkungen eine intensive Auseinandersetzung mit dem zweiten Band der Schrift *Die Welt als Wille und Vorstellung* und dabei mit dem für den vorliegenden Kontext relevanten siebten Kapitel ersichtlich wird, vgl. ebd., S. 396. Allerdings bleiben Raabes Äußerungen zur Bedeutung Schopenhauers für seine literarische Arbeit ambivalent: Neben seiner Wertschätzung der Philosophie als Inspirationsquelle unterstreicht Raabe auch explizit den eigenen Ursprung und die eigene immanente Logik, der seine pessimistische Position verpflichtet ist, vgl. ebd.

20 Arthur Schopenhauer: Die Welt als Wille und Vorstellung. Gesamtausgabe in zwei Bänden, hg. v. Arthur Hübscher, Bd. 2, Stuttgart 1987, S. 99.

Schopenhauers Forderung, die Dinge selbst reden zu lassen, also deren Anschauung jenseits abstrakter Konzepte, scheint im Eindringen der Kanonenkugel in Stopfkuchens Existenzraum und Bewusstsein eine bildhafte Realisierung zu erfahren. Im Gegensatz zu Eduards Levaillant-Lektüre ist es hier der Gegenstand selbst, jenseits seiner historischen und auf die Ebene des abstrakten Wissens übersetzten Begrifflichkeit, der ‚redet.' Allerdings bleibt fraglich, inwiefern die von Schopenhauer geforderte anschließende Verbalisierung des durch Anschauung neu erworbenen Verständnisses in Raabes Roman tatsächlich stattfindet, wird sie doch erst durch Eduard, den Vertreter der begrifflichen Erkenntnis, endgültig durchgeführt, während Stopfkuchens Rede zwar aus Sprache besteht, deren Anordnung sich jedoch dem Prozess abstrahierender Organisation entzieht. Seine Rede scheint vielmehr Selbstzweck zu sein und damit ebenfalls Ausdruck seiner Daseinsform, die allerdings nicht folgenlos bleibt. Die Analogie zwischen der anschauenden Erkenntnis in der Theorie Schopenhauers und der durch körperliche Aufnahme und Auflösung bestimmten Seinsweise Stopfkuchens ist damit zwar durchaus zu erkennen, es wäre jedoch falsch anzunehmen, dass Raabes Stopfkuchen-Figur Schopenhauers theoretisches Konzept literarisch realisieren würde.[21] Vor allem die Ambivalenz Stopfkuchens – zeichnet er sich doch bei Weitem nicht durch heldenhafte Züge aus – verweist eher auf eine Folgerichtigkeit innerhalb der Logik der Einverleibung als eine Visualisierung der Philosophie Schopenhauers.[22] So wirkt es wie ein konsequenter Kunstgriff,

---

21 Vgl. Fauth [Anm. 19], S. 309. Eine wegweisende Darstellung der Bezüge zu Schopenhauers Denken im *Stopfkuchen*-Roman geht auf die Studie Hans Dierkes' zurück, der vor allem auf die Denktätigkeit in Stopfkuchens Weltzugang rekurrierte und Einverleibung damit als nicht dem Denken entgegengesetzte Tätigkeit, sondern als eine umfassendere Form eines denkenden Weltbezugs verstanden wird. Wie folgt ordnet er die „Stopfkuchen"-Figur innerhalb der Philosophie Schopenhauers ein: „Erkenntnis aus reiner, kontemplativer Anschauung, die Erkenntnisweise des Genies, richtet sich demgegenüber nicht mehr auf die nur in ihrem relationalen Zusammenhang erkennbaren Einzeldinge, sondern vermag deren Wesen, ihre ‚Ideen' zu erfassen. Entscheidend ist weiter, daß dieses geniehafte Erkennen sowohl nicht mehr dem *Satz vom Grunde* unterliegt, als auch nicht länger der Verstellung durch endlichen Willen unterworfen bleibt, sondern den Intellekt allererst zu sich selbst als reiner *Denk*tätigkeit befreit. Während wissenschaftliches Erkennen nur unter der Verstandesform der Zeit möglich ist, eröffnet sich der kontemplativen Anschauung des Genies die Sphäre zeitloser Gültigkeit, in der sich die Welt als ein *Nunc stans* enthüllt." Hans Dierkes: Der „Zauber des Gegensatzes." Schopenhauer und Wilhelm Raabes „Stopfkuchen", in: Schopenhauer-Jahrbuch, Bd. 54 (1973), S. 93–107, hier: S. 94.

22 Diesen Einwand bringt Ralf Simon auf den Punkt: „Allerdings wird man gegen die alte Forschung und teilweise auch gegen Fauth anführen können, dass diese an Schopenhauer anknüpfende philosophische Einstellung bei Schaumann durchaus nicht zu dem Ergebnis führt, dass er als Weiser hinter das Getriebe des Willens gekommen sei und

146 FAMULA

wenn es gerade Schaumann selbst ist, der die gedankliche Verwandtschaft zur Theorie Schopenhauers benennt und relativiert:

> Ich war feist und faul, aber doch nun grade, euch allen zum Trotz, noch vor meiner Kenntnisnahme des Weisen von Frankfurts bester Table d'hôte ein Poet ersten Ranges: der Begriff war mir gar nichts; ich nahm alles unter der Hecke weg, mit dem Sonnenschein des Daseins warm auf dem Bauche, aus der Anschauung! (SK, S. 117)

Zusätzlich zum Hinweis auf die Verwandtschaft und gleichzeitige Abgrenzung von der Philosophie Schopenhauers bringt diese Schlüsselstelle des Romans zwei Aspekte zum Ausdruck: einerseits die Perspektive, die von der Position unter der Hecke aus auf die Dinge gerichtet wird und damit von der konventionellen Sicht auf die Welt abweicht, andererseits die Art und Weise der Aufnahme, die als „mit dem Sonnenschein des Daseins warm auf dem Bauche" einen etwas rätselhaft anmutenden umfassenden Charakter aufweist. Noch bevor Stopfkuchen mit der Philosophie Schopenhauers bekannt wurde, stand innerhalb seines Weltbildes und Selbstverständnisses anstelle einer kognitiven Interpretation des mit den Augen Gesehenen und anschließend Versprachlichten körperliche Wahrnehmung, die durch die Haut und damit vom gesamten Körper aufgenommen wird, wobei der Bauch als Sinnbild peristaltischer Aufnahme hervorgehoben wird. Mit der Einverleibung geht für Stopfkuchen das Aufgehen im Anderen einher, wenn das Dasein und der Sonnenschein hier als Einheit gedacht werden und damit der Sonnenschein nicht nur das Mittel der Anschauung ist, sondern zugleich der Ort, in dem das Sein aufgeht. Einverleibung wird damit explizit als Kontakt zur Welt benannt, der in einem durch den Körper sich vollziehenden Wechsel von aufnehmen und auflösen beziehungsweise abgeben Teil der – zugleich materiellen und geistigen – Welt ist. Dafür spricht auch die Tatsache, dass nicht zwischen dem „was" der Aufnahme unterschieden wird: Nicht nur die Speise als nutritive Verpflegung wird aufgenommen, sondern „alles", wodurch das Dasein grundsätzlich als ein einverleibendes ausgewiesen wird. Das Einverleiben kommt für Stopfkuchen so weniger als Tätigkeit als vielmehr als Zustand zum Tragen, begriffen sowohl als körperliches und räumliches Ineinander von Materie als auch als geistiges Aufnehmen der Welt und Aufgehen in dieser.

---

folglich seinerseits auf den bloßen Schein der Vorstellung verzichten würde." Simon [Anm. 2], S. 232. Zur problematischen Rolle Stopfkuchens im Verhältnis zu seiner Frau vgl. Liebrand [Anm. 17]; zum zweifelhaften Charakter seiner Rolle in der Auflösung des Mordfalls vgl. zudem: Graf, Kwisinski [Anm. 6].

„MIT DEM SONNENSCHEIN DES DASEINS WARM AUF DEM BAUCHE" 147

4 Festmahl und Koprolithen – Überzeitlichkeit der Einverleibung

Diese Daseinsform, die ganzheitlich einverleibend Teil hat an der Welt, erhebt sich über zeitliche Prozesse und markiert so in der Wiederholung hinter dem historischen Wechsel der Begebenheiten das Moment des *nunc stans*. In diesem Sinne lässt sich auch das Bild des Unter-der-Hecke-Sitzens, während sich die übrigen Altersgenossen in Bewegung üben, als Dasein und zugleich Wahrnehmungsform lesen, die programmatisch ist für Stopfkuchens gesamte Lebensweise, die nicht nur einen alternativen Blick auf die Welt, sondern eine ganzheitliche Aufnahme der Welt aus der Bewegungslosigkeit heraus meint: Gemeinsam mit seiner Frau lebt er auf dem ausgedienten militärischen Festungsbau aus dem nunmehr über 100 Jahre zurückliegenden Siebenjährigen Krieg jenseits der Stadt, von wo aus er auf die Stadt herabblicken kann. Er hat die dazugehörigen Felder an die nächstliegende Zuckerfabrik verpachtet und bringt sein Leben mit Essen sowie mit privaten paläontologischen Erforschungen der Tiefenschichten seines Schanzen-Grundstücks zu, wo die Zeugnisse vergangener Lebensformen weit hinter die historisch fassbaren Kriegsereignisse zurückreichen und in Form von Knochen und Koprolithen die ahistorische, körperliche Dimension versinnbildlichen, als eine durch die Erde einverleibte und selbst zur Lebensgrundlage gewordene Materialität. So nimmt es sich nur konsequent aus, wenn Schaumann die versteinerten Exkremente, die er in den Erdtiefen der Schanze findet, prominent im Esszimmer platziert und so die Zeitlosigkeit des Essens und des Verdauungsvorgangs in den Fokus stellt, rückt doch der aktuell sich vollziehende Essensvorgang auf diese Weise aus seiner zeitlichen Aktualität in die zeitlose Dimension der Existenz als einer einverleibenden schlechthin.[23]

Zugleich geht aber auch die Rote Schanze allmählich in der Natur auf, sie ist als kultivierter Ort innerhalb der Natur immer weniger sichtbar, die Vegetation um den Hof herum scheint ihn sich sukzessive einzuverleiben. So beobachtet Eduard bei seiner Ankunft nach Jahrzehnten der Abwesenheit:

> Noch immer derselbe alte Wall und Graben, wie er sich aus dem achtzehnten Jahrhundert in die zweite Hälfte des neunzehnten wohl erhalten hatte. Die alten Hecken im Viereck um das jetzige bäuerliche Anwesen, die alten Baumwipfel darüber. Nur das Ziegeldach des Haupthauses, das man sonst über das Gezweig weg und durch es hindurch noch von der

---

23 Die derart zu Sinnbildern permanenter Seinszustände verdichteten Zeugen eines zyklischen Geschichtsbewusstseins ziehen sich durch Raabes Werk und wurden mehrfach mit Schopenhauers Wissens- und Geschichtsbegriff in Verbindung gebracht, vgl. zusammenfassend Fauth [Anm. 19], S. 309.

Feldmark von Maiholzen aus gesehen hatte, erblickte man heute nicht mehr. Dieses brachte mich denn darauf, dass die Hecken doch wohl gewachsen und die Baumkronen noch mehr über der Quakatzenburg sich verdichtet haben müßten. (SK, S. 49)

Das Aufnehmen „mit dem Sonnenschein des Daseins" wird zugleich zu einem Aufgehen, einem Einverleibt-Werden, das ebenso wenig einer historisch und begriffsorientierten Weltsicht geschuldet ist. Der Grad der Einverleibung der Roten Schanze durch Schaumann erscheint proportional zur Einverleibung der Roten Schanze durch die Natur, was sich sowohl positiv als auch negativ auf den bürgerlich sozialisierten Besucher Eduard auswirkt: Einerseits erscheint der Zugang zur Schanze schwer begehbar und damit durch den Verwilderungsgrad menschenfeindlich, andererseits fehlen seit Stopfkuchens Übernahme der Schanze die Wachhunde und damit die kultivierte Abwehr des Fremden, wodurch der Ort harmloser wird. Der zuvor für Eduard als Mördergrube explizit negativ konnotierte Ort wird so in eine überzeitlich neutrale Erscheinung überführt und stellt damit die Relativität kultureller Wertung generell aus. Auf diese Weise steht indirekt Wertneutralität als ein weiteres Merkmal der einverleibenden Erkenntnis im Raum, die erneut in einem Begriff Schopenhauers eine aufschlussreiche Kontextualisierung erfährt. In seinem Begriff des „Unbewiesenen" als eigentlichen Gegenstand des Verständnisses scheint die in Raabes Stopfkuchen-Konzept wohl am intensivsten durchgespielte – und vielleicht am meisten übersehene – Positionslosigkeit und Wertneutralität zum Ausdruck gebracht zu werden:

Aber auch die Weisheit, die wahre Lebensansicht, der richtige Blick und das treffende Urtheil, gehn hervor aus der Art, wie der Mensch die anschauliche Welt auffaßt; nicht aber aus seinem bloßen Wissen, d.h. nicht aus abstrakten Begriffen. Wie der Fonds oder Grundgehalt jeder Wissenschaft nicht in den Beweisen, noch in dem Bewiesenen besteht, sondern in dem Unbewiesenen, auf welches die Beweise sich stützen und welches zuletzt nur anschaulich erfaßt wird; so besteht auch der Fonds der eigentlichen Weisheit und der wirklichen Einsicht jedes Menschen nicht in den Begriffen und dem Wissen in abstracto, sondern in dem Angeschauten und dem Grade der Schärfe, Richtigkeit und Tiefe, mit dem er es aufgefaßt hat.[24]

Die Fokussierung auf eine Wahrheit, die jenseits interpretatorischer Beweise verortet wird, ist dabei nicht als passive Verweigerung und Reaktion auf die

---

24   Schopenhauer [Anm. 20], S. 106.

„MIT DEM SONNENSCHEIN DES DASEINS WARM AUF DEM BAUCHE" 149

Umstände zu verstehen, sondern ist vielmehr als aktive Entscheidung für einen alternativen Zugang zur Welt jenseits normativer Wertestrukturen lesbar. Das Bild des unter der Hecke sitzen Gebliebenen ändert sich denn auch im Laufe des Romans zu jenem, der aktiv aus der Stadt und ihrer Historizität auf die externe Rote Schanze herausgetreten ist. Ein solches Heraustreten aus den bürgerlich gesellschaftlichen Denkformen steht auch als Motto des erwachsenen Schaumann über der Eingangstür zu seinem Haus. In Anlehnung an den Zustand des alttestamentlichen Neubeginns nach der Sintflut zitiert es den Bibeltext des Alten Testaments: „Da redete Gott mit Noah und sprach: Gehe aus dem Kasten." (SK, S. 75) Das Aus-dem-Kasten-Gehen, das angesichts von Stopfkuchens Lebensmaxime der Bewegungslosigkeit irritieren mag, meint gerade die völlige Abwendung von der bürgerlichen Denkweise.

Metaphorisch wird dieses Heraustreten aus den zielorientierten bürgerlichen Denkstrukturen in einer Schlüsselszene des Romans realisiert, in der Eduard gemeinsam vom Ehepaar Schaumann zum Mittagstisch geleitet wird und dabei zum ersten Mal das Innere des Hauses betritt, das zugleich das zum Mahl angerichtete Speisezimmer ist: Das über der Haustür angebrachte Zitat des Alten Testaments wird so zum Übertritt aus dem Kasten des Begriff-Denkens in den Raum des Anschauung-Denkens, der zugleich jener der Einverleibung ist. Wie eine rituelle Prozession erinnert Eduard dieses Betreten des Hauses: zuerst von Valentine Schaumann geleitet, reicht Stopfkuchen selbst ihm kurz vor der Haustür seinen Arm:

> „Eduard, es freut mich ungemein, Arm in Arm mit dir diese Schwelle überschreiten zu können." Damit schob er seine Frau von mir ab und sie vor uns ins Haus. Er watschelte richtig Arm in Arm mit mir hinterdrein, nicht ohne vorher noch einen Augenblick stehengeblieben zu sein und mich auf die Überschrift seiner Tür aufmerksam gemacht zu haben. (SK, S. 74f.)

Dieser geradezu ritualisierte Gang in das Innerste des Schaumann-Reichs – das Speisezimmer – weist in metaphorischer wie ganz konkreter Hinsicht die geistige Anschauung und die einverleibende Daseinsform als Zentrum des Romangeschehens aus. Dabei bleibt allerdings nach der konkreten Beschaffenheit des Denkens jenseits des Kastens zu fragen: Während die Stopfkuchenfigur – eigentlich im Widerspruch zur Ablehnung des dialektischen Denkens – als positive Gegenfigur zur Gesellschaft interpretiert wurde,[25] bleibt eine Reihe

---

25 So wurde in der Stopfkuchen-Figur immer wieder Schopenhauers Genie-Begriff erkannt, den dieser im Kapitel *Vom Verhältniß der anschauenden zur abstrakten Erkenntniß* entwickelt hat: „Allein, während Begriffe mit Begriffen zu vergleichen so ziemlich

problematischer Züge in Stopfkuchens Handlung bestehen, die aufzeigen, dass Stopfkuchen mit dem Verwerfen der bürgerlich kulturellen Denkweise auch Kriterien der Ethik und Empathie verwirft.[26]

Mit der Einverleibung der Roten Schanze und dem Aufgehen innerhalb dieser vereinigt sich Stopfkuchens Existenz zugleich mit einem ehemaligen Kriegsschauplatz sowie mit der vermeintlichen „Mörderhöhle" (KS, S. 80) und überschreibt sie so alleine durch seine körperliche Präsenz sowie die zeitlosen Prozesse der Nahrungsaufnahme mit neuen, wertneutralen Inhalten, die sich auf den alltäglichen Lebensfluss beschränken. Dabei verzichtet er darauf, den Mordverdacht gegenüber seinem Schwiegervater im Sinne der bürgerlichen Gesetzgebung zu entkräften. Vielmehr füllt er einerseits den Schrank, in dem Andreas Quakatz seine Gesetzesbücher aufbewahrt hatte und die Grund für sein Leid und seine Hoffnung zugleich gewesen waren, nun mit versteinerten Exkrementen und überträgt andererseits die Aufregung um den unaufgeklärten Mord auf das Geschehen in seinem Hühnerhof, wo in Anbetracht des überraschenden Besuchs auf der Schanze ein Suppenhuhn geschlachtet werden soll, mit der Frage: „Wer hat denn jetzt wieder Kienbaum totgeschlagen?" (SK, S. 58). Damit wird der zweifach konnotierte Tod – jener Kienbaums sowie jener des Suppenhuhns – auf eine neutrale Ebene gebracht, die lediglich mit Nahrungsaufnahme im Zusammenhang steht und damit das Skandalon des Todes innerhalb des Kreislaufs von Einverleibung und Ausscheidung verortet.

Ähnlich wird auch die Wertung seines Schwiegervaters in der Gesellschaft mit dem Hochzeitsschmaus überschrieben, zu dem alle Stadtbewohner eingeladen sind:

Jeder die Fähigkeit hat, ist Begriffe mit Anschauungen zu vergleichen eine Gabe der Auserwählten: sie bedingt, je nach dem Grade ihrer Vollkommenheit, Witz, Urtheilskraft, Scharfsinn, Genie." Schopenhauer [Anm. 20], S. 99. Zu dieser Lesart vgl. exemplarisch Søren R. Fauth: Die gegenseitige Mörderei und die geniale Anschauung. Raabes „Odfeld", „Stopfkuchen" und die Philosophie Schopenhauers, in: Die besten Bissen vom Kuchen, hg. v. Søren R. Fauth, Rolf Parr, Eberhard Rohse, Göttingen 2009, S. 135–166. Die Lesart Schaumanns als Genie, das sich von der willensbejahenden Mehrheit abhebt, scheint richtig zu sein, allerdings nimmt sich die Gegenposition nicht notwendigerweise als eine willensverneinende aus, vgl. hierzu auch Anm. 22.

26   Überraschenderweise wurde bis in die 1990er Jahre versucht, Schaumann als einen Helden zu interpretieren (etwa: Dierkes [Anm. 21]; Geppert [Anm. 4]), ein Bild, das allerdings niemals der gesamten Figur gerecht zu werden schien oder, im Bild der Stopfkuchen-Speise bleibend, stets „Reste" übrig ließ, also Eigenschaften Schaumanns, die sich ganz und gar nicht in die Logik des Helden fügen wollten. In der letzten Zeit häufen sich indessen kritische Positionen, vgl. Liebrand [Anm. 17] sowie Graf, Kwisinski [Anm. 6].

"MIT DEM SONNENSCHEIN DES DASEINS WARM AUF DEM BAUCHE" 151

> frei Futter wurde für den Tag ausgerufen, so weit das Gerücht von Kienbaum und Kienbaums Mörder gereicht hatte, und ich habe sie alle oder doch beinahe alle auf Quakatzens Hofe gehabt an dem menschen-freundlichsten Tage meines Lebens. Sie haben uns alle bis auf wenige, welche ich für magenkrank hielt, die Ehre gegeben: der Fleischtopf rief, und alle, alle kamen (SK, S. 143).

Bezeichnend dabei ist, dass nicht im Sinne bürgerlicher Werteordnung die Gerechtigkeit wieder hergestellt wurde, sondern dass körperliche Einver-leibung als neutrales Moment der Existenz jenseits begrifflicher Interpretation über diese Fragen gelegt wurde. Damit einhergehend wird die generelle Schwierigkeit erzählt, objektive Wertung abzugeben: So wird das offensichtli-che Justizopfer Quakatz nicht nur als unschuldig, sondern auch als ein brutaler und unberechenbarer Tyrann seiner Tochter gegenüber geschildert, während Vertreter der Justiz selbst als Ausdruck habgieriger und auf den eigenen Vorteil bedachter gesellschaftlicher Organe beschrieben werden.[27]

Konsequenterweise bleibt der Text so auch eine verbindliche Überführung des Mörders schuldig und stellt stattdessen Mechanismen gesellschaftlicher Rehabilitierung aus: Während der Beerdigung von Andreas Quakatz will Schaumann aufgrund des merkwürdigen Verhaltens Störzers diesen als den wahren Mörder erkannt haben. Zu Recht wurde in der Forschung detailliert aufgezeigt, wie wenig stichhaltig diese Überführung ist.[28] Ganz im Sinne von Schopenhauers Fokus auf dem „Unbewiesenen"[29] bleibt der eigentliche

---

27 Die gängige Rollenzuweisung innerhalb der Kriminalliteratur zwischen einem Schuldigen, einem die Gerechtigkeit wieder herstellenden Detektiv sowie einer das Recht vertretenden Justiz wird damit ebenso untergraben wie der Dreischritt-Charakter gängiger Kriminalliteratur, der mit einem Mord, dem Verdacht und der Spurensuche sowie der Überführung des Mörders die Gerechtigkeit wieder herzustellen vermag. Diese sowohl Erkenntnisskepsis als auch Gesellschaftskritik umfassende Haltung ge-genüber der Gattung Kriminalroman findet sich immer wieder in den Texten des 19. Jahrhunderts, prominent etwa in Annette von Droste-Hülshoffs Novelle *Die Judenbuche*. Dabei scheint die Überschreibung der Rechtsfragen durch Einverleibungsprozesse je-doch weniger die Erkenntnisproblematik der modernen Welterfahrung als vielmehr eine radikale Abwendung vom Konzept bürgerlicher, begrifflicher Erkenntnis schlechthin zu markieren.

28 Graf, Kwisinski [Anm. 6] sowie Georg Mein: „... beim letzten Droppen Dinte angekom-men?" Raabes Stopfkuchen als Projekt einer poetologischen Selbstvergewisserung, in: Die besten Bissen vom Kuchen, hg. v. Søren R. Fauth, Rolf Parr, Eberhard Rohse Göttingen 2009, S. 117–131.

29 Vgl. Anm. 20.

152 FAMULA

Verdacht als Lücke bestehen,[30] um anschließend, bei Bierverkostung im öffentlichen Raum eines Gasthofs als Fama verbreitet zu werden, nicht ohne damit einen erneuten Ausschluss aus der Gesellschaft zu provozieren, denn nun wird die Enkelgeneration Störzers gesellschaftlicher Diskreditierung ausgesetzt, was Stopfkuchens Rolle als Retter untergräbt. Damit steht hinter der einverleibenden, auf vorbegriffliche Anschauung ausgerichteten Denkweise keine höhere Gerechtigkeit, sondern vielmehr deren Ablehnung als Teil eines begrifflichen korrumpierbaren bürgerlichen Wertesystems.

5 Unverdautes und die Rückkehr zum „Satz vom Grunde"

Dieser radikalen Überschreibung bürgerlicher Wertevorstellung durch Prozesse der Einverleibung entspricht auch Stopfkuchens Art und Weise der Mitteilung. Ganz im Sinne seines Spitz- und Schimpfnamens stopft er seinen Zuhörer mit seiner Rede voll, so dass sich dieser zurück im Hotel zu Stopfkuchens „Leibesumfang angeschwollen" fühlt (SK, S. 197). Stopfkuchens Rede weist keinerlei logische Struktur auf, gegliedert ist sie lediglich durch die Unterbrechungen, die mit der Nahrungsaufnahme und deren Vorbereitung einhergehen. So bewegt sich der Leser gemeinsam mit Eduard und dem Ehepaar Schaumann vom Frühstückstisch zum Mittagstisch und letztlich an den Wirtshaustisch, wo das abendliche Bier eingenommen und nebenbei Kienbaums Mörder der Öffentlichkeit entdeckt wird (SK, S. 165–194), wobei die Bewegung zwischen den Mahlzeiten in erster Linie der Verdauung und erst in zweiter Instanz der Erzählung dient.

Auch ist Schaumanns Art zu erzählen eine körperliche, seine Rede wird als unstrukturierte amorphe Redemasse „ausgeschwitzt"[31] (SK, S. 195), wodurch analog zur durch die Haut aufgenommenen Anschauung auch deren Veräußerung durch die Haut vollzogen wird, wobei der Inhalt – bleibt man bei der Analogie zur Metapher des „Sonnenscheins des Daseins" – nicht durch

---

30 Es bleibt lediglich bei einer indirekten und zur Interpretation freien Andeutung sowie einer Handbewegung Stopfkuchens am Sarg Störzers: „Er war ein halber Idiot, aber er war ein braver, ein guter Kerl. Na – denn ruhe auch meinetwegen sanft, grauer Sünder, du alter Weltwanderer und Wegschleicher! Nun laßt endlich aber auch mich aus dem Spiel und macht die Geschichte drüben unter euch dreien aus, ihr drei: Kienbaum, Störzer und Quakatz!' Er hatte eine Faust gemacht; aber er legte sie so leise auf das Kopfende des Sarges, wie ich meine offene Hand auf das Fußende. ,Was?', fragte ich zusammenfahrend, und Schaumann sagte: ,Ja.'" (SK, S. 171)

31 „Er hatte die Geschichte von Kienbaums Morde nicht bloß mit seiner dröhnigen, langweiligen Redegabe von sich gegeben, er hatte sie auch ausgeschwitzt, sie durch die Poren aus sich herausgelassen." (SK, S. 195)

„MIT DEM SONNENSCHEIN DES DASEINS WARM AUF DEM BAUCHE"

Sprache kanalisiert an den Verstand des Zuhörers weitergegeben wird, sondern durch die Poren der Haut zu einem Vereinigungsmoment mit der Umwelt führt. Das Erzählte geht damit im zuhörenden Anderen auf.

Dass die einverleibende Daseinsform nicht erlernbar und übertragbar ist, sondern einen Wesenszug ausgewählter Individuen darstellt, wird nicht nur dadurch deutlich, dass Eduard am Ende des Romans wieder seine gewöhnliche schlanke Gestalt zurück hat, sondern auch dass er durch das Schreiben seine abstrakte Erkenntnisform wieder erlangt. Er findet wieder zu seiner bürgerlich habitualisierten Bewältigungsstrategie zurück und gibt, Stopfkuchens Anschauungsbegriff missverstehend oder ignorierend, der Handlung einen kausallogischen Sinnzusammenhang:

> Und mehr und mehr kam mir wieder zum vollen Bewusstsein der alte ganz richtige Satz vom zureichenden Grunde, wie ihn der alte Wolff hat: „Nihil est sine ratione, cur potius sit quam non sit", und wie es der Frankfurter Buddha übersetzt. „Nichts ist ohne Grund, warum es sey." – Wie mich der Le Vaillant, übersetzt von Johann Reinhold Forster, in der Bibliothek des Landbriefträgers Störzer zu den Buren in Pretoria gebracht hatte, so hatte der Steinwurf aus Störzers Hand nach Kienbaums Kopfe den Freund zu Tinchen Quakatz geführt und ihn zum Herrn der Roten Schanze gemacht. Und so, wenn Kienbaum nicht Kienbaum, wenn Störzer nicht Störzer, wenn Stopfkuchen nicht Stopfkuchen und Tinchen nicht Tinchen gewesen wären, so wäre auch ich nicht ich gewesen und hätte gegen Morgen über diese Mordgeschichte in den ruhigsten Schlaf versinken und daraus erwachen können mit den beruhigenden Gedanken an das „afrikanische Rittergut" und an mein Weib und meine Kinder daheim (SK, S.197f.).[32]

Die in Stopfkuchens Redefluss zum Ausdruck gebrachte Neutralität der Zusammenhänge wird damit schlechterdings in eine kausal begründete Sinnhaftigkeit überführt und so scheint am Ende der Aufzeichnungen Eduards anfängliche Erschütterung im Zuge des Schreibprozesses selbst durch vertraute Muster bürgerlicher Sinngebung bewältigt worden zu sein. Damit erweist sich Raabes Roman zugleich als ein Ausdruck der Erschütterung des Begriffsdenkens durch Anschauung – weil er dadurch ja allererst motiviert wurde – und stellt zugleich die Zurückweisung der Anschauung durch einen abstrahierenden Weg der Bewältigung performativ dar. So dienen die beiden unterschiedlichen Verweise auf Arthur Schopenhauer den beiden

---

32   Vgl. hierzu exemplarisch Dierkes [Anm. 21], S. 99–105; Fauth [Anm. 25], S. 151–166.

entgegengesetzten Lebens- und Denkkonzepten als Grundlage und weisen so auf der intertextuellen Metaebene des Romans die Interpretierbarkeit und Neutralität der Positionen Schopenhauers auf. Auf der autoreflexiven Ebene der literarischen Verschriftlichung wird dabei noch einmal das Verhältnis zwischen Stopfkuchens einverleibender und Eduards begrifflich Sinn zuschreibender Erkenntnisform deutlich, denn in Eduards zu Papier gebrachtem Text ist Stopfkuchens Seinsform nur noch *ex negativo*, als Auslöser der Aufzeichnungen und als Empfindung von Ziellosigkeit, Langeweile und Langatmigkeit wahrnehmbar, während Eduard Stopfkuchens Selbstbeschreibung nicht zu verdauen vermochte.

TEIL 3

Sprachliche Gesten der Einverleibung im 20. Jahrhundert

··

Sprachverzehr: Freud zum Verständnis der Sprache des Klagens

Juliane Prade-Weiss

Abstract

Klagen von Patienten und Ärzten stehen am Anfang sowie im Zentrum der Psychoanalyse, dennoch ist die Klage kein technischer Begriff der Psychoanalyse und das ist nicht verwunderlich, denn die Sprache des Klagens untergräbt die Stabilität der Relation zwischen Zeichen und Bezeichnetem, auf die ein Begriff nicht verzichten kann. Während Freud die Schwierigkeit des Antwortens auf Klagen bereits sehr früh ausmacht, wandelt sich seine Einschätzung dessen, was Klagen mitteilen, im Lauf der Ausarbeitung der Psychoanalyse erheblich: Sollen Klagen zunächst ein Mittel zum Abbau von Affekten sein, indem sie das Erregende benennen, so zeigt sich, dass Klagen sich weniger in Propositionen mitteilen, sondern hauptsächlich durch den Verzehr derjenigen sprachlichen Strukturen, die konventionell Verständnis ermöglichen, wie Referenz und Artikulation. Theorien von Lagache sowie Abraham und Torok erlauben aufzuzeigen, dass der Sprachverzehr im Klagen keine bloße Metapher ist, sondern Element einer oralen Struktur, die Symbolisierung und Trauer zugrunde liegt.

1915 schreibt Freud im erst 1917 publizierten Aufsatz über *Trauer und Melancholie*, die Symptome der letzteren seien „die Folge der inneren, uns unbekannten, der Trauer vergleichbaren Arbeit, welche sein Ich aufzehrt."[1] Freuds Auffassung der Trauer, der Melancholie, des Traumas sowie des Ich sind in der Forschung breit diskutiert worden, dem Medium des melancholischen Selbstverzehrs aber ist nur wenig Aufmerksamkeit zuteil geworden. In „Selbstanklagen" und „Anklagen gegen sein Ich" (GW 10, S. 432) verrichten Melancholiker Freud zufolge die Arbeit, die ihr Ich „aufzehrt." Diese Beobachtung verdient nähere Untersuchung, denn sie gewährt Aufschluss nicht allein über eine vermeintlich pathologische Struktur, sondern über

---

1 Sigmund Freud: Trauer und Melancholie, in: Ders.: Gesammelte Werke. Chronologisch Geordnet, hg. v. Anna Freud u.a., 8. Aufl. Frankfurt/Main 1991, Bd. 10, S. 428–446, hier: S. 432. Diese Ausgabe wird im Folgenden zitiert als GW.

© KONINKLIJKE BRILL NV, LEIDEN, 2021 | DOI:10.1163/9789004439146_009

die Sprache des Klagens überhaupt sowie über eine in den meisten theoretischen Zugängen zur Sprache vernachlässigte Dimension der Rede: Die Angewiesenheit auf Gehör und Wechselseitigkeit.

Die melancholischen „Anklagen" enthalten wörtlich jene „Klagen", die im Fall jener regulären „Trauerarbeit" (GW 10, S. 430) geäußert würden, zu der Melancholiker Freud zufolge nicht imstande sind. Diese Nähe von melancholischen Selbstanklagen und trauernden Totenklagen ist umso wichtiger, als Freud die Unterscheidung zwischen dem „Normalaffekt der Trauer" (GW 10, S. 428) einerseits und pathologischer Melancholie andererseits 1923, unter dem Eindruck der Verluste des Weltkrieges, fallen lässt – ohne jedoch den Prozess der „Aufzehrung des Ich" durch Klagen und Anklagen in der Ökonomie der Trauer neu zu bestimmen. Das ist keine Nachlässigkeit Freuds, sondern zeugt von der Schwierigkeit, dass die Sprache des Klagens die Stabilität der Relation zwischen Zeichen und Bezeichnetem untergräbt, die unverzichtbar ist zur Bestimmung und Koordination von Begriffen. Aufgrund ihrer semantischen Instabilität ist ‚Klage' kein technischer Begriff der Psychoanalyse, sondern Ausdruck eines Verlusts, Symptom einer Erkrankung und ein wichtiges Movens der psychoanalytischen Therapie wie Theorie. Klagen über Schmerzen, Beschwerden, Ängste oder Mitmenschen geben den Anstoß zur Therapie, Klagen über Mängel der Therapie geben den Anstoß zur Arbeit an ihrer Theorie. Allerorten wird in Freuds Schriften geklagt, werden Klagen von Patienten und auch von Ärzten notiert und diskutiert. Die Sprache der Klage lässt sich nicht zum Begriff stabilisieren, sondern verzehrt sprachliche Strukturen. ‚Verzehr' ist dabei durchaus keine Metapher für die vom Klagen bewirkte Desorganisation. Die Sprache des Klagens erscheint in psychoanalytischen Theorien zur Trauer als Medium eines Kreislaufs von Aufnahme, Zersetzung, Aneignung und Ausscheidung, der Symbolbildung ermöglicht, aber der Unterscheidung zwischen intellektuell versus sinnlich oder körperlich vorausliegt. Um zu zeigen, wie und wieso Klagen sich im Modus des Sprachverzehrs verständlich machen, verfährt der vorliegende Artikel in drei Schritten: Erstens ist zu erläutern, inwiefern überhaupt von *einer* Sprache der Klage die Rede sein kann, allen offensichtlichen Unterschieden zwischen Klagen und Anklagen zum Trotz. Zweitens ist zu zeigen, wie Freud auf das Phänomen der Desorganisation sprachlicher Strukturen in Klagen stößt und es zuerst mit einer kathartischen, dann mit einer juridischen Auffassung vom Klagen zu verstehen sucht, jedoch jeweils therapeutisch scheitert. In diesen Annäherungen an die Sprache des Klagens folgt Freud einem weit verbreiteten Trend der Moderne, rituelle Formen zum Schweigen zu bringen. Drittens ist zu zeigen, wie das pathologische Extremum eines Selbstverzehrs durch verweigerte Totenklagen, auf das Freud in der Analyse des so genannten

SPRACHVERZEHR

Wolfsmannes stößt, grundlegende kommunikative Strukturen allen Klagens transparent macht, die es nahe legen, die Desorganisation der Sprache im Klagen als Sprachverzehr im Sinne einer metabolischen Logik zu verstehen.

1 Klagen und Anklagen, Gehör und Aussagen

Im Deutschen ist die Verwandtschaft von Klage und Anklage sowie Klagelaut und Klagelied augenfällig, doch andere Sprachen scheinen ihr zu widersprechen: Im Lateinischen ist *lamentatio*, das Wehklagen, geschieden von *naenia*, dem Leichen- und Trauerlied, und *accusatio*, der Anklage. Im klassischen Griechisch wird unterschieden zwischen dem γόος, der schluchzenden Äußerung von Kummer,[2] dem Totenklagelied θρῆνος, und dem Klagegesang in der Tragödie, der seinen Namen κόμμος vom Schlagen auf Brust oder Kopf als konventionelle Geste der Trauer hat[3] – wie auch der provenzalische *planh*, von dem sich in der französischen und englischen Literatur die Form der *complaint(e)* abhebt.[4] Als technische Begriffe für klagende Lieder werden im Englischen jedoch *lamentation* und *dirge* bevorzugt; letzteres ist der verschliffene Versanfang des Wechselgesangs im fünften Psalm: *Dirige*, der das Nachtgebet der Totenwache einleitet und in Katachrese auch benennt.[5] Der heterogene terminologische Befund zeigt, dass die Klage etwas anderes ist als eine unter vielen poetischen Formen, Genres, Sujets oder rhetorischen Stillagen. „Klage" (*lament*) ist, wie Feld sagt, „neither an ethnographically coherent or singular set of textual and vocal practices nor a unified downhill trope in diverse modernist discourses."[6] Die Klage ist eine Grundform menschlicher Rede neben der Aussage, die sich in verschiedenen Kontexten zu unterschiedlichen Textsorten und Genres artikuliert.

Zwei Gesten durchziehen das Wortfeld des Klagens im Westen. Grimms Wörterbuch führt das deutsche Wort zurück auf das „wehgeschrei als ausdruck eines schmerzes", der abstrahiert wurde zum „laut werdende[n] ausdruck

---

2 Vgl. Homer: Odyssee IV, 758.

3 Henry G. Liddell, Robert Scott: κόμμος, in: A Greek-English Lexicon. Revised and Augmented by H. S. Jones u.a. 9th ed. Oxford 1996, S. 976. Im Folgenden LSJ.

4 Jacob und Wilhelm Grimm: klage, in: Deutsches Wörterbuch. Nachdruck der Erstausgabe 1878ff., München 1984, Bd. 11, Sp. 908. Im Folgenden DW.

5 John A. Simpson, Edmund S. C. Weiner: dirge, in: The Oxford English Dictionary, 2. Aufl. Oxford 1989, Bd. 4, S. 708. Im Folgenden OED. Vgl. außerdem Psalm 5,9.

6 Steven Feld: Comments, in: James M. Wilce: Magical Laments and Anthropological Reflections: The Production and Circulation of Anthropological Text as Ritual Activity, in: Current Anthropology 47, 2006, H. 6, S. 891–914, hier: S. 904.

eines schmerzes überhaupt, eines empfundenen oder gefürchteten",[7] sowie zur juridisch relevanten Klagehandlung. Ebenso werden γόος, θρῆνος und die lateinischen Verben *queri* und *lamentari*, die auch im Italienischen und in den iberoromanischen Sprachen die Bezeichnung des Klagens bestimmen, auf un-artikulierte Töne des Girrens, Bellens, Weinens, Schluchzens oder Schreiens bezogen.[8] In der russischen Terminologie des Klagens geht das Nomen жалоба („Wehklage, Lamento, Beschwerde, Rechtsbehelf") zurück auf das Erleiden von Schmerz, стенания („Wehklage, Jammern") und рыдания („Klage, Schluchzen") fußen auf Bezeichnungen des Stöhnens.[9] Das französische, eng-lische wie russische Vokabular des Klagens rekurriert außerdem auf das mit dem Klagen einst verbundene, laut tönende Schlagen auf Brust und Arme: *Plaindre, to complain* wie плач werden abgeleitet vom lateinischen *plangere*,[10] das im Partizip *planctus* das griechische κόμμος nachbildet.[11] *La plainte* so-wie *complaint* weisen dabei die gleiche semantische Breite auf wie ‚Klage': Sie benennen den Ausdruck von Schmerzen und Kränkungen, das Klagelied oder -gedicht, die öffentliche Anklage und die Klage vor Gericht.[12] Diese un-terschiedlichen Formen des Klagens partizipieren an einer Struktur, die es er-laubt, sie miteinander zu verbinden: Sie stehen gleichermaßen in Bezug zum unartikulierten Laut und – mit dem Schlagen – sogar zum nicht oralen, tönen-den Zeichen von Schmerz.

Die Betrachtung des Klagens als Grundform menschlicher Rede, wie sie hier geschehen soll, erfasst es nicht als emotionales Zeichen (denn das ist die Anklage nicht) oder als bestimmte poetische, rituelle oder andere Form (denn diese sind veränderlich), sondern funktional. Der funktionalen Betrachtung zeigt sich über terminologische Grenzen hinweg eine Verwandtschaft von Klagelaut und Anklage im juridischen Sinn: Die Klage als Grundform der Rede umfasst verschiedenste Aspekte der Sorge um das Gehört-Werden-Können, die sich in unterschiedlichen Kontexten zu diversen Textsorten und Genres

---

7   Grimm [Anm. 4], Sp. 907.

8   Art. Klagen, in: Grimm [Anm. 4], Sp. 915; Alois Walde, Johann Baptist Hoffmann: Art. lamentum, in: Lateinisches etymologisches Wörterbuch, 5. Aufl. Heidelberg 1982, S. 754; Hjalmar Frisk: Art. γοάω, θρέομαι & θρῆνος, in: Griechisches Etymologisches Wörterbuch, 4. Aufl. Heidelberg 1973.

9   Max Vasmer: Russisches Etymologisches Wörterbuch, Heidelberg 1967, S. 409f., 10 und 554.

10   Vgl. Émil Littré: Art. plaindre, in: Dictionnaire de la langue française. Édition intégra-le, Reprod. Paris 1967, Bd. 3, S. 1962; Art. complaint, in: OED 3, S. 607; Vasmer [Anm. 9], S. 364f.

11   Art. κόμμος, in: LSJ, S. 976; Art. plango, in: Walde, Hoffmann [Anm. 8], S. 315.

12   Art. plainte, in: Littré [Anm. 10], S. 1963f.; Art. complaint, in: OED 3, S. 608; Art. klage, in: DW 11, Sp. 907–924.

SPRACHVERZEHR

artikuliert. Stets aber ziehen Klagen artikulierte benennende Rede in Zweifel und desorganisieren sie.

Die Schläge und Schreie des Klagens weisen nicht auf etwas zu Bezeichnendes hin; wie artikulierte Klagen verlautbaren sie eine schmerzhafte Affizierung, die gehört werden will. Als Verlautbarung legt jede Klage (wie das Englische *dirge*, nach lateinisch *dirige*, „leite, richte, wende") den Akzent darauf, dass man sich ihr zuwende, um sie anzuhören. Dabei ist, wie das Buch Hiob umfänglich verdeutlicht, ganz unsicher, ob und wie es möglich ist, einer Klage zu antworten oder zu entsprechen. Ebenso unsicher erscheint in Klagen, ob es eine Gemeinschaft gibt, die dem Klagen Gehör schenkt und sie versteht, und was genau das hieße. Die Wechselseitigkeit in der Sprache ist das, was in der Klage in Frage steht – anders als etwa in Aussagen, Bitten, oder Fragen, wo sie vorausgesetzt wird. Denn das, was je Grund zur Klage gibt – seien es Schmerzen, Katastrophen, Hiobsbotschaften, Neurosen, Einsamkeit, Grausamkeit, der Tod oder etwas anderes –, zieht je die Möglichkeit in Zweifel, Gehör zu finden, Antwort zu erhalten und Wechselseitigkeit zu etablieren. Gehör und Erwiderung sind das, was Klagen anstreben und zugleich im je Beklagten vereitelt finden. Um die Distanz zum Hörer oder Rezipienten zu minimieren und an das Gehör anderer zu appellieren, äußert sich die Sprache des Klagens nicht durch Befolgung sprachlicher Konventionen, sondern durch Desorganisation der sprachlichen Strukturen, die sonst Verständigung und Verständnis ermöglichen sollen – sei es die Referenz der Worte, die in neurotischer wie ritueller Wiederholung und Entlehnung unterminiert wird, sei es die Artikulation, die in den kodifizierten Klagelauten der Tragödie ebenso zersetzt wird wie im alltäglichen Weinen.

Dieser Abbau lässt sich grundsätzlich als Sprachverzehr in dem Sinn verstehen, in dem etwa Flammen Strukturen verzehren, also zerstören; Freuds Analyse der Melancholie zeigt jedoch weitergehend, dass der Sprachverzehr im Klagen durchaus als metabolische Logik zu verstehen ist. Dieser Schluss kann leicht als bloße Metapher erscheinen, steht jedoch vor dem Hintergrund eines langen Deutungsprozesses, in dem Freud anhand verschiedener Modelle versucht zu erfassen, was genau es heißt, Klagen zu verstehen. Die dabei vorliegende Schwierigkeit wird in *Trauer und Melancholie* anschaulich, wo Freud annimmt, dass Klagen so geäußert werden, dass sie Gehör finden können, wobei die geäußerten Propositionen keine Sachaussagen formulieren, sondern im Dienst des Gehört-Werden-Wollens stehen.

Freud nennt die Melancholie eine „Rache", die den „Umwe[g] über die Selbstbestrafung" in Kauf nimmt, um sowohl die Liebesbeziehung nicht aufgeben zu müssen, als auch den Geliebten „durch Vermittlung des Krankseins zu quälen" (GW 10, S. 438). Zu diesem Zweck nehmen die Klagen eine Verschiebung von Adresse und Attribution vor:

> Hört man die mannigfachen Selbstanklagen des Melancholikers geduldig an, so kann man sich endlich des Eindruckes nicht erwehren, daß die stärksten unter ihnen zur eigenen Person oft sehr wenig passen, aber mit geringfügigen Modifikationen einer anderen Person anzupassen sind, die der Kranke liebt, geliebt hat oder lieben sollte. [...] Die Frau, die laut ihren Mann bedauert, daß er an eine so untüchtige Frau gebunden ist, will eigentlich die Untüchtigkeit des Mannes anklagen (GW 10, S. 434).

Freuds Frage ist nun nicht, welcher Untüchtigkeit der Angeklagte genau beschuldigt wird, sondern weswegen die Selbstanklagen laut vor anderen geäußert werden. „Denn es leidet keinen Zweifel, wer eine solche Selbsteinschätzung gefunden hat und sie vor anderen äußert – eine Schätzung, wie sie Prinz Hamlet für sich und alle anderen bereit hat,[13] – der ist krank, ob er nun die Wahrheit sagt oder sich mehr oder weniger Unrecht tut." (GW 10, S. 432) Die Anklagen erscheinen als Symptome, just weil sie zum Teil Recht haben und dennoch geäußert werden – obgleich darin nicht die Bindung der Libido an das Verlorene und im Zuge dessen auch die „Trauerarbeit" selbst „aufgezehrt" wird, wie Freud dies 1915 als Regelfall annimmt,[14] sondern die Anklagen das „Ich aufzehr[en]", nichts von ihm gelten lassen, es ganz verwerfen. Der Trauer vergleichbar ist die melancholische Arbeit, sofern sie ein Abbauprozess ist, der jedoch nicht die Bindung an das Verlorene abträgt, sondern denjenigen, der sie äußert, sowie die Verständlichkeit seiner Rede. Deren Mitteilung liegt nicht in der Proposition, sondern in ihrer Ostentation, in „einer aufdringlichen Mitteilsamkeit [...], die an der eigenen Bloßstellung eine Befriedigung findet" (GW 10, S. 433).

Zur Erklärung dieser Inversion wendet sich Freud an die Wortgeschichte: „Die *Klagen* sind *Anklagen*, gemäß dem alten Sinne des Wortes; sie schämen und verbergen sich nicht, weil alles Herabsetzende, was sie von sich aussagen, im Grunde von einem anderen gesagt wird" (GW 10, S. 434). Alt ist nicht die Inversion von Adresse und Attribution, sondern die Szenerie: Anklagen im „alten Sinne des Wortes" sind Grimms Wörterbuch zufolge wie „ursp. alle ‚klage' laut" und vor Gericht „eig. auch [...] geschrei, mit der man seinen schädiger beschuldigt, dasz es möglichst alle hören, und die hilfe des

---

13   „*Use every man after his desert, and who should scape whipping?* Hamlet, II, 2." [Freuds Fußnote; J.P.W.]

14   In dem kurzen Text *Vergänglichkeit* schreibt Freud 1915: „Wir wissen, die Trauer, so schmerzhaft sie sein mag, läuft spontan ab. *Wenn sie auf alles Verlorene verzichtet hat, hat sie sich auch selbst aufgezehrt*, und dann wird unsere Libido wiederum frei, um sich [...] die verlorenen Objekte durch möglichst gleich kostbare oder kostbarere neue zu ersetzen." (GW 10, S. 357–361, hier: S. 361; Hervorhebung J.P.W.).

SPRACHVERZEHR

163

richters anruft."[15] Freuds Bezug auf das juridische Szenario der Anklage ist bemerkenswert, da er nahelegt, das Ziel juridischer Handlungen sei Rache, während die Rechtsgeschichte gewöhnlich betont, das positive Recht ersetze die ,primitive' Rache. Und Freuds Bezug auf das juridische Szenario hebt hervor, dass die *accusatio* des Wehgeschreis bedarf, um sich mitzuteilen – darin geht eine Anklage über die in ihr formulierte Aussage hinaus und missachtet, ob deren Proposition wahr ist oder falsch, eine Frage, die sonst als Kern der Anklage vor Gericht erscheint. Die „Selbstanklagen der Melancholiker", die ihr Ich „aufzehr[en]", sind keine Zuschreibungen, sondern Klagen, die auf Verlautbarung insistieren und Gehör finden wollen, um Rache zu üben für eine Kränkung, einen Verlust. Die Verschiebung der Proposition vom Objekt auf das Ich ist die Bedingung, unter der die Klage laut werden kann. Die Selbstanklage bietet einen Ausweg, um sowohl über den Verlust klagen zu können als auch weiter zu lieben, also keinen Verlust zu erleiden.

Das Primat des Gehört-Werden-Wollens in der Sprache des Klagens betrifft keineswegs allein die 1915 als pathologisch betrachtete Arbeit der Melancholie, sondern sämtliche Klagen. Dass die Sprache des Klagens das scheinbar simple Anliegen hervorhebt, Gehör und Erwiderung zu finden, das man doch beinahe allen Äußerungen sollte unterstellen dürfen, macht das Verständnis von Klagen zu einer eminenten Schwierigkeit, auf die Freud immer wieder zurückkommt. Der Frage nämlich, ob Klagen zu verstehen heißt, ihren Anlass, ihre Ursache oder ihr Ziel zu begreifen, entspringt eine Vielzahl von Begriffen wie etwa "talking cure",[16] „Übertragung",[17] „Nachträglichkeit"[18] und die (später dahingestellte) Unterscheidung von Trauer und Melancholie. Der Frage, was es heißt, Klagen zu verstehen, entspringt eine Vielzahl von Begriffen, weil sie ungelöst bleibt und vielmehr ihrerseits das Unternehmen der Theoriebildung in Zweifel zieht.

In dieser Hinsicht ist es keine Nebensächlichkeit, dass Freuds Betrachtung der Klage im „alten Sinne des Wortes" in die juridische Sphäre führt, in der es institutionalisierte Zuhörer (Richter) gibt, um Kränkungen und Verluste mit den propositionellen Mitteln von Urteil und Zuschreibung zu kompensieren

---

15   Art. Klage [Anm. 4], Sp. 908, 910.
16   Josef Breuer: Beobachtung I. Frl. Anna O, in: Sigmund Freud: GW Nachträge, S. 221–243, hier: S. 238, 233, 235.
17   Auf die Dynamik der Übertragung wird Freud anlässlich des Scheiterns der Analyse der *Dora* genannten Patientin aufmerksam, die Beschwerden und Klagen zu Anklagen kopiert, vgl. Sigmund Freud: Bruchstück einer Hysterie-Analyse, GW 5, S. 161–285, hier: S. 170.
18   Den Begriff der Nachträglichkeit erarbeitet Freud in der Analyse des so genannten „Wolfsmannes", die auch dem Aufsatz *Trauer und Melancholie* zugrunde liegt; vgl. Sigmund Freud: Aus der Geschichte einer infantilen Neurose, GW 12, S. 27–157, hier: S. 72.

und Klagen zu stillen. Signifikant ist, dass Freud in der Frage der Urszene des Klagens nicht auf die attische Tragödie verweist, obgleich die darin maßgebliche Erwiderungslogik der Rache 1895 in den *Studien über Hysterie* das Strukturmodell der Affekte ist (und die „Redekur" lediglich „Surrogat" des „Rachedramas", wie Koppenfels betont),[19] 1915 die Rache als eigentlicher Zweck des melancholischen Selbstverzehrs explizit benannt wird, und etwa in Aischylos' *Orestie* in engster Beziehung zur Gerichtsbarkeit steht. Freud bezieht sich im Kontext von Trauer und Melancholie stattdessen auf Shakespeares *Hamlet* – auch ein Rachedrama, allerdings ohne Klagelieder, wie sie attische Tragödien strukturieren. *Hamlet* thematisiert vielmehr, wie Döring schreibt, den *conflict about muted lamentation* im England der Reformation,[20] das heißt das Verdrängen von nun als heidnisch und unaufrichtig verstandenen Totenklageriten, wie es bereits die *Orestie* als Anliegen der griechischen πόλις schildert.[21] Auch Freuds Antwort auf die sprachliche Desorganisation des Klagens ist es zunächst, Klagen zum Schweigen bringen zu wollen. Diese Replik verweist auf die Schwierigkeit, der Sprache des Klagens zu antworten, die darin begründet liegt, dass Klagen die Möglichkeit von Gehör, Erwiderung und Wechselseitigkeit prinzipiell in Zweifel ziehen.

2 Klagen stillen: Neurose und Totenklagen

Freuds Ringen mit der Frage, was es heißt, Klagen zu verstehen, ist historisch informiert, es steht im Zusammenhang mit dem Schwund ritueller Formen in der Moderne, bezieht sich jedoch zugleich auf ein systematisches Problem aller Sprachbetrachtung: die Angewiesenheit aller Rede auf Gehör. In der Annäherung an die systematische Schwierigkeit, das Gehört-Werden-Wollen in einer therapeutisch produktiven Auffassung der Sprache mitzudenken, folgt Freud zeitgenössisch konventionellen Verständnisformen, die der Tragödie, der Jurisdiktion sowie der Archäologie entliehen sind. Diese Ansätze zu einem Verständnis des Klagens sind kurz zu umreißen, denn sie motivieren das scheinbar entlegenere Modell des Klagens als Verzehr.

---

19 Martin von Koppenfels: Immune Erzähler. Flaubert und die Affektpolitik des modernen Romans, München 2007, S. 46.

20 Tobias Döring: Performances of Mourning in Shakespearean Theatre and Early Modern Culture. Baskingstoke 2006, S. 4; vgl. S. 100–110 zu Hamlet.

21 Vgl. Nicole Loraux: L'invention d'Athènes. Histoire de l'oraison funèbre dans la ‚cité classique', Paris 1981; Gail Holst-Warhaft: Dangerous Voices: Women's Laments and Greek Literature, London, New York 1992, S. 98–170.

SPRACHVERZEHR

Einerseits erkennt Freud das Primat der Suche nach Erwiderung in Klagen bereits früh in der Ausarbeitung der psychoanalytischen Theorie. Den *Studien über Hysterie* zufolge wird eine Kränkung, die unbeantwortet bleibt, zum Trauma, das sich in Symptomen äußert.

> Wir verstehen hier unter Reaktion eine ganze Reihe willkürlicher und unwillkürlicher Reflexe, in denen sich erfahrungsgemäß die Affekte entladen: vom Weinen bis zum Racheakt. [...] Aber in der Sprache findet der Mensch ein Surrogat für die Tat, mit dessen Hilfe der Affekt nahezu ebenso *abreagiert* werden kann. In anderen Fällen ist das Reden eben selbst der adäquate Reflex, als Klage und als Aussprache für die Pein eines Geheimnisses (Beichte!). (GW 1, S. 87)

Freuds Einschätzung, was Klagen mitteilen und wie ihnen in der Therapie zu antworten ist, andererseits, wandelt sich im Lauf der Ausarbeitung der Psychoanalyse erheblich: In der frühen Konzeption sollen Klagen ein Mittel zum Abbau von Affekt sein, die ihn mit seiner Ursache verbinden und diese Verbindung in einer Proposition zur Sprache bringen, das heißt in einer Schilderung der vergangenen, traumatisierenden Ereignisse, um ihre Effekte zu widerrufen, wie in einer Entleerung ,auszusprechen' und zu vergessen.[22] Die Fallgeschichten der *Studien über Hysterie* schildern jedoch keineswegs eine spurlose Beseitigung von Affekten, vielmehr scheint die therapeutische Intervention eine Proliferation von Affekten und Komplikationen zu bewirken. Als „kathartische Methode" (GW 1, S. 165) soll die Therapie das Trauma unter Hypnose wie einen „Fremdkörper" rückstandslos entfernen, doch es erweist sich, wie Freud korrigiert, als irreversibles „Infiltrat" (GW 1, S. 294f.), dessen Entfernung Spuren hinterlässt. Die hypnotische Löschung des Traumas lässt die Klagen nicht verstummen, sondern erscheint selbst als Trauma, wie in Freuds Analyse von „Emmy v. N." deutlich wird: Statt über erfahrenes Unglück klagt sie nach Freuds hypnotischer Behandlung, das diese Erinnerungen unterbindet, über ihr mangelndes Gedächtnis. (GW 1, S. 113f.) Die Therapie soll im Ersatz einer krankhaften durch eine heilende Amnesie bestehen, in der Ersetzung eines Symptoms (das an der Stelle einer Reaktion auf eine Affizierung steht) durch eine Rekapitulation des Traumatisierenden zum Zwecke seiner Revokation. Doch die Patientin klagt weiter. Wie das Symptom eine körperliche Regung setzt die Behandlung eine Amnesie an die Stelle des

---

22 Vgl. GW 1, S. 85: „Affektloses Erinnern ist fast immer völlig wirkungslos; der psychische Prozeß, der ursprünglich abgelaufen ist, muß so lebhaft wie möglich wiederholt, in statum nascendi gebracht und dann ,ausgesprochen' werden."

Traumas, das heißt auch noch an die Stelle der Kenntnis dieser Ersetzung; einzig die Klage widersetzt sich der Ersetzung.

Die Behandlung „Emmy v. N."s ist singulär, sofern Freuds Vorgehen mitnichten der beschriebenen kathartischen Behandlung durch narrative Affektabfuhr entspricht,[23] und doch entspricht Freuds Umgang mit ihren Klagen dem Grundsatz der Katharsis, der Abfuhr. Ihre hypnotische Behandlung zeigt: Während Patienten wohl Grund zu klagen haben, gibt es keinen Grund zur Klage, auf dem sie als sein bloßer Ausdruck ruht und mit dem sie beseitigt werden kann. Denn die Klage taugt gerade deshalb zur Affekttilgung, weil sie sich von ihrer Ursache zu lösen vermag, ihre Referenz verschieben kann. Als solche Äußerung sucht die Klage ihren Grund nicht in einer sie provozierenden Ursache (*causa efficiens*), sondern darin, dass sie gehört werden soll (*causa finalis*). So besteht „Emmy v. N." in der fortgesetzten Klage darauf, dass die in der Therapie freigelegte Klage über schmerzliche Ereignisse (an deren Stelle sich symptomatisch „Schmerzen am ganzen Körper" manifestieren) nicht auf Abbruch, Lösung oder Löschung aus war, sondern auf Gehör. Freud aber hört noch nicht. Zumindest noch nicht auf die Richtigen, sofern er verzeichnet: „Ich traf auch einen Hausarzt an, der nicht allzu viel über die Dame zu klagen hatte" (GW 1, S. 138f.).

Die „Studien über Hysterie" verstehen die Klagen der Patientinnen als Anzeichen der Notwendigkeit therapeutischen Eingreifens, denen Genüge getan wurde, sobald sie verstummen. Damit entsprechen Breuer und Freud zum einen der Insistenz der Klagen auf Gehör, zum anderen aber auch dem Impuls, Klagen zum Schweigen zu bringen, der aus ihrer enervierenden Insistenz herrührt und den Diskurs über Klagen auch in der jüngsten Forschung oft dominiert. Dem Impuls, unersättlich Gehör suchende Klagen zum Schweigen bringen zu wollen, folgt so etwa auch Schmidt, wenn er aus theologischer Perspektive schreibt, Klagen seien „Zeugnisse überwundener Not", denn in Anbetracht der „Sprachlosigkeit radikalen Leidens" berge jede Klage als „Leidens*ausdruck*" bereits die Lösung, nämlich „heilsamen Abstand zum eigenen Leid."[24] Die in den *Studien über Hysterie* verhandelten Klagen fügen sich dem Paradigma des Schweigens nicht, sondern zeigen die perfide Grausamkeit der Annahme, Leiden heiße Schweigen, aus dem nichts anderes folgt, als dass Klagen kein Gehör geschenkt werden muss.

---

23   Maria Torok: Restes d'effacement entre Sigmund Freud at Emmy von N, in: Cahiers Confrontation 15, 1986, S. 121–136, hier: S. 124–126.

24   Jochen Schmidt: Klage. Überlegungen zur Linderung reflexiven Leidens, Tübingen 2011, S. 158, 16, 153.

SPRACHVERZEHR

In späteren Analysen folgt Freud statt dem Ziel der Katharsis der in der *Traumdeutung* formulierten Annahme, dass „in der Maske einer Klage zum Bewußtsein zugelassen wird" (GW 2/3, S. 623), was anders der Bewußtseinszensur unterliegt. Dies mag leicht verständlich für diejenigen sein, bei denen die Klage Gehör findet (und für die sie formuliert ist), dem Klagenden muss es darum nicht verständlich sein.[25] Die Klagen der Patienten teilen das Leid als unverstandenes mit, und darin ist die Mitteilung adäquat, denn Unverständnis (eines Traumas, eines Wunsches) ist Ursache des Leidens. Das Unverständnis aber ist keine bloß angenommene Maske; was im „Ubw" wirkt, kann nicht ohne Weiteres bewusst und erkannt werden. Die Mitteilung eilt darum dem Verständnis voraus – nicht wie gewöhnlich allein beim Anderen, sondern mehr noch beim Sprechenden: Die Klage sucht Gehör, so dass im Gespräch mit einem, bei dem sie Gehör findet, das darin mitgeteilte Unverstandene dem Klagenden zum Verständnis gebracht wird.

Die sprachlichen Prozesse, die Freud das „wesentliche Stück der Traumarbeit" (GW 2/3, S. 310) nennt, sind auch beim Klagen zentral: die „Übertragung und Verschiebung der psychischen Intensitäten" (GW 2/3, S. 313) auf Referenten, an denen die Bewusstseinszensur keinen Anstoß nimmt, so dass die Klage verlautbart werden kann. Dieses manifeste Beklagte wird nicht bloß aus Vorgefundenem gewählt, sondern ähnlich einem Symptom erst synthetisiert, (v)erdichtet, damit anderes in ihm latent bleiben kann. Dabei entstehen uneindeutige „Sammelperson[en]", „Mischgebilde" (GW 2/3, S. 301) und womöglich inadäquate Schilderungen, die das Unverständnis des Leidens darstellen, das Gehör finden soll. Diese Fissur zwischen Verlautbarung und Referenz erlaubt es, den Affekt zu äußern um den Preis, massive Verwerfungen in den sprachlichen Strukturen zu etablieren, da sie die Positionen von Gegenstand, Adressat und Urheber der Klage zu vertauschen vermag. Die abgebrochene Analyse von „Dora" zeigt, dass das selbst unaussprechliche Leiden sich in einer Verschiebung von Autor, Adresse und Gegenstand der Klagen und Beschwerden artikuliert: Die Worte ihrer Klage sowie ihre Symptome resultieren aus Affären ihres Vaters, doch es ist schwer zu unterscheiden, welche von ihm verursacht und welche von ihm entliehen sind.

---

25 Vgl. Sigmund Freud: Die Traumdeutung, GW 2/3, S. 623: „Ihre Hauptklage aber lautet wörtlich: Sie hat ein Gefühl im Leib, als ob etwas *darin stecken würde*, was sich *hin und her bewegt* und sie durch und durch *erschüttert*. Manchmal wird ihr dabei der ganze Leib wie *steif*. Mein mitanwesender Kollege sieht mich dabei an; er findet die Klage nicht mißverständlich."

Verschiebungen zwischen Urheber und Adressat einer Klage – Freud zufolge ein gewöhnlicher Weg zur Umgehung der Zensur[26] – formulieren zweideutige, gar falsche Anklagen. Es mag verwundern, dass eine Klage sogar in der Frage ihres Urhebers uneindeutig, in der Sprache der Traumdeutung: *mehrfach determiniert"* sein kann.[27] Doch Urheber einer Klage ist nicht einfach derjenige, der sie äußert – was im psychotherapeutischen Zusammenhang paradox erscheinen mag, triftig aber in Anbetracht dessen, dass die Klage eine wichtige Form sowohl des Rituals als auch der Poesie ist. Poetische wie rituelle Texte werden von wechselnden manifesten Sprechern verlautbart, die sich dabei Worte latent bleibender Urheber leihen.[28] In der Desorganisation der Sprache in neurotischen Klagen kehrt die Struktur ritueller Klagen wieder, die in der Moderne keinen Platz mehr haben. Darum erscheinen sie in der Neurose als unverständliche Reste.

„[D]er Hysterische leidet größtenteils an Reminiszenzen" (GW 1, S. 86), heben Breuer und Freud dort hervor, das heißt an Resten traumatischer Ereignisse, auf die nicht reagiert werden konnte und die darum aktiv bleiben. In den geschilderten Klagen liegt aber auch ein Rest ritueller Totenklagen, die im soziokulturellen Kontext von Freuds Patientinnen kaum noch geübt werden. Die Parallele ist wichtig, denn wie bei neurotischen Klagen ist auch bei rituellen fraglich, wer mit wessen Worten über welchen Schmerz klagt. Viele der von Breuer und Freud behandelten Patientinnen entwickeln Symptome im Anschluss an die Pflege kranker und sterbender Verwandter.[29] Und Freud zufolge hat es „seine guten Gründe, wenn die Krankenpflege in der Vorgeschichte der Hysterien eine so bedeutende Rolle spielt": Während der Pflege bleibe keine Zeit und Kraft fürs Erfassen der eigenen, körperlichen wie seelischen „Ergriffenheit." Die zurückgehaltenen „affektfähigen Eindrücke" würden nach dem Tod aktiviert, aber auch dann unterdrückt, weil die Konventionen der Trauer wieder den Verstorbenen in den Vordergrund rücken (GW 1, S. 228).

---

26   Vgl. GW 5, S. 194: „Eine Reihe von Vorwürfen gegen andere Personen läßt eine Reihe von Selbstvorwürfen des gleichen Inhalts vermuten. Man braucht nur jeden einzelnen Vorwurf auf die eigene Person des Redners zurückzuwenden."

27   Vgl. GW 2/3, S. 290.

28   So entlehnt Freuds Beschreibung des Traums vom Wortpaar „Geseres/Ungeseres" die Szenerie des 137. Psalms. Dieser hebt an mit: „An den Wassern Babels saßen wir und weinten [, wenn wir an Zion dachten]." (GW 2/3, S. 444; Ergänzung nach Ps. 137,1) Freuds Traumtext beginnt mit: „Wegen irgendwelcher Vorgänge in der Stadt Rom ist es notwendig, die Kinder zu flüchten, was auch geschieht. [...] Ich sitze auf dem Rand eines Brunnens und bin sehr betrübt, weine fast." (GW 2/3, S. 443).

29   Das gilt für Emmy v. N. (GW 1, S. 90, 146), Elisabeth v. R. (S. 196, 202, 231), sowie für Breuers Patientin Anna O. (GW Nachträge, S. 222); vgl. außerdem Sigmund Freud: Ein Fall von hypnotischer Heilung. GS I, S. 1–17, hier: 13; GW 5, S. 217.

SPRACHVERZEHR

169

Explizit konfrontiert erst die Analyse des „Wolfsmann" genannten Patienten[30] Freud mit der Frage der Trauer, doch bereits 1895 nimmt das Sujet der Trauer wichtige Theoreme vorweg: die „nachträgliche Erledigung von Traumen" (GW1, S. 229) sowie die intrikate Verwandtschaft von Gesundem und Pathologischem, sofern im Trauern oft „der Gesamteindruck des Krankseins nicht zustande kommt, der Mechanismus der Hysterie aber doch gewahrt wird" (GW 1, S. 229). Andernorts zählt Freud 1895 die „erschöpfend[e] Anstrengung, z.B. nach Nachtwachen, Krankenpflegen" zu den geschlechtsunabhängig pathogenen Tätigkeiten.[31] Von Totenwachen oder -klagen ist bei Breuer und Freud keine Rede. Umso mehr erscheint die Desorganisation der Sprache in den neurotischen Klagen als Manifestation nicht allein individueller psychischer Reminiszenzen, sondern ebenso der Reste der aufgegebenen kulturellen Praxis ritueller Totenklagen. Diese Aktualisierung eben erst vergehender kultureller Praktiken als Pathologie in der Struktur individueller Subjektivität wiederum erscheint als ein Symptom der Moderne, das auch in Texten etwa von Rilke Formulierung findet.[32]

In einem zeittypisch nicht unproblematischen Vergleich der Psychoanalyse mit der Archäologie schreibt Freud 1896 von der oberflächlichen Methode der Befragung von Ruinen und Symptomen, sie bestehe darin, „die in der Nähe hausenden, etwa halbbarbarischen Einwohner aus[zu]fragen, was ihnen die Tradition über die Geschichte und Bedeutung jener monumentalen Reste kundgegeben hat."[33] Totenklagen gelten in Wien am Ende des 19. Jahrhunderts als ebenso „halbbarbarisc[h]" – das heißt archaisch, kaum verständlich und gefährlich – wie sie in Aischylos' *Orestie* geschildert werden, das die Modernisierung der griechischen πόλις zeigt.[34] Nicht weniger „halbbarbarisc[h]" erscheint aber die Moderne, sofern sie über „die Geschichte und Bedeutung" von traditionell hochkonventionellen Äußerungsformen wie Klagen nichts mehr zu sagen weiß.[35] Die Psychoanalyse ist Teil dieser

---

30 Freud nennt ihn in *Hemmung, Symptom und Angst* bei diesem Namen (GW 14, S. 134).

31 Sigmund Freud: Über die Berechtigung, von der Neurasthenie einen bestimmten Symptomkomplex als ‚Angstneurose' abzutrennen, GS 1, S. 313–342, hier: S. 328.

32 Vgl. Rainer Maria Rilke: Requiem. Für eine Freundin, in: Ders.: Sämtliche Werke, hg. v. Ernst Zinn, Frankfurt/Main 1975, Band 1, S. 653: „Ob man nicht dennoch hätte Klagefrauen / auftreiben müssen? Weiber, welche weinen / für Geld, und die man so bezahlen kann, / daß sie die Nacht durch heulen, wenn es still wird. / Gebräuche her! wir haben nicht genug / Gebräuche. Alles geht und wird verredet."

33 Sigmund Freud: Zur Ätiologie der Hysterie, GW 1, S. 423–468, hier: S. 426 [Ergänzung J.P.W].

34 Aischylos: Orestie I, 1050–1052.

35 Vgl. Juliane Prade-Weiss: „Die Toten haben Hunger." Aglaja Veteranyi über Ritual und Moderne, in: Comparatio 9, 2017, H. 2, S. 235–260.

Moderne. In der Poetologie der Tragödie, die Breuer und Freud mit dem Begriff Katharsis und der Erwiderungslogik der Rache aufrufen, sind rituelle Totenklagen und ihre Desorganisation der artikulierten Rede topisch. Doch dieses Element der Tragödie ist in den *Studien über Hysterie* nicht gemeint, und Freuds Anliegen im Bild der Archäologie ist 1896 nicht die Konservierung, sondern die Beräumung desorganisierter Reste.

Es geht jedoch nicht lediglich darum, dass verdrängte traditionelle Formen wie rituelle Klagen als Symptom moderner Individualität wiederkehren; dies ist nur ein Ausschnitt des hier relevanten Zusammenhangs. Bei der Wiederkehr der sprachlichen Desorganisation, die rituelle Totenklagen etwa in konventionalisiertem Weinen und Antiphonie auszeichnet, in der neurotischen Klage bei Freud zeigt sich das Gehört-Werden-Wollen und die Insistenz auf Erwiderung als grundlegende Struktur der Sprache, die Sprachtheorien häufig entgeht. Die Betrachtung der Sprache in kanonischen Begriffen der Philosophie konzentriert sich nach der Maßgabe von Aristoteles auf den Aussagesatz, der in Prädikationen Urteile formuliert, die wahr oder falsch sind. Aristoteles räumt zwar ein, dass es noch andere Formen der Rede gibt, als deren einziges Beispiel er die εὐχή angibt, das heißt „Bitte, Gebet, Schwur, Wunsch, Fluch", jedoch verweist er sie aus der theoretischen Betrachtung in das Studium von Poetik und Rhetorik.[36] Rhetorik, Logik und Grammatik aber werden ebenfalls vom Paradigma des Aussagesatzes dominiert, der Urteile durch Zuschreibungen formuliert.[37] Das bedeutet, dass sämtliche Formen der Rede dem Muster der Aussage unterstellt werden. Und grammatisch sind freilich die meisten Klagen Aussagesätze, doch als solche sind sie unverständlich, wie Freud feststellen muss. Klagen zeugen von Erfahrungen der Überwältigung, die sich nicht benennen oder in Aussagen fassen lassen, sondern ihrerseits Sprachstrukturen überwältigen. Auch das modernere Paradigma der Performativität erfasst die bestimmende Struktur der Sprache des Klagens nicht, wiewohl freilich rituelle Klagen ebenso starke performative Züge aufweisen wie neurotische und poetische Klagen. Butler schreibt, „perfomativity must be understood not as a singular or deliberate ‚act', but, rather, the reiterative and citational practice by which discourse produces the effects that it names."[38] Dieser diskursive

---

36   Aristoteles: Poetik 16b 26–17a 7.

37   Zur Klage in der Tragödie sagt Aristoteles nur das, was sich in eine Aussage fassen lässt: „Der κόμμος ist ein vom Chor und Schauspielern auf der Bühne gemeinsam gesungenes Klagelied." (Ebd., 1452b 24f.) Worüber und weshalb in der Tragödie so regelmäßig geklagt wird, dass Klagelieder ihr zentrales Formelement sind, fragt die *Poetik* nicht.

38   Judith Butler: Bodies that Matter: On the Discursive Limits of „Sex", New York u.a. 1993, S. 2.

SPRACHVERZEHR

Performativitätsbegriff erfasst zwar die sprachliche Verfassung von Schmerzen, Verlust, Trauer etc., die historisch wie kulturell bestimmte Diskursregeln zitieren und variieren. Doch das Gehör und die Erwiderung, auf die es Klagen zuallererst ankommt, können eben nicht von der Äußerung „produziert" oder garantiert werden. Eben diese Unmöglichkeit, Gehör und Austausch sicherzustellen, ist Anlass und Besorgnis vieler Klagen. Und die Sorge um Gehör und Erwiderung in der Sprache des Klagens gehen zumeist einher mit der Zurückweisung jeder konkreten Antwort, jedes Versuchs der Tröstung, denn Klagen wollen eben nicht gestillt, sondern gehört werden. Die Parallelisierung neurotischer mit rituellen Klagen deutet darauf, dass die Sprache des Klagens das Prinzip der symbolischen Substitutionen zurückweist, das die kompensatorische Darstellung des Verlorenen ermöglicht, um auf Unbeantwortbarkeit durch politische, metaphysische und auch therapeutische Konzepte zu bestehen. Rituelle wie neurotische Konventionalität von Äußerungen, die sinnlos scheinen, sofern sie eines verständlichen propositionalen Inhalts entbehren, bringt die Zurückweisung symbolischer Substitution zum Ausdruck. Diese Reduktion der Sprache zum tönenden Ausdruck verweist auf das Gehört-Werden-Wollen, das im Klagen im Zentrum steht.

Die Analyse eines „Wolfsmann" genannten Patienten, die Freud von 1910 bis 1914 durchführt, leitet Freud zu der 1895 nicht näher behandelten Dynamik der Trauer und legt nahe, dass der Abbau sprachlicher Strukturen im Klagen einer metabolischen Logik entspricht. In der Analyse des „Wolfsmann" manifestiert sich die Exzessivität des Klagens, das wie bei Hiob nach Gehör verlangt, aber über jede konkrete Antwort hinausgeht und in keiner analytischen Auflösung Genüge findet. Die Erwiderung des Arztes, so wird in der „Wolfsmann"-Analyse deutlich, steht nicht parallel zu jener Gottes auf Hiob, das Klagen wird nicht beigelegt.

3 Stoffwechsel des Klagens

Der „Wolfsmann" wendet sich an Freud mit der „Hauptklage [.... .], daß die Welt für ihn in einen Schleier gehüllt sei, oder er durch einen Schleier von der Welt getrennt sei. Dieser Schleier zerriß nur in dem einen Moment, wenn beim Lavement der Darminhalt den Darm verließ" (GW 12, S. 106). Wie in den *Studien über Hysterie* misst Freud zunächst dem Symptom Bedeutung bei, nicht der es mitteilenden Klage, jedoch zeigt sich im Lauf der Analyse, dass das Leiden des „Wolfsmanns" sich in einem Inventar von Klageformeln artikuliert, die er in frühster Kindheit seiner Mutter entlehnt hat – gleichsam als Muttersprache des Klagens – und Symptome produziert, die zu den entlehnten

172 PRADE-WEISS

Klagen passen.[39] Was Freud nach dieser Aufklärung beunruhigt, ist ein Mangel an Klage:

> Als die Nachricht vom Tode der Schwester anlangte, erzählte der Patient, empfand er kaum eine Andeutung von Schmerz. Er zwang sich zu Zeichen von Trauer und konnte sich in aller Kühle darüber freuen, daß er jetzt der alleinige Erbe des Vermögens geworden sei. [...] Ich gestehe aber, daß diese eine Mitteilung mich in der diagnostischen Beurteilung des Falles für eine ganze Weile unsicher machte. [...] auf einen Ersatz für den unterbliebenen Schmerzausbruch vermochte ich nicht zu verzichten. (GW 12, S. 46f.)

Unter Trauer wird an dieser Stelle nicht vor allem ein Gefühl verstanden, sondern eine Äußerung. „Aus der Geschichte einer infantilen Neurose" streift den Tod der Schwester nur, in *Trauer und Melancholie* erwähnt Freud zwar den „Wolfsmann" nicht, vergleicht aber die beiden Positionen, die in dessen Analyse aufeinanderprallen: Diejenige Freuds, der auf Zeichen von Trauer besteht, mit derjenigen des Patienten, der sich dazu zwingen muss und statt dessen Tränen am Grab Lermontovs weint.[40] Die Gefühlsäußerungen des „Wolfsmannes" bedienen sich statt des konventionellen Vokabulars eines idiosynkratischen Inventars von Gesten und Formeln in, wie Freud in der Fallgeschichte formuliert, „Materialwandlung" (GW 12, S. 69): Der Ausdruck vollzieht sich je vermittels des eben verfügbaren, verschiebt sich darum jedoch auf Abseitiges und ins Unverständliche. *Trauer und Melancholie* geht der Verschiebung nach.

Die „Selbstanklagen der Melancholiker" sind das unversöhnliche, gewaltsame Medium einer Selbstzersetzung, da sie das Ich grammatisch nicht von dem damit identifizierten Objekt unterscheiden und der somit innerhalb des Ich ausgetragene Zwist die Identität in Zweifel zieht, die Kohärenz des in den Selbstanklagen formulierten Selbst. Wie beim Trauma als „Infiltrat" ist das Objekt nach der *„Identifizierung* des Ichs" (GW 10, S. 435) mit ihm in der Melancholie von diesem nicht mehr zu trennen, aber auch nicht mit ihm zu vereinen. Die Selbstanklagen des Melancholikers sind das Medium einer Auseinandersetzung zwischen den divergenten Teilen des Ich, die – anders

---

39 Vgl. GW 12, S. 108: „Dazwischen hatte sich also etwas verändert, auf dessen Spur wir durch die Verfolgung seiner Klage geführt wurden. Es stellte sich heraus, daß er die Worte: so könne er nicht mehr leben, jemand anderem nachgeredet hatte. [...] Die Klage, die er übrigens in seiner späteren Krankheit ungezählte Male wiederholen sollte, bedeutete also eine – Identifizierung mit der Mutter."

40 Vgl. GW 10, S. 45; zur Identifizierung Muriel Gardiner: Der Wolfsmann vom Wolfsmann. 2., korr. Aufl. Frankfurt/Main 1972, S. 51–53.

SPRACHVERZEHR

173

als die von Freud angeführte juridische Urszene suggeriert – durchaus nicht
auf Entscheid oder Versöhnung aus ist. Die Anklagen beurteilen und verurteilen das vom Ich ununterscheidbare Objekt, ziehen die „Verknüpfungen mit
diesem Objekt a[b]", indem sie „dieses entwerte[n], herabsetz[en], gleichsam auch erschl[a]g[en]" (GW 10, S. 445), und führen es auf dem Weg des
Aussprechens ab: „Der melancholische Komplex [...] entleert das Ich bis zur
völligen Verarmung." (GW 10, S. 440) Die „Selbstanklagen des Melancholikers"
vollziehen eine „der Trauer vergleichbare[ ] Arbeit, welche sein Ich aufzehrt",
weil die darin artikulierte Identifizierung kein bloßer Positionswechsel ist.
Die Substitution der zweiten oder dritten Person durch die erste ist keine
Übertragung, die durch Entstellung offenlegt wie etwa die in den *Studien
über Hysterie* diskutierten Klagen. Die Identifizierung des Ichs mit dem aufgegebenen Objekt entfaltet in den „Selbstanklagen der Melancholiker" die
Dynamik eines Metabolismus, eines Stoffwechsels von Aufnahme, Verzehr
und Ausscheidung.

Eine Objektbeziehung, die eine „Identifizierung" zulässt, steht Freud zu-
folge „auf narzißtischer Grundlage." Die Ähnlichkeit zum Ich war also bei
der „Objektwahl" entscheidend. Das trägt zur Erklärung bei, weshalb die
Selbstanklagen zum Teil das verlorene Geliebte meinen, zum Teil das Ich.
Grundsätzlich sieht Freud die „Identifizierung" mitnichten im Gegensatz zur
„Objektwahl", sondern nimmt an, „daß die Identifizierung die Vorstufe der
O[b]jektwahl ist und die erste, in ihrem Ausdruck ambivalente, Art, wie das
Ich ein Objekt auszeichnet. Es möchte sich das Objekt einverleiben, und zwar
der oralen oder kannibalischen Phase der Libidoentwicklung entsprechend
auf dem Wege des Fressens." (GW 10, S. 436) Der einverleibende Charakter der
„Vorstufe der O[b]jektwahl" begegnet im melancholischen Ausweichen in die
„Identifizierung" mit dem Objekt wieder. Die Ambivalenz der Einverleibung
auf dem Wege des Fressens als Aneignung und Vernichtung manifestiert sich
beim Melancholiker im Kontrast von Absicht und Resultat: Die Einverleibung
soll Rache am Liebesobjekt nehmen und es vertilgen, auf diesem Weg zugleich
verewigen und seinen Verlust verhindern, gerät jedoch zur Selbstaufzehrung,
die das Ich tilgt, das nichts verlieren sollte.[41] „Das Gegessene ißt zurück",

---

41 Den Konnex von Verewigung und Vernichtung „auf dem Wege des Fressens" untersucht
Freud bereits 1913 in *Totem und Tabu*: „Indem man Teile vom Leib einer Person durch den
Akt des Verzehrens in sich aufnimmt, eignet man sich auch die Eigenschaften an, welche dieser Person angehört haben." (GW 9, S. 101) Die Totenklage hat dabei Freud zufolge
„nicht den Charakter einer spontanen Teilnahme" (S. 183), sondern fungiert als apotropä-
isches Nachwort rituellen Verzehrs: „Nach der Tat wird das hingemordete Tier beweint
und beklagt. Die Totenklage ist eine zwangsmäßige, durch die Furcht vor einer drohen-
den Vergeltung erzwungene, ihre Hauptabsicht geht dahin, [...] die Verantwortlichkeit für

fasst Canetti die Logik solch unbeabsichtigter „Selbstverzehrung" in anderem Kontext zusammen.[42] In den ostentativen Selbstanklagen der Melancholie, die eigentümlich zutreffen und doch nicht bloß wahr sind, zeigt sich die Herkunft der „Urteilsfunktion", wie Freud sie 1925 beschreibt: „Sie soll einem Ding eine Eigenschaft zu- oder absprechen, und sie soll einer Vorstellung die Existenz in der Realität zugestehen oder bestreiten", um im Aussagesatz den Affekten ein Regulativ entgegenzuhalten. Sie sagt aber nichts gänzlich anderes als die „ältesten, oralen Triebregungen: das will ich essen oder will es ausspucken, […] das will ich in mich einführen und das aus mir ausscheiden."[43] Melancholische Selbstanklagen sind also nicht bloß desorganisiert und unverständlich, sondern pathologisch, da sie die sonst verborgene, kannibalistische Struktur des Weltbezugs offenlegen.

Wie nun fügt sich der Stoffwechsel der „Selbstanklagen der Melancholiker" zu den fehlenden „Zeichen von Trauer" um die Schwester, auf die Freud bei „Wolfsmann" nicht verzichten will? Mit Blick auf *Trauer und Melancholie* scheint es, als finde die Trauer um die Schwester keinen Ausdruck, weil der „Wolfsmann" nicht trauert, weil er keinen Schmerz empfindet, weil er seine Libido nicht aus ihren Verknüpfungen mit der Schwester abzieht, sondern die Schwester verschlingt und in sich weiterliebt, damit zugleich eine Konkurrentin um die Liebe des Vaters zum Verschwinden bringt,[44] dadurch jedoch sich selbst zersetzt und abführt. Dieser Stoffwechsel artikuliert sich in der „Hauptklage" des „Wolfsmanns" über die mangelnde Ausscheidung sowie in der Angst davor, gefressen zu werden (eigentlich: gefressen werden zu wollen).[45] Der „Wolfsmann" verschluckt die Totenklage um die Schwester, und klagt stattdessen über sich. Denn das seiner Mutter entlehnte Idiom der Klage ist Medium nicht der Verbindung mit anderen, sondern der Ersetzung und Erniedrigung seiner selbst. Die Depressionen und Klagen, derentwegen er Freud konsultiert, erscheinen mit *Trauer und Melancholie* als Momente im Prozess der Selbstaufzehrung, der das Ich abführt, das dem einverleibten Objekt

---

      die Tötung von sich abzuwälzen." (S. 170) *Totem und Tabu* rechnet noch nicht damit, dass die Klage Anteil hat an der Logik des Verzehrs und den Klagenden verändert.

42   Elias Canetti: Masse und Macht. 29. Aufl. Frankfurt/Main 2003, S. 422.

43   Sigmund Freud: Die Verneinung, GW 14, S. 9–19, hier: S. 13.

44   GW 10, S. 41: „Der Vater zog die Schwester unzweifelhaft vor, und er war sehr gekränkt darüber." Abraham und Torok vermuten, dass der „Wolfsmann" Zeuge des sexuellen Missbrauchs der Schwester durch den Vater wurde (Cryptonymie. Le Verbier de l'homme aux loupes. Paris 1976, S. 229–237). Es ist nicht entscheidbar, ob Freuds Rede vom „Vorzug" dies für sein Publikum oder sein Bewusstsein zensiert.

45   Vgl. GW 12, S. 140f.: „Das Sexualziel dieser Phase könnte nur der Kannibalismus, das Fressen sein; es kommt […] in der Angst zum Vorschein: vom Wolf gefressen zu werden. Diese Angst mussten wir uns ja übersetzen: vom Vater koitiert zu werden."

SPRACHVERZEHR

unterlegen war – in der Melancholie, aber schon in der Liebe des Vaters. Wie die Sprache des Klagens im Aussprechen zur Affektabfuhr gereicht, so wird sie in der Melancholie zum Mittel der Ichabfuhr, gerade da das Ich vor dem Schmerz des Verlusts bewahrt werden soll. Der melancholische Stoffwechsel des Klagens bewirkt den Selbstverzehr desjenigen, der spricht, auf dem Weg eines Sprachverzehrs. Das wird in Freuds revidierter Theorie der Trauer von 1932 deutlich. Diese Struktur verzehrt aber auch die bereits 1895 fragliche Differenz zwischen gesunden und pathologischen (Toten-)Klagen.

Gegen Ende von *Trauer und Melancholie* schreibt Freud 1915:

> Es spricht sich nun rasch aus und schreibt sich leicht nieder, daß die ‚unbewußte (Ding-) Vorstellung des Objekts von der Libido verlassen wird.' [...] in den Analysen kann man oft feststellen, daß bald diese, bald jene Erinnerung aktiviert ist, und daß die gleichlautenden, durch ihre Monotonie ermüdenden Klagen doch jedes Mal von einer anderen unbewußten Begründung herrühren. Wenn das Objekt keine so große, durch tausendfältige Verknüpfung verstärkte Bedeutung für das Ich hat, so ist sein Verlust auch nicht geeignet, eine Trauer oder eine Melancholie zu verursachen. (GW 10, S. 443)

Das Durcharbeiten geschieht nicht vermittels der Darstellung des jeweiligen Eindrucks, sondern in stehenden Formeln. Freud beschränkt diese Erläuterung nicht auf die Melancholie, sondern stellt den „Normalaffekt der Trauer" und seine Störung an dieser Stelle nebeneinander. Totenklagen bedienen sich wie die Klagen und „Selbstanklagen der Melancholiker" eines unveränderten Wortlautes, um bei jeder Verlautbarung ein anderes als das Verbalisierte zu meinen. Diese Lösung der Funktion der Rede von ihrer wörtlichen Referenz ist aus der Sprache des Rituals bekannt. Wie rituelle Formeln leihen Klagen in der Analyse der Trauer nicht solche Worte, die das je Betrauerte darstellen, um es zu evozieren, sondern Worte, die es als verloren, unwiederbringlich und unersetzlich ausweisen, indem sie es gerade nicht zur Erscheinung bringen. „Lamentation establishes the event of loss", wie Saunders schreibt: „Lamentation disorders the symbolic. [...] grief expressed in the lamentation, which rejects language as a replacement for the lost object and refuses to accept a sign as compensation for loss, contests the representational claims of language."[46]

---

46 Rebecca Saunders: Lamentations and Modernity: Literature, Philosophy, and Culture, New York 2007, S. xv, xvii.

Die „gleichlautenden, durch ihre Monotonie ermüdenden Klagen" bemühen sich nicht um Wiederherstellung des Verlorenen durch Ersatz. Die Lösung der Verknüpfung von Libido und „Vorstellung des Objektes", die das Ich in der Trauer Freud 1915 zufolge erreichen soll, ist in der Sprache des Klagens bereits vollzogen, sofern diese von der Referenz absieht und ihr Wortlaut gar keinen Einzeleindruck schildern soll. In dieser Tilgung der Referenz aus der Sprache des Klagens weist der „Normalaffekt der Trauer" keinen deutlichen Unterschied auf zur Referenzverschiebung in den „Selbstanklagen der Melancholiker", darum sind Trauer und Melancholie an dieser Stelle bei Freud nicht unterschieden. Das heißt, es ist nicht sicher entscheidbar, ob der Ersatz von Tränen um die Schwester durch Tränen am Grab Lermontovs ein „Zeichen von Trauer" um die Schwester ist, wie Freud in der Analysegeschichte des „Wolfsmanns" anzunehmen geneigt ist, oder Zeichen des Verzichts auf die Trauer um sie, die stattdessen dem Ich zuteil wird, wie *Trauer und Melancholie* nahelegt. Der Stoffwechsel des Klagens verzehrt die Stabilität der sprachlichen Strukturen, die erlauben würden zu unterscheiden, wer wann worüber klagt, und wovon „Zeichen von Trauer" zeugen.

Freuds Erläuterung der monotonen Klagen als sukzessiver Abzug der Libido von einer „unbewußte[n] (Ding-) Vorstellung" wirft eine Schwierigkeit auf: Diese Vorstellung ist kein Äußerliches, welches das Ich verlassen, von dem die Libido ins Ich zurückgezogen werden könnte, sondern eben dort: im Ich. Das heißt, dass der in *Trauer und Melancholie* als Verzicht und Abzug geschilderte Prozess nichts anderes ist oder wäre, als eine Verdrängung. Denn diese besteht Freud zufolge darin, einer „unbewußte[n] (Ding-) Vorstellung" keine entsprechende „Wortvorstellung" zuzuordnen, so dass sie nicht zur Sprache kommen kann. (GW 10, S. 300) Das heißt, es gelingt nicht, die Trauer am Kriterium der Verinnerlichung des Verlorenen von der Melancholie zu unterscheiden. Und das bedeutet, dass der Sprachverzehr als Folge der Einverleibung nicht allein in der Struktur der Melancholie anzutreffen ist, sondern ebenso auch in jener der Trauer.

1923 überarbeitet Freud die Topik der Psyche und generalisiert die 1915 entwickelte Struktur der Melancholie so, dass Libidoabzug vom Objekt und Verinnerlichung des Objektes nicht mehr als Polarität von „Normalaffekt" und Pathologie erscheinen, sondern als zwei Aspekte des selben Prozesses:

> Es war uns gelungen, das schmerzhafte Leiden der Melancholie durch die Annahme aufzuklären, daß ein verlorenes Objekt im Ich wieder aufgerichtet, also eine Objektbesetzung durch eine Identifikation abgelöst wird. [...] Wir haben seither verstanden, daß eine solche Ersetzung einen großen Anteil an der Gestaltung des Ichs hat und wesentlich dazu

SPRACHVERZEHR

beiträgt, das herzustellen, was man seinen *Charakter* heißt. [...] Vielleicht erleichtert oder ermöglicht das Ich durch diese Introjektion, die eine Art Regression zum Mechanismus der oralen Phase ist, das Aufgeben des Objekts. Vielleicht ist diese Identifizierung überhaupt die Bedingung, unter der das Es seine Objekte aufgibt.[47]

Nicht allein Melancholiker geben Objekte auf, indem sie die Objektbesetzung verinnerlichen, sondern der „Charakter des Ichs" entsteht generell als Spur der einverleibten aufgegebenen Objektbesetzungen. Ein Liebesobjekt verloren geben, heißt demnach immer, die Liebe zum Objekt verinnerlichen. Den Normalfall unterschiede nun vom pathologischen, dass das Ich nicht entleert wird, sondern – wie es dem biologischen Verständnis des Stoffwechsels entspricht – durch „Niederschlag" des Inkorporierten allererst entsteht. Freud verfolgt aber 1923 nicht die Differenz zwischen pathologischem und Normalfall, sondern die Dynamiken der „Gestaltung des Ichs." Bemerkenswert erscheint dabei, dass die Ersetzung der „Objektbesetzung durch eine Identifikation", die ihrerseits nichts anderes ist als eine Substitution des Objekts durch das Ich, dieses keineswegs außer Kraft setzt, sondern formt. Der „Charakter des Ichs" entsteht durch eine Unentscheidbarkeit zwischen Positionen, wie sie der Sprachverzehr in der Melancholie mit sich bringt, der keine Gewissheit darüber zulässt, wer mit wessen Worten worüber klagt und was „Zeichen von Trauer" bezeugen. Abraham und Torok greifen Freuds Unterscheidung von Trauer und Melancholie auf, um die „Introjektion" des Verlusts (die es in den Mund nimmt, „schluckt", also hinnimmt, und als Ersatz vom Verlorenen redet) zu unterscheiden von der „Inkorporation", die das Verlorene in den Mund nimmt, um *nicht* zu trauern, keinen Verlust anzuerkennen, sondern es in sich aufzubewahren.[48] Signifikant ist jedoch, dass die Sprache des Klagens, die dabei im Mund geführt wird, kaum Aufschluss darüber gibt, welche Prozesse sie vollzieht. – Ob im Regel- oder im pathologischen Fall, die Sprache des Klagens zeugt stets von Schmerzen, besteht in repetitiven Formen, besteht darauf, Gehör zu finden, da sie sich von Antwort und Austausch verlassen sieht, und bringt Überwältigung zum Ausdruck, die zur Darstellung in Aussagen weder Distanz noch Luft lässt, formuliert sich also auf dem Weg der Fragmentierung konventioneller Sprachstrukturen. Dieser Sprachverzehr ist nicht dysfunktional, sondern zentral in der (Um-)Formung des Ich im Angesicht von Verlusten

---

47   Sigmund Freud: Das Ich und das Es, GW 13, S. 235–289, hier: S. 256f.

48   Nicolas Abraham, Maria Torok: Deuil ou mélancolie. Introjecter – incorporer, in: L'Écore et le noyau, hg. v. Nicolas Rand, Paris 2001, S. 259–275.

und Schmerzen, ebenso wie Klagerituale ein liminales Mittel sind, das auf dem Weg sprachlicher Desorganisation eine soziale Reorganisation bewirken soll.[49]

Beunruhigend ist nicht, dass Klagen nicht gerade heraus konstatieren, worauf sie aus sind, sondern auf Gehör und Erwiderung bestehen, und keine Distanz zulassen wollen. Beunruhigend ist, dass im (post-)modernen Paradigma authentischer Innerlichkeit[50] neben der desorganisierten Klage, die eigentlich eine Anklage ist, die nicht trauert, und die Hinnahme des Verlusts verweigert, anders als bei Freud auch in der Psychotherapie gegenwärtig keine Sprache des Klagens denkbar scheint,[51] die jene Trauerarbeit zu vollziehen imstande wäre, die nötig wird durch Tote und Schmerzen sowie generationenübergreifende Traumata wie Krieg, Genozid und Klimawandel.

---

49   Vgl. C. Nadia Seremetakis: The Last Word: Women, Death, and Divination in Inner Mani, Chicago, London 1991, S. 44: *The construction of self and sentiment in the lament performance is an ongoing social process.*

50   Zum Konflikt von Ritualität und Moderne vgl. James M. Wilce: Crying Shame: Metaculture, Modernity, and the Exaggerated Death of Lament, Chichester 2009, S. 100ff.

51   Klagen und Jammern sind aus dem aktuellen psychiatrischen Vokabular verschwunden, das aktuelle diagnostische Handbuch DSM-5 von 2015 verzeichnet sie nicht. Ältere Literatur beschreibt dagegen die „Ausdrucksform affektiver Störungen" als Symptom; Hartmann Hinterhuber: Die psychiatrische Dimension der Klage, in: Der Mensch in seiner Klage. Anmerkungen aus Theologie und Psychiatrie, hg. v. Ders. u.a., Innsbruck, Wien 2006, S. 9–20, hier: S. 15.

Wer frisst wen?

Kritischer Kannibalismus in Literaturkritik und Literaturwissenschaft

Christoph Schmitt-Maaß

Abstract

Walter Benjamins Gleichsetzung von Kannibale und Literaturkritiker fokussiert die Fragestellung nach dem ‚Ursprung' von Literaturkritik, und zwar sowohl hinsichtlich der historischen wie der praxeologischen Koordinaten. Dieser Vergleich ist ein Ausgangspunkt, von dem aus der analytische Mehrwert von ‚kritischem Kannibalismus' bestimmt werden soll. Am Ende erweist sich, dass der zunächst abstoßende Vergleich Benjamins sehr präzise beschreibt, wie ‚Literaturkritik' seit der Frühaufklärung funktioniert hat, und wie sie – unter sich wandelnden Vorzeichen – noch im Zeitalter der Marktwirtschaft die Ausdifferenzierung von ‚journalistischem' Rezensionswesen und ‚akademischer' Philologie darstellbar macht.

1928 spitzt Walter Benjamin *Die Technik des Kritikers in dreizehn Thesen* (enthalten in der *Einbahnstraße*) zu, indem er einen Vergleich anführt,[1] der ob seiner ‚Unappetitlichkeit' zunächst schockiert: „Echte Polemik", behauptet Benjamin, „nimmt ein Buch sich so liebevoll vor, wie ein Kannibale sich einen Säugling zurüstet."[2] Doch geht es Benjamin um mehr als den bloßen ‚Choc.' Die Gleichsetzung von Kannibale und Literaturkritiker fokussiert die Fragestellung nach dem ‚Ursprung' von Literaturkritik, und zwar sowohl hinsichtlich der historischen wie der praxeologischen Koordinaten.[3] Benjamins Vergleich ist ein Ausgangspunkt, von dem aus im Folgenden der analytische Mehrwert

---

1 Es handelt sich streng genommen um einen heterogenen Vergleich, und nicht um eine Metapher. Doch beruht der Vergleich wie die Metapher auf Ähnlichkeit, die in einem gemeinsamen Dritten (*tertium comparationis*) gegeben ist; daher gibt es auch die seit Quintilian gängige Definition der Metapher als ‚verkürzter Vergleich.'

2 Walter Benjamin: Einbahnstraße (1928), in: Ders.: Gesammelte Schriften. 10 Bde, hg. v. Wolfgang Tiedemann, Karl Schweppenhäuser, Bd. IV, Frankfurt/Main 1974–1999, S. 85–146, hier: S. 108. Künftig unter der Sigle GS mit Bandnummer und Seitenzahl im Text zitiert.

3 Vgl. dazu Christoph Schmitt-Maaß: Kritischer Kannibalismus. Eine Genealogie seit der Frühaufklärung, Bielefeld 2019.

© KONINKLIJKE BRILL NV, LEIDEN, 2021 | DOI:10.1163/9789004439146_010

von ‚kritischem Kannibalismus' bestimmt werden soll. Am Ende erweist sich, dass der zunächst abstoßende Vergleich Benjamins sehr präzise beschreibt, wie ‚Literaturkritik' seit der Frühaufklärung funktioniert hat, und wie sie – unter sich wandelnden Vorzeichen – noch im Zeitalter der Marktwirtschaft die Ausdifferenzierung von ‚journalistischem' Rezensionswesen und ‚akademischer' Philologie darstellbar macht. Benjamin reflektiert diese Tatsache, arbeitet aber in seiner eigenen literaturkritischen Praxis – und nicht zuletzt deshalb eignet seiner Polemik ein hoher diagnostischer Wert – gegen die Ausdifferenzierung von Literaturkritik und Literaturwissenschaft an.

Benjamin gibt selbst Möglichkeiten der weiteren Ausdeutung seiner polemischen Bemerkung. Die in den *Dreizehn Thesen* bemühten Begriffe ‚rüsten', ‚opfern', ‚richten' und ‚vernichten' oder auch ‚Kampf', ‚Rüstung' und ‚Waffe' öffnen den Blick auf Wortfelder, die die Tätigkeit des Kritikers (zumindest metaphorisch) in die Nähe des Kriegers, des Scharfrichters und des Schlächters rücken. Zudem setzt Benjamin in der *Einbahnstraße* Bücher und Dirnen gleich und folgert: „sie haben jedes ihre Sorte Männer, die von ihnen leben und sie drangsalieren. Bücher die Kritiker." (GS IV, S. 109) Aus dieser Gemengelage lassen sich folglich drei Praktiken herausarbeiten, die den operationalen Ursprung der Literaturkritik erhellen. Zunächst inspiziert der Kritiker das zu Kritisierende nach seinem äußeren Anschein, und auch der erste Blick ins Buchinnere gilt Äußerlichkeiten – diese ‚oberflächliche' Bibliophilie ist die uneingestandene Voraussetzung von Literaturkritik.[4] Sodann dringt der Literaturkritiker tiefer in seinen Gegenstand ein – er seziert die formalen Gründe, aus denen ihm das literarische Opus schön oder abstoßend erscheint. Anschließend verleibt er sich das Werk ein, indem er seinerseits zum Produzenten wird und eine eigene Literaturkritik verfasst; er nimmt also das besprochene Werk zum Anlass, selbst einen Text zu produzieren. Der Literaturkritiker bedient sich folglich dreier Praktiken, um seine ‚Speise' zu handhaben: des Liebens, Tötens und Verzehrens (GS IV, S. 109f., 87, 106).[5] ‚Kannibalismus' verliert unter dieser Perspektive seine anfänglich sensationalistische Wirkung und seine negative Bedeutung, da nicht allein alimentäre, sondern auch politische, magische, rituelle und therapeutische Inhalte angesprochen sind – ‚kritischer

---

4 Das bestätigt noch für die Literaturkritik unserer Tage der Praktiker Volker Hage: Der nackte Text. Bevor wir lesen, in: Ders.: Kritik für Leser. Vom Schreiben über Literatur, Frankfurt/Main 2009, S. 17–19.

5 Zur semantischen Vielschichtigkeit von ‚Liebe' vgl. Ulrich Pfisterer: Kunst-Geburten. Kreativität, Erotik, Körper in der Frühen Neuzeit, Berlin 2014, S. 14f.

WER FRISST WEN?　　　　　　　　　　　　　　　　　　　　181

Kannibalismus' ist also nicht als inhumanes Verhalten zu verurteilen, sondern als zutiefst kulturelles Verhalten anzuerkennen.[6]

1　　Walter Benjamins ‚Kritischer Kannibalismus'

Ohne liebevoll-umständliches Einlassen auf einen Text ist nach Benjamin Erkenntnis nicht möglich. Im Text erkennen wir Teile unseres Selbst wieder – wir lesen uns selbst. Wer liest, „stößt […] auf Fragmente des eigenen Daseins" (GS II, S. 436), schreibt Benjamin in seinem *Kafka*-Aufsatz. Lesen ist für Walter Benjamin folglich kein Akt der Entspannung, vielmehr betreibt er Lektüre mit theologischer Ernsthaftigkeit.[7] Das Interesse des Lesers Benjamin gilt dabei jener Spur, die neben dem Text herläuft: „Was nie geschrieben wurde, lesen" (GS II, S. 213) heißt für Benjamin, aus dem Geschriebenen das Ungeschriebene herauszulesen, herauszulösen.

Diese Lektürepraxis gilt auch für Benjamins Literaturkritiken. Benjamin hat mehrmals betont, dass es ihm nicht leicht falle, zügig zu schreiben – auch keine Rezensionen.[8] Das Lesen des Kritikers unterscheidet sich hierin nicht von der Lektüre des Forschers, oder besser: Kritik *ist* für Benjamin Forschung. Walter Benjamins literaturkritisches Lesen folgt damit einer doppelten Spur: der Leser kehrt zum einen immer wieder zu einem Text zurück, zum anderen lässt sich ein Text immer wieder neuen Lektüren unterziehen.

In einer für Benjamin typischen dichten Sprache heißt das, mutmaßlich bezogen auf die Lektüre von Kriminalromanen:

> Es gibt Menschen, und darunter solche, die eine ganze Bücherei besitzen, die niemals recht an ein Buch herankommen, weil sie nichts zum zweiten Mal lesen. Und doch ist es nur dann, daß man wie klopfend ein Gemäuer

---

6　Claude Lévi-Strauss: Wir sind alle Kannibalen, in: Ders.: Wir sind alle Kannibalen. Aus dem Französischen v. Eva Moldenhauer, hg. v. Maurice Olender, Frankfurt/Main 2014, S. 149–160, hier: S. 157. Für einen literatur- und kulturwissenschaftlichen Überblick zur Anthropophagie-Forschung vgl. Daniel Fulda: Einleitung: Unbehagen in der Kultur, Behagen in der Unkultur. Ästhetische und wissenschaftliche Faszination der Anthropophagie. Mit einer Auswahlbibliographie, in: Das Andere Essen. Kannibalismus als Motiv und Metapher in der Literatur, hg. v. Daniel Fulda, Walter Pape, Freiburg/Breisgau 2001, S. 7–50.

7　„Sein [Walter Benjamins] Essayismus ist die Behandlung profaner Texte, als wären es heilige." Theodor W. Adorno: Über Walter Benjamin, Frankfurt/Main 1968, S. 16.

8　Vgl. Benjamins Brief vom 3.4.1935 an W. Kraft, in: Walter Benjamin: Gesammelte Briefe. 6 Bde, hg. v. Christoph Gödde, Henri Lonitz, Frankfurt/Main 1995–2000, hier Bd. V, S. 69. Künftig unter der Sigle GB mit Bandnummer und Seitenzahl im Text zitiert.

absucht, und stellenweise auf einen hohlen Widerhall trifft, einhält und auf Schätze stößt, die der frühere Leser, der wir doch einst gewesen sind, in ihr vergraben hat. (GS VI, S. 205)

Die Benjamin'sche Metapher vom Wiederfinden des schon immer Dagewesenen bringt zwei Erfahrungsbereiche im Modus des Lesens zusammen: die Erinnerung und die Sehnsucht. Beide bündeln sich in einer Haltung dem Text gegenüber, die ich Liebe nennen möchte. Sie – die im Wieder-Lesen sich bewährende Liebe zum Text – ist der Ausgangspunkt des Literaturkritikers Benjamin im Umgang mit dem Text, ist Motivation und Erfüllung literaturkritischer Arbeit zugleich.

Die Liebe zum Lesenswerten verknüpft sich mit der Liebe zum Sammelnswerten. Der Grundstock von Benjamins Kinderbuchsammlung entstammt einem ersten großen „Raubzug" aus der Bibliothek seiner Mutter und damit aus seiner eigenen Kinderbibliothek (GB I, S. 467).[9] Zeit seines Lebens beschäftigt sich Benjamin mit der Frage, was die Leidenschaft des Sammelns ausmache. Er konstatiert an dieser „spezifischen Verhaltensweise des Geistes"[10] das Moment der Leidenschaft, mit der Einschränkung, dass die Sammelleidenschaft nicht ans Chaos, sondern an die Erinnerung grenze (GS IV, S. 388): „Dem Sammler ist in jedem seiner Gegenstände die Welt präsent. Und zwar geordnet. Geordnet aber nach einem überraschenden, ja dem Profanen unverständlichen Zusammenhange." (GS III, S. 216f.) Erinnerung und Leidenschaft werden somit zu Schlüsselbegriffen zum Verständnis des Sammelns und zu Konstituenten des sich im Sammeln verwirklichenden Glücks. Erst wenn sich die Erinnerung an den Erwerb des Sammlungsobjektes einstellt, erst wenn die Leidenschaft für den Gegenstand wiederhergestellt ist, ist das Glück erreichbar. Das Glück liegt im Kampf gegen die Zerstreuung: der Sammler „vereint das Zueinandergehörige" (GS V, S. 279).

Als geradezu typischen Vertreter des Sammlers präsentiert Benjamin Eduard Fuchs. Dessen besondere Qualität als Sammler liege darin, dass er sich nicht von Namen oder Wert habe leiten lassen, sondern nur „vom Objekt selber" (GS II, S. 503). Der Sammler erscheint damit als ein in besonderer Weise zum Lieben Befähigter, dessen Sammlung die Kontinuität der eigenen Biographie gewährleistet. Für den sammelnden Literaturkritiker bedeutet das ein immer neues Einlassen auf Altbekanntes.

---

9   W. Benjamin an E. Schoen, Brief vom 31.7.1918.

10   Wolfgang Schlüter: Walter Benjamin. Der Sammler und das geschlossene Kästchen, Darmstadt 1993, S. 13.

Mitnichten handelt es sich dabei um eine ätherische Beziehung, die frei von Leiblichkeit wäre. Benjamin denkt Prostitution und ‚Kollektionismus' zusammen. So wie die Dirnen von Zuhältern, so würden die Bücher von Kritikern drangsaliert (GS II, S. 109). Damit verweist er auf die Leiblichkeit des Buches – „Bücher und Dirnen lieben es, den Rücken zu wenden, wenn sie sich ausstellen" (GS II, S. 110) –, kennt aber aus eigener Erfahrung die Gefahr der Vergänglichkeit des geliebten Gegenstandes: seine Kinderbuchsammlung verlor er bei der Scheidung an Dora Benjamin, große Teile seiner Bibliothek musste er bei seiner Flucht in Deutschland zurücklassen.

Das Stichwort von der körperlich fassbaren Liebe zu Büchern wie zu Dirnen eröffnet die Möglichkeit, die diskursive Praxis mythengeschichtlich zu verorten: Benjamins Auffassung von Literaturkritik als Kulturkritik liegt der Pygmalion-Mythos zugrunde, der mit dem Midas-Mythos kontrastiert. Während der liebende Pygmalion als Metapher für die kunstkritische Richtung der Kulturkritik dient, repräsentiert Midas die kunsttötende Richtung der Kulturkritik – erinnert sei an die Symbolisten oder auch den von Benjamin konstatierten ‚Auraverlust' des reproduzierbaren Kunstwerks.

Damit wäre dialektisch Benjamins Position als literaturkritischer Leser auf-gerissen: er gehört jenen ihren Reflexionsgegenstand liebenden Kunstrichtern an, die durch Pygmalion charakterisiert sind. Diese Liebe ist aber durchaus leiblich gemeint: das Moment des Eros tritt hinzu. Der Eros wird sich nicht untreu, ist doch der Mensch nach Benjamins Auffassung nur schön für den Liebenden, nicht für sich selbst (GS I, S. 211). Hier findet das romantische Erbe seinen Ausdruck, dessen Diktionen Benjamin in seiner Dissertation untersucht und untersuchend nachvollzogen hatte. Seine Feststellung, dass Kunstkritik immer ein „wenn auch geringeres Moment im Fortleben der Werke" (GS IV, S. 15) darstelle, rückt ihn in die Nähe der romantischen Kunstkritik. Diese Positionierung wird durch kunstkritische Forderungen gestützt, denen zufolge „die Beurteilung der Werke an ihren immanenten Kriterien" (GS I, S. 72) festzu-machen sei. Mit dem Begriff des „Reflexionsmediums" gelingt es Benjamin, die romantische Begründung der Autonomie von Kunstwerken zu verdeutlichen und sich zugleich in eine – durch Nachweis eines durch reflexionstheoreti-sche Prämissen abgesicherten Wissenschaftsbegriffs – romantische Tradition einzureihen.[11]

---

11   Sicherlich schreibt Benjamin aber nicht einfach die romantische Kunstkritik weiter (Michael W. Jennings: Dialectical Images. Walter Benjamin's Theory of Literary Criticism, Ithaca, London 1987, S. 183), sondern reichert sie an, aktualisiert sie und stellt sie in einen geschichtlichen Zusammenhang.

Benjamin bezieht jedoch auch kritisch Position zum literaturkritischen Programm der Romantik. Der romantischen Tradition der „Erweckung des Bewußtseins in den lebendigen Werken" (GS I, S. 357) hält er im *Trauerspielbuch* (1928) sein Programm der Kritik entgegen: „Kritik ist Mortifikation der Werke. [...] nicht also – romantisch – Erweckung des Bewußtseins [...], sondern Ansiedlung des Wissens, in ihnen." (GS I, S. 357) Kritik versteht er so als die Distanzierung der Erklärungskontexte im ästhetischen Nachvollzug. Damit ist der entscheidende Schritt angesprochen, der den nächsten Diskurs anschneidet: jenen des Tötens.[12]

Mit dem Diskurs des Sammelns ist jener des Jagens dialektisch verbunden: beide sind Vorbedingungen des Tötens. Im Diktum der Mortifikation der Werke distanziert sich Benjamin von seiner frühen, der Romantik geschuldeten Auffassung von liebender Literaturkritik: „Wir müssen uns über unsre eigne Liebe erheben und, was wir anbeten, in Gedanken vernichten können, sonst fehlt uns ... der Sinn für das Unendliche.' In diesen Äußerungen hat Schlegel sich über das Zerstörende der Kritik, über ihre Zersetzung der Kunstform, deutlich ausgesprochen." (GS I, S. 85) Durch die Mortifikation erhofft sich Benjamin die Trennung von Sach- und Wahrheitsgehalt, die erst dann sinnvoll ineinander einzugehen vermögen. (GS VI, S. 174) Damit fallen für Benjamin Kritik und Kommentar – im *Hölderlin*-Aufsatz noch ineinandergeschmolzen – auseinander: Erstere „sucht den Wahrheitsgehalt eines Kunstwerkes", letzterer „seinen Sachgehalt" (GS I, S. 125).[13]

Für den Kritiker vollzieht sich ein wesentlicher Umbruch: In der Kategorie des „Ausdruckslosen" gewinnt die Unterscheidung von „Schein" und „Wesen" eines Kunstwerkes unmittelbar Gestalt (GS I, S. 181).[14] Dem Kritiker ist um das Wesen der „großen Werke" angelegen.

---

12   Liska verbindet auf besonders eloquente Weise die Darstellung ihres Begriffs von Benjamins Theorie der Literaturkritik mit einer Abrechnung postmoderner Theoretiker, die Benjamins Idee der Mortifikation missdeutet hätten, um eigene Gedankengebäude zu rechtfertigen, vgl: Vivian Liska: Die Mortifikation der Kritik. Zum Nachleben von Walter Benjamins Wahlverwandtschaften-Essay, in: Spuren, Signaturen, Spiegelungen. Zur Goethe-Rezeption in Europa, hg. v. Bernhard Beutler, Anke Bosse, Köln 2000, S. 581–599, hier: S. 593f.

13   Jennings u.a. haben darauf verwiesen, dass der Kommentar der Kritik vorausgeht (vgl. Jennings [Anm. 11], S. 181). Im *Hölderlin*-Aufsatz hingegen ist der Kommentar für Sach- wie Wahrheitsgehalt zuständig.

14   Auf die äußerst komplexe Sprachtheorie Benjamins, die die Grundlage für seine Ausführungen zur Mortifikation bildet, kann hier nicht näher eingegangen werden. Nur so viel: Durch den Nachweis der medialen Struktur der Sprache kann Benjamin dem erkenntnistheoretischen Dualismus von Subjekt und Objekt den Boden entziehen.

Durch die Kritik vollzieht sich in den Werken eine Metamorphose: Das Moment der historischen Wiederkehr wird sichtbar gemacht. (GS I, S. 919) Die Kritik verhilft dem Werk also zu einer Wiedergeburt oder anders ausgedrückt: Die Mortifikation der Werke ist zwangsläufig die Bedingung ihres Fortlebens. (GS VI, S. 172) Ein solchermaßen definierter Lektürebegriff scheidet den Sammler als Leser ebenso wie den Kritiker als Leser vom ‚gewöhnlichen' Leser – beide sind am ehesten noch mit dem Schriftsteller vergleichbar. (GS IV, S. 390)

Es existieren also zwei Kritik-Begriffe: neben dem pygmalionischen, den durch Liebe Leben erweckenden (Romantik) auch der midäische, der durch die Auseinandersetzung, die Berührung tötet, (Antiromantik).[15] Letzerer praktiziert eine Abtötung des Kunstwerkes, um zu dessen ‚wahren' Qualitäten vorzustoßen. Stellt man diese Einsicht aber zunächst zurück, so lässt sich festhalten, dass Benjamin weniger vom Töten als vielmehr vom Sezieren spricht. Die Mortifikation soll bekanntlich durch die Analyse erreicht werden. Damit reiht sich Benjamin in die lange Reihe derer ein, die sich auf die cartesianische Tradition berufen und das Objekt der Erkenntnis als zusammengesetzt auffassen. Um über dessen Funktion etwas zu erfahren, muss der Gegenstand des Interesses seziert werden. Was bedeutet ‚Sezieren' im Zusammenhang des ‚kritischen Kannibalismus'?

Der sezierende Blick des Literaturkritikers Benjamin richtet sich auf das philologische Detail.[16] Benjamin löst dazu Kants *Kritik der Urteilskraft* in eine Kritik der Sprache auf, d.h. dass die Kritik am Kunstwerk die Struktur des Gehalts offen legt. (GS I, S. 195f.) Auf diese Weise ist es Benjamin möglich, die „Geburt der Kritik aus dem Geiste der Kunst" herzuleiten. (GS I, S. 952)

Benjamins philologisches Interesse richtet sich besonders auf das Moment der Allegorie: „Das allegorische Kunstwerk trägt die kritische Zersetzung gewissermaßen schon in sich." (GS I, S. 952) Allegorie ist bei Benjamin definiert als kritisches Wissen im Unterschied zum schönen Schein. Sie ist immer historisch bedingt, gibt sich als solche aber auch zu erkennen.

---

15   Vgl. Mathias Mayer: Midas statt Pygmalion. Die Tödlichkeit der Kunst bei Goethe, Schnitzler, Hofmannsthal und Georg Kaiser, in: Deutsche Vierteljahrsschrift für Literaturwissenschaft und Geistesgeschichte 64 (1990), S. 278–310.

16   Asman hat darauf hingewiesen, dass Sprachtheorie und Literaturkritik bei Walter Benjamin zusammenfallen, vgl. Carrie Asman: Benjamins gestische Kritik. Eine sprachphilosophische Geschichte, in: Global Benjamin. Internationaler Walter-Benjamin-Kongress, hg. v. Klaus Garber, München 1992, S. 252–265, hier: S. 252.

Die Allegorie ist nach Benjamin die Methode, die die Literaturkritik „aufs tiefste prägt."[17] Sie zeichnet sich durch zwei Momente aus: die Montage und die Häufung von Bildern. Begreift man – wie Benjamin im *Trauerspielbuch* – die Allegorie als zum Bilde drängende Schrift (GS I, S. 339) und die Häufung von Bildern als „Bilderspekulation" (GS I, S. 522), so wird ein weiteres Mal offensichtlich, wie ambivalent Benjamins Begriff der Kritik ist: ging es in den *Wahlverwandtschaften* noch um die Durchdringung der Struktur des Kunstwerkes, so gilt hier das Wort von deren Zerschlagung. Benjamin spricht vom „zerstückelnde[n], dissoziierende[n] Prinzip" der „allegorischen Anschauung" (GS I, S. 382), an anderer Stelle tauchen die Schlagworte „Stückelung" (GS I, S. 361) und „Entseelung" (GS I, S. 358) auf.

Das Verhältnis von Philologie und Kritik steht in einem kongruenten Verhältnis zu jenem von Sach- und Wahrheitsgehalt.[18] Unter Philologie versteht Benjamin weniger den „Schein der geschlossenen Faktizität, der an philologischen Untersuchungen haftet" (GB VI, S. 185),[19] als vielmehr eine Einbeziehung geschichtlicher Darstellung in sprachliche Untersuchungen. Adornos Vorwurf der „staunenden Darstellung der Faktizität" begegnet Benjamin, wenn er jene als „echt philologische Haltung" (GB VI, S. 184) charakterisiert: Vermittels der „Durchdringung von historischer und kritischer Betrachtung" wird die Philologie von der Kritik abgelöst und Literatur zum „Organon der Geschichte" (GS III, S. 289f.). Um das Innere von Literatur darstellen zu können, „ringt" die Kritik mit den Werken, „nicht jedoch zu Kosten des Dichterischen" (ebd.).

Dieses Verfahren – von Bernd Witte als „allegorische Kritik"[20] bezeichnet – richtet den Blick „in die Sprachtiefe" (GS I, S. 376)[21] und lässt die so entstandenen Bruchstücke in neuen Konfigurationen wieder zusammentreten. Der Mortifikation geht also die zergliedernde Analyse voraus, dem Töten das

---

17 Bernd Witte: Walter Benjamin – Der Intellektuelle als Kritiker, Stuttgart 1976, S. 125. Auch Asman sieht den Zusammenhang von Literaturkritiker und Allegoriker, vgl. Asman [Anm. 16], S. 252.

18 Vgl. Uwe C. Steiner: Die Geburt der Kritik aus dem Geiste der Kunst. Untersuchungen zum Begriff der Kritik in den frühen Schriften Walter Benjamins, Würzburg 1989, S. 221.

19 W. Benjamin an T. W. Adorno, Brief vom 9.12.1938.

20 Witte [Anm. 17], S. 130.

21 Auf Benjamins äußerst komplexen und – wie er selbst zugibt – ebenso eigenwilligen Sprachbegriff kann hier nicht näher eingegangen werden. Ich möchte nur an die Theorie erinnern, die Benjamin in der Aufgabe des Übersetzers formuliert: daß nämlich der Philologe sich weniger um die Details, als vielmehr um die „ideengeschichtliche Intention" zu kümmern habe. Walter Benjamin: *Die Aufgabe des Übersetzers* (1921), in GS IV, S. 16.

WER FRISST WEN? 187

Sezieren.[22] In der dialektischen Haltung von Lieben einerseits und Sezieren/ Töten andererseits findet eine Neubestimmung des Benjamin'schen Begriffs von Literaturkritik statt.

Benjamins Textgestaltungs- und Analyseverfahren stellt Zitat und eigene Betrachtung unmittelbar und autoritativ hintereinander. Hierbei handelt es sich – im *Trauerspielbuch* findet diese Anordnung ihren Höhepunkt[23] – keineswegs um Praktiken der traditionellen Literaturauslegung; „das Ensemble Zitat – theoretische Feststellung ist vielmehr nach Art eines barocken Emblems gebildet."[24] Das literarische Werk wird „zerstückelt, und der Kritiker stellt die so entstandenen Bruchstücke in einen neuen, von ihm geschaffenen Kontext ein."[25]

Auch im *Trauerspielbuch* konzentriert sich Benjamin – wie schon in seiner Lektüre der *Wahlverwandtschaften* – auf die Funktion des Todes: das allegorische Verfahren, das im *Goethe*-Essay noch implizit geübt wurde, bestimmt nun die Verfahrensweise.[26] Mittel seines Vorgehens ist die „Zerlegung der Ideen in begriffliche Elemente",[27] der „allegorische Tiefblick", der „Stück für Stück, Glied für Glied" (GS I, S. 352) analysiert. Als solche fasst Benjamin in Entgegensetzung von Trauerspiel und Tragödie die Bedeutung bzw. Funktion der Zeit. Der Tod des Helden im barocken Trauerspiel durchbricht den Zeitablauf eben nicht; vielmehr ist sein Tod „wiederholbar" (GS I, S. 316) und bedeutungsstiftend (nicht -zerstörend). Das Dasein, vom Lebensende her als „Trümmerfeld" betrachtet, steht unter der Prämisse nicht nur der Sterblichkeit, sondern des Todes: „Produktion der Leiche ist, vom Tode her betrachtet, das Leben." (GS I, S. 392) Der Tod – als Ursprung aller Bedeutung verstanden – berechtigt den Kritiker Benjamin, seinen Gegenstand zunächst zu konstruieren, indem er darauf verweist, dass die Allegoriker den Leib (bei Benjamin: den Text) zergliedern, um ihn ihren Intentionen einzufügen. Der Kritiker lässt – wie der Allegoriker – die Bruchstücke der aus ihrem organischen Zusammenhang gelösten Werke in neuen Konfigurationen zusammentreten und „rettet" sie

---

22 Vgl. Asman [Anm. 16], S. 252f.: Mortifikation ist die „analytische Zergliederung von Werken, um anschließend wieder Sinn [...] hineinzulegen."
23 Vgl. Witte [Anm. 17], S. 107ff.
24 Ebd., S. 125.
25 Ebd.
26 Bereits in seinem wohl 1916 entstandenem und unveröffentlicht gebliebenem Aufsatz *Die Bedeutung der Sprache in Trauerspiel und Tragödie* (vgl. GS II, S. 137–140), von Hofmannsthal als Keimzelle des Trauerspielbuchs erkannt (vgl. Benjamins Brief vom 30.10.1926 an H. v. Hofmannsthal; GB III, S. 209), setzt sich Benjamin mit dem Barocksujet auseinander.
27 Witte [Anm. 17], S. 115.

dadurch.[28] Gewaltsam ist dieses Lektüreverfahren nur auf den ersten Blick – Benjamin sieht es vielmehr in allegorischen Werken des siebzehnten und achtzehnten Jahrhunderts angelegt: Trauerspiele seien „von Anbeginn auf jene kritische Zersetzung angelegt, die der Verlauf der Zeit an ihnen übte." (GS I, S. 357) Kritik vollendet also nicht das vorklassische allegorische Kunstwerk, sondern ist selber ein Kunstwerk, wenngleich im nachklassischen Sinne.

Darüber hinaus ist Kritik, wie sie Benjamin im Rahmen seiner ,literaturwissenschaftlichen' Untersuchungen übt, Sektion der Analyse, Kritik der Kritik. Seine polemisch anmutenden Ausfälle richten sich gegen diejenigen unter seinen Kollegen, die – in der Nachfolge der Wiener Schule der Kunstgeschichte (Alois Riegl) oder Heinrich Wölfflins – die geistesgeschichtlich geprägte Stilgeschichte auf die literarische Formanalyse zu übertragen versuchen.[29]

> Dieser verhängnisvollen pathologischen Suggestibilität, kraft welcher der Historiker durch ,Substitution' an die Stelle des Schaffenden sich zu schleichen sucht, als wäre der, weil er's gemacht, auch der Interpret seines Werkes, hat man den Namen der ,Einfühlung' gegeben, in dem die bloße Neugier unterm Mäntelchen der Methode sich vorwagt. (GS I, S. 234)

Benjamin lastet dieser geistesgeschichtlichen Ausrichtung ihren universellen Erklärungsanspruch an und legt mit dem *Trauerspielbuch* ein Gegenprogramm vor, das sich nicht durch den „geile[n] Drang aufs ,Große Ganze'" (GS III, S. 51), sondern durch Verzicht auf den „Anblick der Totalität" (GS I, S. 237) auszeichnen will.

Diese von Benjamin ,rettend'[30] genannte Form der Kritik hat er in seiner späten zentralen Abhandlung *Über den Begriff der Geschichte* (ca. 1940) explizit formuliert – sie tritt aber auch schon im *Trauerspielbuch* als Historismuskritik zu Tage. Benjamins Rettungsbegriff zielt auf die Erinnerung dessen, „was in der Geschichte gerade nicht eingelöst wurde."[31] Geschichte stellt sich vor der

---

28 Am ausdrücklichsten in den Entwürfen zum *Begriff der Geschichte* (ca. 1940), vgl. GS I, S. 703 und GS I, S. 1245 u. 1250.

29 So versuchte etwa der von Walter Benjamin kritisierte Oskar Walzel kunsthistorische Begriffe auf die Literaturwissenschaft zu übertragen (vgl. etwa Oskar Walzel: Gehalt und Gestalt im Kunstwerk des Dichters, Berlin 1923). Vgl. dazu Gerhard Kluge: Stilgeschichte als Geistesgeschichte. Die Rezeption der Wölfflin'schen Grundbegriffe in der Deutschen Literaturwissenschaft, in: Neophilologus 4 (1977), S. 575–586.

30 Vgl. GS I, S. 703 und GS I, S. 1245, 1250.

31 Helmut Pfotenhauer: Ästhetische Erfahrung und gesellschaftliches System. Untersuchungen zu Methodenproblemen einer materialistischen Literaturanalyse im Spätwerk Walter Benjamins, Stuttgart 1975, S. 13. Zum Komplex ,Rettende Kritik' und ,Erinnerung' vgl. Ulrich Schwarz: Rettende Kritik und antizipierte Utopie. Zum geschichtlichen Gehalt

Folie der Theorie der barocken Allegorie als „Vorgang unaufhaltsamen Verfalls" (GS I, S. 353) dar. Geschichtliche Gegenstände haben keine Bedeutung an sich, vielmehr verleiht der Allegoriker wie der Kritiker ihnen erst Bedeutung (GS I, S. 350). Benjamin begründet seine Auffassung von Kritik aus dem Wesen der Allegorie heraus, die Bedeutung festschreibe, statt diese der ‚profanen Welt' zu entnehmen (GS I, S. 350f.). Zeit und damit Geschichte erscheint daher als ‚per se' bedeutungslos – Benjamin macht die „Katastrophe als das Kontinuum der Geschichte" (GS I, S. 1244) aus: „Die absolute Willkür des Allegorikers herrscht unumschränkt über die Phänomene und diktiert ihnen ihre Bedeutung."[32]

Benjamin, dem alle Terminologisierung suspekt ist und der am je neuen Gegenstand die einmal gebrauchten Begriffe neu entfaltet, hatte noch am Ende seiner Dissertationsschrift insistiert, dass „der Stand der deutschen Kunstphilosophie" mit seiner antagonistischen Unterscheidung von lebendigem Symbol und toter Allegorie „legitim" sei. (GS I, S. 117) Im *Trauerspielbuch* nun unternimmt Benjamin die Rettung der Allegorie, indem er seine bisherigen Ausführungen zur Sprache, zur Theologie u.a. zusammenzieht. Seine kritische Annäherung an die als Epoche des Barock in die Literaturgeschichtsschreibung eingegangenen annähernd zwei Jahrhunderte verzichtet auf die Herausstellung einzelner Dichterpersönlichkeiten[33] und stellt statt dessen die „Beschäftigung mit der[en] Formenwelt" als den „einzige[n] Zugang zu dieser Dichtung"[34] heraus.

Benjamins Verfahren, aus den analysierten Texten Zitate herauszubrechen, macht seine Habilitationsschrift für die akademische Literaturwissenschaft seiner Zeit (und in gewisser Weise bis heute) inkommensurabel – ist aber Zergliederung des Textes nicht weniger als geübte allegorische Kritik. Der Allegoriker – Benjamin zeichnet ihn faustisch als Typus des Mittelalters (christlicher Melancholiker) und der Moderne (den Schein durchbrechender Intellektueller) zugleich (GS I, S. 345, 33, 404) – steht nicht weniger als der Kritiker am „Abgrund des bodenlosen Tiefsinns" (GS I, S. 404). Hier zeichnet Benjamin ein Bild seiner eigenen Befindlichkeit als Kritiker, welcher Literatursichtung im Zeichen der Allegorie betreibt. Sein Verfahren – Bruchstücke mit Bedeutung aufzuladen, nachdem er sie aus dem Organischen

---

     ästhetischer Erfahrung in den Theorien von Jan Mukarovsky, Walter Benjamin und Theodor W. Adorno, München 1981.

32   Witte [Anm. 17], S. 130.

33   Wie dies etwa Friedrich Gundolf 1927 getan hatte, vgl. Ders.: Andreas Gryphius, Heidelberg 1927, und wie es 1932 noch Richard Alewyn tun sollte, vgl. Ders.: Johann Beer. Studien zum Roman des 17. Jahrhunderts, Leipzig 1932.

34   In seiner Kritik des oben erwähnten Gryphius-Buchs Gundolfs *Porträt eines Barockpoeten* (1928), GS III, S. 87.

herausgeschlagen hat – ist ebenso allegorisch wie kritisch: allegorisch ist die „Chiffre des Zerstückelsten, Erstorbensten, Zerstreutesten" (GS I, S. 406), kritisch ist die „Ergründung der Trauerspielform" (GS I, S. 234), trotz der projektierten, aber nie ausgeführten abschließenden „methodischen Gedankengänge über ‚Kritik'" (GB III, S. 26),[35] dass „das allegorische Kunstwerk die kritische Zersetzung gewissermaßen schon in sich" (GS I, S. 952) trage. Die Kunstwerke erschließen sich „allein der Kritik" (GB II, S. 393),[36] die um die Geschichtlichkeit der Kunst weiß und sie nicht symbolisch in Schönheit verklärt, sondern sie als in vieldeutige Verweiszusammenhänge eingebettete Allegorie begreift (GS I, S. 259). Die durch die historische Fundierung der Idee in den Werken und Formen der Kunst bewerkstelligte Mortifikation der Werke bereitet zugleich ihre „Neugeburt" (GS I, S. 358) vor: in der kritischen Darstellung erwachen die geschichtlichen Gehalte und damit das Werk zu neuem Leben. „Verwandlung des Kunstwerks in einen neuen, philosophischen Bereich" (GS I, S. 919) hat Benjamin als Ziel des kritischen Verfahrens im Zeichen der Allegorie genannt.

Lieben und Töten sind (nicht unbedingt dialektisch) miteinander verbunden – in der Metapher des Verzehrs, genauer: des Einverleibens, lassen sich die Gegensätze überwinden. Benjamin geißelt – nicht ohne Ironie – den zeitgenössischen „Romanbrei", durch den dem Kritiker „die Zähne locker geworden sind", und fordert Literatur, an der der Kritiker ‚zu kauen' hat. (GS III, S. 300) Das Verschlingen von Romanen und die ‚Wollust der Einverleibung' (GS IV, S. 436), das nahrhafte Gericht der Literatur und die ‚Rohkost der Erfahrung' können der diskursiven Praxis des Verzehrens zugerechnet werden. (GS IV, S. 622)[37] Dem Begriff der Erfahrung kommt dabei eine ganz eigene Bedeutung zu.

Erfahrung und Erkenntnis sind – in Anlehnung an Kant – bei Benjamin eng miteinander verknüpft (GS II, S. 162f.), Erkenntnis wird gar zur Bedingung der Erfahrung. Gleichzeitig garantiert die Erinnerung, das ‚Eingedenken' (GS V, S. 588), die „handwerkliche" Handhabe der Erfahrung. (GS V, S. 962) Das Lektüregedächtnis bildet den Hintergrund für die Arbeit Benjamins als Literaturkritiker: Der Leser blickt dem Kritiker gleichsam über die Schulter, wenn er dessen Rezensionen liest.[38] In ihnen zeichnet Walter Benjamin

---

35   W. Benjamin an G. Scholem, Brief vom 6.4.1925.

36   W. Benjamin an F. C. Rang, Brief vom 9.12.1923.

37   Zum Zusammenhang von Empirie und Abstraktion vgl. Benjamins ideengeschichtskritische Bemerkung: „in Ideen sind die Phänomene nicht einverleibt" (GS I, S. 214), die den Einverleibungsdiskurs begrifflich durchkreuzt.

38   Das geht so weit, dass der Kritiker Benjamin vom Erzähler Benjamin stellenweise nicht mehr unterschieden werden kann, vgl. Asman [Anm. 16], S. 253.

WER FRISST WEN? 191

seine Spur des Lesens nach, gewährt dem Leser Einblick in seine ‚Karte(n).'39
Das lässt sich besonders durch Lektüre seiner Kritiken, Charakteristiken
und Physiognomiken nachvollziehen. Diese Erfahrung von Lektüre ist
nie zeitlos – ihre Zeitgebundenheit macht sogar wesentlich ihre Qualität
aus: „Denn es handelt sich ja nicht darum, die Werke des Schrifttums im
Zusammenhang ihrer Zeit darzustellen, sondern in der Zeit, da sie entstanden, die Zeit, die sie erkennt – das ist die unsere – zur Darstellung zu bringen."
(GS III, S. 290) Das Gedächtnis einerseits und das Bewusstsein und -machen
der Zeitgebundenheit der Lektüre andererseits machen also die Qualitäten
des Benjamin'schen Erfahrungsbegriffes aus, soweit es den Literaturkritiker
Benjamin betrifft.

Unter Berücksichtigung des Erfahrungs- und des sich daraus ergebenden
Lektürebegriffs kann festgehalten werden, dass der Einverleibungsdiskurs in
seiner produktionstechnischen Ausrichtung den Literaturkritiker befähigt,
sich „zu erkennen [zu] geben" (GS VI, S. 171), besprochene Werke nicht in einem kommentar- und geschichtslosen Raum stehen zu lassen, sondern in ihnen die Spur der eigenen Lektüre nachzuzeichnen.

Dem Moment des Verzehrs kommt aber noch eine viel weiter reichen-
de Bedeutung zu. Jenes oben bereits angeführte Benjamin'sche Apodiktum
der Mortifikation der Werke birgt – konsequent zu Ende gedacht – noch
einen anderen Gesichtspunkt: Dem Kritiker Walter Benjamin ist es mit einer „Abtötung" der Werke nicht getan, vielmehr ist nach deren Erfolg eine
„Ansiedlung des Wissens" in den „abgestorbenen Werken" notwendig, mithin
eine „Neugeburt" (GS I, S. 358). Erst mit vollzogener Metamorphose ist der
Einverleibungsprozess vollzogen. Die Lektüre ist Teil der eigenen Lesespur, des
eigenen Gedächtnisses, mithin: des eigenen Leibes geworden – hat sich gleichsam ein-geschrieben.

So wird denn auch jene apodiktische Forderung Benjamins verständlich,
der zufolge der Kritiker „[i]m Idealfalle vergißt [...] zu urteilen." (GS VI, S. 172)
Erst nach Darlegung seines „subjektive[n] Standpunkt[es]" (GS VI, S. 170) – jenes Stadium der Literaturkritik, das ich mit ‚Lieben' bezeichnet habe – kann
eine solche Forderung Sinn ergeben.

---

39 Die natürlich immer auch eine ‚Map of Misreading' (Paul de Man) sein kann, damit aber
umso produktiver wirkt und auf die prinzipielle Unabgeschlossenheit jeder Lektüre
verweist.

2   Litertaturkritik und Literaturwissenschaft:
,Kritischer Kannibalismus' im marktwirtschaftlichen Zeitalter

Die durch Benjamins Polemik ermöglichte Einsicht in die kannibalische Praxis der Literaturkritik lässt sich für die deutschsprachige Literatur historisch vertiefen und bis in die Zeit ,um 1700' zurückverfolgen.[40] „Wer in der Vergangenheit wie in einer Rumpelkammer von Exempeln und Analogien herumstöbert", warnt Walter Benjamin jedoch 1939, „der hat noch nicht einmal einen Begriff davon, wieviel in einem gegebnen Augenblick von ihrer Vergegenwärtigung abhängt." (GS I, S. 1237f.) Im Folgenden wird dennoch der Versuch unternommen, die Praxis des ,kritischen Kannibalismus' zu historisieren, und zwar hinsichtlich der funktionalen Ausdifferenzierung von Literaturkritik und Literaturwissenschaft, die im 19. Jahrhundert statt hat. Von hier aus ließen sich weitere Perspektiven für den kritischen Kannibalismus im digitalen Zeitalter der Globalisierung konturieren.

Zu reflektieren ist zunächst die Funktion des Kannibalen als Muster kultureller Verständigung, das eine Brücke zwischen dem frühen 20. Jahrhundert und der Gegenwart bildet.[41] Bereits Homer imaginiert den Zyklopen Polyphem als kulturlosen Gottesverächter, der, durch den von Odysseus kredenzten Wein betäubt, einschläft, wobei dem ,Rachen' des ,schnarchenden Trunkenbolds' Wein und ,Stücke von Menschenfleisch' entstürzen (Odyssee ι: 373). Doch erst mit der Kolonialisierung Amerikas erhielt der Kannibale seinen Namen und kann politisch zur Unterdrückung indigener Völker instrumentalisiert werden.[42] Seither wird Kannibalismus als Vorwurf aufgefasst oder zur Skandalisierung eingesetzt. An der metaphorischen Verwendung des Begriffs ,Kannibale' (und ,Neokannibalismus') wird postkoloniale Kritik geübt, da sie Praktiken des Einverleibens bezeichnet, Alterität negiert und Unterschiede einebnet.[43] Doch ist die Figur des (nichtmenschlichen) Kannibalen notwen-

---

40   Vgl. Schmitt-Maaß [Anm. 3], Teil III sowie die Beiträge in: Essen, töten, heilen. Praktiken literaturkritischen Schreibens im 18. Jahrhundert, hg. v. Barry Murnane u.a., Göttingen 2019 (Das achtzehnte Jahrhundert, Suppl. Bd. 24).

41   Vgl. Nikolas Immer: Barbarische Ernährung. Der literarische Hunger nach Menschenfleisch, in: Essen – Bildung – Konsum. Pädagogisch-anthropologische Perspektiven, hg. v. Birgit Althans, Johannes Bilstein, Wiesbaden 2015, S. 79–90.

42   William Arens: The Man Eating Myth: Anthropology and Anthropophagy, Oxford 1979, S. 41ff.

43   Dean MacCannell: Empty Meeting Grounds. The Tourist Papers. London, New York 1992, S. 62.

dig, um das (menschliche) westliche Subjekt zu konstituieren.[44] Daher wird ‚der Kannibale' mit dem Beginn der philosophischen Anthropologie im 17. und 18. Jahrhundert zu einer Verständigungsmetapher, der aufgrund der skandalträchtigen Wirkung und der Grausamkeit des realen Kannibalismus eine ambivalente Funktion zukommt. Imaginationen des Kannibalen kommen daher seit der Frühen Neuzeit auch identitätsstiftende Funktionen zu, wenn nicht gar der ‚imaginäre Kannibale' die dominierendste Variante des Menschenfressers im westlichen Kulturdiskurs ist. Aufgrund dieser anthropologischen, historischen und metaphorischen Diskurse errichtet die Metapher vom Kannibalen ein kompliziertes System von Verhältnissen, innerhalb dessen die Frage, wer wen verschlingt, nur schwer zu beantworten ist.[45]

Im 18. Jahrhundert wird nicht nur erstmals ‚Kannibalismus' als Ausgrenzungsstrategie des ‚ganz Anderen' kritisch diskutiert, sondern auch zur metaphorischen Selbstbeschreibung und -imagination verwendet, etwa in Bezug auf die neu entstandene Marktwirtschaft.[46] Die Differenz des Kannibalen zur westlichen Zivilisation erfährt gar eine Umkehrung: ‚wir' – also die Zugehörigen der westlichen Kultur der Moderne – sind infolge der rücksichtslosen Naturausbeutung die eigentlichen Kannibalen.[47] Mit dieser gleichsam dialektischen Umkehrung erweist sich die Chiffre des Kannibalen als Selbstdeutung westlicher Kultur.

In der klassischen Moderne um 1900 wird der Kannibale dann als Chiffre des Barbaren eingesetzt, um die Notwendigkeit einer kulturellen Neubesinnung vitalistisch gegen die überkommene *Décadence* zu begründen.[48] Walter Benjamin rechnet zur vordersten Front jener Autoren, „die an einer Positivierung des Barbaren gearbeitet haben."[49] Als ‚positiven Barbaren' hat Benjamin Karl Kraus gedeutet. Es lohnt sich an dieser Stelle, auf Benjamins *Karl-Kraus*-Essay von 1931 zu sprechen zu kommen, weil Benjamin darin den Konnex von Barbarei und Kultur im Modus der Literaturkritik erläutert.

---

44 Geoffrey Sanborn: The Missed Encounter: Cannibalism and the Literary Critic, in: Eating Their Words. Cannibalism and the Boundaries of Cultural Identity, hg. v. Kristen Guest, Albany 2001, S. 187–204, hier: S. 193.

45 Maggie Kilgour: From Communion to Cannibalism. An Anatomy of Metaphors of Incorporation, Princeton 1990, S. 15.

46 Jack Forbes: Columbus and Other Cannibals. The Wétiko Disease of Exploitation, Imperialism and Terrorism, New York 1992.

47 Deborah Root: Cannibal Culture. Art, Appropriation, and the Commodification of Difference, Boulder 1996.

48 Manfred Schneider: Der Barbar. Endzeitstimmung und Kulturrecycling, München 1997, S. 201ff.

49 Ebd., S. 210. Vgl. gegen Schneider die differenzierten Ausführungen von Kevin McLaughlin: Benjamin's Barbarism, in: The Germanic Review 81.1 (2006), S. 4–20.

Benjamin macht den Literatur- und Theaterkritiker Karl Kraus als „Satiriker echten Schlages" aus, den er von jenen polemischen Kritikern gesondert wissen will, „die aus dem Hohn ein Gewerbe gemacht" haben und denen es einzig darum gehe, das Publikum zum Lachen zu bringen. (GS II, S. 354f.) Kraus hingegen sei zum „eigentlichen Mysterium der Satire" vorgedrungen, welches im Verspeisen des Gegners besteht. „Der Satiriker ist die Figur, unter welcher der Menschenfresser von der Zivilisation rezipiert wurde. Nicht ohne Pietät erinnert er sich seines Ursprungs und darum ist der Vorschlag, Menschen zu fressen, in den eisernen Bestand seiner Anregungen übergegangen[...]". (GS II, S. 355)

Nur wo „Ursprung und Zerstörung" zueinander finden, wo „Kind und Menschenfresser" eins werden,[50] ist der kritische Kannibalismus durch den „Unmensch[en]" und „neue[n] Engel" zu überwinden (GS II, S. 367)[51] – die unrealisierbare messianische Utopie einer Literaturkritik, die Philologie, Polemik und Dichtung entgrenzen würde und zudem mit der kapitalistischen Verwertungslogik (der Literatur, der Philologie und der Literaturkritik) wie der technisch-maschinellen Dominanz bräche, kurz: ein „neue[r], positive[r] Begriff des Barbarentums" (GS II, S, 215). Das Kind (Verkörperung der Ursprünglichkeit und Reinheit) und der Kannibale (Verkörperung der Zerstörung mythischer Ordnung) ermöglichen erst die Erschaffung einer modernen Zivilisation als „Ursprung der Kreatur" (GS II, S. 365): „es ist [...] das Lachen des Säuglings, der im Begriff steht, seinen Fuß zum Munde zu führen. So begann die Menschheit [...] von sich zu kosten. [...] Es ist das Lachen des gesättigten Säuglings. Diese Menschheit hat das alles ‚gefressen.'" (GS I, S. 1108) Jedes neu erschienene Buch gibt Anlass zu einer neuen Literaturkritik, die – nach Benjamin – an der Neuerrichtung dessen mitwirken soll, was Benjamin als Literaturkritik imaginiert.

In Benjamins Einlassungen zum Kannibalen amalgamieren (kommerzielle) Literaturkritik und (akademische) Philologie, und Benjamin hat – auch vor dem Hintergrund seiner eigenen Erfahrungen – die Aktualität der

---

50   Benjamin sei zur „Welt des Kindes und kindlichen Wesen mit geradezu magischer Gewalt" hingezogen gewesen, erinnert Gershom Scholem: Walter Benjamin und seine Engel, in: Zur Aktualität Walter Benjamins, hg. v. Siegfried Unseld, Frankfurt/Main 1972, S. 85–138, hier: S. 136. In *Altes Spielzeug* hat Benjamin die „grausame, [...] groteske und [...] grimmige Seite im Kinderleben" gegenüber der Reformpädagogik favorisiert und das „Despotische und Entmenschte an Kindern" betont (GS IV, S. 515). Zum Kind als Barbaren vgl. Nicola Gess: Gaining Sovereignty: On the Figure of the Child in Walter Benjamin's Writing, in: Modern Language Notes 125.3 (2010), S. 682–708, hier: S. 683ff.

51   „Er [Karl Kraus] hat sich mit der zerstörerischen Seite der Natur solidarisiert. So wie der alte Kreaturbegriff von der Liebe ausging [...], geht der neue, der Kreaturbegriff des Unmenschen, vom Fraße aus." (GS II, S. 1106).

literaturkritischen Marktwirtschaft reflektiert und auf die eigene Gegenwart bezogen: Beide folgen unterschiedlichen Marktlogiken. Wie die anthropologische Reflexion im 17. Jahrhundert entstanden, nötigt die Marktwirtschaft die Gelehrtenelite zur Ummünzung ihres erworbenen ideellen Kapitals (Reputation) in klingende Münze (Publikation) und eröffnet so ganz neue Felder. Literaturkritik unterlag in der (literaturhistorisch betrachteten) kurzen Zeitspanne ihrer dreihundertjährigen Existenz vielfältigen medialen und ökonomischen Wandlungsprozessen. Spätestens seit dem 18. Jahrhundert folgen Literaturrezensionen – nach gängigem Verständnis – marktwirtschaftlichen Kriterien: Sie besprechen aktuellste Neuerscheinungen in bündiger Form, um vom Kauf eines Buches ab- oder zuzuraten. Versieht die im späten 17. Jahrhundert ‚entstandene' Marktwirtschaft die Literaturrezension mit einem Beschleunigungsimpuls, begründet also die marktwirtschaftliche Einbindung von Literaturkritik einen Modernisierungsschub? Zunächst dominiert noch die überlieferte Form der *Ars critica*: Wenige gelehrte ‚Kritiker' rezensieren wissenschaftliche Neuerscheinungen für gelehrte Leser. In dieser an den Maßgaben der Rhetorik orientierten literarischen Kultur ist jeder Produzent zugleich auch Rezipient und umgekehrt. Indem Julius Caesar Scaliger in seinen *Poetices libri septem* (1561) die Literaturkritik aus dem Bereich der Grammatik ausgliedert und sie in die Poetik einordnet, löst er sie aus dem Verbund der gelehrten Philologie.[52] Damit ist der Weg geebnet: Mit Begründung des literarischen Marktes im 17. Jahrhundert differenzieren sich die Funktionen von Autor und Leser aus. An die Stelle einer „Mechanik des Tausches" tritt nun das „Gewebe der Konkurrenz."[53] Das klare Machtgefüge der Repräsentationskultur wird durch die Marktorientierung diffus. Zugleich überführt die marktwirtschaftliche Orientierung die ältere und kriegerische Tradition der literarischen Polemik vom Kampf zwischen Feinden in einen Kampf zwischen Gegnern, und, daraus resultierend, zu einem Wettstreit mit dem Kontrahenten; der „Antagonismus" wird durch den „Agonismus" überwunden.[54] Das bedeutet nun nicht, dass keine Urteile mehr notwendig oder möglich sind: gerade die Ökonomisierung zwingt die Literaturkritik, Grenzen zu ziehen, einzuschließen und auszugrenzen, kurz: zu urteilen (lat. *discriminatio*: ich urteile).

Jedem Medienwechsel entspricht eine Produktionssteigerung – ein Umstand, der schon 1806 dem Berliner ‚Literaturpapst' Friedrich Nicolai

---

52 Steffen Martus: Werkpolitik. Zur Literaturgeschichte kritischer Kommunikation vom 17. bis ins 20. Jahrhundert, Berlin, New York 2007, S. 67f.

53 Joseph Vogl: Das Gespenst des Kapitals, Zürich 2012, S. 57.

54 Chantal Mouffe: Agonistik. Die Welt politisch denken. Aus dem Englischen v. Richard Barth, Frankfurt/Main 2014, S. 12, 28.

das Bekenntnis abrang, dass durch die „ungeheure Zunahme der Bücher"
die Aufgabe des Kritikers „auf mancherlei Weise viel beschwerlicher geworden" sei, „denn die deutsche Literatur, so wie der deutsche Buchhandel, er-
sticken nach und nach, gleich sorglosen Schlemmern, in ihrem eigenen
ungesunden Fette."[55] Der kannibalische Diskurs der Literaturkritik tritt im
Zeichen des Konsumismus hinter den ökonomischen Diskurs zurück. Im
ökonomischen Zeitalter ‚essen' die Kritiker nicht mehr, um zu überleben,
sondern sie konsumieren, um zu produzieren – Literaturkritik ist die ‚exkar-
nierte' (d.h. ent-fleischlichte) und ins Ökonomische gewendete Praxis der
Literaturwissenschaft, das „Aufklärungsmodell eines ökonomischen, systematischen Stoffwechsels."[56]

Nicht ohne Grund gerät die Literaturkritik zu etwa demselben Zeitpunkt
in eine Krise, als auch die politische Revolution von 1789 die Banken in
eine Krise stürzt, indem sie das Substitut (das Papiergeld) vom Warenwert
(dem Goldwert) entkoppelt:[57] Die Hyperinflationen des Bedeutungsträgers
(Papiergeld beziehungsweise Buchseiten) führt zu einer Entkoppelung
der jeweiligen Ökonomie – Papiergeld ist nicht mehr durch Münz- oder
Goldwert gedeckt, und Literaturkritik kommt angesichts der inflationä-
ren Buchproduktion weder mit den Besprechungen nach noch kann sie die
Rezensionsproduktion hinreichend kontrollieren.[58] Der Literaturmarkt ta-
xiert am Ende des 18. Jahrhundert Gewinn und Verlust, und zwar auch in
Bezug auf die Ökonomie der Literaturkritik: Wichtig wird nun, dass der
Literaturkritiker möglichst viele verschiedene Felder besetzt, sich rasch zu unterschiedlichen Neuerscheinungen ein Urteil bilden kann und Literaturkritik
als Geschäft betreibt.[59] Darüber hinaus eignet der Literaturkritik um 1800
eine Scharnierfunktion: Sie vermittelt zwischen der Produktionsideologie und
ihrem Gegenentwurf, der Genieästhetik.

Zunächst zur Produktionsideologie: Unter den verschärften ökonomischen
Bedingungen stellt der kritische Kannibalismus eine Selbstverzehrleistung –
eine Autophagie – dar, deren Ursachen in der massiven Expansion des Buch-,

---

55   Friedrich Nicolai: Vorrede, in: Neue allgemeine deutsche Bibliothek 105 (1806), S. xxvf.

56   Christiaan L. Hart Nibbrig: Reader's Digest oder: Wie nahrhaft ist Literatur? in: Ders.:
Übergänge. Versuch in sechs Anläufen, Frankfurt/Main 1995, S. 125–181, hier: S. 133.

57   Vogl [Anm. 53], S. 68.

58   Inwiefern das literaturkritische Reputationssystem mit dem Kreditwesen gleichzusetzen
ist, hat Dominic Berlemann: Wertvolle Werke. Reputation im Literatursystem, Bielefeld
2011, S. 302 etwa am Beispiel von Wielands *Teutschem Merkur* angedeutet.

59   Für einen feldtheoretischen Zugang vgl. Stefan Neuhaus: Vom Anfang und Ende der
Literaturkritik. Das literarische Feld zwischen Autonomie und Kommerz, in: litera-
turkritik.at (Juli 2015) https://www.uibk.ac.at/literaturkritik/zeitschrift/1329543.html
[20.09.2018].

WER FRISST WEN? 197

Lese- und v.a. Kritikmarktes begründet liegt und der der Umstellung von gelehrten und kennerschaftlichen auf ökonomische Kriterien geschuldet ist.[60] Die Expansion des Buch- (und damit: des Kritik-)Marktes lässt sich nicht allein als Zunahme von Wissen beschreiben, sondern umgekehrt auch als Bedrohung der (Lebens-)Standards jener, die – wie die kannibalischen ‚Cariben‘ – bereits länger in diesem Umfeld (ihrer Insel) leben: die Gelehrten in ihrem ‚Elfenbeinturm.‘ Diese haben im Lauf der Frühen Neuzeit ein komplexes System von Regeln entwickelt, das einen gewaltsamen Schlagabtausch reglementiert, nämlich die Disputation. Doch im 17. Jahrhundert wird diese Disputationspraxis zunehmend abgelöst durch eine öffentliche Adressierung von Kritik: Der Literaturkritiker wendet sich nicht mehr in lateinischer Sprache an Experten, sondern in der jeweiligen Nationalsprache an alle Lesefähigen. Dazu nutzt er Zeitschriften und Zeitungen, die periodisch erscheinen und kommerziellen Interessen gehorchen. Der technologische Wandel (die ‚Erfindung‘ der Periodika) ermöglicht also eine erhöhte Produktionseffektivität, die jedoch mehr Arbeit für den einzelnen Kritiker bei gleichzeitig sinkendem Lohn und reduzierten Privilegien bedeutet. Literaturkritik wird ein Geschäft, mit der Folge, dass Kritik professionalisiert wird und selbst erheblichen Einfluss auf den ökonomischen Erfolg eines literarischen Werkes hat; Literaturkritik wird folglich Teil des Literaturmarktes und ist nicht mehr nur ‚neutrale‘ Beobachterin. Die ökonomische Einbettung lässt die ‚Neutralität‘ der Literaturkritik fragwürdig erscheinen: Ist nicht zu befürchten, dass der Literaturkritiker Gewinn (auch ideeller Art) auf Kosten seiner kritischen Unabhängigkeit zu machen versucht? Und dass Rezensionskartelle, Allianzen von Verlegern, Kritikern und Autoren die Autorität des Kritikers korrumpierten?[61]

Im Zuge der Ökonomisierung der Literaturkritik kommt es daher zum Selbstverzehr (Autophagie). Das hat zwei Ursachen: Erstens orientiert sich die Literaturkritik auf dem entstehenden Markt – Literaturkritik begleitet den ‚Strukturwandel der Öffentlichkeit‘ nicht nur, sondern trägt in ihren ‚barbarischen‘ Praktiken (Polemik, Satire und Pasquill) allererst zu einer Herausbildung von öffentlichkeitsfokussierten Formen der Literaturkommunikation bei, die nicht mehr länger einzig auf ein Fachpublikum (Gelehrte) zielen, sondern auf Unterhaltung (mit allen Begleiterscheinungen wie: Oberflächlichkeit, Skandalisierung, Einseitigkeit etc.) abstellen. Diese ‚Genese‘ der Literaturkritik bedingt aber zugleich die erste Krise des frühen Literaturmarktes: Wo immer mehr literaturkritische Zeitschriften entstehen, wo immer mehr Kritiker

---

60 Sebastian Domsch: The Emergence of Literary Criticism in 18th-Century Britain, Berlin, Boston 2014, S. 270.
61 Ebd., S. 270f.

schreiben, entsteht letztlich auch immer mehr Literatur, die von immer noch mehr Kritikern in immer noch mehr Zeitschriften besprochen werden will. Am Ende des 18. Jahrhunderts droht das Literatursystem zu kollabieren. Das mag man bedauern, wie auch mutmaßlich der Bibliothekar der Königlichen Bibliothek Berlin, Johann Erich Biester, im anonym erschienenen Beitrag *Auch ein Wort über unsre recensirenden Journale und gelehrten Zeitungen* im *Leipziger Litterarischen Anzeiger* 1798 konstatiert: die „RecensionsAnstalten" erfüllen keinen belehrenden Zweck mehr, vielmehr „liest oder blättert [der Rezensent] das Buch für Geld durch, und setzt dann, statt Gründe, einen MachtSpruch." Immer häufiger komme es daher vor, dass der Rezensent „ein Buch anpreist, ohne sein Urtheil zu rechtfertigen." Vor allem aber lassen sich die Rezensenten für ihre „überaus leichte und seichte Arbeit bezahlen." Hier agitiert ein Verfasser von gelehrten (und daher kostenlosen) Rezensionen gegen die „triviale[n] Kritiken" und bescheidet: „Geld ist die Losung, und so wird BücherMachen und Recensiren ein merkantilisches Geschäft!"[62]

Zwar kanalisiert der literarische Markt den kritischen Kannibalismus; er transsubstiiert die ‚primitive' Praxis – und ist doch selbst wieder kannibalisch, weil er die Literaturkritiker in Stämmen organisiert, die sich gegenseitig bekriegen und um einen ‚König' (oder um einen anderen ‚starken Mann') herum organisiert sind. Friedensschlüsse sind nahezu unmöglich, da kein ‚König' oder ‚Papst' seine Untertanen überzeugen kann, dass es gleichgültig ist, ob man isst oder gegessen wird. Noch 1797 kritisiert der Berliner Literaturpapst Friedrich Nicolai (selbst ein begnadeter Polemiker) den Versuch seiner Weimarer Widersacher, in den *Xenien* das Egalitätsprinzip der Gelehrtenrepublik durch eine „poetische[] Universalmonarchie"[63] zu ersetzen als unzulässig – und verschweigt doch, dass er selbst den Thron beansprucht. Die Verdrängungsmechanismen, die Nicolai (wie vor ihm viele Andere) nutzt, zeugen von subkutanen Kritikerkriegen und feindlichen Übernahmen, die den ‚kritischen Kannibalismus' in marktwirtschaftliches Vokabular übersetzen.[64] Zugleich zeugen sie jedoch von einer Polemik, die sich nicht nur

---

62   Johann Erich Biester [?]: Auch ein Wort über unsre recensirenden Journale und gelehrten Zeitungen, in: Allgemeiner litterarischer Anzeiger 3 (1798), No. LXI vom 17.4.1798, Sp. 633–635, hier: Sp. 633f.

63   Zit. n. Wolfgang Albrecht: Literaturkritik und Öffentlichkeit im Kontext der Aufklärungsdebatte. Fünf Thesen zu einem vernachlässigten Thema, in: „Öffentlichkeit" im 18. Jahrhundert, hg. v. Hans-Wolf Jäger, Göttingen 1997, S. 277–294, hier: S. 293.

64   Frieder v. Ammon: Kampfplätze der Literatur. Friedrich Nicolai und die Streitkultur des 18. Jahrhunderts, in: Friedrich Nicolai im Kontext der kritischen Kultur der Aufklärung, hg. v. Stefanie Stockhorst, Göttingen 2013, S. 23–49 sowie den ebd. enthaltenen Beitrag von Norbert Christian Wolf: Der späte Nicolai als Literaturpapst. Zu den Hintergründen der fortschreitenden Verrohung in der literarischen Öffentlichkeit um 1800, S. 51–73.

gegen die Dichterkritiker, sondern v.a. gegen die zunehmende Masse unstudierter Kritiker und ihre ‚unbegründeten' Urteile richtet.

Es gibt jedoch eine Gegenbewegung gegen die Kommerzialisierung der Literaturkritik und die Produktionsideologie. Die Frühromantiker entheben (‚transsubstituieren') um 1800 die Literaturkritik der marktwirtschaftlichen Ebene – indem Friedrich Schlegel den Kritiker zum Vollender des literarischen Kunstwerks erklärt, wechselt die Literaturkritik die Diskursebene: Literaturkritik ist nicht länger nur rezeptiv, sondern produktiv. Anders gesagt, vollzieht der kritische Kannibalismus einen Diskurswechsel von der autophagen Critophagie (also vom Verzehr der Literaturkritiken durch Literaturkritiker) zur Fötophagie (also zum Verzehr der frischen ‚Werke' – der ‚Kinder' des Literaten – durch Literaturkritiker). Der Opferpriester (also der Literaturkritiker) beansprucht Anteil am Göttlichen, d.h. am kreativen Schöpfungsprozess des literarischen Autors. Aus diesem liminalen Zustand – zwischen göttlicher Kreativität (Dichter) und Dienst am Text (Philologe) – ergibt sich ein Spannungsverhältnis, das in der Opferung gelöst wird: Der literarische Text wird zwar durch den Priester getötet, erfährt jedoch durch die verschriftlichte Kritik eine Wiedergeburt. Der Priester-Kritiker ‚reinigt' gleichsam den Text durch die Opferung, jedoch nicht im Sinne der Philologie, die sich um die Herstellung einer ‚reinen' Lesart bemüht, sondern im Sinne der Literaturkritik durch Vollendung des Kunstwerks.[65]

Diese Gegenbewegung gegen die autophage Kommerzialisierung ist notwendig, da die Leserevolution des 18. Jahrhunderts zwar zu einer wahren Flut von literaturkritischen Zeitschriften führt, zugleich aber die Verdienstmöglichkeiten der einzelnen Kritiker erheblich erschwert.[66] Zwar wird Literaturkritik mit Universalpoesie und Symphilosophie selbst Kunst, macht aber dadurch ihrerseits der Literatur das Terrain streitig. Durch das Einverleiben des literarischen Textes absorbiert der Literaturkritiker Eigenschaften des ‚Opfers' – frühromantische Literaturkritik wird gleichsam zu einer Art kannibalischem Pharmazeutikum, wie es vom realen europäischen ‚Kannibalismus' der Frühen Neuzeit her bekannt ist: die beiden Prinzipien „Homo homini salus" (Galenus) und „Homo homini lupus" (Thomas Hobbes) greifen ineinander.[67] Wie beim

---

65   Vgl. Edmund Leach: Kultur und Kommunikation. Zur Logik symbolischer Zusammenhänge. Aus dem Englischen v. Eberhard Bubser, Frankfurt/Main 1978, S. 105f.

66   Für eine feldtheoretische Darstellung vgl. Stefan Neuhaus: „Leeres, auf Intellektualität zielendes Abrakadabra." Veränderungen von Literaturkritik und Literaturrezeption im 21. Jahrhundert, in: Literaturkritik heute. Tendenzen – Traditionen – Vermittlung, hg. v. Heinrich Kaulen, Christina Gansel, Göttingen 2015, S. 43–57, hier S. 44.

67   Piero Camporesi: Das Brot der Träume. Hunger und Halluzinationen im vorindustriellen Europa. Aus dem Italienischen v. Karl F. Hauber, Frankfurt/Main 1990, S. 43f.

real existierenden Kannibalismus der Frühen Neuzeit die Alten den Jungen als Speise dienen, um das Überleben der Spezies zu sichern, so formiert sich bereits an der Wende zum 18. Jahrhundert ein kannibalischer Diskurs der jungen Schriftsteller gegen die alten Autoritäten, der in der *Querelle des Anciens et des Modernes* ausgetragen wird (im deutschsprachigen Raum mit gehöriger Verspätung um 1750 zwischen Leipzig und Zürich).

Die Frage ist also nicht, ob der ‚critische Cannibale' Menschenfleisch verzehren soll, sondern welche Sorte: andere Kritiker („Fleisch vom eignen Fleisch", Gen 29,14) oder alte und neue Bücher (das fleischgewordene Wort, Joh 1,14). Der Umschlag der *Ars critica* zur Literaturkritik und damit der Umschlag von der Kritik an antiken Autoren zur Kritik an den Autoren der eigenen Gegenwart steht im Zentrum des ‚kritischen Kannibalismus': die Aufwertung der eigenen Gegenwart korrespondiert einer notwendigen Abwertung von (geschichtlicher) Vergangenheit (und heilsgeschichtlicher Zukunftserwartung) – der kannibalische Literaturkritiker ist auf sich gestellt, erfährt jedoch keinen Trost in der Schriftauslegung, sondern ist auf literaturkritische Selbstvermarktung angewiesen.

Der Niedergang des Kannibalismus kann mit der Emanzipation der Naturwissenschaften im 18. Jahrhundert angesetzt werden – doch der ‚kritische Kannibalismus' wird nicht überwunden. Die Tradition, in der er steht, entspricht der archaischen Vorstellung, dass der Verzehr des Anderen die Kräfte auf den Essenden überträgt – und tatsächlich hat der Literaturkritiker der Frühromantik selbst Anteil am kreativen Prozess, werden Literaturkritiken eine eigene (nicht mehr nur dienende) Kunstgattung. Der Literaturkritiker wird zu Beginn des 19. Jahrhunderts selbst zu einem Produzenten. Das entspricht der kannibalischen Ordnung, in der die Seelen der Toten beseitigt werden, indem man sie isst – Schlegel vollzieht in seiner Kritik an Goethes *Wilhelm Meister* exakt diesen Schritt: durch Einverleibung die Kräfte absorbieren.

Unverändert ist somit der ‚kritische Kannibalismus' im 19. Jahrhundert wirksam, als sich (kommerzielle) Literaturkritik und (philologische) Literaturwissenschaft auszudifferenzieren beginnen: Während der Literaturwissenschaftler im Rahmen der kannibalischen Ordnung die ‚großen Toten' durch Verzehr ehrt, wendet sich der Literaturkritiker dem soeben Erschienenem, dem literarischen ‚Frischfleisch' zu. Man könnte auch sagen, dass sich die Literaturkritik der Säuglinge (der neu herausgekommenen Bücher) bedient, um sich selbst und die zeitgenössische Literatur zu kräftigen.[68] Die Literaturwissenschaft hingegen greift auf die Mumien (die kanonisierten Autoren) zurück, um die

---

68   Analog zu Marvin Harris: Kannibalen und Könige. Die Wachstumsgrenzen der Hochkulturen. Aus dem Englischen v. Volker Bradke, Stuttgart 1990, S. 230ff.

WER FRISST WEN? 201

Literatur zu heilen.[69] Da Pharmakoi sowohl Heilmittel als auch Gift sein können, gilt es ihre Dosierung zu beachten.[70] Indem die Literaturwissenschaft nach 1968 zunehmend auf jüngste Literatur zurückgreift, trachtet sie – wie die Literaturkritik, die dies seit jeher praktiziert – nach Stärkung und Verjüngung. Benjamin markiert also mit seinem unappetitlichen Vergleich unbewusst exakt jene Scheidegrenze, gegen die er sein Leben lang angeschrieben hat: der Trennung von Literaturkritik und Literaturwissenschaft.

---

69 Analog zu Richard Sugg: Mummies, Cannibals and Vampires. The History of Corpse Medicine from the Renaissance to the Victorians, London 2011, S. 131 und Louise Christine Noble: Medicinal Cannibalism in Early Modern English Literature and Culture, New York, Basingstoke 2011, S. 228f.

70 Barry Murnane: Bittere Pillulen. Literaturkritische Pharmazie um und nach 1700, in: Murnane u. a. [Anm. 40], S. 109–130.

Beißende Gewalt

Ideologie und Ideologiekritik des Kannibalen von Platon und Montaigne bis Marat

Elias Zimmermann

Abstract

Ausgehend von Michel Foucaults Beobachtung, dass sich Revolutionäre und Adelige während der Französischen Revolution gegenseitig des Kannibalismus bezichtigten, rekonstruiert der Beitrag eine Ideengeschichte des Kannibalen als politische Denkfigur. An ihrem Ursprung steht die Unterscheidung zwischen dem herrschenden Kannibalen über dem Gesetz (Kronos) und dem rebellischen Kannibalen außerhalb des Gesetzes (Polyphem). Auf den mythologischen Menschenfresser trifft Walter Benjamins Begriff der ,mythischen Gewalt' zu: Noch vor jeder Rechtsprechung stellt er politische Ordnungen her oder zerstört diese. Platon nutzt den Kannibalen darum als ideologisches Schreckgespenst, um die Volksherrschaft als tyrannisch, weil hypothetisch widerrechtlich zu diskreditieren. Zu Beginn der Neuzeit jedoch deutet Michel de Montaigne die Denkfigur positiv um. Moralisch legitim erscheint ihm gerade die nicht-rechtlich geordnete, egalitäre Gesellschaft des indigenen Kannibalen. Aufgrund dieser alternativen Gewaltkonzeption lässt sich verstehen, warum Revolutionäre wie Jean-Paul Marat nicht nur als Kannibalen bezeichnet wurden, sondern sich selbst rhetorisch als solche gerierten.

Michel Foucault macht eine entscheidende Veränderung im politisch-rechtlichen Wissen der Moderne an deren Konzeption des Monströsen fest: War das Monstrum bis ins 18. Jahrhundert noch der verkörperte Verstoß gegen die Gesetze der Natur und darum ein „rechtlich-natürliches" Wesen,[1] so verletzt es zwischen 1760 und 1790 zusehends die kontraktualistischen Gesetze des Menschen, es wird zum „Sittenmonster".[2] Kein Moment verdichtet und verdeutlicht diesen Umschwung treffender, so Foucault in seiner Vorlesung *Die Anormalen* (1974–75), als derjenige der Französischen Revolution und des

---

1 Michel Foucault: Die Anormalen. Vorlesungen am Collège de France (1974–1975), Frankfurt/Main 2008, S. 104.
2 Ebd., S. 106.

BEISSENDE GEWALT 203

jakobinischen Terrors: Der König wird nun als tötbares Ungeheuer imaginiert, weil er gegen den republikanischen Gesellschaftsvertrag verstößt. Zur einen Hälfte ist er deshalb noch ein außergesellschaftliches Geschöpf, zur anderen bereits ein pathologischer Fall, der sich selbstverschuldet aus der Gesellschaft ausschließt. Verwerflich ist der König als „Schakal"[3] doppelt, durch seine abweichende Natur und Moral.[4] Umgekehrt wird der Revolutionär von seinen aristokratischen und klerikalen Gegnern als wildes Wesen imaginiert, das nicht nur im übertragenen Sinne von Menschenfleisch lebt. Foucault zählt sieben zeitgenössische Quellen auf, in denen der revolutionäre Mob des tatsächlichen Kannibalismus bezichtigt wird.[5] Nach der Revolution verschwindet der politische Menschenfresser. Die Wissenschaften des 19. Jahrhunderts verkleinern das Monstrum zur menschlichen, sozialhygienischen Anomalie.

Foucault bezeichnet eine historische Bruchstelle, ab der sich Herrschaftspraktiken anhand der imaginären Figur des politischen Kannibalen neuformieren. Der Machtdiskurs der Moderne verabschiedet sich zusehends vom öffentlich-politischen Körper des Monsters, das es symbolisch zu bestrafen gilt, und erschafft den privaten anomalen Körper, den er mithilfe von biopolitischen Dispositiven kontrolliert. 1976 verschiebt sich Foucaults Interesse auf die Disziplinierung beziehungsweise Kontrolle der Sexualität.[6] Der Menschenfresser als Wesen gegen Natur und Gesetz fungierte als Katalysator für sein Nachdenken über Herrschaft um 1800, er blieb darum eine Skizze, die mehr Fragen aufwirft, als beantwortet: Warum konnte er ideengeschichtlich im 18. Jahrhundert zur zentralen politischen Diskursfigur werden? Und welche rechtsphilosophische Problematik liegt dieser Entwicklung zugrunde?

Geht man diesen Fragen nach, erweist sich der Kannibale als eine mehrdeutige Figur. Als politisches Imaginäres – eine fiktive Gestalt, die nicht oder nur marginal der sozialen Wirklichkeit angehört und diese doch entschieden mitbestimmt –[7] dient der Menschenfresser weder dem ‚bloßen Schein' noch

---

3 Ebd., S. 131.

4 Siehe hierzu auch Joseph Vogl, Ethel Matala de Mazza: Bürger und Wölfe. Versuch über politische Zoologie, in: Kollektivkörper: Kunst und Politik von Verbindung, hg. v. Sylvia Sasse, Stefanie Wenner, Bielefeld 2002. S. 285–298.

5 Vgl. ebd., S. 133f.

6 Vgl. Michel Foucault: Sexualität und Wahrheit. Erster Band: Der Wille zum Wissen. Übers. v. Ulrich Raulff und Walter Seitter, Frankfurt/Main 1987.

7 Der Begriff des politischen Imaginären wurde Ende der 1990er Jahre in transdisziplinären, vor allem soziologischen, kultur- und literaturwissenschaftlichen Publikationen etabliert und seither unter verschiedenen Gesichtspunkten weiterverfolgt, vgl. Susanne Lüdemann: Metaphern der Gesellschaft. Studien zum soziologischen und politischen Imaginären, München 2004. Thomas Frank u.a.: Der fiktive Staat. Konstruktionen des politischen Körpers

der manipulativen Lüge; im Raum der Imagination skizziert er alternative, modellhaft negative oder positive Möglichkeiten gesellschaftlichen Lebens. Er ist deshalb auch kein einfaches Symptom politischer Umwälzungen, wie Foucaults Ausführungen vermuten lassen, sondern fungiert als ideologisches beziehungsweise ideologiekritisches Argument, das diese Umwälzungen deuten, rechtfertigen und beeinflussen soll.

1 Der Mythos des Kannibalen und die gerechte Gewalt

Die griechische Mythologie markiert kannibalische Figuren bereits als eine ambivalente Gewalt, die Gesetz und Gerechtigkeit gleichermaßen vorausgeht. Kronos (beziehungsweise sein römisches Pendant Saturn) ist der prototypische Herrscher, dessen Regime in der Antike einerseits als golden verklärt wurde, der jedoch, um seine Macht zu sichern, das Tabu des Kannibalismus brach und seine Kinder verspeiste.[8] Sein Zeichen ist die Sichel, mit der er seinen Vater entmannt hat und die ihn zugleich als Gott des Ackerbaus auszeichnet. Als Verkörperung einer somit buchstäblich zweischneidigen Kultivierung ist er auch nach seinem eigenen Sturz durch Zeus kein Vertreter wilder Barbarei. Er beherrscht ein urzeitliches Chaos und steht sowohl für grenzenlose Gewalt als auch für deren Kontrolle: Mit ihm beginnt eine erste, quasi-politische Ordnung innerhalb der frühen Göttergeneration.[9] Wohl auch deshalb identifiziert ihn eine alsbald weit verbreitete Volksetymologie früh mit dem ordnenden Prinzip schlechthin, der Zeit.[10] In den Kronia, den griechischen Festlichkeiten zu Ehren von Kronos und damit den Vorgängern der römischen Saturnalien, wird Kronos' Ambivalenz, die idyllische Ordnung und Tabubruch vereint, durch die Verkehrung sozialer Normen wiedergegeben.[11]

---

in der Geschichte Europas, Frankfurt/Main 2007. Der hier operationalisierte Begriff eines politischen Imaginären stützt sich primär auf dessen letzte theoretische Ausarbeitung, vgl. Felix Trautmann: Das politische Imaginäre. Zur Einleitung, in: Ders. (Hg.): Das politische Imaginäre, Berlin 2016, S. 9–30.

8   Zur daraus resultierenden Ambivalenz Kronos' beziehungsweise seiner Festlichkeiten, der Kronia, vgl. Henk Versnel: Inconsistencies in Greek and Roman Religion, Volume 2: Transition and Reversal in Myth and Ritual. Leiden, New York, Köln 1992, S. 90–135.

9   Vgl. Hesiod: Theogonie. Griechisch und deutsch, in: Ders.: Theogonie. Werke und Tage, hg. und übers. v. Albert von Schirnding, Berlin 2012, S. 6–81, hier S. 43 (491).

10   Ursprünglich noch zwei Gottheiten, verschmelzen Chronos und Kronos spätestens schon bei Pherekydes (geb. ca. 584–581 v. Chr.) im 6. Jh. v. Chr. zu einer Figur. Vgl. Carl Werner Müller: Legende – Novelle – Roman. Dreizehn Kapitel zur erzählenden Prosaliteratur der Antike, Göttingen 2006, S. 18.

11   Vgl. Versnel [Anm. 8], S. 115.

BEIßENDE GEWALT

Der unzivilisierte Zyklop Polyphem gehört *prima vista* zwar der Anfangsära Kronos' an, ist ihr aber als Überbleibsel des Chaos, das sich in einer Zeit ausdifferenzierter Ordnung selbst überlebt hat, entgegengesetzt.[12] Er besitzt ausdrücklich keine Agrarkultur und lebt ohne feste soziale Strukturen.[13] Wenn Polyphem auf Odysseus trifft, widersetzt er sich bewusst den Gesetzen der Gastfreundschaft auf schlimmstmögliche Weise: Der Gast selbst wird zum ‚Gastgeschenk' degradiert; anstatt ihn zu speisen, verspeist ihn der ‚Gastgeber'.[14] Polyphem frisst Odysseus' Gefährten nicht alleine aus einem tierischen Appetit, sondern auch in einem rebellischen Akt: „Kindisch bist du o Fremder, oder von weither gekommen, / der du mich heißt, die Götter zu fürchten oder zu scheuen. / Denn die Kyklopen scheren sich nicht um den Zeus mit dem Ägis, / noch um die seligen Götter; sind wir doch wahrhaftig viel stärker."[15] Im Namen einer archaischen Gerechtigkeit wird jedoch nach seiner Blendung gerade ein Gott, sein Vater Poseidon, Rache für Polyphems Leiden einfordern und darin den anderen Göttern unterliegen. Dass „Odysseus' rettende Tat [...] den Zorn des Poseidon nach sich zieht" betrachtet Walter Burkert als „moralisch unverständliche Paradoxie",[16] war es doch gerade Polyphems Missachtung des göttlich-väterlichen Gesetzes, das die Blendung provoziert hat. Die Ambivalenz des Epos lasse sich nur durch eine in ihm vorexerzierte Aufhebung der unmittelbar-zornigen Gewalt Poseidons und Polyphems durch die Kulturleistung einer distanziert-berechneten Gewalt Odysseus' erklären. Letztere kann sich, so Burkert, von ersterer nie gänzlich unterscheiden, denn „getötet freilich wird hier wie dort".[17] Die Grenzziehung verläuft über einen ambivalenten Einsatz des Imaginären: Kultur muss „Anti-Kultur"[18] rituell wiederholen und in Mythen fassen, also gleichsam ‚einverleiben', um sich an ihr abzuarbeiten.

---

12 Im Gegensatz zu den Titanen wurde das Kyklopen-Geschlecht, das wie Kronos von Gaia abstammt, von Zeus nicht in den Tartaros verbannt. Im Gegenteil werden sie von ihm nach dem Sieg über Kronos an die Erdoberfläche geholt, vgl. Hesiod [Anm. 9], S. 43 (501–506). In der Frage der Abstammung widersprechen sich Hesiod und Homer, der Poseidon als Vater von Polphem bezeichnet, aber gleichfalls das Urtümliche der Kyklopen betont (s.u.).

13 Homer: Odyssee. Übers. v. Kurt Steinmann, München 2016, S. 128–140 (IX, 265–566).

14 Zu dieser Umkehrlogik und ihrer Bedeutung im Kontext der archaischen Gabenlogik vgl. Beate Wagner-Hasel: Der Stoff der Gaben. Kultur und Politik des Schenkens und Tauschens im archaischen Griechenland, Frankfurt/Main 2000, S. 84f.

15 Ebd., S. 123 (IX, 273–276).

16 Walter Burkert: Homo necans. Interpretationen altgriechischer Opferriten und Mythen, Berlin, New York 1972, S. 151.

17 Ebd.

18 Ebd.

Die von Burkert konstatierte Ambivalenz des kannibalischen Mythos und Rituals, die in der Gestalt Kronos' offensichtlich und in der *Odyssee* zumindest noch greifbar ist, eröffnet jedoch nicht bloß ein Problem der ,moralischen Verständlichkeit'. Sie berührt die Frage nach dem Recht und der Gerechtigkeit von Gewalt in der politischen Ideengeschichte Europas weit grundsätzlicher. In den ambivalenten Figuren Kronos und Polyphem liegen zwei divergente und doch verwandte Modelle der Gewalt vor; die Gewalt des Herrschers *über* dem Gesetz, der seine Macht um jeden Preis zu erhalten sucht, und die Gewalt des Rechtlosen *außerhalb* des Gesetzes, der seine eigenen Interessen gegen jede andere Macht durchsetzen will. In diesen Bildern des Kannibalen ist das Recht auf Gewalt von einer ethischen Gerechtigkeit und einer institutionellen Gesetzlichkeit also (noch) entkoppelt. Die kannibalische Urgestalt erscheint als prototypischer Träger eines Wissens, das Macht als grenzenlos ausgeübte Gewalt versteht. Zugleich steht diese Gewalt bereits in Verbindung zu einer archaischen Ordnung, die sie errichtet (Kronos) oder zurückzuweist (Polyphem).

Walter Benjamin beschreibt in *Zur Kritik der Gewalt* (1919) die Auffassung eines grundsätzlich gewalttätigen Rechts zuerst und nicht zufällig am Beispiel der Französischen Revolution. Im naturrechtlichen Diskurs der Revolutionäre sei „Gewalt ein Naturprodukt", „gleichsam ein Rohstoff, dessen Verwendung keiner Problematik unterliegt, es sei denn, daß man die Gewalt zu ungerechten Zwecken mißbrauche."[19] Gegen Ende von Benjamins Aufsatz taucht die ungebundene, potentiell rechtssetzende Gewalt als „mythische Gewalt" wieder auf.[20] Diese versuche noch gar nicht, die Frage nach dem *gerechten* (Natur-)Recht zu beantworten, denn sie „ist nicht Mittel, sondern Manifestation".[21] Damit übernimmt Benjamin stillschweigend die naturrechtliche Idee einer ,rohstofflichen' Gewalt als Grundlage von Herrschaft, entkoppelt sie von ihrem moralischen Anspruch und identifiziert sie so mit „aller Rechtsgewalt" selbst:[22] Im Kern stützt sich jedes Recht nicht auf die Gerechtigkeit, sondern auf die „mythische Manifestation der unmittelbaren Gewalt".[23]

Überträgt man diese Überlegung zurück auf den rechtlichen Status des ,politischen Kannibalen' um 1800, so erweist sich dieser als komplexer, als Foucault erahnen lässt. Im kannibalischen Revolutionär und Tyrannen treffen nämlich nicht nur zwei Feindbilder aufeinander, die sich jeweils eines

---

19 Walter Benjamin: Zur Kritik der Gewalt, in: Ders.: Gesammelte Schriften. Bd. II.1, hg. v. Rolf Tiedemann, Hermann Schweppenhäuser, Frankfurt/Main 1999, S. 179–204, hier S. 180.

20 Ebd., S. 197.

21 Ebd., S. 196.

22 Ebd., S. 199.

23 Ebd.

BEISSENDE GEWALT

207

politischen Wissens um den symbolisch-souveränen Körper bedienen. Mehr noch zeigt sich in dieser Konfrontation, dass der gewalttätige Versuch, Recht zu setzen, zunächst von der Frage nach Gerechtigkeit entkoppelt ist und erst argumentativ, nämlich genau über die Figur des Kannibalen, hergestellt wird. Was uns im Mythos noch als Ambivalenz entgegentritt – als das, was vor der Gerechtigkeit steht –, wird in der politischen Auseinandersetzung zum Mittel, Klarheit herzustellen: Der Gegner ist ungerecht, weil er ein Kannibale ist.

2 Platons demokratische Kannibalen

In diesem Sinne nutzt bereits Platon die Figuren des rebellischen und tyrannischen Kannibalen und stellt sie in ein dialektisches Verhältnis. Kannibalismus soll erklären, wie ein Aufwiegler aus der Mitte des Volkes ein tyrannisches Regime und damit eine ungerechte Herrschaft begründen kann. Im *Staat* spricht sich Platon gegen die demokratische Herrschaftsform aus, weil die Herrschaft der ‚schwachen Masse‘ und ihre Vorliebe für Volkstribune zwangsläufig Despoten hervorbringe. Illustriert wird die Wandlung vom rebellischen Wohltäter und Beschützer zum mörderischen Tyrannen mit einem Mythos: „Wie beginnt nun dieser Übergang vom Volksführer zum Tyrannen? Doch offenbar dann, wenn der Führer ebenso zu handeln beginnt wie jener Mann im Mythos, den man vom Tempel des Zeus Lykaios in Arkadien erzählt."[24] Wer dort aus einer quasi-demokratischen, gemeinsamen Opferschale zufällig das Menschenfleisch esse, das unter das Fleisch der Opfertiere gemischt sei, „der muß notwendigerweise ein Wolf werden".[25] Genau so werde derjenige, der die Massen zu kontrollieren, die Herrschenden zu stürzen und dadurch seine Mitbürger zu töten verstehe, zum figurativen Ungeheuer in Menschengestalt:

> wenn dieser Mann sich nicht freihält von stammverwandtem Blut, sondern den Gegner wider Recht – wie es oft vorkommt – vor Gericht schleift und sich dann mit Blut befleckt, weil er ein Menschenleben vernichtet und mit ruchloser Zunge vom verwandten Blut kostet [...], dann ist es diesem Mann verhängt und schicksalsbestimmt, entweder unterzugehen unter den Händen der Gegner oder ein Tyrann zu werden, aus einem Menschen also ein Wolf.[26]

---

24 Platon: Der Staat (Politeia), hg. und übers. v. Karl Vretska, Stuttgart 1999, S. 394 (VIII, 565d).
25 Ebd.
26 Ebd., S. 394 (VIII, 565e–566a).

Wie problematisch die rhetorische Diffamation des Volkstribuns hier ist, zeigt sich in der ambiguen Formulierung, dass er seine Gegner „wider Recht […] vor Gericht schleift". Da dem ‚wölfischen Politiker' keine außerjuristische Bluttat vorgeworfen werden kann, wird seine Anrufung des Gerichts als vorgeblich widerrechtlich, eigentlich aber als *ungerecht* innerhalb des Gesetzes markiert. Denn ungerecht ist diese Tat nicht hinsichtlich ihres Mittels – des Gerichtverfahrens und der Todesstrafe –, sondern ihres Zwecks, der ‚kannibalischen' und darum *per se* ungerechten Verfolgung des Gegners. Platon nämlich ist keineswegs gegen die Todesstrafe, wie man aus seiner Darstellung („vom verwandten Blut" kosten) folgern könnte, sondern betrachtet sie als angemessen, wenn der Kriminelle nicht zu bessern sei.[27] Sein Vorwurf, dass der Volkstribun trotzdem „notwendig" verwerflich agiert, wenn er seine Gegner anklagt, basiert auf einem zirkulären Argument: Ungerecht ist hier die Todesstrafe, weil das Gesetz ‚kannibalisch', d.h. ungerechterweise, missbraucht wird.

Der „Mythos, den man vom Tempel des Zeus Lykaios in Arkadien erzählt", leuchtet den Vergleich zwischen dem kannibalischen Wolf und dem rechtlich ‚kannibalischen' Volkstribun weiter aus. Durch das mythische Ritual in besagtem Tempel wurde die Tat des König Lykaion wiederholt, der Zeus Menschenfleisch anbot, um dessen Göttlichkeit zu testen. Zur Strafe verwandelte ihn der Gott in einen Werwolf. Er stieß ihn aus der Gemeinschaft der Menschen aus und verlieh ihm den monströsen, außergesetzlichen Status eines erniedrigten Polyphems.[28] Diese Verstoßung beschreibt also die entgegengesetzte Bewegung zu Platons Demokratiekritik: Der Herrscher, nicht der Volkstribun, wird, weil er zum Kannibalismus anstiftet, selbst zum Kannibalen und muss deshalb ausgestoßen werden.

Laut Walter Burkert gehört die Wiederholung des Lykaion-Mythos im arkadischen Ritual zu jenen *rites de passage*, die das Gewaltpotential junger Männer bändigen sollen. Der als Werwolf Verbannte wurde nicht tatsächlich zum Kannibalen, ebenso wenig hatte er das Menschenfleisch (sollte es sich überhaupt im Kessel befunden haben) gegessen. Stattdessen war das Stigma des Werwolfs ein Zeichen seiner unkontrollierten, adoleszenten Gewalttätigkeit, der mithilfe des Rituals eine Bedeutung in der symbolischen Ordnung seiner Gesellschaft und darum ein Platz *außerhalb* dieser Gesellschaft zugewiesen wurde. Der ‚Werwolf' musste sich neun Jahre alleine in der Wildnis

---

27 Vgl. Anastasios Ladikos: Plato's views on Capital Punishment, in: Phronimon 6/2, 2005, S. 49–61. R.F. Stalley: Punishment in Plato's „Laws", in: History of Political Thought 16/4, 1995, S. 469–487.

28 Die berühmteste Schilderung dieses Mythos findet sich bei Ovid, vgl. Publius Ovidius Naso: Metamorphosen. Lateinisch/Deutsch, übers. und hg. von Michael von Albrecht, Stuttgart 2010, S. 21f. (I, 209–239).

BEIßENDE GEWALT

209

abreagieren, bevor er als vollwertiger Bürger in die Gesellschaft aufgenommen werden konnte.[29] Im arkadischen Ritual ist der Kannibale wie im Mythos kein ungerechtes, sondern ein vorrechtliches Wesen. Platons Vergleich greift auf dieses mythologische Brauchtum gesellschaftlicher Gewaltkontrolle zurück, um komplexe politische Ereignisse zu erklären, in denen vermeintlich ungerechte Gewalt durch das Recht nicht mehr eingedämmt werden kann. Anstatt dass der ‚Kannibale' beziehungsweise die unkontrollierbare Gewalt aus der Gesellschaft ausgestoßen wird und wie Polyphem außerhalb des Gesetzes waltet, droht er in Platons politischer Symbolik zum ungerechten juristischen Ankläger und schließlich zum Gesetzgeber selbst zu werden.

Wie später Hobbes, sieht Platon im starken Alleinherrscher die einzige Garantie, den Blutdurst des Mobs oder des Tyrannen zu unterbinden. Hobbes' Allegorie vom – *notabene* menschenverschlingenden – Monster *Leviathan* verkörpert einen notwendig grausamen, nicht zwingend gerechten, jedoch gerechtfertigten absolutistischen Staat, der alleine fähig sei, den chaotischen Naturzustand des Menschen zu befrieden.[30] Dagegen ist Platons Herrscherideal ein ausschließlich moralisches, das mit einer eingehenden philosophischen Erziehung erzielt werden soll. Die Differenz zwischen ungerechtem Despoten und gerechtem Herrscher kann Platon jedoch nicht durch genealogische oder strukturelle Merkmale herleiten, denn beide besitzen letztlich unbesehen der Form ihrer Machtergreifung die uneingeschränkte gesetzliche Gewalt über Leben und Tod. Einzig die Tugend beziehungsweise deren Verlust im figurativen ‚kannibalischen Blutlecken' markiert den Unterschied zwischen Beschützer und Vertilger des Volkes. Ob die Tötung des politischen Gegners noch tugendhaft oder bereits ungerecht ist, kann darum immer nur situativ oder gar nicht entschieden werden. Damit ist jeder Herrscher ein potentieller Werwolf und jede Staatsform – nach Platon insbesondere die Demokratie – hypothetisch ‚kannibalisch'. Seine Rechtsgewalt ist als ‚mythische Gewalt' (Benjamin) mit derjenigen des Kannibalen identisch.

Der politische Diskurs über den Menschenfresser ist ein Symptom für eine zusehends problematische Rechtfertigung politischer Gewalt, sei es diejenige des absolutistischen Herrschers oder des rebellischen Mobs; am Ende erscheinen sie beide als ununterscheidbar. Der Einsatz der Mythologie in Platons Argument sollte jedoch ursprünglich diese Ununterscheidbarkeit verdecken. Der göttliche Richtspruch, der Lykaion als Werwolf verbannte, muss klären, was als historisches Recht disputabel bleibt. Damit erweist sich das

---

29   Vgl. Burkert [Anm. 16], S. 98–108, zur Funktion der *rites de Passage* insbesondere S. 95.

30   Vgl. Thomas Hobbes: Leviathan oder Stoff, Form und Gewalt eines kirchlichen und bürgerlichen Staates, hg. v. Iring Fetscher, übers. v. Walter Euchner, Frankfurt/Main 1991.

Kannibalische in der politischen Theorie Europas bereits an ihrem Ursprung in Platons *Staat* als Maskierung eines Rechtfertigungsproblems. Es ist identisch mit jener Lücke, die uns bereits als Urstätte der mythischen Gewalt begegnet ist und die Montaigne, auf den sich Benjamins Rechtskritik implizit stützt,[31] das „mystische Fundament" des Rechts nennt.[32] Die Rechtmäßigkeit der Gesetze liege nicht darin, dass „sie gerecht sind, sondern dass es Gesetze sind."[33] Aus Montaignes Skepsis folgt, dass Herrschaft nur durch einen geteilten Glauben an ihre göttliche beziehungsweise ‚mystische' Legitimation, nie aber durch legitime Gründe selbst zu rechtfertigen ist. Über die mythologische Figur des Kannibalen lässt sich gesetzliche Herrschaft als ungerecht darstellen, weil der Menschenfresser die Frage nach dem gerechten Gesetz gleichsam selbstevident, ohne weitere Gründe beantwortet. Polyphem und Kronos erscheinen nicht länger als die außer- und überrechtliche, sondern als die ungerechte Gewalt *per se*; wer in ihren Ruch kommt, muss ungerecht sein. Der Rückgriff auf das Mythologische, der eine – laut Montaigne und Benjamin: notwendige – Lücke in der Argumentation für die (Un-)Gerechtigkeit des Gesetzes verdeckt, macht den Kannibalen zu einer modellhaften Figur ideologischer Argumentation.

Platons rhetorischer Einsatz des Mythos ist – in einer generalisierten und neu funktionalisierten Bedeutung des Begriffs – Ideologie,[34] weil Platon die Widersprüche eines gesellschaftlichen Bewusstseins verdeckt, um politische Subjekte zu konstruieren: Ein positives gerechtes und ein negatives kannibalisches Subjekt. Solche ideologischen Argumente sind von der Reflexion ihres Sprechers unabhängig: Die unbewusste Leugnung eines Widerspruchs

---

31   Diese Verbindung, die wohl über ein implizites Montaigne-Zitat in Pascals *Pensées* verläuft, macht später Jaques Derrida explizit, vgl. Jacques Derrida: Force of Law. The „Mystical Foundation of Authority", in: Cardozo Law Review, übers. v. Mary Quaintance, 11, 1989, S. 921–1046. Hier insbesondere S. 937, 939.

32   Michel Eyquem de Montaigne: Essais. Erste moderne Gesamtübersetzung, übers. v. Hans Stilett, Frankfurt/Main 1998, S. 541 (III,13).

33   Ebd.

34   Der Begriff der Ideologie soll das politische Bild des Menschenfressers nicht vorschnell als verblendet desavouieren, er versteht sich hier als ein Analyseinstrument, um spezifische Mechanismen des politischen Imaginären zu klären. Es folgt damit entgegen dem klassisch-marxistischen (s.u.) einem generelleren Ideologiebegriff, wie ihn Louis Althusser zur Beschreibung politischer Subjektkonstitution geprägt hat, und einer Funktionalisierung des Begriffs, wie sie Claude Lefort hinsichtlich des symbolischen Feldes vorschlug. Vgl. Louis Althusser: Ideologie und ideologische Staatsapparate (1970), hg. v. Frieder Otto Wolf, Hamburg 2016. Claude Lefort: Entwurf zur Genese der Ideologie in modernen Gesellschaften (1978), in: Das politische Imaginäre. Freiheit und Gesetz, hg. v. Felix Trautmann, Berlin 2016, S. 169–202, hier S. 174f.

BEIßENDE GEWALT

211

zeugt von einem ,falschen Bewusstsein',[35] die bewusste Ausnutzung des Widerspruchs äußert sich als Zynismus.[36] In beiden Fällen ist Ideologie ein Instrument, bestimmte (Klassen-)Interessen durchzusetzen, seien diese feudalistisch, proletarisch oder kapitalistisch. Unabhängig davon, ob Platon bewusst oder unbewusst mithilfe des Kannibalen-Mythos das ,mystische Fundament des Gesetzes' und damit eine fundamentale Unzulänglichkeit seiner idealistischen Tugendlehre verdeckt, dient der Vergleich mit dem arkadischen Werwolf dazu, die Demokratie zugunsten der aristokratischen Gesinnung abzuwerten. Mithilfe des allgemein Akzeptierten – hier das Tabu des Kannibalismus – wird ein Partikularinteresse als das Interesse der Allgemeinheit dargestellt.

Ein solches Vorgehen taucht historisch dann auf, wenn bestimmte gesellschaftliche Werte gegenüber alternativen Normen argumentativ verteidigt werden müssen. Ausgeprägt ideologisch sind darum Gesellschaften wie die französische in der zweiten Hälfte des 18. Jahrhunderts, als die Konfrontation unterschiedlicher politischer Ideale Widersprüche *innerhalb* eines ideologischen Ideengebäudes aufzudecken droht. Im Gegensatz dazu muss mythologisches Wissen seinen Geltungsanspruch nicht gegen andere Ansprüche durchsetzen.[37]

Wie das arkadische Ritual illustriert, kommt Mythen zwar ebenfalls die Funktion zu, Herrschaftsverhältnisse zu legitimieren, um gesellschaftliche Subjekte zu konstituieren. Nur tut der Mythos dies frei von Konkurrenz, die seine inneren Widersprüche aufdecken könnte; der mythologische Erklärungsanspruch kennt keine konkurrierenden Erklärungsansprüche. Der Kannibale wird ausgegrenzt, weil er durch göttlichen Richtspruch ein Werwolf wurde, nicht weil seine Gewalt ungerecht, unkontrollierbar und damit potentiell politisch gefährlich ist – dieser Begründungen, so überzeugend sie sind, bedarf der Mythos nicht. Er besitzt Überzeugungskraft gerade durch die Mehrdeutigkeit seiner Symbole: Polyphem ist unschuldig und schuldig, die Gewalt des arkadischen ,Werwolfs' latent anwesend und deshalb bereits vor ihrem Ausbruch gebannt, die Herrschaft Kronos' golden und ordnend, aber zugleich tyrannisch und grausam. Das mythologische Narrativ manifestiert

---

35 So die klassisch-marxistische Formulierung, die jedoch primär auf ein kapitalistisches Bewusstsein beschränkt ist, vgl. Karl Marx, Friedrich Engels: Die deutsche Ideologie. Kritik der neuesten deutschen Philosophie in ihren Repräsentanten Feuerbach, B. Bauer und Stirner, und des deutschen Sozialismus in seinen verschiedenen Propheten, in: Dies.: Marx-Engels Werke. Band 3, Berlin 1961, S. 9–533, hier insbesondere S. 18–59.

36 In diesem Sinne interpretiert Slavoj Žižek den Zynismus-Begriff Peter Sloterdijks, vgl. Slavoj Žižek: The Sublime Object of Ideology (1989), London 2009, S. 25f. Vgl. auch Peter Sloterdijk: Kritik der zynischen Vernunft, Frankfurt/Main 1983.

37 Vgl. Peter V. Zima: Ideologie und Theorie. Eine Diskurskritik, Tübingen 1989, S. 34–38.

nicht Gerechtigkeit, sondern die Machtverhältnisse zwischen einer archaisch-zornigen Gewalt außerhalb und einer überlegenen kulturell-distanzierten Gewalt innerhalb des Gesetzes; darum wird Kronos gestürzt, darum wird der Werwolf verbannt. Aufgrund solch selbstevidenter, struktureller ‚Wahrheit‘ eignet sich der Mythos in besonderem Maße als politisches Imaginäres überhaupt und insbesondere als Instrument des Ideologischen. Der politische Rückgriff auf den Mythos kann, muss aber nicht ein Zeichen sein, dass Widersprüche überdeckt werden sollen mithilfe eines Imaginären, das selbst keine Widersprüche kennt.

3   Odysseus' Gewalt zwischen Mythos und Ideologie

Hierin liegt der Grund, weshalb Theodor W. Adorno und Max Horkheimer in der *Dialektik der Aufklärung* die *Odyssee* als Modell einer Ideologie der Aufklärung analysieren: In Homers epischer Erzählung löse sich Odysseus von seinem mythologischen Status, er werde zu einem autonomen Geschöpf der Vernunft und präfiguriere damit die argumentative List bürgerlicher Ideologie.[38] Entgegen Adornos und Horkheimers Auffassung – und mit Walter Burkert, der auf die moralische Ambivalenz des Epos' hinweist[39] – trägt die *Odyssee* die Probleme der Aufklärung nicht prophetisch in sich. Odysseus' ‚kulturelle Gewalt‘ überlistet zwar tatsächlich als Vertreter des Gesetzes den außerrechtlichen ‚anti-kulturellen‘ Polyphem (siehe Burkert), doch erst retrospektiv, in der modernen Übersetzung des mythologischen in ideologisches Wissen, gewinnt diese Tat die Bedeutung, die ihr die Frankfurter Schule zuschreibt. Adornos und Horkheimers Kritik des Ideals überlegener Rationalität trifft deshalb so zielsicher, weil sich im Ithaker jenes humanistische Ideal, von dem sich die Kritische Theorie noch in ihren vehementesten Angriffen nicht loslösen kann, wie in keiner anderen ‚Gründungs-Figur‘ spiegelt. Dies zeigt sich insbesondere an ihrer Interpretation der Polyphem-Episode: Den Zyklopen hätten, so Adorno und Horkheimer, die Gesetze „noch nicht recht erfasst", Odysseus hingegen sei bereits die vollendete Zivilisation und verkörpere damit die ihr inhärenten Widersprüche und Entfremdungsphänomene. In der listigen Selbstverleugnung als ‚Niemand‘ gleiche sich der Held dem anfänglichen, namenlosen Urzustand des Monsters an, doch diese „Anähnelung

---

38   Vgl. Max Horkheimer, Theodor W. Adorno: Dialektik der Aufklärung. Philosophische Fragmente. Frankfurt/Main 2009, S. 50–55.

39   Vgl. Anm. 14.

BEISSENDE GEWALT

an den Naturstand" sei „Mittel zur Naturbeherrschung" und darum „Hybris".[40]
Die Kluft zwischen Natur und Zivilisation könne von Odysseus nur in Form der
damit als Ideologie zu fassenden (Selbst-)Täuschung, als verschleierte Gewalt,
überwunden werden.

Die gegenseitige Ausschließung, als welche Adorno und Horkheimer
Polyphem und Odysseus gegenüberstellen, wird vom Epos aber nicht gedeckt.
Die *Odyssee* ist ambivalenter – und damit eben auch mythologischer – als ihre
kritische Interpretation zugibt. Polyphems Weigerung, dem Gesetz der Götter
zu gehorchen, trägt nicht nur die Zeichen eines unbewussten Urzustandes,
sondern auch diejenigen eines bewussten Willens *gegen* die Zivilisation; nicht
bloß die Verschränkung von „Dummheit und Gesetzlosigkeit",[41] sondern auch
eine praktische Vernunft, die ihr Überleben ohne (politische) Abhängigkeit
zu sichern weiß.[42] Umgekehrt ist Odysseus nicht alleine Zivilisationswesen,
seine dunklen Ursprünge markieren ihn als Grenzgänger. Er besitzt sogar
verwandtschaftliche Züge zu kannibalischen ‚Trickster-Figuren'.[43] Odysseus
ist der Enkel eines solchen ‚Tricksters', des diebischen Zauberers Autolykos
(gr. „der Wolf selbst"), eines weiteren Wolfsmenschen also, bei dem er in seiner Jugend in die Lehre gegangen ist.[44] Hier hat er das Jagen gelernt und die
Wunde empfangen, die ihn äußerlich zum unverwechselbaren Subjekt macht.
Laut Homer gab Autolykos Odysseus seinen Namen: In der *Odyssee* wird er
mit dem altgriechisch ähnlich lautenden ‚zornig sein' (*odussomai*, ὀδύσσομαι)
in Verbindung gebracht, da der Großvater zum Zeitpunkt der Geburt zornig
gewesen sei.[45] Odysseus' Abstammung, Ausbildung und Subjektwerdung
durch einen explizit ‚zornigen', implizit kannibalischen ‚Wolfsmann' außerhalb
des Rechts prädestinieren ihn darum weniger zum Vertreter einer entfremdeten Zivilisation im Sinne Adornos und Horkheimers, sondern weisen ihn als
Mischwesen beziehungsweise als Grenzgänger aus. Walter Burkert geht sogar
so weit, Odysseus' neunjährige Irrfahrt mit der ebenfalls neun Jahre dauernden
rituellen Verbannung des arkadischen ‚Werwolfs' zu vergleichen. Burkert weist

---

40   Horkheimer, Adorno [Anm. 38], S. 75.

41   Ebd., S. 72.

42   Zu Recht weisen Adorno und Horkheimer auf die Kulturtechniken des Hirten Polyphem
      hin, betrachten jedoch auch diese nur in einem teleologischen Zusammenhang als
      Vorstufe zur Agrarwirtschaft, in der sich noch Naturverbundenheit ausdrückt, vgl. ebd.
      S. 73.

43   Vgl. Zum ‚Trickster' als kannibalischer Figur diverser Mythen, vgl. Friedrich Pöhl:
      Kannibalismus – eine anthropologische Konstante? [Einleitung], in: Kannibalismus,
      eine anthropologische Konstante?, hg. v. Friedrich Pöhl, Sebastian Fink, Wiesbaden 2015,
      S. 9–49, hier S. 12f.

44   Vgl. Burkert [Anm. 16], S. 137.

45   Vgl. Homer [Anm. 13], S. 293 (IXX, 406–409).

darauf hin, dass der Held in einer Reihe von Parallelversionen der *Odyssee* von Polyphem gezwungen wird, selbst vom Fleisch seiner Gefährten zu essen.[46] Seine Taten fernab der Heimat ständen darum nicht nur im Zeichen einer Überwindung der fremden, sondern auch einer Beherrschung der eigenen unkontrollierten Gewalt.

Diese Beherrschung geht damit einher, dass Odysseus erlernt, das Recht zu seinen Gunsten zu verwenden. Seine Siege entspringen nicht der Macht eines legitimen Gesetzes, sondern seinem trickreichen Umgang mit ihm; dessen Relativität (und damit dessen Abhängigkeit von einem ‚mystischen Ursprung') ist ihm, wenn nicht bewusst, so zumindest praktisch verfügbar. Das so verwendete Gesetz ist ein Mittel zum Zweck, nie ein letzter Grund. Bereits mit dem Trojanischen Pferd verkehrt Odysseus das Gesetz der Gabe, das in der altgriechischen Gastfreundschaft so hochgehalten wird,[47] wie später Polyphem in dessen zerstörerisches Gegenteil. Das vermeintliche ‚Abschiedsgeschenk', das Götter und Trojaner besänftigen soll, erweist sich als Verderben letzterer. Und auch am Ende seiner Reise ist Odysseus das genaue Gegenteil eines Gabenbringers: Das Recht des Hausherrn, Ordnung herzustellen, setzt er durch gegen den rechtlich ebenso verbürgten, wenn auch übertriebenen Anspruch auf Gastfreundschaft der Freier Penelopes.[48] Deren Tod ist das finale Kapitel einer Narration, welche die Frage nach gerechter Gewalt nicht mit dem gerechten Gesetz, sondern der gewaltvollen (Wieder-)Herstellung von Ordnung beantwortet.

Die kritische Interpretation Odysseus' als zivilisiert-gesetzlicher Ideologe und die Beschreibung Polyphems als natürlich-ungesetzliche Urgestalt ist dagegen symptomatisch für ein modernes Rechtsverständnis, aus dem selbst herauszutreten der Kritischen Theorie schwerfällt. Sie versteht Gesetzlichkeit – und hier insbesondere mit Kant das aufgeklärte Vernunftgesetz – als Normativität, die Handlungen anleitet und erklärt, und nicht im Sinne Odysseus' als eine notwendige Illusion, die es zum eigenen Vorteil zu nutzen gilt. Bereits für Walter Benjamins Gewaltkritik, die das Projekt der *Dialektik der Aufklärung* vorbereitet, ist eine solch unhintergehbare Ambivalenz der Gewalt ein Problem. Benjamins Ablehnung der mythischen Gewalt des Rechtes zielt auf eine alternative, revolutionäre „göttliche" beziehungsweise „reine Gewalt" ab,[49] die sich dem Urteil entzieht und stattdessen das „Gebot",[50] das in der „Heiligkeit des

---

46   Burkert [Anm. 16], S. 151.

47   Vgl. Wagner-Hasel [Anm. 14], S. 79–82.

48   Zur Schuldfrage der Freier vgl. Hartmut Erbse: Beiträge zum Verständnis der Odyssee, Berlin, New York 1972, S. 113–142.

49   Benjamin [Anm. 19], S. 203.

50   Ebd., S. 201.

BEIẞENDE GEWALT

215

Lebens" gründet,[51] zum Vorbild hat. Die messianische Utopie eines ‚entsetzten'
Gesetzes versucht rechtliche Gewalt nicht als bloßes Mittel zu einem ethischen
Zweck zu verstehen. Stattdessen denkt Benjamin gerechtfertigte Gewalt selbst
als „waltende"[52] Gerechtigkeit. Dieses revolutionäre Ideal setzt sich vordergründig vom humanistisch-aufgeklärten Konzept des Gesetzes ab. Kants ka-
tegorischer Imperativ sei zwar ein „unbezweifelbare[s] Minimalprogramm",[53]
reiche aber zu einer Kritik der rechtlichen, insbesondere der rechtserhaltenden
Gewalt nicht aus. Inwiefern Benjamins *Minimalst*programm dieses Problem
löst, in dem es sich am (Kant verdächtig nahen) „Gebot" ausrichtet, bleibt freilich offen. Eher unwahrscheinlich scheint es, dass er Slavoj Žižek zugestimmt
hätte, der das Konzept einer waltenden Gerechtigkeit im jakobinischen Terror
verwirklicht sieht[54] – genau jenem Gewaltexzess also, dessen naturrechtliche
Legitimation Benjamin als blind gegenüber ihren Mitteln beschreibt.[55]

In der *Odyssee* gibt es das Unrecht im aufgeklärten Sinne, d.h. im Sinne eines Unrechts aus Unvernunft, noch nicht. Odysseus verteidigt kein unumstöß-
lich gerechtes Vernunftgesetz gegen Polyphem, er übt eine Gewalt aus, die sich
bewusst auf Fiktionen, auf List und Überredungskunst gründet. Odysseus' nur
aus heutiger Perspektive ‚gerechte Gewalt' ist kein Produkt der Normativität,
sie entspringt dem Imaginären und seiner medialen Vermittlung. Denkt man
Benjamins *Kritik der Gewalt* in diese Richtung weiter, gilt es womöglich, nicht
nur die aufgeklärte Idee der Gewalt als Mittel zum gerechten Zweck, sondern
überhaupt die Idee der gerechten Gewalt aufzugeben. Einen solchen Weg
beschreitet, wie wir etwas später sehen werden, Montaignes' Darstellung gerechtfertigter Kannibalen.

4   Alternative Imaginationen des politischen Kannibalen

Bis hierhin konnten Foucaults Überlegungen zum menschenfressenden
Monstrum ideen- und philosophiegeschichtlich weiterentwickelt werden. Der
revolutionäre und der despotische Kannibale der Französischen Revolution
stehen in einem spiegelbildlichen Verhältnis zueinander. Die Vorwürfe des
Kannibalismus erscheinen als Ausdruck ein und derselben Ideologie, die bei

---

51   Ebd.
52   Ebd., S. 203.
53   Ebd., S. 187.
54   Slavoj Žižek: Robespierre, or, the 'Divine Violence' of Terror, in: Maximilien Robespierre:
      Virtue and Terror, hg. v. Jean Ducange, übers. v. John Howe, London, New York 2017,
      S. VII–XXXIX.
55   Benjamin [Anm. 19], S. 180.

Platon ihren Ursprung nimmt. Der vermeintlich eindeutige Mythos des ungerechten Kannibalismus' wirkt erst in seinem ideologischen Gebrauch widerspruchsfrei, um selbst gesellschaftliche Widersprüche zu überdecken. Dabei enttarnt sich der Vorwurf des Kannibalischen in den 1790er Jahren selbst als ideologisch, weil er von beiden Seiten vorgebracht wird. Das Recht zu töten wird mit der mythologischen Ungerechtigkeit und daraus folgenden Tötbarkeit des ‚kannibalischen' Gegners begründet. Die Konfrontation der gegenseitigen Beschuldigungen desavouiert deren Gerechtigkeitsanspruch als haltlos und deckt damit die Haltlosigkeit der Legitimation selbst auf; wo alleine der Mythos des Kannibalen *ex negativo* das Gesetz begründen kann, erweist sich dessen Grund als imaginär.

Diese Ideologie des Kannibalen deckt ein zentrales Problem der politischen Philosophie Europas auf, bleibt aber unvollständig. Denn die Kannibalismus-Bezichtigungen ‚von unten' beziehungsweise ‚von oben' verfolgen zwar beide die Abwertung ihres Gegners als ungerechtes Wesen, der revolutionäre Kannibale ist jedoch kein bloßes Spiegelbild des Tyrannen. Dies zeigt sich bereits darin, dass der Tyrann nur metaphorisch, der Revolutionär aber ganz *realiter* des Kannibalismus bezichtigt wird. Das Ressentiment gegenüber dem Monarchen stellte ihn nicht *realiter* als ein unkontrollierbares wildes Tier dar; stattdessen galt es, dieses Tier als verstecktes Wesen hinter der prunkvollen Fassade der Monarchie mit ihrer repräsentativen, positiven Tiersymbolik erst zu konstruieren. Der womöglich faktisch begründeten Angst der Revolutionsgegner vor dem revolutionären Menschenfresser kam zwar die Konstruktion eines politischen Imaginären zuvor – nur handelt es sich dabei um ein anderes Imaginäres: Es ist entscheidend, dass die Revolutionäre einer buchstäblichen Bezichtigung des Kannibalismus' diskursiv Vorschub geleistet haben. Jean-Paul Marat gerierte sich schon 1789 in einem Pamphlet selbst als Kannibale. In der Revolution gegen den ungerechten Unterdrücker habe man das Recht, ihn zu töten, ja sein bebendes Fleisch zu verschlingen: „de dévorer ses chairs palpitantes."[56] Als sich der jakobinische Terror entfaltet hatte, fielen solche Aufrufe auf ihn zurück, selbst aus prorevolutionärer Warte nannte man ihn nun einen „buveur du sang", einen Bluttrinker.[57] Die Revolutionäre selbst sollten letztlich den berühmten Allgemeinplatz begründen, ihre Revolution fresse wie Saturn die eigenen Kinder – eine Metapher, die die Wandlung von

---

56 Jean-Paul Marat: La Constitution ou Projet de déclaration des droits de l'Homme et du citoyen suivi d'un plan de Constitution juste, sage et libre, Paris 1789, S. 7.

57 Docteur Cannibale [Anonym]: Panégyrique de Marat, prononcé devant une nombreuse assemblée [...]. Paris 1795, S. 1.

BEIßENDE GEWALT

Polyphems Rebellentum zu Saturns beziehungsweise Kronos' Herrschaft markiert.[58]

Woher kommt Marats kannibalische Rhetorik, die sich so einfach gegen ihn wenden ließ? In ihrer Provokation liegt mehr als eine Appropriation und Neubewertung des despotischen Menschenfressers. Vielmehr greift Marat auf einen Diskurs zurück, der zu seiner Zeit bereits zweihundert Jahre alt ist: die Aufwertung des Kannibalismus' als menschliche Praxis, die zu Recht keinem Gesetz gehorcht.

Der Kannibale als verkörperte Gewalt des gesetzlichen oder ungesetzlichen Unrechts wird ab dem 16. Jahrhundert durch ein Kannibalen-Bild in Frage gestellt, das der Ambivalenz Odysseus' näher ist als seinen ideologiekritischen Deutungen. Ist der mutmaßliche amerikanische Menschenfresser bei Columbus noch wie der Werwolf ein Monster im klassisch-antiken Sinne,[59] so setzt sich mit den detaillierteren Reiseberichten von Jean de Léry und Hans Staden alsbald die Überzeugung durch, dass es sich bei den ‚Eingeborenen' um eine Gesellschaft von Menschen handelt, auch wenn diese weiterhin – zuweilen glaubhaft – des Kannibalismus bezichtigt werden.[60] Dies gibt dem politischen Imaginären des Kannibalen eine Stoßrichtung, die sich vom Bild des ungerechten Monstrums radikal unterscheidet. Weder nach dem Vorbild Polyphems noch Kronos' kann der Indigene in einer symbolischen Ordnung verortet werden, denn dieser andere Mensch *kennt* das europäische Gesetz nicht, gegen das er verstößt. Daher wird der amerikanische Kannibale im 16. Jahrhundert zum Inbegriff des Kulturlosen, der unterworfen werden kann, weil er keine (für europäische Augen als solche erkennbare) politische oder ökonomische Ordnung ausbildet und sich – anders als es der antike Kannibale außerhalb des Rechts – auch nicht gegen eine solche Ordnung aufbegehrt: Er ist der ‚natürliche Sklave'.[61]

Humanistische Denker wie Bartolomé de las Casas, der als Geistlicher ein unmittelbarer Augenzeuge war, richten sich früh gegen die Versklavung

---

58 Seinen Ursprung nimmt das Bild in den letzten Worten des französischen Rechtsanwalts und Revolutionärs Pierre Vergniaud kurz vor seiner Hinrichtung 1793. Vgl. François-Auguste-Marie Mignet: Histoire de la Révolution française, depuis 1789 jusqu'en 1814. Première Partie, Brüssel 1824, S. 252.

59 Vgl. Frank Lestringant: Cannibals. The Discovery and Representation of the Cannibal from Columbus to Jules Verne, übers. v. Rosemary Morris. Berkeley, Los Angeles 1997, S. 15–17.

60 Vgl. Jean de Léry: Unter Menschenfressern am Amazonas: brasilianisches Tagebuch 1556–1558, Tübingen 1977. Hans Staden: Wahrhaftige Historia, hg. und übertragen von Reinhard Maack. Marburg/Lahn 1964.

61 Vgl. Cătălin Avramescu: An Intellectual History of Cannibalism, übers. v. Alistair Ian Blyth. Princeton, Oxford 2011, S. 114.

und Ausrottung der indigenen Bevölkerung. Zu diesem Zweck wird der vermeintliche Kannibalismus entweder bestritten, relativiert oder gänzlich ausgelassen.[62] Der ‚edle Wilde‘, wie er in Pierre de Ronsards Gedicht *Complainte contre Fortune* (1559) auftaucht, kann kein Menschenfresser sein.[63] Ronsard stellt die Indigenen als perfektes gewaltloses Volk dar, das keine ‚Zivilisierung‘ durch europäische Herrschaft benötige. Nur zwanzig Jahre später aber unterläuft Michel de Montaignes Essay *Des Cannibales* (1580) dieses Schwarz-Weiss-Denken. Montaignes Kannibalen sind sowohl moralisch edel als auch amoralisch gewalttätig, sowohl harmonische Naturwesen als auch blutrünstige Krieger. Was sich *prima vista* als Widerspruch gebärdet, ist bei genauerem Zusehen durch eine Dialektik bedingt, die sich gegen das politische Imaginäre kannibalischer Ungerechtigkeit richtet.

5   Montaignes *Des Cannibales* (1580)

Obschon er jene rundum als unzulänglich kritisiert, greift Montaigne alle ihm verfügbaren Quellen zu den Indigenen Amerikas auf und arrangiert sie zu einem neuen, schillernden Bild von Bräuchen und Sitten:[64] Die Kannibalen würden aufgrund der reichen Natur ihrer Umwelt im Überfluss leben, sie benötigten deshalb (und nicht etwa aus barbarischer Unkenntnis) keinen Ackerbau und keinen Handel. Ihre Gesellschaft kenne kaum feste Institutionen und Machtgefälle, sie wählten zwar Anführer, doch diese hätten keine anderen Privilegien, als ihnen im Krieg vorangehen zu dürfen. Propheten seien nur insofern geachtet, wie ihre Weissagungen zutreffen. Anstelle von komplexen Verträgen und Gesetzen strukturierten nur zwei einfache Prinzipien das gemeinschaftliche Leben: Die „Entschlossenheit im Krieg und Liebe zu den Frauen."[65] Daraus resultiere sowohl die Polygamie, in der sich der Mann als besonders intensiver Liebhaber erweisen könne, als auch der Brauch des Kannibalismus, in dem sich die äußerste Form kriegerischen Mutes erkennen

---

62   Bei La Casas handelt es sich noch mehrheitlich um Relativierungen, vgl. Tzvetan Todorov: Die Eroberung Amerikas. das Problem des Anderen, Frankfurt/Main 2005, S. 224f. Lahontan, Diderot und Rousseau bestreiten Kannibalismus gänzlich, vgl. Avramescu [Anm. 61], S. 218–220.

63   Vgl. Pierre de Ronsard: Oeuvres Clplètes, x: Second livre de meslanges (1559), hg. v. Paul Laumonier, Paris 1939. Dazu Timothy J. Reiss, J.: Montaigne, the New World, and Precolonialism, in: The Oxford Handbook of Montaigne, hg. v. Philippe Desan, New York 2016. S. 196–214, hier S. 201f.

64   Zu einer Zusammenstellung dieser Quellen vgl. Philippe Desan: Les commerces de Montaigne. Le discours économique des Essais, Paris 1992, S. 190.

65   Montaigne [Anm. 32], S. 112.

BEISSENDE GEWALT

219

lasse. Menschenfleisch nämlich werde nicht aus kulinarischen Gründen oder gar aus Hunger, sondern als Zeichen der Rache gegessen. Umgekehrt könne sich das Schlachtopfer als besonders mutig und stolz beweisen, indem es seine Begnadigung ablehnt: Lieber wird der Gefangene gefressen, als seine Unterlegenheit einzugestehen und um Vergebung zu bitten. Notabene kenne die indigene Kultur kein Wort für „Verzeihen".[66] Im impliziten „kannibalischen Pakt[ ]"[67] zwischen Täter und Opfer könne sich im scheinbar Grausamsten die edelste Tugend zeigen. Dem stellt Montaigne die europäische Kriegsführung als tugendlos und unwürdig gegenüber; die hier zugefügten Qualen – etwa das Zerfleischen durch Hunde bei lebendigem Leibe – seien barbarischer als diejenigen der vermeintlichen Barbaren. Damit reagiert Montaigne auf die französischen Bürgerkriege im 16. Jahrhundert, die er und seine Zeitgenossen „in frischer Erinnerung noch vor uns sehen"[68] und die mit dem Erscheinen der *Essais* noch kein Ende gefunden haben. Dass die Gräuel „keineswegs zwischen alten Feinden, sondern zwischen Nachbarn und Mitbürgern und, was noch schlimmer ist, unter dem Vorwand von Frömmigkeit und Glaubenstreue"[69] verübt wurden, zeichnet umgekehrt die areligiösen, ja apolitischen, nur gegen gegnerische Krieger ‚nach außen' gerichteten Offensiven der Kannibalen aus.

Welchen Status dieser Vergleich im Lichte europäischer Herrschaftsdiskurse seiner Zeit hat, ist umstritten. Drei Deutungsmuster lassen sich unterscheiden: Erstens verkörpere der Kannibale primär ein naturrechtliches Ideal, in dem der Mensch (noch) ohne ungerechte Herrschaftsverhältnisse lebe (Montaigne: „Dies sind Geschlechter, die fürwahr / Natur im Urbeginn gebahr"[70]). Hier gibt es keine grundsätzliche Differenz zwischen Montaignes Kannibalen und dem Bild des ‚edlen Wilden', auch wenn dieser weniger gewalttätig ist.[71] Die Rezeptionsgeschichte, in der sich eine Linie hin zu Diderots und Rousseaus freilich nicht-kannibalischem Menschen im Urzustand ziehen lässt, folgt primär dieser Lesart. In ihrem Sinne begründet Montaigne ein heuristisches Modell beziehungsweise einen Idealtypus, mit dessen Hilfe sich eine Gesellschaft imaginieren lässt, in der Herrschaft kontraktualistisch ausgehandelt und

---

66 Ebd., S. 111. Dies interpretiert Quint als problematische Borniertheit des Stoizismus, vgl. David Quint: A Reconsideration of Montaigne's Des cannibales, in: America in European Consciousness, 1493–1750, hg. v. Karen Ordahl Kupperman, Chapel Hill 1995, S. 166–191, S. 166f.

67 Christian Moser: Kannibalische Katharsis. Literarische und filmische Inszenierungen der Anthropophagie von James Cook bis Bret Easton Ellis, Bielefeld 2005, S. 13f.

68 Montaigne [Anm. 32], S. 113.

69 Ebd.

70 Montaigne [Anm. 32], S. 111.

71 So interpretiert etwa noch Christian Moser Montaignes Kannibalen primär als „Alternative zur europäischen Gesellschaftsordnung." Moser [Anm. 67], S. 14.

nicht einseitig diktiert wird. Der Kannibale ist primär ein ‚freier Mensch' im Gegensatz zum entfremdeten, zivilisierten Machtsubjekt, das überwunden werden muss.

Dem widerspricht ein zweiter Ansatz, der den Kannibalen als dekonstruktives Sinnbild versteht. Laut Michel de Certeau entwirft Montaigne keine Idealfigur, sondern löst vielmehr Idealvorstellungen von Barbarentum und Zivilisation, ja gesichertem Wissen selbst auf. Konfrontiert mit dem Fremden erscheint das Wissen um die eigene Kultur und Moral unsicher, ohne dass das Fremde darum als Vorbild dienen muss.[72] Denn das Ideal der höchsten Tugend sei immer schon verloren, es könne nur in triumphierenden Verlusten – wie im ‚Selbstopfer' des stolzen Kannibalen-Gefangenen – erahnt werden.[73] Darum sei im *Essai* eine historische Verlusterfahrung zu spüren, die aus der Perspektive der zeitgenössischen Bürgerkriege auf die vermeintlich selbstgenügsame Tugend des mittelalterlichen Feudalismus zurückblicke.[74] Die zeitgenössische Politik werde als grundsätzlich defizitär erkennbar, der Kannibale jedoch verkörpere eine ‚unmögliche' Utopie, die attraktiv sei nicht obschon, sondern gerade weil sie durch eine historische oder geographische Distanz vermittelt werde.

Ein dritter Interpretationsweg lehnt die idealisierend-modellhaften beziehungsweise utopisch-unmöglichen Lesarten des Kannibalismus als unhistorisch ab. Er betrachtet den ‚Eingeborenen' stattdessen als kritisches Bild zeitgenössischer Verhältnisse.[75] David Quint liest den Kannibalen als Figur, deren Gewalt zwar besser als die europäische sei, trotzdem aber moralisch fehlgehe. Montaigne rücke das oft von ihm proklamierte Ideal des Stoizismus hier in ein schlechtes Licht; die vermeintlich perfekte stoische Gesellschaft müsse sinnlos grausam sein, um sich als konstant und tugendhaft beweisen zu können.[76] Der Kannibale sei darum eine Figur der Übertreibung, die das

---

72 Vgl. Michel de Certeau: Montaigne's „Of Cannibals." The Savage „I", in: Ders.: Heterologies. Discourse On The Other, Minneapolis, MI 1986, S. 67–79, hier S. 73. Aufgrund einer ähnlichen Interpretation wurde Montaigne als ein Begründer des europäischen Kulturrelativismus ausgemacht, vgl. Richard Handler: Of Cannibals and Custom: Montaigne's Cultural Relativism, in: Anthropology Today. 2/5, 1986, S. 12–14.

73 De Certeau [Anm. 72], S. 78: „In the same way as the savage body, the scriptural corpus is condemned to a ‚triumphant loss' allowing the saying of the ‚I'."

74 De Certeau [Anm. 72], S. 77. Ähnlich auch Desan, der den Kannibalen als rückwärtsgerichtetes Gegenbild zum aufkommenden Kapitalismus sieht, vgl. Desan [Anm. 64], S. 175–198.

75 So etwa auch Hoffmann, der den Kannibalen im reformatorischen Kontext als eine Problemfigur des Religiösen betrachtet. George Hoffmann: Anatomy of the Mass: Montaigne's „Cannibals", in: PMLA 117/2, 2002, S. 207–221.

76 Vgl. Quint [Anm. 66], S. 186.

BEISSENDE GEWALT

221

adlig-feudale Herrschaftsideal, das de Certeau als verlorene Utopie beschrieb, in einer kannibalischen Dystopie zuspitze und damit entlarve.

6 Gerechtfertigte Gewalt ohne Gesetz

Die Bewertungen von Montaignes Darstellung der kannibalischen Gewalt divergieren maximal. Die erste Lesart unterschlägt diese weitgehend, um die größere europäische Brutalität zu betonen. Die zweite deutet Gewalt als notwendige Bedingung des utopischen Selbstopfers. Drittens schließlich wird seine Gewalt dem Kannibalen vorgehalten: Montaignes vermeintlich positives Bild der Indigenen wäre demnach einem Missverständnis geschuldet. Den drei Deutungen ist gemein, dass sie den Kannibalen als eine eindeutige, affirmativ oder negativ zu wertende Figur fassen wollen. Im Folgenden wird dagegen argumentiert, dass der moralische Status der kannibalischen Gewalt aus spezifischen Gründen unentscheidbar bleibt. Denn der Essayist bricht nicht nur mit der klassischen Ideologie des ungerechten Kannibalen, sondern auch mit dem neuen Ideal des edlen Wilden, wie es Las Casas und Ronsard entwarfen.[77] Um diese doppelte Kritik der Eindeutigkeit zu verstehen, müssen wir auf das Problem des ‚mystischen Fundaments des Rechtes‘ zurückkommen, das Montaigne bekanntlich in einem späteren *Essai* aufwirft und das unmittelbar mit der Kritik an den Bürgerkriegsverhältnissen seiner Zeit verknüpft ist.[78] Im Richtungsstreit um die legitime Religion Frankreichs zwischen Hugenotten und Katholiken zeichnete sich für Montaigne ab, dass Religiosität und Tugend in Herrschaftsfragen nur eine instrumentelle – oder genauer: ideologische – Rolle spielen.[79] Alleine der Machtgewinn beziehungsweise -erhalt diktiert das Interesse der jeweiligen Parteien; die moralische Fundierung von Herrschaft und Gesetzen wird aporetisch, weil sie sich in der historischen Realität als ‚mystisch‘ erweist. Der Kannibale, der kein Gesetz kennt, entkommt dieser Aporie europäischer Rechtfertigungen von Herrschaft, aber er bezahlt seine Freiheit vom Gesetz mit dem Preis einer unmittelbaren, immerzu latent anwesenden Gewalt.

---

77 Freilich hatte dieses Konzept selbst schon Vorläufer etwa in den Germanen, wie sie Tacitus beschrieb. Diese jedoch sind ausdrücklich gewalttätige edle Wilde, was für Marats Kannibalen-Bild ausschlaggebend ist, siehe unten.

78 Vgl. Mark Greengrass: Montaigne and the Wars of Religion, in: Desan [Anm. 63], S. 138–157.

79 Dies gilt auch für andere Vertreter seiner Zeit, vgl. Jonathan Dollimore: Radical Tragedy. Religion, Ideology and Power in the Drama of Shakespeare and his Contemporaries, New York, London 1989, S. 16.

Wie eng Montaignes Überlegungen zu Herrschaft und Gesetz mit der Figur des Kannibalen verbunden sind, zeigt die Schlussszene des *Essais*. Eingeborene, die Frankreich bereist hätten, seien über zwei Dinge am meisten erstaunt gewesen: Dass die Leibgarde des Königs dem schmächtigen Herrscher gehorcht, anstatt ihm die Macht zu entreißen, und dass die besitzlose Unterschicht nicht beständig nach Besitz und Leben der Reichen trachtet. Im Staunen der Kannibalen zeigt sich also das Fehlen jenes Glaubens an einen mystischen Ursprung von Gesetzen, der die politischen und ökonomischen Machtgefälle in Frankreich stabilisiert. Der Kannibale besitzt noch nicht einmal das Konzept ideologischer Strategien, welche Widersprüche eines Herrschaftsanspruches verdecken könnten: „Unter ihnen ist jedenfalls nie einer auf den abartigen Gedanken verfallen, Verrat, Treulosigkeit, Tyrannei und sinnlose Grausamkeit zu rechtfertigen".[80] Die Szene spielt auf Étienne de La Boéties *Von der freiwilligen Knechtschaft* (1549) an. Mit La Boétie verband Montaigne nicht nur eine enge Freundschaft, sondern auch ein tiefreichender Skeptizismus.[81] So wie das Staunen der Kannibalen über die Unterordnung des Europäers Montaignes *Essai* beendet, beginnt La Boéties Schrift mit Befremden darüber, „daß so viele Menschen, so viele Dörfer, so viele Städte, so viele Nationen sich manches Mal einen einzigen Tyrannen gefallen lassen, der weiter keine Gewalt hat, als die, welche man ihm gibt".[82] La Boétie beschreibt die Übertragung von Herrschaft als einen freiwilligen Akt der Verblendung, „bezaubert [...] von dem bloßen Namen des EINEN" gibt das politische Subjekt die Macht über sich selbst auf.[83] Montaignes Kannibalen kennen diese (Selbst-)Täuschung im Namen eines Imaginären nicht. Stattdessen setzen sie La Boéties Vorschlag um, der einen Ausweg aus der freiwilligen Knechtschaft weist: Sie bringen sich „gegenseitige Achtung" entgegen,[84] und zwar gerade auch dort, wo sie sich abgrundtief hassen. Der Kriegsgefangene nämlich wird nicht erniedrigt, sondern bis zu seinem ehrenvollen (Selbst-)Opfer als privilegierter Gast seiner Feinde behandelt.[85]

Wo die Gewalt des Imaginären fehlt, will oder kann Montaigne trotzdem keine gewaltlose Gesellschaft imaginieren. Verzweifelt über die gewalttätige

---

80 Montaigne [Anm. 32], S. 113.

81 Neuere Forschung beschreibt La Boétie nicht nur als Freund, sondern auch als Lehrer- und Vorbildfigur, vgl. Michel Magnien: La Boétie and Montaigne, in: Desan [Anm. 63], S. 97–116, insb. S. 99–105.

82 Étienne de la Boétie: Von der freiwilligen Knechtschaft. Überarbeitete und ergänzte Fassung der Übersetzung von Gustav Landauer, Frankfurt/Main 2009, S. 22.

83 Ebd.

84 Ebd., S. 12.

85 Vgl. Montaigne [Anm. 32], S. 113.

BEIßENDE GEWALT

menschliche Natur fragt er im *Des Canibales* vorausgehenden *Essai*: „Aber ist der Mensch, recht bedacht, nicht ein unglückliches Lebewesen?"[86] Während Montaigne Grausamkeit konsequent als verwerflich anprangert, scheint Gewaltlosigkeit keine realistische Option zu sein.[87] Grausames Verhalten, das durch instabile und ungerechte Machtbeziehungen gefördert wird, kann darum nie gänzlich verhindert, nur durch eine stabilisierte Gewalt minimiert werden. Bei all seiner Kritik am Gesetz beschwört Montaigne darum, dass es notwendig ist, sogar am ungerechten Gesetz festzuhalten und es nicht voreilig zu ändern, um Schlimmeres zu verhindern.[88] Der Kannibale repräsentiert zwar eine bessere, aber ebenso zwingend unbefriedigende Lösung. Er übt nie die imaginative Macht des Gesetzes aus, dafür umso exzessiver diejenige Gewalt, die er sich alleine erkämpft hat, sei es in der polygamen Liebe oder auf dem Schlachtfeld. Sein Kannibalismus hat die Funktion eines Regulativs, er gehorcht einer Ökonomie der Gewalt. Das Essen der Feinde bedingt konkret, dass der Indigene sich nicht als etwas imaginiert, das ihn durch Geburt oder Gottesgnaden über seine Mitmenschen stellt. Denn mit seinem Feind isst er immer auch seine eigenen Vorfahren, wie das Lied eines enthusiastischen Opfers bezeuge: „Diese Muskeln', heißt es darin, ,dieses Fleisch und diese Adern sind die euren, arme Narren, die ihr seid: Merkt ihr denn nicht, daß noch Saft und Kraft der Glieder eurer Ahnen darin steckt? Laßt sie euch munden, denn so kommt ihr auf den Geschmack eures eignen Fleisches!"[89] Der Materialismus dieser Pointe – wir sind alle aus demselben Stoff und dies umso mehr, je mehr wir uns gegenseitig essen – führt vor Augen, dass es für den Kannibalen keine göttlich oder mystisch diktierten Beziehungen zwischen den Menschen gibt, nur die „zwischen allen Menschen bestehende[] Verwandtschaft".[90] Der Kannibale ist tatsächlich vom ,gleichen Fleisch' wie seine Mitmenschen, Freund wie Feind.

Die drei oben aufgeführten Lesarten kannibalischer Gewalt erweisen sich im selben Maße als zutreffend wie falsch: Erstens verkörpert Montaignes Kannibale tatsächlich einen menschlichen Urzustand, aber dieser ist keineswegs so positiv oder auch nur so neutral markiert wie später bei Baron de

---

86 Vgl. ebd., S. 106. Vgl. dazu auch Cynthia Nazarian: Montaigne on Violence, in: Desan [Anm. 63], S. 493–507, hier S. 494.

87 Vgl. ebd., S. 495f.

88 Vgl. z.B. Montaigne [Anm. 32], S. 60–68 (Buch 1, 23: „Über Gewohnheit und daß man ein überkommenes Gesetz nicht leichtfertig ändern sollte"). Zu dieser Paradoxie vgl. Dollimore [Anm. 79], S. 22: „We need to recognize then how a writer can be intellectually radical without necessarily being politically so."

89 Montaigne [Anm. 32], S. 114.

90 Ebd., S. 111.

Lahontan oder Rousseau; der Naturzustand zeichnet sich nicht durch völlige Autonomie und Freiheit des Subjekts aus; noch in seiner natürlichsten Form ist der Mensch in gewalttätige Beziehungen verstrickt. Zweitens trifft de Certeaus Interpretation des dekonstruktiven Kannibalen insofern zu, als er europäische Legitimationen von Herrschaft in Frage stellt. Doch mündet diese Dekonstruktion nicht in eine sich entziehende Utopie, sondern in ein immanentes Gegenbild zur Herrschaft des Gesetzes. Erst so kann drittens der Kannibale im historischen Kontext als ambivalente Figur ausgemacht werden. Der Kannibale verkörpert eine tiefgehende Ideologiekritik: In Zeiten grausamer europäischer Bürgerkriege entlarvt er Herrschaft als freiwillige Selbsttäuschung und entwirft ein alternatives Konzept, das sich – anders als Walter Benjamins göttlich-revolutionäre Gewalt – vom Ideal einer gerechten Gewalt verabschiedet hat.

Wie weit sich Montaigne von der antiken Vorstellung barbarischer Menschenfresserei entfernt, markiert er schon zu Beginn seines *Essais*: Die „Alten [...] haben nicht glauben können, daß eine Gesellschaft mit so wenig künstlicher Reglementierung und Verschweißung der menschlichen Beziehungen lebensfähig sei."[91] Damit zielt Montaigne insbesondere auf Platon. Dessen streng reglementierter Ideal- und Modellstaat konkurriert in den Dialogen *Timaios* und *Kritias* mit der überseeischen Macht Atlantis, die Montaigne ausdrücklich geographisch und kulturell vom tatsächlichen Amerika und seinen Bewohnern unterscheidet.[92] *Sein* Antagonist zu Platons politischem Ideal ist denn auch ein fundamental anderer; wenn Atlantis für eine grenzenlose Hybris der Macht steht, die von den tugendhaften Athenern eingedämmt wird, ist es hier umgekehrt der indigene Amerikaner, der zumindest ideell die Hybris europäischer Herrschaft in die Schranken weist. Freilich ist darum auch Montaignes Kannibalen-Bild demjenigen Platons entgegengesetzt: Wo Platon den mythischen Kannibalen als Figur der Ungerechtigkeit ideologisch urbar macht, setzt sich Montaigne bewusst vom alten Mythos ab. Er beschreibt Kannibalismus stattdessen als eine Form der Gewalt, die jenseits der Dichotomie Polyphem/Kronos waltet. Der Kannibale ist weder Rebell noch Tyrann, weil seine gesellschaftliche Organisation keine stabile Herrschaftsform, nur stabile Gewaltbeziehungen zulässt. Die Frage nach gerechter Gewalt ist schlicht sinnlos, denn die Kannibalen bestrafen ihre Gegner nicht für eine Untat, sondern töten sie in einem symbolgeladenen Spiel, das der gewalttätigen Natur des Menschen Ausdruck verleiht, anstatt sie wie das arkadische Ritual auszustoßen.

---

91   Ebd.
92   Vgl. ebd., S. 110.

BEISSENDE GEWALT

7   Von Montaigne zu Marat – kannibalische Ideologie/-kritik

Um die ideologische Verwendung des alten Mythos zu überschreiben, stellt Montaigne dessen Ambivalenz in einem neuen Mythos, oder eher: einem Quasi-Mythos, wieder her. Denn wie gesehen ist ein definierendes Charakteristikum des Mythos, dass seine Evidenz keiner argumentativen Logik entspringt. Montaignes neue Kannibalen sind sowohl Ergebnis einer theoretischen Überlegung als auch Versinnbildlichung eines Prinzips. Sie verdecken keinen Widerspruch, sie verkörpern diesen; ein tugendhaftes Leben ist nicht trotz, sondern aufgrund von exzessiver Gewalt möglich, insofern diese durch einen impliziten Kontrakt kanalisiert wird. Montaignes Quasi-Mythos ist auf ein rationales Argument abgestellt und hat nicht die letztbegründende Kraft, die der Mythos im ideologischen Zusammenhang gewinnt. Aber die imaginative Potenz des *Essais* wird sich als ‚mythologische Evidenz' nutzen lassen, wo dessen argumentative Hintergründe und damit auch dessen inhärente Ambivalenzen übergangen werden. Eine vereinfachte Lesart Montaignes etabliert neben Columbus' monströsen und Ronsards gewaltlosen Indigenen einen dritten Typus: den Indianer als ‚edle Gewalt'. In diesem Sinne imaginiert Baron de Lahontan im *Supplément aux Voyages ou Dialogues avec le sauvage Adario* (1702) die Huronen als freies kriegerisches Subjekt. Gerade die äußerste Gewalt aber, der Kannibalismus, der den Huronen historisch unterstellt wurde,[93] unterschlägt Lahontan. Montaignes Kannibale hat sich erneut in eine mythologische Figur verwandelt, unter der Bedingung, gewalttätig, aber nicht länger Kannibale zu sein. Der edle Wilde wird so in der Aufklärung eine selbstevidente Figur, die primär der kämpferischen Anklage der europäischen Zivilisation dient. Sie übernimmt in unterschiedlichem Maße die ideologische Funktion, ambivalente Konsequenzen aufklärerischer Konzepte zu verschleiern: Dass egalitär aufgebaute Gesellschaften nicht exzessiv gewalttätig sein können, scheint durch den Indianer bewiesen. Damit fungiert der ‚demokratische' Indigene als ideologisches Positiv zu Platons ‚demokratisch-kannibalischem' Negativ.

Doch die Transformation des Kannibalen in den Wilden, wie wir ihn von Lahontans Reisebeschreibungen zu Diderots *Supplément au voyage de Bougainville* (1772) vorfinden, soll hier nicht nachgezeichnet werden. Denn radikale Denker wie Marat suchen die gewalttätige Ambivalenz des Kannibalischen nicht zu umgehen, sondern rufen Kannibalismus gerade als

---

93   Vgl. Marvin Harris: Cannibals and Kings. The Origin of Cultures, Glasgow 1978. S. 115.

Symbol gerechtfertigter *und* exzessiver Gewalt auf.[94] Marat lobt in seiner Kampfschrift *The Chains of Slavery* (1774), die im englischen Exil entstand, die ‚alten Germanen' als ein besonders gewalttätiges und selbstbestimmtes Volk: „No people was ever so independent as the ancient Germans. Without fixed establishments, continually engaged in some expedition for pillaging, excessively fond of liberty, and ever continuing in arms, they were but little restrained by laws, their Princes had but little authority over them; and even that authority was but little respected."[95] Wie Montaignes Kannibalen leben die Germanen ohne Gesetze und Herrschaft, aber in einem beständigen, ruhmreichen Kriegszustand. Vor diesem Hintergrund – und nicht alleine aufgrund eines ‚Notstand-Kannibalismus' –[96] wird Marat in der aufgeheizten Stimmung der Revolution seinen Mitbürgern das Recht zusprechen, das ‚zuckende Fleisch' ihrer Unterdrücker zu verschlingen. Und Marat wird nach der Revolution in Kauf nehmen, dass willkürliche, exzessive Gewalt die französische Gesellschaft erschüttert. Der permanente Kriegszustand, für den er die Germanen pries, scheint nun das richtige Mittel, die bürgerliche Freiheit zu erringen, ja fällt mit dieser Freiheit zusammen. *De facto* jedoch hat die ‚permanente Revolution'[97] zum Ziel, den Machterhalt der herrschenden Jakobiner zu sichern.

Es mutet ironisch an, dass sich am Ende der ideengeschichtlichen Entwicklung des Kannibalen von der Antike bis zur Französischen Revolution Platons Warnung vor der kannibalischen Kraft der Volksherrschaft derart plakativ erfüllt. Denn auch Marats Lobpreisung der kannibalischen Gewalt erweist sich letztlich als Ideologie, welche den eigenen Herrschaftsanspruch bemäntelt; eine Lüge, deren Zynismus von seinen Zeitgenossen nur zu einfach aufgedeckt

---

94   So mit Einschränkungen auch bei den beiden zeitgenössischen Revolutionären Georg Forster und Brissot de Warville. Vgl. Georg Forster: Johann Reinhold Forster's Reise um die Welt, während den Jahren 1772 bis 1775 [...]. Bd. 2. Werke, hg. v. Gerhard Steiner, Berlin 1965, S. 406. Brissot de Warville: Recherches philosophiques sur le droit de propriété consideré dans la nature [...], Paris 1780. S. 73f. Zu Warville vgl. auch Avramescu [Anm. 61], S. 222–226.

95   Jean-Paul Marat: The Chains of Slavery [...], London 1774, Buch I, Kap. VII.

96   Avramescu weist in diesem Sinne Marats Aufforderung lediglich als naturrechtlich gerechtfertigte Maßnahme aus, die vor dem Verhungern schützt, vgl. Avramescu [Anm. 61], S. 22. Dies entspricht zwar dem vordergründigen Wortsinn Marats, lässt jedoch den diskursiven Hintergrund unbeachtet.

97   Der später durch Trotzki geprägte Ausdruck hat seine ideen- wie begriffsgeschichtlichen Ursprünge in der revolutionären Vollversammlung der Jakobiner, die „in Permanenz" abgehalten wurde. Michael Löwy: ‚Permanente Revolution', in: Kritisches Wörterbuch des Marxismus, Bd. 6, Hamburg 1986, S. 1002.

werden konnte und die sich als ideologisches Feindbild des blutrünstigen Revolutionärs gegen die Revolutionsbestrebungen wenden ließ.

Was anfangs als einfache Spiegelung des Kannibalismus-Vorwurfs erschien, als der klassische Gegensatz des menschenfressenden Tyrannen über dem Gesetz einerseits und dem monströsen Unzivilisierten außerhalb des Gesetzes andererseits, erweist sich als Resultat einer Wechselwirkung ideologischer und ideologiekritischer Strategien, die sich oftmals nicht trennscharf unterscheiden lassen. Wenn sich der Kannibale im Verlaufe des 18. Jahrhunderts vom „natürlichen" Monster zum „Sittenmonster" wandelt, dann geschieht dies nicht bloß aufgrund neuer Herrschaftstechniken sittlicher Disziplinierung, sondern auch als Reaktion auf das provokante Bild des Kannibalen als gewalttätigem oder friedfertigem ‚Sittenheld'.

Angesichts von Platons Dialektik des demokratischen Kannibalismus stand schon zu Beginn der Neuzeit mit der neuen Figur des indigenen Menschenfressers die politische und moralische Bewertung von Gewalt, Gesetz und Herrschaft auf dem Spiel. Montaigne entwarf ein Geschöpf der gerechtfertigten, aber nicht zwingend gerechten Gewalt. Wo diese Volte wie in der Französischen Revolution selbst zum ideologischen Argument wird, erweist sie sich im buchstäblichen wie im übertragenen Sinne als latent kannibalisch: Die Kritik der Ideologiekritik droht dort von Ideologie einverleibt zu werden, wo sie die Ambivalenzen ihres imaginären Objektes – und das heißt hier: die Ambivalenz der Gewalt selbst – zu tilgen sucht.

„Speech's ultimate spring"
Oralität und Essen in Charles Olsons Poetik

Stefanie Heine

Abstract

In seinem Essay *Projective Verse* skizziert Charles Olson eine kinetische Poetik, die sich um den menschlichen Körper dreht und mündliche Elemente der Sprache stark macht. Der Mund im anatomischen Sinne ist nicht nur der Ort, wo klangliche Elemente eines Gedichts körperlich artikuliert werden, sondern auch Schauplatz eines sprachgeschichtlichen Ur-sprungs. „[S]peech & movement", die Antriebskräfte von ‚projective verse', gehen auf ein historisch noch früher verortetes „primary" zurück: „FOOD." In Olsons Entwurf eines Sprachursprungs im Essen spielt seine Funktion als Bewegungsursache eine Hauptrolle. Anhand des unveröffentlichten Essays „Mouths Biting Empty Air" kann gezeigt werden, wie die beschriebene Dynamik des archaischen Esstriebs in Olsons eigener Schreibpraxis zum Sprungbrett wird, um Sprache in Bewegung zu halten. Olsons Zitierweise koppelt die mit dem Essen verbundene Energie an eine Einverleibung von Wortmaterial. Im Bild des hohlen Luftraums vor dem Mund verschränken sich so Appetit, Sprechen und literarisches Schreiben in einer Transformationsbewegung von Text zu Text.

Der Avantgardedichter Charles Olson ist neben seinem literarischen Werk auch für seine poetologischen Texte bekannt, vor allem für den 1950 veröffentlichten, bahnbrechenden *Projective Verse*-Essay. Olson skizziert darin eine kinetische Körper-Poetik[1] und folgt damit Walt Whitman, William Carlos Williams und Ezra Pound, die sich für eine Wiederbelebung der Oralität in

---

1 Damit fügt sich Olsons Schreiben in einen Kontext der bildenden Kunst ein, wo Bewegung zentral wird. Ein wichtiger Einfluss für Olson war Ezra Pound, der mit seinem ‚Vorticism' die Dynamik der Poesie stark macht und die entstehende gleichbenannte künstlerische Bewegung inspirierte. Ein weiterer wichtiger Referenzpunkt Olsons, William Carlos Williams, war begeistert von Marcel Duchamps Gemälde *Nude Descending a Staircase, No 2*, das den Körper in Bewegung in einer völlig neuen Weise zur Darstellung bringt. Am Black Mountain College arbeitete Olson in den 1950ern mit Willem de Kooning, Robert Motherwell, Robert Rauschenberg und Cy Twombly, in deren Kunst Bewegung eine essenzielle Rolle spielt, und Jackson Pollocks Action Painting war zur selben Zeit in aller Munde. Auch die sogenannte Kinetische Kunst entstand in den 1950ern und 1960ern. In seinem Zelebrieren der Bewegung und Kinetik war Olson auch vom zeitgenössischen Tanz beeinflusst, zum Beispiel von Merce Cunningham, der ebenfalls am Black Mountain College lehrte.

© KONINKLIJKE BRILL NV, LEIDEN, 2021 | DOI:10.1163/9789004439146_012

der amerikanischen Literatur engagieren. Die geforderte neue Dichtung soll, im Gegensatz zu „that verse which print bred",[2] mündliche Elemente stark machen. Dabei betont Olson die zentrale Rolle der rhythmisch-akustischen Dimension der Sprache für die Komposition. Prosodie soll beim Schreiben den Ton angeben, Silbenklänge die Harmonie vorantreiben, der Atem die Zeilenlänge bestimmen. Somit kommt neben dem aufnehmenden, hörenden Ohr dem artikulierenden Mund eine tragende Bedeutung zu: Als anatomischer Ausgangspunkt des gesprochenen Gedichts stilisiert Olson ihn, vor allem in Verbindung mit dem Atem, zum Ursprungsort der Poesie: „And the line comes (I swear it) from the breath, from the breathing of the man who writes, at the moment that he writes"[3]; „the projective poet will [go, S.H.], down through the workings of his own throat to that place where breath comes from, [...], where, the coincidence is, all acts spring."[4] Ein Blick auf Olsons unveröffentlichte Prosatexte zeigt, dass er den oralen Ursprung der Dichtung nicht nur mit dem Atmen zusammendenkt, sondern auch mit einem anderen Körperprozess, der sich im Mund abspielt: dem Essen. Den Parallelen zwischen Atmen und Essen in Olsons Poetik soll im Folgenden nachgegangen werden.[5]

Vor dem Hintergrund von *Projective Verse* scheint es auf der Hand zu liegen, dass sich Olson in einem Notizheft aus dem Jahr 1955 verschrieben hat. Die darin festgehaltenen Überlegungen zum Schreiben knüpfen direkt an *Projective Verse* an, im Zentrum stehen prosodische Fragen nach dem Maß und der Struktur von Gedichten. Unter einigen losgelösten Notizen, denen ein zusammenhängender Text zum Thema der Poetik vorangeht, finden sich die Folgenden:

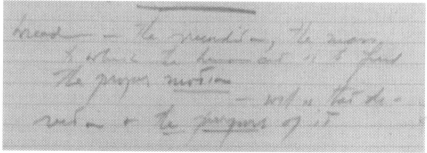

ABBILDUNG 1   Charles Olson: *Verse (notes)*[5]

---

2 Charles Olson: Projective Verse, in: Selected Writings, hg. v. Robert Creeley, New York 1966, S. 15–26, hier: S. 15.
3 Olson, [Anm. 2], S. 19.
4 Ebd., S. 26.
5 Charles Olson: Verse (notes). Typescript, November 1955. Charles Olson Research Collection at the University of Connecticut. Das gesamte in diesem Aufsatz zitierte Archivmaterial ist nicht paginiert. Im Folgenden als Sigle v im Fließtext. Hervorhebungen, die im Original auf Unterstreichungen beruhen, werden hier im Folgenden als Fettdruck wiedergegeben.

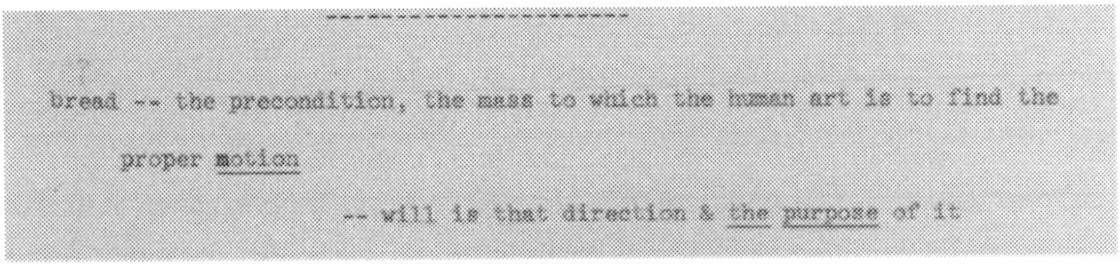

ABBILDUNG 2   Charles Olson: *Verse* (*notes*)

Der seltsame Satz lässt George F. Butterick, der einen Großteil des Nachlasses von Olson transkribierte, zögern, er versieht das Wort „bread" mit einem Fragezeichen. In der Tat scheint „bread" in diesem Zusammenhang wenig Sinn zu ergeben, ganz im Gegensatz zu „breath": „[B]breath – the precondition" wäre eine nahtlose Fortsetzung der Argumentationen in *Projective Verse*. Vielleicht ist Olson also der Bleistift abgeglitten, mit dem Resultat, dass sich das erste Wort der Notiz in Richtung Ungereimtheit bewegt und der Ort, von dem „all acts spring" zum Lapsus wird.

Ein weiterer unveröffentlichter Text Olsons, der wie das Notizheft im Archiv der *University of Connecticut* zu finden ist, eröffnet allerdings eine andere, mindestens genauso plausible Erklärung für die Notiz. Der besagte Text, im Archivkatalog als *The theatre for Wes Huss with thanks* betitelt, stammt aus dem Jahr 1953, wurde also nach *Projective Verse* und vor den gerade besprochenen Notizen geschrieben. Es handelt sich offenbar um Aufzeichnungen, die auf ein Gespräch mit Wesley Huss, einem Arbeitskollegen von Olson am Black Mountain College, das er als Rektor leitete, zurückgehen. Im Zuge einer Reflexion über die Besonderheiten verschiedener Kunstformen wie Theater, Tanz, Malerei und Literatur wirft Olson die Frage nach den kulturgeschichtlichen Anfängen der Sprache auf. In dieser Spekulation wird der Mund in einem ganz anderen Sinne zum Schauplatz eines Ursprungs der Poesie – und hier wird es plötzlich wahrscheinlicher, dass in der späteren Notiz tatsächlich „bread" gemeint sein könnte: Olson kommt in der Erörterung von „speech & movement"[6] nämlich auf die Rolle des Essens zu sprechen. Diese Rolle erweist

---

6 Charles Olson: The theatre for Wes Huss with thanks. Typescript, 1953. Manuscript/Typescript. Charles Olson Research Collection at the University of Connecticut. Im Folgenden als Sigle T im Fließtext. Hervorhebungen, die im Original auf Unterstreichungen beruhen, werden hier im Folgenden als Fettdruck wiedergegeben. Olson betrachtet Sprache und Bewegung als Zwillinge, wie er in einer Vorlesung betont: „man does not act or make one thing without movement. In fact movement is the issue of the body, is the greatness of physiology, and is to it what speech, its twin, is to whatever else or also a human being is." Charles Olson: The Chiasma, or Lectures in the New Sciences of Man, in: The Journal of the Charles Olson Archives 10, 1978, S. 50.

„SPEECH'S ULTIMATE SPRING"

sich als fundamental: „what, then, is speech's ultimate spring? to eat?!" (T). Wir hören in diesem Satz ein Echo von *Projective Verse*, wo die „workings" der gleichen körperlichen Orte – Mund und Hals – angesprochen werden als „where, the coincidence is, all acts spring."[7] Ein Echo das, wie „coincidence" es will, weiterhallt von „where breath comes from" zu „bread – the precondition, the mass to which the human art is to find the proper **motion**." Dabei tönt auch ein britischer Vorgänger Olsons mit, der die Prosodie im Gedicht bezeichnenderweise durch ‚*sprung* rhythm' erneuern wollte: In Gerard Manley Hopkins' *The Wreck of the Deutschland* finden sich die Zeilen „Thou mastering me / God! giver of breath and bread."[8]

Argumentativ versucht Olson in *The theatre* weiter zurückzugreifen als im *Projective Verse*-Essay. Letzterer konzentriert sich auf die Entstehungsbedingungen einer neuen Poesie; dabei nennt Olson „the *kinetics* of the thing" als eine Grundlage von „COMPOSITION BY FIELD",[9] eine Schreibtechnik, die ‚projektive' Gedichte ermöglichen soll. Neben der Berücksichtigung von mündlichen Elementen bildet Bewegung die Basis von „projective verse." In den späteren, daran anknüpfenden Überlegungen in *The theatre* versucht Olson dann, der Ursache von „speech & movement" überhaupt auf den Grund zu gehen. Das Gespräch mit Wesley Huss gipfelt in einer Auseinandersetzung mit Ursprüngen: „where the talk got hot was present the context of **origins**" (T). Ausgangspunkt der Frage „what, then, is speech's ultimate spring?" und der in den Raum gestellten Antwort „to eat" ist die Hypothese „movement, anyhow, as having its source in smell! that is, the animal moves from scent to food – as man must have, originally" (T). Daraus folgt die These „speech & movement [...] are primaries resting on that primary which creates all outdoors: FOOD"; „**communication** is APPETITE: water (the smell of, too) and food (to mouth)" (T). Olsons Suche nach dem Ursprung der Poesie führt ihn zu einem Grund, unter dem sich ein weiterer, tieferer öffnet: Die „primaries" Sprache und Bewegung beruhen auf einem noch früherem „primary", „FOOD", was die „precondition" zusammen mit der Zahlenlogik – das erste folgt dem ersten – aus der Ruhe und zum Springen bringt: Nicht zufällig gelangt die Kette der Spekulationen schließlich zum Punkt, an dem der Hungrige der Geruchsfährte nachjagt und dann die gesuchte Nahrung verschlingt, nur um wieder hungrig zu werden.

---

7 Olson [Anm. 2], S. 26.
8 Gerard Manley Hopkins: The Major Works, hg. v. Catherine Phillips, Oxford 2009, S. 110.
9 Olson [Anm. 2], S. 16.

In Olsons Darlegung treibt „the force of the old hollow before mouth" (T) den Jäger in der skizzierten Urszene, den Künstler, der nach neuen Formen sucht, und auch den Literaturtheoretiker Olson, der den Triebkräften der zeitgenössischen Dichtung und der Sprache auf den Grund gehen möchte. Das Stöbern nach einem „primary" bringt Olson zur Witterung: „movement is seen to be far down and far back to be SCENT" (T). Hier, wo im Jagen nach dem Ursprung der Sprache der Geruch thematisch wird, führt die Fährte zu Dantes *De vulgari eloquentia*, einen Text, auf den Olson in einer Erläuterung zu *Projective Verse* – auch in Zusammenhang mit „primary" und dem Mund – verweist: Die Mundart als

> the non-literary, exactly in Dante's sense of the value of the vernacular over grammar [...] is picked up as soon as and with ma's milk ... he said nurse's tit. [...] The ‚source' question is damned interesting today – as Shelley saw it, like Dante, that, if it comes in, that way, primary, from Ma.[10]

Hier scheint der Ursprungsort festzuliegen: Die Quelle der Sprache ist die Brust der Amme oder Mutter, von dort aus wird sie oral aufgenommen. Bei Dante, der das Bild der Amme zwar benutzt,[11] wird die Suche nach einem ursprünglichen Vernakular, das allen Einzeldialekten zu Grunde liegt, allerdings zur „Jagd"[12] nach einem Phantom, das sich nicht erhaschen lässt – dabei wird ein weiteres Bild zentral, das Olsons eigenem Unterfangen inhaltlich und methodisch sehr nahe kommt. Die linguistischen Forscher versuchen, einen „Panther [...], der seine Duftmarke überall hinterläßt, aber nirgends erscheint, mit letztem Eifer in[s] [...] Netz zu kriegen."[13] Die Geruchsspuren lösen eine Bewegung aus, die nie zum Ziel, also in Olsons Fall zum „primary", kommt, sondern den Ursprung Satz für Satz weiterrotieren lässt.

Wenn Olson den Geruch als Anstoß für „any impulse to act" (T) beschreibt, so überschneidet sich in seiner Schilderung das kulturhistorische Szenario der Bewegungsursache mit der von ihm geforderten Schreibpraxis. In ihren Anfängen waren die Menschen laut Olson „people living without houses in bush, moving, moving, always" (T). Dem Dichter, der „Movement-speech" schaffen soll, wird geraten:

---

10   Charles Olson: Letter to Elaine Feinstein, in: Selected Writings, hg. v. Robert Creeley, New York 1966, S. 27–30, hier S. 27.

11   Dante Alighieri: Über die Beredsamkeit in der Volkssprache / De vulgari eloquentia, übersetzt von Francis Cheneval, Hamburg 2007, S. 3.

12   Ebd., S. 55.

13   Ebd., S. 57.

„SPEECH'S ULTIMATE SPRING"

> get on with it, keep moving, keep in, speed, the nerves, their speed, the perceptions, theirs, the acts, the split second acts, the whole business, keep it moving as fast as you can, citizen. [...] in any given poem always, always one perception must must must MOVE, INSTANTER, ON ANOTHER![14]

Wer „projective verse" schreibt, hetzt den Wahrnehmungen und Wörtern hinterher wie Dantes Jäger dem Panther und der Urmensch dem Essen. „[M]ust, must, must": „projective verse" entsteht durch nichts weniger als „outright need",[15] die Getriebenheit des Schreibprozesses dreht sich um existenzielle Bedürfnisse, wie das tägliche Brot oder das Atmen – „breath/bread – the precondition, the mass to which the human art is to find the proper **motion**" (v).

An dieser Stelle ist es Zeit, beim zweiten Teil der Notiz innezuhalten. Die Behauptung, die Vorbedingung sei „the mass[16] to which the human art is to find the proper **motion**", eine klare Anspielung auf das zweite Newton'sche Gesetz, liefert den fundiertesten Hinweis auf eine direkte Beziehung zwischen *The theatre* und den Notizen von 1955. In *The theatre* geht Olson auf Newtons Erkenntnis ein, dass die Beschleunigung eines Körpers umgekehrt proportional zu seiner Masse ist. Dies führt ihn erst zu evolutionsbiologischen Spekulationen zu springenden und flugfähigen Tieren: Schwere Tiere müssen eine bessere Sehkraft entwickeln als leichte, damit sie die Landung exakter koordinieren können, um dabei nicht zu zerschmettern.[17] „Thus, exact motion is a complement of certain mass!" (T) Auf die Kunst übertragen argumentiert Olson dann folgendermaßen: „each expression [...] is limited by the nature of itself – that is, that movement can be no more than the measurable possibilities of the body" (T), was nichts anderes heißt, als dass jede „human art" ihrer „mass" – den materiellen Eigenschaften des jeweiligen Mediums – entsprechend die „proper **motion**" finden muss. Die Literatur muss sich also nach den medial-materiellen Einschränkungen richten, die Sprache und Sprechen mit sich bringen: „speech can be no more than words & the limits of the human voice (it cannot make such sounds as music can, nor can it give either the satisfaction of traction or of leap – not the same as movement can [mit ‚movement' ist hier die Bewegung des menschlichen Körpers, zum Beispiel

---

14 Olson [Anm. 2], S. 17.
15 Vgl.: „to eat is outright need" (T).
16 Mit „mass" ist auch das christliche Ritual der Messe, in dem Essen und Sprechen zusammenkommen, zumindest mit angetönt.
17 „birds & monkeys only have the fovea, in order not to crack up on landing. And because they have such mass – that insects don't, because they don't have mass enough to break up." (T)

beim Tanzen, gemeint, S.H.])" (T) – das ist der Satz, der den Ausführungen zum Ursprung von Bewegung direkt vorangeht.

Dieser kurze Abstecher ist nicht nur wichtig, um die intertextuellen Verbindungen von *The theatre* und der Brot-Notiz stark zu machen. Olsons Versuch, das Newton'sche Gesetz auf die Literatur und Künste zu übertragen, ist auch weiterführend für eine Erörterung der Rolle des Essens in seiner Poetik. Einerseits scheint Olson (bewusst oder unbewusst) das Newton'sche Gesetz in seinen Bemerkungen zum Essen zu einem gewissen Grad auszuheblen: Was Sprache anscheinend nicht kann, „give either the satisfaction of traction or of leap", wird gerade durch sie in den Essenskommentaren vollführt. In *The theatre* wird das Wort „movement" zum Sprungbrett, das die Argumentation von Newtons Gesetz hin zum Essen katapultiert – ein Sprung, der sich nicht nur inhaltlich, sondern auch visuell und konkret auf Olsons Blatt abzeichnet:

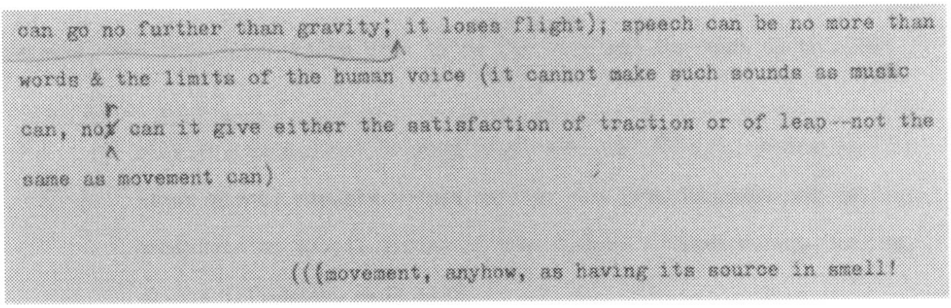

ABBILDUNG 3   Charles Olson: *The theatre for Wes Huss with thanks*

Wie oben beschriebenen wurde, sind die Erkundungen des „origins" insgesamt durch Sprünge in der Argumentation und zwischen verschiedenen Texten (*Projective Verse* – *The theatre* – *Verse* [*notes*]) bestimmt. Die Notiz „bread – the precondition, the mass to which the human art is to find the proper motion" kann als „traction" sowie als „leap" beschrieben werden. Sie zieht die Ausführungen von *The theatre* in einem kondensierten Satz zusammen, was gleichzeitig, analog zum „leap" zwischen „movement" und „movement" in *The theatre*, einen Sprung zwischen zwei Argumentationssträngen impliziert, deren Zusammenhang alles andere als auf der Hand liegt: den Überlegungen zu Masse und Bewegung und der Frage nach dem Ursprung des Sprechens. Was die Notiz so kryptisch macht, ist die Frage, wie „bread" (oder „breath"?), „the precondition" und „the mass to which the human art is to find the proper **motion**" zusammenhängen. Neben dem Fragezeichen, das über dem Wort „bread" schwebt, klafft besonders zwischen „bread – the precondition" und „the mass to which the human art is to find the proper **motion**" ein Loch. Der argumentative Sprung besteht auch weiter, wenn man die Gedanken in *The theatre* berücksichtigt.

„SPEECH'S ULTIMATE SPRING"

Andererseits nimmt Olson das Newton'sche Gesetz durchaus ernst und versteht es als Grenze, die den Künsten durch ihre Grundmaterialien gesetzt wird. Eine zentrale Rolle spielt dabei eine Quelle, auf der auch vermutlich seine Spekulationen zum Essen basieren: Edward Sapirs Buch *Language. An Introduction to the Study of Speech*. Sapirs Text ist ein ,missing link' zwischen den poetologischen Exkursen über Newton und dem Essen, der die argumentativen Lücken nicht füllt, sondern vielmehr das intertextuelle Geflecht, dessen Fäden Olson gerne absichtlich lose hängenlässt, verdichtet. Zuerst ein paar Worte zu den Einschränkungen des Mediums, oder, in Sapirs Worten, den „formal restraints imposed by the material",[18] die er im Kapitel „Language and Literature" in den Blick nimmt. Dort argumentiert er folgendermaßen:

> The artist has intuitively surrendered to the inescapable tyranny of the material.[19]
>
> No sooner, however, does the artist transgress the law of his medium than we realize with a start that there is a medium to obey. Language is the medium of literature as marble or bronze or clay are the materials of the sculptor. Since every language has its distinctive peculiarities, the innate formal limitations – and possibilities – of one literature are never quite the same as those of another.[20]
>
> Every language is itself a collective art of expression. *There is concealed in it a particular set of esthetic factors – phonetic, rhythmic, symbolic, morphological – which it does not completely share with any other language.*[21]

Auf genau diese Stelle referiert Olson in den Notizen von 1955:

> There are, in short, two sets of obediences,[22] each of which can be called prosodic.
>
> Let me try to define inclusively [...] what Sapir, more accurate than most poets, would call the specifically linguistic art peculiar to any given language.

---

18   Edward Sapir: Language. An Introduction to the Study of Speech, New York 1949.
19   Ebd., S. 221.
20   Ebd., S. 222.
21   Ebd., S. 225, Hervorhebung S.H.
22   Olson hat dabei wohl folgende Stelle von Sapirs Kapitel im Hinterkopf: „Literature moves in language as a medium, but that medium comprises two layers, the latent content of language – our intuitive record of experience – and the particular conformation of a given language – the specific how of our record of experience." Ebd., S. 223.

236 HEINE

> *The American Language has a particular set of esthetic factors which it does not completely share with any other language.* (v, Hervorhebung S.H.)

Was in *The theatre* im breitesten Sinne angesprochen wird, führt Olson dann in den späteren Notizen in einer Analyse der prosodischen Eigenschaften der amerikanischen Sprache weiter.

Auch der Satz, der direkt auf die Brot-Notiz folgt, wird durch die Referenz auf Sapir im Text zumindest ein bisschen weniger rätselhaft.

bread -- the precondition, the mass to which the human art is to find the

proper motion

-- will is that direction & the purpose of it

ABBILDUNG 4   Charles Olson: *Verse* (*notes*)

Dabei ist zu berücksichtigen, dass in der direkt vorangehenden Notiz steht: „true will is obedience" (v). Diese Gehorsamkeit beruft sich offensichtlich auf Sapirs Beobachtung „there is a medium to obey." Für Olson bedeutet „direction" und „purpose" in der Kunstproduktion, sich, mit Sapir gesprochen, der Tyrannei des Materials unterzuordnen: Der mit dem Willen gleichgesetzte Gehorsam[23] äußert sich beim Schriftsteller zum Beispiel im Hören auf die rhythmischen und klanglichen Elemente einer gegebenen Sprache, „the obedience of his ear to the syllables."[24] Der Eigenwille des Künstlers verschwindet hinter einem Willen zur Kunst, die nach ihren eigenen Gesetzen operiert. „[P]roper motion" hieße dann, sich als Künstler der einer spezifischen Kunstform eigenen Bewegung zu fügen, sie mitzumachen und im Werk aufrecht zu erhalten.

Das bedeutet zuallererst, diese Bewegungen des Basismaterials einer Kunstform zu erkennen. Sapirs linguistische Studien liefern Olson einen

---

23   Olson betont die zentrale Rolle des Gehorsams für das Schreiben immer wieder: So schreibt er 1950 in einem Brief an Frances Boldereff: „the whole trick is [...] obedience (obey, obey, until you've squeezed the space out of me, time, yr only enemie!" Charles Olson, Frances Boldereff: Charles Olson and Frances Boldereff. A Modern Correspondence, hg. v. Ralph Maud, Sharon Thesen, Hanover, London 1999, S. 361. In einem 1953 verfassten Brief an den Literaturkritiker Ronald Mason denkt Olson über „compositional law[s]" nach. In Bezug auf die einzelnen Bestandteile des Gedichts, also das Sprachmaterial, artikuliert sich ein solches Gesetz folgendermaßen: „by obedience to their particularism, by the obedience of the writer to their particulars, not to his appropriation of them [...] to [...] their Ideal form." Charles Olson: Selected Letters, hg. v. Ralph Maud, Berkeley 2000, S. 201.

24   Olson [Anm. 2], S. 18.

„SPEECH'S ULTIMATE SPRING"

wichtigen Ansatzpunkt, um den Beschaffenheiten der Sprache auf den Grund zu gehen. In diesem Zusammenhang sind Sapirs Hinweise auf die phonetischen und rhythmischen Eigenheiten des Englischen zentral. Aber auch seine Überlegungen im Einleitungskapitel des Buches, *Language Defined*, könnten für Olson besonders interessant gewesen sein – nicht zuletzt findet sich dort eine sehr wahrscheinliche Quelle für seine Idee, dass der Ursprung der Sprache mit dem Essen zusammenhängen könnte. Sapir stellt die These auf, dass Sprache keine angeborene, biologische Fähigkeit des Menschen, also keine natürliche, instinktive, sondern kulturelle Funktion sei.[25] Damit einher geht die Behauptung, dass es keine Sprechorgane im strengen Sinne gebe.[26] Alle in der Sprachproduktion involvierten Organe dienten ursprünglich einem anderen Zweck und würden dann umfunktioniert: „because any organ, once existent and in so far as it is subject to voluntary control, can be utilized by man for secondary purposes. Physiologically, speech is an overlaid function."[27] Die primären Funktionen der Organe, die dann zum Sprechen gebraucht werden, beschreibt Sapir folgendermaßen: „The lungs developed, roughly speaking, in connection with the necessary biological function known as breathing; the nose, as an organ of smell; the teeth, as organs useful in breaking up food before it was ready for digestion."[28] Es scheint, dass Olson sowohl in *The theatre* als auch in den späteren Notizen diese Behauptung mit Sapirs Gedanken zu den Einschränkungen des Materials in der Kunstproduktion kurzschließt. Zumindest stellt er sie derart nebeneinander, dass eine Verbindung zwischen den linguistischen Thesen suggeriert wird. Wie schon besprochen, folgt in *The theatre* auf „each expression [...] is limited by the nature of itself" und „speech can be no more than words & the limits of the human voice" die Annahme „movement [...] having its source in smell" und „speech & movement [...] are primaries resting on that primary [...]: FOOD." Dabei sind neben „primary" auch „smell" und „food" Wörter, die Sapir ebenfalls benutzt. Ganz ähnlich ist es in den Notizen, in denen Sapirs Diskussion zur Grenze des Mediums explizit zitiert wird: „breath" würde wörtlich der primären Funktion der Lungen entsprechen, „bread" wäre sinngemäß das, was die Zähne in ihrer der Nahrungsaufnahme dienenden Urbestimmung zerkleinern.

Einerseits stellen die Sapir-Echos einen weiteren, inter-textuellen, Sprung dar, der die schon angesprochene Kluft zwischen den Behauptungen höchstens

---

25 Sapir [Anm. 18], S. 3–4.
26 Ebd., S. 8.
27 Ebd.
28 Ebd.

deutlicher hervortreten lässt – denn zwischen den angetönten Stellen liegen in Sapirs Buch rund 200 Seiten, sie erscheinen jeweils am Anfang und am Ende des Buches. Andererseits wird durch einen Blick auf Sapirs Text doch deutlicher, worum es Olson in dieser Juxtaposition der Argumente zu gehen scheint: Schriftsteller müssen ihr Material, die Sprache, kennen, damit sie sich ihr beim Schreiben fügen können. Zum Material der Sprache gehören die rhythmischen und klanglichen Elemente der Wörter; aber genau diese Elemente fallen nicht vom Himmel, sie kommen vielmehr aus dem Mund. Der menschliche Körper, die Organe, die Wörter artikulieren, sind auch Teil des Basismaterials der Sprache – oder genauer gesagt: des Sprechens. Wenn Olson die Bewegung des Schreibens am Atem oder am Esstrieb messen will, so ist das ein Versuch, den Schreibprozess auch von Impulsen und Akten leiten zu lassen, die dem sprechenden Körper immanent sind. „[B]reath" und „bread" werden nicht wie bei Manley Hopkins von einem „master" gegeben, es sind körpereigene Bewegungen oder Bewegungstrigger, denen Schriftsteller beim Schreiben folgen. In Olsons Poetik richtet sich der Gehorsam weder nach einem rein äußeren noch nach einem rein inneren Maßstab. In „the *mass* to which the human art is to find the proper motion" fallen Versmaß und Physiologie der Sprecherin derart zusammen, dass die Grenzen zwischen einem externen und internen Material der Kunst, zwischen Eigenschaften der kollektiven Sprache und Prozessen des individuellen Körpers verschwimmen. Es ist kein Zufall, dass dabei gerade der Mund so zentral ist. Er ist die Schwelle zwischen Körperinnerem und Umwelt, durch ihn wird Äußeres nach Innen und Inneres nach Außen getragen.

Die Erkundungen einer physiologisch-organischen Basis, nach der sich das Schreiben richten soll, gehen Hand in Hand mit einer bestimmten Art und Weise, Textmaterial interagieren zu lassen. Gerade in Olsons Versuch, die *Motivation* des Sprechens im Essen zu suchen, und somit auf die Natur und in die Urzeit zurückzuführen, drängt sich beim genaueren Hinsehen, sozusagen im Jetzt der Lektüre, sein eigenes Schreibverfahren und sein Umgang mit eigenen und fremden Texten auf: Olson legt Fährten, die Leserinnen auf einen holprigen Weg von Text zu Text führen. Dieser Weg führt nicht zu einem bestimmten Ziel, sondern zu Olsons eigener Methode.[29] Da Sapirs Thesen beziehungsweise Olsons zum Teil aus dem Kontext gerissene Wiedergaben sowie

---

29   Auf die Etymologie des Wortes zurückgreifend, beschreibt Olson Methode als Weg: „*methodos* [...] turns out to be meta hodos [...] the principle of – PATH", „the way the path is known." Charles Olson und Robert Creeley: The Complete Correspondence. Band 10, hg. v. Richard Blevins, Santa Rosa 1996, S. 152.

„SPEECH'S ULTIMATE SPRING"

239

verfremdende Adaptionen nicht durch ein ausformuliertes Argument verknüpft werden, stehen sie ambivalent und zaudernd nebeneinander, jedoch somit nicht still. Das Essen wird zum Motiv im wörtlichen Sinne: Es vollzieht auch auf der textuellen Ebene Bewegung und gibt Antrieb. In *The theatre* und den Notizen fällt die beschriebene Dynamik des Esstriebs mit einer für Olson charakteristischen Schreibpraxis zusammen: seinem Umgang mit anderen Texten, in diesem Fall Sapirs Buch. Olson bedient sich immer wieder einer Art Montagetechnik, übernimmt fremdes Material und stellt es in seine eigenen Texte, oft kommentarlos und auch ohne die Quelle zu nennen. Besonders wenn es sich dabei um Zitate handelt, kann man von einem literarischen Einverleibungsprozess sprechen. Olson nimmt fremde Texte in seine eigenen auf und generiert durch einen literarischen Metabolismusprozess Bewegung. So könnte „speech's ultimate spring [...] to eat" auch ganz konkret als textuelle Einverleibung gelesen werden, besonders wenn wir „spring" sowohl als Quelle, Antriebsfeder und Sprung verstehen. Jean-Luc Nancy beschreibt das Zitieren an sich in einem zumindest sehr verwandten Sinne: "*Citare* is to set in motion, to bring to the self (the Latin verb is related to the Greek *kinein* [...])."[30] Dabei entspricht „set in motion" dem „spring" wie „bring to the self" dem „eat." Eine solche Zitierpraxis möchte ich im letzten Abschnitt des Artikels anhand eines weiteren unveröffentlichten Textes von Olson zeigen, in dem eine ganze Reihe der oben besprochenen Kernpunkte aufeinandertreffen.

Mouths Biting Empty Air ist ein kurzer Essay aus dem Jahr 1946, von dem Olson dann größere Teile in *Projective Verse* übernimmt. Es geht um die Rolle der Silben für „English versification": „[T]he ear's obedience to the law of syllables"[31] ist einer der Sätze, der dann leicht abgeändert in *Projective Verse* wieder erscheint. Schon in diesem frühen Essay macht Olson deutlich, dass er die Grundlagen des Sprechens erkunden möchte und nicht davor scheut, die ursprünglichsten Elemente der Sprache und ihre Anfänge in den Blick zu nehmen. Das genaue Hören auf die Silben dient folgendem Ziel: „The work must be as hard and clean as the rocks and water where *man first uttered themselves*" (M, Hervorhebung S.H.); Silben werden als Urzellen der Dichtung, kleinste prosodische Klangpartikel, „elements and minimums of language" (M) beschrieben. In *Projective Verse* sind die Silben „at the minimum and *source of*

---

30 Jean-Luc Nancy: Expectation. Philosophy, Literature, übersetzt von Robert Bononno, hg. v. Ginette Michaud, New York 2018, S. 51.

31 Mouths Biting Empty Air. Typescript. October 27, 1946. Charles Olson Research Collection at the University of Connecticut. Im Folgenden als Sigle M im Fließtext.

speech"[32] situiert und in *Mouths Biting Empty Air* nennt Olson den Ort, an dem sie körperlich artikuliert werden, „the throat", „primordial" (M). Außerdem komme die Silbe „from *the root* out" (M, Hervorhebung S.H.). Dabei verweist Olson auf eine etymologische Ursprungstheorie und kommt direkt anschließend auf Bewegung und Atem zu sprechen:

> „Is" comes from the Aryan root, *as*, to breathe. The English „not" equals the Sansrit [sic] *na*, which may come from the root *na*, to be lost, to perish. „Be" is from *bhu*, to grow.
>
> From the root out the syllables come, the figures of the dance. The intricacy lies in the [...] movement [...], and the life proper, where they strike against and pile up one upon the other, or go and stay apart, or fuse and cease to be themselves, any and all the conditions atoms and breath can create by act and multiplication (M).

Diese Stelle ist ein Beispiel für einverleibendes Zitieren. Die eingerückte Passage, die dann auch in *Projective Verse* eingebaut wird, stammt aus Ernest Fenollosas *The Chinese Written Character as a Medium for Poetry*.[33] Olson nimmt einen losgelösten Bissen aus Fenollosas Text in seinen eigenen auf (und einige Jahre später in einen weiteren, *Projective Verse*), um einen Silbentanz zu demonstrieren (is – as, not – na, be – bhu), der dann, wieder im Inkorporieren und Dehnen von Wortmaterial („breathe" – „breath", „to perish" – „cease to be", „grow" – „multiplication") erläutert wird: *„Citare* is to set in motion, to bring to the self." Was als „all the conditions that atoms and breath can create by act and multiplication" skizziert wird, „strike against and pile up one upon the other", „fuse and cease to be themselves", gilt nicht nur für die Silben, sondern auch für die zitierten Wörter, und nicht zuletzt für das Essen. Besonders wenn man hinzuzieht, wie Jean-Luc Nancy im Vorwort zur englischen Übersetzung von *Ego Sum* eine Verbindung zwischen Atmen und Essen herstellt, wird auch in *Mouths Biting Empty Air* eine Nähe zwischen „bread" und „breath" spürbar.

> The mouth: through which breath flows, and with breath sound, and within sound the immaterial sense finely woven in the phonemes, in their resonances, their harmonics, and their background noise. The

---

32   Olson [Anm.2], S.18 (Hervorhebung S.H.).

33   Für eine weitere Besprechung dieses Zitats siehe Stefanie Heine: Fishy Etymologies. Sprachgeschichtliche Irrwege bei Charles Olson, in: Colloquium Helveticum 46, 2017, S. 131–143.

„SPEECH'S ULTIMATE SPRING"

mouth: through which food is absorbed, the digestion of which metabolizes energies in the delicate arrangement of muscular, nervous, and hormonal capacities giving rise to gestures, actions, passions, and the words that accompany, follow, or precede them.[34]

In Olsons Text selbst wird eine Beziehung zwischen Atem und dem Essenstrieb, wie er in *The theatre* beschrieben wird, durch den Titel angedeutet. *Mouths Biting Empty Air* nennt nicht nur den Ort, an dem, wie Nancy so eindrücklich beschreibt, das Atmen, die sprachliche Artikulation von Klängen und das Essen stattfindet. Wir hören auch Sapirs „teeth, as organs useful in breaking up food before it was ready for digestion" durchklingen und Olsons „force of the old hollow before mouth." Mit „the force of the old hollow before mouth" kann auch ein direkter Bogen zu den Vers-Notizen gespannt werden, in welchen Olson den in *Projective Verse* formulierten Schreibimperativ „keep it moving as fast as you can"[35] mit der Silbe selbst in Verbindung bringt: „In fact its very nature is, that it rushes you on, to the next one" (v). In der Jagd nach den Silben im Schreiben drängt der hungergetriebene urzeitliche Jäger mit. Zudem kommen im Bild vom Beißen der leeren Luft zwei charakteristische physiologische Bewegungsrichtungen des Essens und des Atmens zusammen. Das angetönte Formen von Material im Mund passiert beim Essen im Übergang von Außen nach Innen und bei der atemgetragenen Artikulation von Silben im Übergang von Innen nach Außen: Kauen und Zerkleinern von Nahrung ist ein Akt der Einverleibung, die Modulation der Luft beim Sprechen einer der Veräußerung. Dabei ist *Mouths Biting Empty Air* wiederum eine textuelle Einverleibung: Es handelt sich um ein Zitat, das Olson von Ezra Pound aufgeschnappt hat, der sich wiederum auf einen Satz aus Ovids *Metamorphosen* bezieht.[36] Ezra Pound eröffnet sein Gedicht *Mauberley* mit dem direkten Ovid-Zitat „Vacuos exercet in aera morsus"[37] und lässt es mit einer eigenen englischen Übersetzung davon enden:

---

34   Jean-Luc Nancy: Ego Sum. Corpus, Anima, Fabula, übersetzt von Marie-Eve Morin, New York 2016, S. xi.

35   Olson [Anm. 2], S. 17.

36   1950 nimmt Olson das Zitat dann, wieder in Verbindung mit Silben, ein zweites Mal auf in seinem Gedicht *ABCs (3 – for Rimbaud)*, das er vor der Veröffentlichung in einem Brief an Frances Boldereff sendet: „Is it any more than a matter of syllables? / The mouths bit / empty air", in Olson, Boldereff [Anm. 23], S. 370. Für eine weitere Diskussion der intertextuellen Bezüge von *Mouths Biting Empty Air* siehe Reitha Pattinson: ‚Empty Air': Charles Olson's Cosmology, in: Contemporary Olson, hg. v. David Herd, Manchester 2015, S. 52–63.

37   Ezra Pound: Selected Poems, New York 1957, S. 71.

Mouths biting empty air,
The still stone dogs,
Caught in metamorphosis, were
Left him as epilogues.[38]

„Him" bezieht sich dabei auf den titelgebenden portraitierten Dichter Hugh Selwyn Mauberley. Mauberleys literarische Kreationen werden mit starren, leblosen und lediglich zweidimensionalen Reliefs verglichen, denen die „still stone dogs" zu entsprechen scheinen. Allerdings löst Pound die versteinerten Hunde aus der Erstarrung und demonstriert, inwiefern sich seine eigene Dichtung von der des beschriebenen Mauberley abhebt, der „[b]y verbal manifestation" lediglich „curious heads in medallion"[39] produziert: Durch seine eigenwillige Übersetzung bringt Pound die Worte in Bewegung und die Hunde wieder *in* den Prozess der Metamorphose.

Genau das führt Olson in seiner Verwendung des Zitats weiter. Auf den ersten Blick entsteht der Eindruck, dass Olson den Satz völlig aus dem Kontext reißt, in dem er bei Ovid und Pound auftaucht: „Mouths Biting Empty Air" scheint im so benannten Aufsatz eine Umschreibung der Silbenartikulation zu sein – von „still stone dogs" keine Spur. Oder doch? „[S]till stone" – „In any given instance, because there [...] are alternatives of words, and the choice [...] will be dictated by the ear's obedience to the law of syllables" (M). Pound fügt sich offenbar dem, was Olson mit Sapir das Gesetz des Materials nennt, wenn er Ovids Geschichte wiedergibt. Gerade über diese Geschichte werden auch inhaltlich weitere Bezüge erkennbar. Im siebten Buch der *Metamorphosen* schildert Ovid eine aussichtslose Verfolgungsjagd – wie bei Dante sind dabei Raubtiere im Spiel: Laelaps, der schnellste aller Hunde, dem keine Beute entkommt, wird auf die Nachfolgerin der Sphinx, eine wilde Bestie, die allen Verfolgern entkommt, losgelassen: „the beast seemed now to be caught and now to slip from the dog's very teeth. [...] The dog presses him hard, follows him step for step, and, while he seems to hold him, does not hold, and snaps at the empty air."[40] Diesem grausamen Schauspiel setzen die Götter ein Ende, indem sie die Kontrahenten zu Stein erstarren lassen. Cephalus schließt seine Erzählung dieser Episode mit den Worten „I saw two marble images in the plain; the one you would think was fleeing, the other catching at the prey."[41]

---

38   Ebd., S. 73.

39   Ebd.

40   Ovid: Metamorphoses. Volume I, Books I-VIII, übersetzt von Frank Justus Miller, Cambridge 1951, S. 397.

41   Ebd.

„SPEECH'S ULTIMATE SPRING"

In *Mouths Biting Empty Air* wird Laelaps durch die Transformationsbewegung von Text zu Text wieder zum Rennen erweckt: Mit dem Jäger, der seiner Beute nachhetzt und nichts als Luft zu schnappen bekommt, dringt „the force of the old hollow before the mouth" noch einmal in einem anderen Sinne wie oben besprochen in Olsons frühen Aufsatz ein. Das Zitat „Mouths Biting Empty Air" ist selbst eine Triebfeder, die Leserinnen und Leser zurück zu Pound und Ovid schleudert, und dann nach vorne zu Olsons kommenden Texten katapultiert, um die Ursache dieser Bewegung im Essen als „speech's ultimate spring" zu suchen.

Zweiverleibung
Der andere Ricœur

Philippe P. Haensler

[L]'écriture transforme davantage les mots en choses capables de
rivaliser avec les aliments.

G. DELEUZE & F. GUATTARI, *Kafka. Pour une littérature mineure*

∴

Abstract

Im Jahr 1997 hält Paul Ricœur anlässlich der Vergabe des Übersetzungspreises der
Deutschen Verlagsanstalt einen Vortrag unter dem Titel „Défi et bonheur de la traduction", in welchem – im Dialog mit Walter Benjamin und Sigmund Freud – die Tätigkeit
der Übersetzer*in als gelingende ‚Trauerarbeit', als erfolgreicher ‚Abschied' vom ‚Ideal
der perfekten Übertragung' charakterisiert wird. Wie aber, so die leitende Frage des
Beitrags, vom ‚bonheur' der Übersetzung sprechen, ohne, schweigend, auch dessen
anderes, den ‚malheur' auf den Plan zu rufen? Was wäre eine Übersetzung, die, was
(‚arbeitend') hinter sich zu lassen einer solchen Glück bedeutet, (‚symptomatisch') *inkorporierte*? Dem Übersetzungs*theoretiker* Ricœur mag diese Fragedimension fremd
sein – nicht aber Ricœur dem *Praktiker*, jenem Ricœur, der 1950 Edmund Husserls
Ideen I ins Französische überträgt und uns, wie am (Nicht-)Beispiel von Husserls
„Abschattung" (die, wie bei Freud „der Schatten des Objekts [...] auf das Ich [fällt]", als
deutscher Einschub im französischen Text die *Idées* heimsucht) herausgearbeitet werden soll, mit einer Theorie translatorischer Melancholie *avant la lettre* bzw. zwischen
den Sprachen konfrontiert.

1 Das Phänomen und das Glück

Im Jahr 1997 hält Paul Ricœur anlässlich der Vergabe des Übersetzer*innen-
preises der Deutschen Verlagsanstalt einen Vortrag mit dem Titel *Défi et bonheur*

© KONINKLIJKE BRILL NV, LEIDEN, 2021 | DOI:10.1163/9789004439146_013

de la traduction.[1] Diese zum ersten Mal 2004 im Rahmen der Sammlung *Sur la traduction* veröffentlichten Überlegungen zur Übersetzung und ihrer Theorie gehören zu den wenigen (und allesamt späten[2]) Texten, in denen von Ricœur eigens ins Zentrum gerückt wird, was in seinem Schreiben – in Form von Anspielungen und Querverweisen, in Fußnoten und Klammern – nicht nur immer schon (latent) anwesend war, sondern auch, und mehr noch, was den Namen ‚Ricœur' selbst – im Jahr 1950, mit der einflussreichen Übertragung des ersten Bands der *Ideen zu einer reinen Phänomenologie und phänomenologischen Philosophie* ins Französische – geradewegs und untrennbar mit einem fremden, ‚Edmund Husserl', verlötet hatte. Es ist, wie ich im Folgenden nahelegen möchte, in diesem werkgeschichtlich höchst bedeutsamen, doch in vielerlei Hinsicht unerwarteten Konnex, dass uns bei Ricœur der Problemkomplex der Einverleibung begegnet. Solche Begegnung freilich kommt nicht unmittelbar zustande und dies zweifach: nämlich nicht sofort und, auch wenn die Zeit gekommen sein wird, wesentlich im Schatten eines anderen.

Konkreten Ausgangspunkt in *Défi et bonheur de la traduction* bildet der Titel von Antoine Bermans einflussreicher (Post-)Romantik-Studie *L'épreuve de l'étranger: Culture et traduction dans l'Allemagne romantique* von 1984. Bei der einleitenden Diskussion des Ausdrucks ‚épreuve' – Ausdruck, der bezeichnenderweise seinerseits nur schwer in andere Sprachen überführbar ist[3] – lässt Ricœur nicht viel Zeit verstreichen, zwei weitere Theoretiker im Gespräch willkommen zu heißen. Zumindest eine dieser Einladungen liegt zunächst nicht ohne Weiteres auf der Hand:

---

1 Paul Ricœur: Défi et bonheur de la traduction (2004), in: Ders.: Sur la traduction. Mit einer Einleitung von Marc de Launay, Paris 2016, S. 1–11. Nachweise im Folgenden in Klammern im Fließtext; Titel als *DBT*.

2 Vgl. dazu Richard Kearney: Paul Ricœur and the Hermeneutics of Translation, in: Research in Phenomenology 37, 2007, S. 147–159, hier: S. 148. Ricœurs erste ausführlichere Auseinandersetzung mit der Thematik bildet nach Lisa Foran der Essay *Quel éthos nouveau pour l'Europe* von 1992 (vgl. Lisa Foran: An Ethics of Discomfort. Supplementing Ricœur *On Translation*, in: Études Ricœuriennes / Ricœur Studies 6.1, 2015, S. 25–45, hier: S. 25); der eigentliche Schwerpunkt des besagten Essays ist aber offenkundig ein anderer.

3 In der englischen Übersetzung von 1992 entscheidet sich Stefan Heyvaert für ‚experience' (vgl. Antoine Berman: The Experience of the Foreign. Culture and Translation in Romantic Germany. Aus dem Englischen von Stefan Heyvaert, Albany 1992); eine deutsche Übertragung des Buchs liegt bis jetzt nicht vor. Auch sieht sich Ricœur auf- bzw. herausgefordert, mit den (innersprachlichen) Übersetzungen „peine endurée" und „probation" zu ergänzen (DBT, S. 2).

> Mise à l'épreuve, comme on dit, d'un projet, d'un désir voire une pulsion:
> la pulsion de traduire. Pour éclairer cette épreuve, je suggère de comparer
> la ‚tâche du traducteur' dont parle Walter Benjamin sous le double sens
> que Freud donne au mot ‚travail' quand il parle dans un essai de ‚travail de
> souvenir' et dans un autre essai de ‚travail de deuil.' En traduction aussi, il
> est procédé à certain sauvetage et à un certain consentement à la perte.
> (DBT, S. 2)

Bemerkenswert an dem Verweis auf die Freud'sche Psychoanalyse ist nicht, *dass* ein solcher gemacht wird (spätestens seit *De l'interpretation: Essai sur Sigmund Freud* von 1965 gehört Freud zu den ständigen theoretischen Bezugspunkten Ricœurs), sondern eher unter welchem Gesichtspunkt und auf welche Weise dies geschieht. Die Frage der Übersetzung bzw. prinzipiellen (Un-)Übersetzbarkeit ist Freud bekanntlich keineswegs fremd, ja gewisse Textpassagen erklären sie, so will es scheinen, geradewegs zum Zentrum des analytischen Tuns.[4] Der innere translatorische Zug der Psychoanalyse ist es nun aber gerade nicht, was Ricœur in DBT interessiert. Im Fokus stehen vielmehr ‚Erinnerungs-' und ‚Trauerarbeit'; Ausdrücke, die so – ohne dass sie im Text je im originalen Wortlaut angeführt würden[5] – vor den Augen der Leser*innen übersetzt werden: nämlich übertragen auf ein Problem, mit welchem sie bei Freud *prima vista* ‚eigentlich' nichts zu schaffen haben. Mit welchem Ziel und mit welchen Konsequenzen geschieht dies? Im Wesentlichen bewegt sich Ricœurs Dialog mit Freud entlang zweierlei Achsen.

(a) Was der ‚travail de deuil', insbesondere aber der ‚travail de souvenir' mit der der ‚traduction' teilt bzw. was erlaubt, das Verhältnis zwischen beiden als eines der ‚Äquivalenz' zu konzeptualisieren (vgl. DBT, S. 3), ist, in einem (anderen) Wort (Freuds), das jeweilig inhärente Moment einer gewissen „résistance" (DBT, S. 3). Ricœurs Text ist, wie wir sahen, seinerseits nicht ohne eine gewisse Widerständigkeit (gegenüber dem Originalwortlaut Freuds); auch sträubt er sich, die Quellen – „dans un essai [...] et dans un autre essai" – der entlehnten Begrifflichkeiten explizit beim Namen zu nennen. Zweifellos aber, der Vergleich mit anderen Texten Ricœurs bestätigt das zusätzlich,[6] müssen hier Freuds *Erinnern, Wiederholen und Durcharbeiten* von 1914 und *Trauer und*

---

4 Vgl. z. B. Sigmund Freud: Die Traumdeutung (1900), in: Ders., Studienausgabe, hg. v. Alexander Mitscherlich, Angela Richards, James Strachey, Frankfurt/Main 1972, Band 2, S. 21–588, hier: S. 280.

5 Diese Tatsache ist, wie wir später sehen werden, alles andere als nebensächlich und unterscheidet die Begriffe Freuds in auffälliger Weise von jenen „fameux maîtres-mots, *Vorstellung, Aufhebung, Dasein, Ereignis*", auf welche der Text an anderer Stelle verweist (DBT, S. 5).

6 Vgl. insbes. Paul Ricœur: La mémoire, l'histoire, l'oubli, Paris 2000, S. 69–72.

ZWEIVERLEIBUNG

Melancholie von 1917 gemeint sein. „Je größer der Widerstand ist", so Freud im früheren der beiden Aufsätze, „desto ausgiebiger wird das Erinnern durch das Agieren (Wiederholen) ersetzt sein."[7] So wie die Erinnerungsarbeit ein anstrengendes Ringen mit gegenläufigen intrapsychischen Mechanismen bedeutet (in gewisser Weise ist es genau der ‚Widerstand', was ‚Erinnern' zur ‚Arbeit' macht), hat, nach Ricœur, auch die Übersetzer*in zu kämpfen: sei es mit dem (eigenen) Widerwillen, übersetzend einzugestehen, dass die für ‚selbstgenügsam', ‚unantastbar' gehaltene ‚Muttersprache' eben eine unter vielen ist (vgl. DBT, S. 3);[8] seien es die Widrigkeiten, wie sie vom zu übersetzenden Text ausgehen und, wo sie sich im Modus von (scheinbarer) Unübersetzbarkeit geben, die Übersetzer*in geradewegs paralysieren können (vgl. DBT, S. 4).[9]

(b) Ein anderer, mit ersterem aber aufs Engste verzahnter Aspekt von Ricœurs Auseinandersetzung mit Freud ist der Problemkomplex des Verlusts beziehungsweise des Abschieds. Ich rufe die entsprechende Passage gegen Anfang des Textes noch einmal in Erinnerung: „En traduction aussi, il est procédé à certain sauvetage et à un certain consentement à la perte." Und Ricœur fährt fort: „Sauvetage de quoi? Perte de quoi? C'est la question que pose le terme d',étranger' dans le titre de Berman." (DBT, S. 2) Die Auflösung dieser zentralen (doppelten) Fragestellung folgt einige Seiten später:

> Notre comparaison avec le travail de souvenir, évoqué par Freud, a trouvé ainsi son équivalent approprié dans le travail de traduction [...]. Eh bien, c'est arrivé à ce point de drammatisation que le travail de deuil trouve son équivalent en traductologie, et y apporte son amère mais précieuse compensation. Je le résumerai d'un mot: renoncer à l'idéal de la traduction parfaite. (DBT, S. 7–8)

Auf den ersten Blick leuchtet diese Antwort sofort ein (und mit ihr – ‚nachträglich', wenn man so will – die Bezugnahme auf Freud): Die Übersetzung, jede Übersetzung, ist Trauerarbeit insofern, als sie Verlust markiert und

---

7 Sigmund Freud: Erinnern, Wiederholen und Durcharbeiten (1914), in: Ders., Studienausgabe, hg. v. Alexander Mitscherlich, Angela Richards und James Strachey, Ergänzungsband, Frankfurt/Main 1972, S. 205–215, hier: S. 211.

8 An anderer Stelle drückt Ricœur das noch stärker aus, wenn er schreibt: „Travail de traduction, conquis sur de résistances intimes motivées par la peur, voire la haine de l'étranger, perçu comme une menace dirigée contre notre propre identité langagière." (Vgl. Paul Ricœur: Le paradigme de la traduction (2004), in: Ders.: Sur la traduction. Mit einer Einleitung von Marc de Launay, Paris 2016, S. 13–36, hier: S. 28.)

9 Wobei Ricœur, der rhetorischen Architektur zum Trotz, natürlich nicht entgeht, dass es sich bei dieser Aufteilung (i.e. in „résistance du côté du lecteur" und „[résistance du] côté de la langue de l'étranger") nur sehr bedingt um eine ‚symmetrische' handelt (vgl. DBT, S. 3–4).

Abschied nimmt: *vom Original*. ‚Auf den ersten Blick' – aber auch auf einen zweiten? Tatsächlich, mag der Unterschied auch ein überaus feiner sein, sagt Ricœur an dieser Stelle etwas anderes. Der prägnanten wie unübersetzbaren Formel Jacques Derridas eingedenk ließe sich Ricœurs Bezugnahme auf Freud gleichsam als ‚φάρμακον' charakterisieren,[10] ‚Heil-/Hilfsmittel' und zugleich ‚Gift', hier: illustrativ und irreführend in einem. Denn nicht ein konkretes Original, nicht ein, um es in der (allzu) naheliegenden Terminologie Freuds auszudrücken, bestimmtes (Text-)*Objekt* ist es, was Gegenstand der translatorischen ‚renonciation' bildet, sondern ein ‚idéal.' Dieser Unterschied (zwischen Objekt und Ideellem) wäre für sich genommen schon bemerkenswert; die Rede vom „idéal de la traduction parfaite" impliziert – unter strukturellen Gesichtspunkten – aber noch mehr: Die Übersetzung, als Trauerarbeit gedacht, ist, *was sie selbst ist*, indem sie in gewissem Sinne Abschied von *ihrer eigenen Vollendung* nimmt. Eine Verknotung dieser Art ist der Freud'schen Verwendung der Begriffe – zumindest nicht ohne Weiteres[11] – nicht abzuringen und ich werde später ausführlicher auf sie zu sprechen kommen; halten wir uns zunächst aber noch streng an die argumentative Architektonik von *Défi et bonheur de la traduction*. „Mais de quelle parfaite", so Ricœur im Anschluss an obig Zitiertes, „est-il question dans ce renoncement, dans ce travail de deuil?" (DBT, S. 8) Antwort auf diese Frage gibt – unter dem Motto des Titels von Philippe Lacoue-Labarthes und Jean-Luc Nancys *L'absolu littéraire* – ein ausführlicher historischer Streifzug vom Traum der ‚absoluten Bibliothek' der Aufklärung über den Humboldt'schen Begriff der ‚Bildung' bis zur Formel der ‚reinen Sprache' in Walter Benjamins *Die Aufgabe des Übersetzers*. Ricœur fasst zusammen:

> Sous toutes ces figures le rêve de la traduction parfaite équivaut au souhait d'un gain pour la traduction, d'un gain qui serait sans perte. C'est précisément de ce gain sans perte qu'il faut faire le deuil jusqu'à l'acceptation de la différence indépassable du propre et de l'étranger. (DBT, S. 9–10)

Diese, zwischen Bestandsaufnahme und (Auf-)Forderung oszillierende, Passage ist nicht ohne innere Spannung – Spannung, die tatsächlich desto deutlicher wird, je enger man Ricœurs Text und dem in ihm in Anschlag gebrachten Vokabular Folge leistet: „[C]'est ce deuil de la traduction absolue qui fait le bonheur de traduire. Le bonheur de traduire est un gain lorsque, attaché à la

---

10 Vgl. Jacques Derrida: La pharmacie de Platon, in: Ders.: La dissémination, Paris 1972, S. 69–197.
11 Vgl. hierzu Anm. 25.

ZWEIVERLEIBUNG

perte de l'absolu langagier, il accepte l'écart entre l'adéquation et l'équivalence, l'équivalence sans adéquation. Là est son bonheur." (DBT, S. 10) *Schwieriges Glück* – oder zumindest schwieriger Genitiv: Wird so, was die Übersetzung anbelangt, ‚Glück' nicht zum *Zwang*? Tatsächlich nämlich, Ricœur geht darauf nicht eigens ein, ist die Rede von der ‚traduction absolue' im Grunde ganz ohne Sinn. Genauer: *Entweder ohne Sinn oder* – „entweder", so Hegel an einer Stelle, „Spinozismus oder keine Philosophie"[12] – *Hegelianismus*: Die ‚perfekte Übersetzung' wäre, was sie ist, als Übersetzung *und* übersetztes Original, wäre gleichsam vom Schlage jener „Identität der Identität und der Nichtidentität",[13] wie sie die *Differenzschrift* im Kern des Schelling'schen Denken ausmacht.[14] Anders – und weniger spekulativ – formuliert: Eingedenk, wogegen sie sich abgrenzt,[15] haben wir es bei der Rede vom ‚bonheur de traduire' vielleicht geradewegs mit einem Pleonasmus zu tun. Kurz: ‚bonheur' ist nichts, was eine gegebene Übersetzung auch *nicht* haben könnte. So ist es denn keine übersetzungstheoretische ‚Phänomenologie des Glücks' (denn das suggerierte, dass es in diesem Zusammenhang auch andere, *nicht* dem Glück gewidmete Phänomenologi*en* gäbe), mit der die Leser*in hier konfrontiert wird, vielmehr eine Engführung, ja Identifizierung: ‚Glück', wo übersetzt wird, meint nicht eine Modalität, vielmehr ist es Ausdruck der Tatsache, *dass* übersetzt wird. Stärker noch: Es *ist* dieses ‚Dass', ist die Gegebenheit selbst der Übersetzung.

Als wesentlicher Bestandteil des Titels steht das ‚Glück der Übersetzung' einem Text voran, in dem es um das Glück der Übersetzung geht. Dieser Titel ist also glücklich gewählt – zumindest, so ist an Obigem denn auch nichts Tautologisches, von der Warte der deutschsprachigen Leser*innen aus: Die naheliegendste Übersetzung für ‚bonheur', ‚Glück', ist in vielerlei Hinsicht auch die beste (nicht zuletzt, als sie die Breite bzw. konstitutive Unschärfe des französischen Ausdrucks erhält). In ihrer englischsprachigen Übertragung von *Sur la traduction, On translation*, wählt Eileen Brennan den Titel *Translation as Challenge and Source of Happiness*. Nicht, dass diese Formulierung nicht

---

12 Georg Wilhelm Friedrich Hegel: Vorlesungen über die Geschichte der Philosophie I, in: Ders.: Werke, hg. v. Eva Moldenhauer, Karl Markus Michel, Band 18, Frankfurt/Main 1986, S. 163–164.

13 Georg Wilhelm Friedrich Hegel: Differenz des Fichteschen und Schellingschen Systems der Philosophie (1801), in: Ders.: Werke, hg. v. Eva Moldenhauer, Karl Markus Michel, Band 2, Frankfurt/Main 1986, S. 9–139, hier: S. 96.

14 Mit dieser übersetzungstheoretischen Inanspruchnahme Hegels folge ich ganz Jacques Derrida: Qu'est-ce qu'une traduction ‚relevante'?, in: Quinzièmes assises de la traduction littéraire (1998).

15 Das auch einer der Gründe, weshalb wir, entgegen der Gewichtung von *Défi et bonheur de la traduction*, den ideellen Status der perfekten Übersetzung unterstrichen: ‚Ideal' meint, wie sich abzuzeichnen beginnt, nicht zuletzt einfach auch ‚Nicht-Wirkliches.'

auch ihre Vorzüge hätte, doch trifft sie Entscheidungen (und muss sie treffen), wie sie im Deutschen gar nicht erst anstehen. Deutet sich hier, i.e. über den Umweg seiner eigenen Übersetzung beziehungsweise seines eigenen Übersetzt-Werdens, nicht eine höchst problematische Dimension der Überlegungen Ricœurs an? Nicht weniger, so könnte man einwerfen, als die geglückte Übertragung macht doch auch die diskutierenswerte klar, dass sie, als Übertragung, *gelungen* ist. Mehr noch sogar: Tritt ,Glück', wenn es im Abschied von der ,perfekten Übersetzung' liegt, in einer ironischen Wendung nicht gleichsam da am deutlichsten zutage, wo am denkbar *schlechtesten* übersetzt wird (mehr als jede andere stellt die völlig missratene Übersetzung unter Beweis, dass erfolgreich Abschied genommen wurde)? Diese (auf den ersten Blick gewiss etwas sophistische) Lesart ist nicht im Sinn von Ricœurs Text – in seinen konkreten Formulierungen aber wohl durchaus. Lisa Foran, auf deren wichtigen Essay *An Ethics of Discomfort: Supplementing Ricœur on Translation* ich mich im Folgenden mehrmals berufen werde, bringt es, so scheint mir, auf den Punkt, wenn sie schreibt: „Ricœur seems to favour a succesful work of mourning over a failed one. Of course, this does not mean Ricœur is commited to a fixed translation, but rather that he can find happiness in any translation, regardless of its unfinished status."[16] In höchstem Masse problematisch wird das nach Foran da, wo Ricœur gegen Ende des Textes den ,bonheur du traduction' mit dem Problemkomplex der Gastfreundschaft in Beziehung setzt:

> En dépit de l'agonistique qui dramatise la tâche du traducteur, celui-ci peut trouver son bonheur dans ce que j'aimerais appeler l'hospitalité langagière [...] où le plaisir d'habiter la langue de l'autre est compensé par le plaisir de recevoir chez soi, dans sa propre demeure d'accueil, la parole de l'étranger. (DBT, S. 10–11)

Die Frage des sprachlich Fremden auf das Problem der Alterität überhaupt übertragend, gibt Foran zu bedenken:

> We mourn in the welcoming of the Other because, as with a translation, we are doomed to failure – we can never fully welcome or finish welcoming. [...] It seems to me that by disrupting models of integration with the fact of failure we can introduce an ethical discomfort that prevents us settling into a kind of complacency. [...] I am not claiming that this complacency is what Ricœur posits. [...] Nonetheless, my claim is that Ricœur's account *could* lead to this complacency, that if we follow these

---

16   Foran [Anm. 2], S. 37.

ZWEIVERLEIBUNG

models of integration we might think that we will reach success and that in thinking we have succeeded to understand the other – in their language or their narrative or even in their suffering – we might stop trying to understand future others.[17]

Durch solche – unmissverständlich Derrida'sche – Linse besehen liefe Ricœurs Verwendung des Ausdrucks ‚bonheur' im schlimmsten Falle darauf hinaus, ‚hospitalité' zur Farce oder, schlimmer noch, zu ebendem werden zu lassen, was zu verhindern ihr Ziel sein sollte, „appropriation."[18] Diese latente Gefahr gibt es in *Défi et bonheur de la traduction* in der Tat – nicht weniger aber auch Gründe, weshalb sie sich mit dem Modus des bloß ‚Möglichen' zufriedengeben muss. Wie ich im Folgenden nahelegen möchte, wird sie nämlich gleichsam im Zaum gehalten: von einem zweiten (un-)möglichen Übel.

2   Der ‚malheur' der Übersetzung und das Versprechen der Melancholie

Im vorangegangenen Kapitel haben wir mit gröbsten Strichen – und mit Akzenten, die bewusst nicht in allen Fällen dem Text selbst entnommen waren – einige der zentralen Stationen von Ricœurs übersetzungstheoretischer Auseinandersetzung mit Freud nachgezeichnet. Es ist nun an der Zeit, dem Aufmerksamkeit zu schenken, was der Text *nicht* zu Sprache bringt, deutlicher: was er regelrecht *ostentativ unterschlägt*. Kurz: Wie in diesem (Freud'schen) Zusammenhang von ‚bonheur' sprechen, ohne auch von dessen *anderem* zu sprechen, ohne, in einem und genau diesem Wort, auch den ‚malheur' auf den Plan zu rufen? Nun, Ricœur scheint das selbst auch einzusehen, wenn er ein Jahr später, in der Vorlesung *Le paradigme de la traduction*, zu der in *Défi et bonheur de la traduction* entfalteten Motivik wie folgt zurückkehrt:

> Travail de traduction, conquis sur des résistances intimes motivées par la peur, voire la haine de l'étranger, perçu comme une menace dirigée contre notre propre identité langagière. Mais travail de deuil aussi, appliqué à renoncer à l'idéal même de *traduction parfaite*. Cet idéal, en effet, n'a pas seulement nourri le désir de traduire et parfois le bonheur de traduire, il a fait aussi le malheur d'un Hölderlin, brisé par son ambition de

---

17   Ebd., S. 38–40.
18   Ebd., S. 34.

fondre la poésie allemande et la poésie grecque dans une hyper-poésie où la différence des idiomes serait abolie.[19]

Wie bereits *Défi et bonheur de la traduction* nimmt *Le paradigme de la traduction* an wichtigen Knotenpunkten der Argumentation auf Benjamins *Die Aufgabe des Übersetzers* Bezug – und Benjamin im Ohr kommt die Leser*in kaum umhin, beim „malheur d'un Hölderlin" an jene eindrücklichen Passagen zu Hölderlins Auseinandersetzung mit Sophokles gegen Ende des Übersetzer-Aufsatzes zu denken:

> [D]ie Wörtlichkeit hinsichtlich der Syntax wirft jede Sinneswiedergabe vollends über den Haufen und droht geradenwegs ins Unverständliche zu führen. Dem neunzehnten Jahrhundert standen Hölderlins Sophokles-Übersetzungen als monströse Beispiele solcher Wörtlichkeit vor Augen. [...] Die Sophokles-Übersetzungen waren Hölderlins letztes Werk. In ihnen stürzt der Sinn von Abgrund zu Abgrund, bis er droht in bodenlosen Sprachtiefen sich zu verlieren.[20]

Eine derartige (Benjamin'sche) Lektüre von Ricœurs Hölderlin-Verweis weiterverfolgend werden wir unwillkürlich auch an jenen anderen Kontext erinnert, in dem bei Benjamin das Bild des ‚von Abgrund zu Abgrund' Fallenden begegnet, nämlich – Hölderlin wird, zumindest auf Ebene der Tropen, gleichsam retroaktiv zum *Melancholiker* erklärt – an das letzte Kapitel vom *Ursprung des deutschen Trauerspiels*, wo Benjamin mit Blick auf die innere Struktur des barocken Trübsinns Folgendes bemerkt: „Wie Stürzende im Fallen sich überschlagen, so fiele von Sinnbild zu Sinnbild die allegorische Intention dem Schwindel ihrer grundlosen Tiefe anheim."[21] Vor diesem (doppelten[22])

---

19 Ricœur [Anm. 8], S. 28.

20 Walter Benjamin: Die Aufgabe des Übersetzers (1923), in: Ders.: Gesammelte Schriften, hg. v. Rolf Tiedemann u. Hermann Schweppenhäuser, Frankfurt/Main 1974, Band 6.1, S. 9–21, hier: S. 17–21.

21 Walter Benjamin: Ursprung des deutschen Trauerspiels (1928), in: Ders.: Gesammelte Schriften, hg. v. Rolf Tiedemann u. Hermann Schweppenhäuser, Frankfurt/Main 1974, Band 1.1, S. 203–430, hier: S. 405.

22 Vielleicht sogar ein *dreifacher*: Denn die Benjamin'sche Tropik ist eigentlich – oder zumindest auch – die Hölderlins selbst. Zu denken wäre hier z.B. an die letzte Strophe von ‚Hyperions Schicksalslied': „Es schwinden, es fallen / Die leidenden Menschen / Blindlings von einer / Stunde zur andern, / Wie Wasser von Klippe / Zu Klippe geworfen / Jahrlang in's Ungewisse hinab." (Friedrich Hölderlin: Hyperion [1797/9], in: Ders.: Sämtliche Werke, hg. v. Friedrich Beißner, Stuttgart 1957, Band 3, S. 143.) Oder die vierte Strophe (und die erste Zeile der fünften) der ersten Fassung der Ode *Stimme des Volkes*: „Ins All zurück

ZWEIVERLEIBUNG

Hintergrund ist das Beispiel Hölderlins für den translatorischen ‚malheur' gewiss ein denkbar ‚glückliches.' Diese spannungsreiche Formulierung ist nicht bloßer Selbstzweck: Denn ist die Überzeugungskraft des Beispiels streng besehen nicht damit erkauft, dass eine andere mögliche Lesart von Ricœurs Inanspruchnahme der Freud'schen Psychoanalyse in den Hintergrund rückt? „Hölderlin", schreibt Ricœur an anderer Stelle, „parle grec en allemand"[23] – und übersetzt so eben doch beziehungsweise Abschied gibt es auch hier. Besteht der ‚malheur' von Hölderlins Arbeit an Sophokles in deren Dunkelheit, ist es nur *eines*: nicht ‚malheur du traduction', sondern eher bestimmtes Malheur eines bestimmten Übersetzers. Ist es also – diese Konsequenz von Ricœurs Terminologie kündigte sich bereits im vorangegangenen Kapitel an – nicht wiederum Ausdruck dessen, was in *Défi et bonheur de la traduction* ‚Glück' heißt? Bei der Diskussion der ‚traduction absolue' beziehungsweise ‚parfaite' bemerkten wir in (Derrida'scher) Anlehnung an Hegel, dass sich in solchem Ideal der Wunsch nach einem Text ausdrückt, der in eins eigenständig und identisch mit einem anderen wäre; Unmöglichkeit, die bei Ricœur dazu führt, ‚Glück' bzw. ‚Geglückt-Sein' nicht länger als Möglichkeit oder Akzidens zu denken – vielmehr als *Bestimmung* (i.e. des Übersetzens überhaupt). Doch jede „Bestimmtheit, Grenze", so möchte man, wiederum mit Hegel, anführen „ist als Schranke nur bestimmt im Gegensatz gegen sein Anderes überhaupt als gegen sein Unbeschränktes."[24] So verspricht, und sei es auch im Modus der Unmöglichkeit, denn auch Ricœurs ‚bonheur' nicht nur eines.

Die Rede ist hier – beziehungsweise ist *hier*, bei Ricœur, eben *nicht* – von einer Art der (Nicht-)Übersetzung, die, außerstande, es hinter sich zu lassen, am Ideal der perfekten Übersetzung hartnäckig *festhält*. In der Sprache der Psychoanalyse ausgedrückt, ginge es also um einen Text, der nicht (‚arbeitend') Abschied nimmt, sondern (‚symptomatisch') *einverleibt*; nicht ‚introjiziert', sondern ‚inkorporiert', wie sich mit Nicolas Abraham und Maria Torok (die sich dabei auf Melanie Klein beziehen) auch sagen ließe.[25] Für solche *translatorische Melancholie* ist der ‚Melancholiker' Hölderlin, gerade *weil* er

---

die kürzeste Bahn, so stürzt / Der Strom hinab, er suchet die Ruh, es reißt, / Es ziehet wider Willen ihn von / Klippe zu Klippe, den Steuerlosen, / Das wunderbare Sehnen dem Abgrund zu," (Friedrich Hölderlin: Stimme des Volkes [1800/1], in: Ders.: Sämtliche Werke, hg. v. Friedrich Beißner, Stuttgart 1957, Band 2, S. 49–52, hier: S. 49.) Für diesen und andere wichtige Hinweise bedanke ich mich bei Sebastien Fanzun.

23   Paul Ricœur: Un ‚passage'. Traduire l'intraduisible (2004), in: Ders.: Sur la traduction. Mit einer Einleitung von Marc de Launay, Paris 2016 , S. 37–49, hier: S. 48.

24   Georg Friedrich Wilhelm Hegel: Wissenschaft der Logik I, in: Ders.: Werke, hg. v. Eva Moldenhauer, Karl Markus Michel, Frankfurt/Main 1986, Band 5, S. 145.

25   Vgl. Nicolas Abraham, Maria Torok: Deuil *ou* mélancolie. Introjecter – Incorporer (1972), in: Dies.: L'écorce et le noyau, Paris 1978, S. 259–275, hier: S. 259–260.

noch als solches taugt, offenkundig *kein* Beispiel. Noch einmal: Ricœur in diese Richtung beziehungsweise auf seine Kehrseite hin zu lesen, heißt, ihn Unmögliches versprechen zu lassen. In diesem Umstand ist vielleicht zugleich die innere Struktur dessen angedeutet, *was* so versprochen wird: Die Melancholie – verspricht nicht auch sie wesentlich, was nicht möglich ist? Sie bürgt (beziehungsweise sie *ist* solche Bürgschaft[26]) für die Existenz dessen, was nicht länger existiert. (Gerade in der Leerheit ihrer Versprechungen liegt denn auch ihre beispiellose Ehrlichkeit. Ihre Unmöglichkeit ist das Revers der eines jeden Versprechens, i.e. kein Versprechen, in das nicht eine gewisse Unmöglichkeit eingefaltet wäre: ‚Ich verspreche, dass‘ – und schwöre so, dass es unmöglich ist, dass das ‚Dass‘ des Versprochenen nicht sein werde. In diesem Licht könnte denn auch nur eine Leibniz'sche Gottheit versprechen – und nur sie auch nicht: Wer alles weiß, kann nichts versprechen. Kurzum: Als offen unehrliches Versprechen ist das melancholische, wenn man so will, das eigentlich wahre. Ich werde diese Klammer später noch einmal öffnen.)

Was heißt das endlich mit Blick auf die Praxis der Übersetzer*in? Was auch immer ‚malheur‘ hinsichtlich der zwischensprachlichen Übertragung bedeuten mag: *In* beziehungsweise als *Teil* einer solchen, so viel zumindest liegt auf der Hand, *äußert er sich nicht.* Konsequenter noch: Wenn er erscheint, dann *indem er sich nicht äußert.* „Le deuil indicible“, so die einflussreiche Neuformulierung des Freud'schen Melancholie-Komplexes durch Abraham und Torok, „installe à l'intérieur du sujet un *caveau secret.*"[27] In einer ‚geheimen Gruft‘ – bzw. einer „crypte“,[28] wie sich die Autor*innen im folgenden Satz wirkungsmächtig selbst übersetzen wird – bleibt der ‚unglücklichen‘ Übersetzung das unerreichbare Ideal ihrer selbst erhalten.[29] Was für die Melancholie im psychopathologischen Sinn gilt, trifft nicht weniger auf die translatorische zu: *Das Symptom ist das Wort* – darauf, dass es, was verloren ist, noch gebe. Und was die Übersetzung anbelangt, ist das Symptom auch *das* Wort, i.e. das Wort im engeren Sinn. Dies, noch einmal, in der Weise, dass es gemessen am Original zugleich *exakt dasselbe und dasselbe in anderen Worten* zu sagen sucht. In solchem Suchen liegt aber auch ein entscheidender Unterschied zu dem von Abraham und Torok skizzierten Prozess begründet. Denn im Gegensatz zum melancholischen (wir sprechen nunmehr von *Texten*), ist ‚sujet‘ hier nicht länger dem Verlust

---

26   Vgl. Ebd., S. 264–265.

27   Ebd., S. 266.

28   Ebd.

29   Tatsächlich wäre eine derartige ‚kryptische‘ Übersetzung unter strukturellen Gesichtspunkten dem von Abraham und Torok skizzierten Prozess also erstaunlich nahe: „Pour qu'il s'en édifie une [crypte], il faut que le secret honteux ait été le fait d'un objet, jouant le rôle d'idéale du moi." (Ebd., S. 267).

ZWEIVERLEIBUNG

Vorgängiges, vielmehr müsste der ‚malheur‘ der Übersetzung auch und gerade als Name deren *Poetik* fungieren. In anderen Worten: ‚Installierung‘ *im* ‚sujet‘ fiele, wo ‚sujet‘ Text ist, in einer schwierigen Wendung zusammen mit der *seiner selbst*, mit seinem eigenen Ursprung.

3   Exkurs: Kant zum Gast

Der Lektüre Forans folgend wiesen wir einleitend darauf hin, dass Ricœur seinen Begriff von übersetzerischem ‚bonheur‘ gegen Ende des Texts mit dem einer ‚hospitalité langagière‘ verbindet. Dieses wichtige Stratum von Ricœurs Überlegungen wäre eigens zu diskutieren – insbesondere, an Foran anschließend, hinsichtlich ihres Verhältnisses zum Derrida'schen Verständnis von Gastfreundschaft (und deren Bezug zur Übersetzung), wie es sich fast zeitgleich zu *Défi et bonheur de la traduction* in wichtigen Publikationen niederschlägt. Ich beschränke mich hier auf einen kurzen Exkurs zu einem einzigen der für Derrida in diesem Kontext relevanten Autor*innen, Immanuel Kant.

Kant, so Derrida, „détruit à sa racine la possibilité même de ce qu'il pose et détermine ainsi. Et cela tient à la juridicité de ce discours, à l'inscription dans un droit de ce principe d'hospitalité dont l'idée infinie devrait résister au droit lui-même."[30] Konkret ist hier die Rede von Kants einflussreicher Verzahnung von Moral- und Politikphilosophie *Zum ewigen Frieden* von 1795/6; und Derrida – zumindest, wo man wie er einen an Emmanuel Levinas geschärften Begriff ‚absoluter‘ bzw. ‚unendlicher‘ Gastfreundschaft verwendet – ist ganz im Recht mit dem Hinweis, dass bereits die *Form* bzw. der *Anspruch* von Kants Text unwiederbringlich verloren gehen lässt, was zu verhandeln er sich (unter anderem) zum Ziel setzt. Tatsächlich nun wird diese innere Spannung vom *Ewigen Frieden* an zumindest einer Stelle – Derrida geht auf sie, soweit ich sehe, nicht eigens ein – so groß, dass sie auch Kant selbst nicht unbemerkt bleibt; so groß, dass sie anfängt, im Text gewisse Spuren zu hinterlassen.

Der dritte und letzte ‚Definitivartikel‘ von *Zum ewigen Frieden* zielt auf die Formulierung eines von jedem vernunftbegabten Menschen anzuerkennenden „Weltbürgerrechts"[31] (Stoßrichtung des Arguments wird, *in nuce*, der Hinweis sein, dass die Begrenztheit des Lebensraums der *animalia rationalia*

---

30   Anne Dufourmantelle, Jacques Derrida: De l'hospitalité, Paris 1997, S. 65–67.
31   Immanuel Kant: Zum ewigen Frieden. Ein philosophischer Entwurf (1795), in: Ders.: Werkausgabe, hg. v. Wilhelm Weischedel, Frankfurt/Main 1977, Band 11, S. 195–252, hier: S. 213.

diese zur Einsicht zwinge, „endlich sich doch neben einander [zu] dulden"[32]); in diesem Kontext lesen wir folgende Sätze:

> Es ist hier, wie in den vorigen Artikeln, nicht von Philanthropie, sondern von Recht die Rede, und da bedeutet *Hospitalität* (Wirtbarkeit) das Recht eines Fremdlings, seiner Ankunft auf dem Boden eines andern wegen, von diesem nicht feindselig behandelt zu werden. Dieser kann ihn abweisen, wenn es ohne seinen Untergang geschehen kann; so lange er aber auf seinem Platz sich friedlich verhält, ihm nicht feindlich begegnen. Es ist kein *Gastrecht*, worauf dieser Anspruch machen kann (wozu ein besonders wohltätiger Vertrag erfordert werden würde, ihn auf eine gewisse Zeit zum Hausgenossen zu machen), sondern ein *Besuchsrecht*.[33]

Der „wohltätige Vertrag", welcher „Gastrecht" instituierte: Was enthielte er? Wer unterzeichnete ihn – und wo? Eingegangen würde er, in diesem Punkt ist der *Ewige Frieden* eindeutig, mit einem „Fremdling" – und läuft so, mit Derrida zu reden, Gefahr, sich im Moment seiner Unterzeichnung als rechtswidrig zu erweisen. Denn soll eine derartige Übereinkunft Gültigkeit haben, muss gewährleistet sein, dass, wen so man vertraglich bindet, zur Unterschrift *de jure* tatsächlich befähigt, d.h. in der Lage sei, zu *verstehen*, worunter er/sie seine/ihre Unterschrift setzt. In Anlehnung an die ‚Aporien' beziehungsweise ‚Paradoxa' der Gastfreundschaft Derridas wird gesagt werden müssen, dass ein derartiger Kontrakt einzig *in falschem Namen* unterzeichnet werden könne – oder, einfacher, *überhaupt nicht*: Wer ihn zu unterzeichnen vermöchte, darf dies nicht, wer ihn unterzeichnen dürfte, kann dies nicht.

In anderen Worten: Die Sprache, wie sie für besagten „wohltätigen Vertrag" erforderlich wäre, gibt es nicht – zumindest da nicht, wo Sprache *entweder* eigene *oder* fremde ist. Nun, der *Ewige Frieden*, in seiner konkreten sprachlichen Gestaltung genommen, ‚weiß' das beziehungsweise hat die spätere Kritik durch Derrida in gewisser Weise schon *inkorporiert*. Der Vertrag, der Gastrecht stiftete, wird im Text in den Konjunktiv sowie in Klammern gesetzt – und so in Szene: Denn es gehört ihm wesentlich zu, eingeklammert zu sein, als (von Anfang an) *suspendierter* zu begegnen. Teil und nicht Teil des Textes ist Gastrecht, wenn man so will, von identischem Schlage wie das, was es betrifft: Gleich dem Gast aus der Ferne erscheint es im Text einzig *en passant*. Solches eigentümliches (Nicht-)Erscheinen ist, wie wir im Folgenden sehen werden, auch dem Verfasser von *Défi et bonheur de la traduction* nicht ganz fremd.

---

32 Ebd., S. 213.
33 Ebd.

4 Poetik der Zweiverleibung

Zurück zu Ricœur, zu jenem ‚anderen‘ Ricœurs, der Einverleibung – und, nicht zuletzt, zu einem ‚anderen Ricœur.‘ Denn die Frage der Übersetzung beziehungsweise (Un-)Übersetzbarkeit, wir wiesen darauf einleitend hin, beschäftigt das Ricœur'sche Schreiben, schon lange bevor es sich ihr theoretisch zuwendet – nämlich zunächst ganz direkt beziehungsweise *in actu*. Als Kriegsgefangener in Choszczno (Arnswalde) interniert, überträgt Ricœur in den frühen 1940er Jahren unter widrigsten Umständen Husserls *Ideen I* ins Französische. Natalie Depraz gibt davon folgende eindrückliche Beschreibung:

> Als Gefangener der Deutschen Armee während des Zweiten Weltkriegs fängt der junge Philosoph an, sorgfältig Husserls Werk zu lesen und Bemerkungen am Rande seines Exemplars aufzuschreiben. Allmählich werden punktuelle Notizen zu Sätzen, und Husserls Denken zu einem selbstständigen französischen Text, so dass am Rand und parallel zum Originaltext eine französische Übersetzung zu entstehen beginnt [...]. Diese Übersetzung [...] charakterisiert sich durch ihre sehr persönliche Fassung: wegen des tragischen Kriegs- und Gefängniszusammenhangs ihres Entstehens und der innigen Nähe der Gedanken beider Phänomenologen, welche auf der selben Seite des Textes *de facto* vereint werden. Ricœur schreibt direkt handschriftlich auf Husserls Text, er verfügt damals über keine eigenen Schreibblätter, auch nicht über eine Schreibmaschine, nur einen Kugelschreiber. Kann man eine größere materiell-erlebte Innigkeit des Denkens erwarten?[34]

Die spezifische materielle Verfasstheit von Ricœurs Übertragung, wie sie Depraz hier andeutet, insbesondere ihr intrikates Verhältnis zu den konkreten Eigenarten des Übertragenen, verlangt eine eigene (produktionsästhetisch bzw. -phänomenologisch gelagerte) Untersuchung. Die konsequente Durchführung einer solchen müssen wir uns für eine andere Gelegenheit aufsparen; zumindest *eine* ihrer Facetten jedoch werden wir, am ‚malheur‘ der Übersetzung interessiert, zu diskutieren nicht umhinkommen.

Ein Blick auf die Wirkungsgeschichte von Ricœurs Husserl-Übersetzung mag helfen, auf diese Notwendigkeit vorzubereiten. In aller Kürze: Mit der Veröffentlichung im Jahr 1950 bei Gallimard wird, was in einem ganz konkreten Sinn als Marginalien seinen Anfang nimmt, nicht weniger als tonangebend. Die

---

34   Natalie Depraz: Paul Ricœur, in: Husserl-Handbuch. Leben – Werk – Wirkung, hg. v. Sebastian Luft, Maren Wehrle, Stuttgart 2017, S. 284–289, hier: S. 284.

Idées directrices pour une phénoménologie et une philosophie phénoménologique pures, so Ricœurs Titelwahl, werden sofort zur *conditio sine qua non* einer (nicht nur französischen) Beschäftigung mit der Husserl'schen Phänomenologie; Texte wie zum Beispiel jene (frühen) Derridas, wären ohne Ricœur nicht denkbar beziehungsweise sind, wie man eigens nachzeichnen müsste, aufs Engste mit dessen spezifischen translatorischen Entscheidungen und Praktiken verquickt.[35] Vor diesem Hintergrund könnte das Jahr 2018 nicht weniger als das Ende einer Epoche markieren: Mit der Neuübersetzung durch Jean-François Lavigne (ebenfalls bei Gallimard)[36] sieht sich die Fassung Ricœurs zum ersten Mal mit einer ernstzunehmenden Alternative konfrontiert. Inwiefern und mit welchen Konsequenzen Lavignes Übertragung die Ricœur'sche ablösen wird, wird sich weisen; von größter symbolischer Bedeutung ist sie allemal: Die bloße Tatsache, *dass* es sie gibt, kleidet Ricœurs Arbeit an Husserl *nolens volens* in eine Aura des Provisorischen, erklärt ihre Übersetzungsversuche und -vorschläge in gewissem Sinne zu *Vorstufen*. Einzig: Diese ,anderen' Vorzeichen, mit welchen Ricœurs *Idées* so versehen werden, sind nicht (nur) Konsequenz eines historisch ,späteren' Ereignisses – sondern (auch) *Teil* von Ricœurs Text selbst. In anderen, suggestiveren Worten formuliert: Das Bild translatorischen Fortschritts, das, als deren Asymptote, ursprüngliche und revidierte Fassung gleichsam als zwei Punkte desselben Graphen begegnen lässt, ist in gewisser Weise schon in die Ricœur'sche Fassung eingefaltet.

Verdeutlichen wir das anhand eines konkreten Beispiels – Beispiel, das eines unter vielen und, wie sich zeigen wird, zugleich metonymisch für diese alle ist. Im §41 der *Ideen*, „Der reelle Bestand der Wahrnehmung und ihr transzendentes Objekt", wendet sich Husserl der (irreduzibel *perspektivischen*) Natur der gegenständlichen Wahrnehmung zu. In diesem Zusammenhang lesen wir die folgenden Sätze:

> *Dieselbe* Farbe erscheint ,in' kontinuierlichen Mannigfaltigkeiten von Farben*abschattungen*. Ähnliches gilt für sinnliche Qualität und ebenso für jede räumliche Gestalt. Die eine und selbe Gestalt (*als* dieselbe

---

35   Bei Derrida wird diese Verpflichtetheit – performativ – überdies Teil eines agonalen Narrativs: Wie Johannes Kleinbeck im Nachwort zu seiner Übersetzung von *Le problème de la genèse dans la philosophie de Husserl* bemerkt, verweist Derrida, wo es um die *Ideen* geht, auf die Übersetzung Ricœurs, bei den *Cartesianischen Meditationen* aber, statt auf die einflussreiche Übertragung durch Gabrielle Pfeiffer und Emmanuel Levinas von 1930, auf den deutschen Wortlaut (Vgl. Jacques Derrida: Das Problem der Genese in Husserls Philosophie. Aus dem Französischen von Johannes Kleinbeck, Zürich, Berlin 2013, S. 350).

36   Vgl. Edmund Husserl: Idées directrices pour une phénoménologie pure et une philosophie phénoménologique. Aus dem Deutschen von Jean-François Lavigne, Paris 2018.

ZWEIVERLEIBUNG

leibhaft gegeben) erscheint kontinuierlich immer wieder ,in anderer Weise', in immer anderen Gestaltabschattungen. Das ist eine notwendige Sachlage und offenbar von allgemeinerer Geltung. [...] In Wesensnotwendigkeit gehört zu einem ,allseitigen', kontinuierlich einheitlich sich in sich selbst bestätigenden Erfahrungsbewusstsein vom selben Ding ein vielfältiges System von kontinuierlichen Erscheinungs- und Abschattungsmannigfaltigkeiten, in denen alle in der Wahrnehmung mit dem Charakter der leibhaften Selbstgegebenheit fallenden gegenständlichen Momente sich in bestimmten Kontinuitäten abschatten.[37]

Das systematische Gewicht dieser Passage ist kaum hoch genug anzusetzen (sie leistet, *in nuce*, nichts weniger, als den eigentlichen Gegenstand der Phänomenologie, eben den Gegenstand,[38] zu etablieren); Gleiches gilt hinsichtlich ihres Einflusses auf Husserls philosophische Erben (neben der Aufnahme durch ,Wahrnehmungstheoretiker*innen' wie Maurice Merleau-Ponty, dessen *Phénoménologie de la perception* der dinglichen Perspektivität eine zentrale Rolle einräumen wird, wäre hier zum Beispiel auch, und vielleicht weniger naheliegend, an Levinas[39] zu denken). Nicht weniger freilich als unter philosophischen Gesichtspunkten sind die zitierten Zeilen in höchstem Maße bemerkenswert auch unter *poetologischen*. Denn was sich *prima vista* als schlichte deskriptive Bestandsaufnahme gibt, ist – das Œuvre Husserls aus werkgenetischer Adlerperspektive betrachtet – zugleich wichtige Werkstatt, i.e. erlaubt den Leser*innen, ,in Echtzeit' die Schöpfung beziehungsweise Prägung neuer phänomenologischer Terminologie mitzuverfolgen:[40] *So wie* – die unscharfe

---

37 Edmund Husserl: Ideen zu einer reinen Phänomenologie und phänomenologischen Philosophie. Erstes Buch: Allgemeine Einführung in die reine Phänomenologie. Halle 1913, S. 74–75. Ich verweise hier und im Folgenden nicht auf die *Husserliana*, sondern zitiere jeweils die der Übersetzung Ricœurs zugrundliegende, ursprüngliche Fassung von Husserls Text.

38 Vgl. Jacques Derrida: La voix et le phénomène. Introduction au problème du signe dans la phénoménologie de Husserl (1967), Paris 2000, S. 12.

39 Vgl. dazu z.B. die ausführliche, streckenweise geradezu enthusiastische Diskussion des Begriffs in Levinas' Dissertationsschrift *Théorie de l'intuition dans la phénoménologie de Husserl* (1930), Paris 1994, S. 30–45. Levinas' ,reife' Schriften, wesentlich der Erfahrung der – sich im Entzug zeigenden – Anderen gewidmet, sind von diesem frühen (Husserl'schen) Interesse am – wesentlich nur in Partikularansichten sich darbietenden – transzendenten Gegenstand nicht zu trennen.

40 Streng genommen handelt es sich hier um die zweite Verwendung des Ausdrucks ,Abschattung' in den *Ideen*. „Vorläufig", so lesen wir an früherer Stelle, „genügt der Hinweis darauf, dass schon die Raumgestalt des physischen Dinges prinzipiell nur in bloßen einseitigen Abschattungen zu geben ist." (Husserl [Anm. 37], S. 10). Weiter erklärt, geschweige denn eigentlich hergeleitet, wird der Begriff hier jedoch noch nicht.

Wendung „Ähnliches gilt" deutet an, dass hier ein Problem verborgen sein könnte – uns Farben aus naheliegenden physikalischen Gründen nie als solche, sondern stets und ganz konkret *in einem bestimmten Licht* gegeben sind, zeigen sich uns Gegenstände immer nur in bestimmten Ansichten beziehungsweise von bestimmten *Seiten* (Seiten, auf deren Grundlage sich im Bewusstsein passiv-synthetisch der ‚Gegenstand außerhalb von uns' konstituiert). Interessant ist in diesem Konnex, dass die Passage die sie durchziehenden rhetorischen Bewegungen intrikat mit ihrer inhaltlichen Stoßrichtung verzahnt: „Die eine und selbe Gestalt [...] erscheint kontinuierlich immer wieder ‚in anderer Weise'." Nun, „Ähnliches gilt" auch für die „Gestalt" des Worts ‚Abschattung', die mehrmals erscheint, doch zweierlei Distinktes meint. Überdies und zugespitzt: Die Formel, welche das Gegenständliche der Farbe angleicht, beschreibt auch die solche Angleichung allererst ermöglichende sprachliche Geste, i.e. im Vergleich zur Farbe ist der Gegenstand *in anderer Weise in anderer Weise*. Der Sprung zur Übersetzung ist kein weiter:

> La même couleur apparaît ‚dans' un divers ininterrompu d'*esquisses* de couleur (Abschattungen). La même analyse vaut pour chaque qualité sensible et pour chaque forme spatiale. Une seule et même forme (donnée corporellement comme identique) m'apparaît sans cesse à nouveau ‚d'une autre manière', dans des esquisses de formes toujours autres. Cette situation porte la marque de la nécessité; de plus elle a manifestement une portée plus générale. [...] *En vertu d'une nécessité éidétique, une conscience empirique de la même chose perçue sous ‚toutes ses faces', et qui se confirme continuellement en elle-même de manière à ne former qu'une unique perception, comporte un système complexe formé par un divers in interrompu d'apparences et d'esquisses; dans ces divers viennent s'esquisser eux-mêmes* (sich abschatten)*, à travers une continuité déterminée, tous les moments de objet qui s'offrent dans la perception avec le caractère de se donner soi-même corporellement.*[41]

Dasselbe also, noch einmal: ‚in anderer Weise.' Und so eben Verdoppelung eines Zugs, den wir eben schon im ‚Inneren' des deutschen Textes, im deutschen Text ‚für sich' genommen beobachten konnten: Das „in anderer Weise" begegnet, noch einmal, „in anderer Weise" – hier mit dem Zusatz, dass ‚Weise'

---

41 Edmund Husserl: Idées directrices pour une phénoménologie et une philosophie phénoménologique pures (1950). Aus dem Französischen und mit Kommentaren von Paul Ricœur. Paris 2005, S. 132–133.

ZWEIVERLEIBUNG   261

die Brücke zu einer anderen Sprache schlägt beziehungsweise dass sich ihre
‚Andersheit‘ sprachlich tatsächlich auch eingelöst sieht: „d'une autre manière."
Scheuen wir unsererseits nicht vor der Wiederholung zurück. In einem Wort:
Ist Ricœurs Übertragung dieser Passage ‚glücklich‘? Nähern wir uns dieser, der
in vielerlei Hinsicht entscheidenden Frage dadurch an, dass wir zunächst drei-
erlei einfache Beobachtungen festhalten.

   (a) *Der zentrale Ausdruck der ‚Abschattung‘ wird übersetzt als ‚esquisse.‘*
Zwischen den beiden Wörtern besteht eine unmittelbare Verbindung weder
auf Ebene der Semantik (und auch nicht hinsichtlich ihres normal- und um-
gangssprachlichen Gebrauchs), noch in etymologischer Hinsicht, noch mit
Blick auf das jeweilige Wortmaterial (und wenn, dann nur durch sehr wohl-
wollende Augen, à la: ‚jeweils drei Vokale‘, ‚Doppelkonsonant vor dem letzten
Vokal‘ etc.). Erfüllt würden alle diese Kriterien, wenn – was sie hier offensichtlich nicht tut – ‚esquisse‘ als Übersetzung von ‚Skizze‘ fungierte. Natürlich
verbietet solche Deckungsgleichheit zweier Wörter mitnichten, das erste von
ihnen als Übersetzung auch für andere aus der Sprache des zweiten zu verwenden; doch, jede Übersetzer*in kennt dies, erlegen solche Situationen – ob
nun zurecht oder nicht, so doch zumindest gefühlt – der eigenen Wortwahl
eine gewisse zusätzliche Beweislast auf. Zusätzliche Bringschuld aber noch
aus einem anderen Grund: Die bis zu diesem Zeitpunkt ausschlaggebende
(denn einzige) Übersetzung eines längeren Husserl-Texts ins Französische
ist die der *Cartesianischen Meditationen* durch Gabrielle Pfeiffer und Levinas.
Diese wählen für ‚Farbabschattungen‘ die Wendung „nuances"[42] (in seiner fast
zeitgleich verfassten Dissertationsschrift schlägt Levinas an einer Stelle auch
„ombres"[43] vor). Unter diesem Horizont ist Ricœurs Wortwahl nicht zuletzt
auch philosophisches Statement, verdoppelt sich gleichsam zum *Schwur*:
dass sich die dem Bereich der bildenden Künste entlehnte ‚esquisse‘ mit Blick
auf die Perspektivität des Dings von der gleichen Vergleichskraft erweise wie
die (farbentheoretische) ‚Abschattung.‘ ‚Gleich‘ heißt hier nicht (und *kann*
hier, i.e. zwischen den Sprachen, nicht heißen) ‚identisch‘, was natürlich die
Möglichkeit und Gefahr eines gewissen inhaltlichen ‚surplus‘ eröffnet.

---

42   Edmund Husserl: Méditations cartésiennes. Introduction à la phénoménologie (1931).
     Aus dem Deutschen von Gabrielle Pfeiffer und Emmanuel Levinas, Paris 1953, S. 34.
43   Levinas [Anm. 39], S. 107. Zu den übersetzungspoetologischen Implikationen der (un-
     terlassenen) Übertragung von Husserl's ‚Abschattung‘ ins Französische vgl. auch die
     mit „Abschattungsabschattungen" überschriebene „Anmerkung der Herausgeber*innen
     der Neuen Subjektile." In: Emmanuel Levinas: Husserls Theorie der Anschauung. Aus
     dem Französischen von Philippe P. Haensler und Sebastien Fanzun, Wien, Berlin 2019,
     S. 241–242.

(b) *Husserls ‚Abschattung‘ wird übersetzt und gleichzeitig auch nicht.* Die „esquisses de couleur“ werden begleitet von einer Klammer, welche in den (französischen) Sprachleib der Übersetzung den ihrer (deutschen) Vorlage einflicht. Eine interlinguale Einverleibung mit drei weitreichenden Implikationen: Erstens, den französischen Textfluss unterbrechend, unterstreicht beziehungsweise zerrt sie ins Rampenlicht: die *Tatsache, dass* es sich bei den *Idées* um eine Übersetzung eines anderssprachigen Texts handelt. Sie macht, zweitens und überdies, klar, dass diese Übersetzung hier, zwischen ‚Abschattung‘ und ‚esquisse‘, *problematischer* ist als anderswo (nämlich da, wo es keine Klammern gibt). Ricœurs späteren übersetzungs*theoretischen* Arbeiten eingedenk konfrontiert sie uns, drittens, mit einem Phänomen, das in der Logik des translatorischen ‚bonheur‘ (die im Kern eine zweipolige ist beziehungsweise die in der Rede von ‚Original und Übersetzung‘ ein – exklusives – ‚Oder‘ sieht) so *keinen Platz hat* – ganz einfach deshalb, weil es die Stelle, welche die Zeichenfolge in der Übertragung besetzt, im Original strenggenommen gar nicht gibt. So haben wir es hier denn auch nicht mit einem Verzicht, geschweige denn – wir lesen ja (auch) ‚esquisse‘ – mit schlechterdings Unübersetzbarem zu tun, sondern mit einem Prozess, den man vielleicht eine ‚Unübersetzung‘[44] nennen müsste: eine Übertragung, die zweifach nichts, nämlich *nicht* und *ein* Nichts, überträgt. Nicht nur mit Blick auf die spezifische, fremde Sprache also, in welcher sie verfasst ist, sondern auch – was dasselbe auf einer anderen Ebene ist – hinsichtlich der Produktionsgesetze, wie sie dem übrigen Text zugrunde liegen, ist diese Klammerbemerkung absolut ‚außer-ordentlich.‘[45] Diese Wendung Bernhard Waldenfels’ ist vielleicht, ohne dass Kant sie explizit verwendete, auch die des *Ewigen Friedens*, auf den wir obig zu sprechen kamen. Die ‚Abschattung‘ in den *Idées*: Ist sie nicht in gewisser Hinsicht Verwandte jenes ‚Gasts‘, dessen Erscheinen und Aufenthalt eines Orts bedarf *in eins inner- und außerhalb*, hier: des Textes?

(c) *Die Wortsequenz „esquisses* de couleur (Abschattungen)“ *genügt sich selbst nicht.* Nicht nur, was ins Auge springt, in dem Sinne, dass der ‚eigentliche‘, i.e. französische Text durch eine fremdsprachige Klammer supplementiert werden muss (der „supplement“, heißt es bei Derrida an zweideutiger

---

44   Mit diesem Begriff folge ich Esther Kilchmans Aufmerksamkeit für das ‚Unübersetzte‘ (im Gegensatz zum oft bemühten ‚Unübersetzbaren‘); vgl. z. B.: Nicht übersetzt. Von Störfällen im Transfer zwischen den Sprachen, in: Zwischen den Sprachen/Entre les langues. Mehrsprachigkeit, Übersetzung, Öffnung der Sprachen/Plurilinguisme, traduction, ouverture des langues, hg. v. Marco Baschera, Pietro De Marchi, Sandro Zanetti, Bielefeld 2019, S. 69–86.

45   Vgl. hierzu z.B. Bernhard Waldenfels: Ordnung im Zwielicht, Frankfurt/Main 1987.

ZWEIVERLEIBUNG

Stelle, „est [...] d'origine",[46] hier: dem zu übersetzenden ‚Original' entnommen), sondern auch mit Blick auf die Tatsache, dass der Satz nicht ohne eine (zweite) Ergänzung in Form einer Fußnote auskommt: „Nous avons traduit *Abschattung* par ‚esquisse', qui rend grossièrement l'idée d'une révélation fragmentaire et progressive de la chose. Profil, aspect, perspective, touche, etc., conviendraient également mais ne donnent pas de verbe pour traduire *sich abschatten*, s'esquisser."[47] Dieser Zusatz leistet zweierlei. Zum einen legt der Text hier linguistische Rechenschaft ab über die, wie wir andeuteten, doch beachtliche Abweichung vom Original, wie sie ‚esquisse' darstellt; zum anderen, und vielleicht wichtiger noch, lenkt sie zum zweiten Mal und nun *expressis verbis* („nous avons traduit") die Aufmerksamkeit der Leser*innen auf die translatorische Natur des Lektüregegenstands. Und zum zweiten Mal wird dieser Umstand mit einem Vorzeichen versehen: Die Übersetzung von ‚Abschattung', deren prekärer Status bereits durch die Klammerbemerkung im Haupttext deutlich markiert wurde, wird nun geradewegs für ‚grossière' erklärt. Und nicht nur sie, i.e. ‚esquisse', sondern im Grunde *jede* mögliche. Andere Übersetzungen für ‚Abschattung' – die (ungewollte) Ironie ist nicht zu überhören – „conviendraient également", passten *genauso*: also *nicht genau*.

Fassen wir diese Beobachtungen zusammen. Wir fragten – auf Ricœurs (bzw. Freuds) spätere Terminologie in *Défi et bonheur de la traduction* vorgreifend – nach dem ‚Glück' von Ricœurs eigener Übersetzungspraxis. Nun, so viel zumindest wird man an diesem Punkt wohl sagen können: Mit der ‚Abschattung'/‚esquisse' rückt an der Übersetzung (dreifach) der Aspekt der Arbeit in den Fokus – und an der ‚traduction' der des ‚travail'; das also, was erfolgreich (trauernd) zu leisten den ‚bonheur' der Übersetzung ausmacht (und was man dieser, wo sie ‚geglückt' ist, eben *nicht* mehr ansieht). Ricœurs übersetzungstheoretischer Denkentwurf hat seine Wurzeln, wie wir sahen, in Freuds *Trauer und Melancholie* – und so drängt es sich auf, auch hier, im Angesicht eines Übersetzens, das eben nicht mehr ohne Weiteres unter ‚bonheur' wird fallen können, den besagten Text Freuds zur Hand zu nehmen. Im Gegensatz zur gelingenden/gelungenen ‚Trauerarbeit' wurde im Falle der Melancholie die affektiv-libidinöse Besetzung des (verlorenen) Objekts „nicht", so Freud, „auf ein anderes Objekt verschoben, sondern ins Ich zurückgezogen. Dort fand sie aber nicht eine beliebige Verwendung, sondern diente dazu, eine Identifizierung des Ichs mit dem aufgegebenen Objekt herzustellen.

---

46   Jacques Derrida: De la grammatologie (1967), Paris 2015, S. 442.
47   Husserl [Anm. 41], S. 132.

Der Schatten des Objekts fiel so auf das Ich"[48] – und im Falle der *Ideen/Idées* seine ‚Abschattung' in die Übersetzung ein.

Das durch die lexikalische Nähe von Freuds „Schatten" und Husserls ‚Abschattung' motivierte ‚Und', das unserer kleinen Ergänzung von Freuds berühmtem (Teil-)Satz voransteht, darf indes nicht als ein ‚namentlich' gelesen werden – oder zumindest nur dann, wenn man den Ausdruck beim Wort und das Wort „(Abschattung)" als ‚Name' nimmt ‚für noch Weiteres.' „(Abschattung)" ist durchaus eine Form von sprachlicher Einverleibung, doch diese (text-)oberflächliche Einverleibung verdoppelt sich zu einer tieferen. Oder, Freud noch einmal durch die Linse von Abraham und Torok gelesen: Die Klammern, die den fremden Gast umrahmen, sind durchaus ‚Wände einer Krypta', doch diese Krypta wird noch von einem Zweiten bewohnt. „En traduction aussi", so Ricœur unterwegs zu seinem ‚Glück', „il est procédé à certain sauvetage et à un certain consentement à la perte. Sauvetage de quoi? Perte de quoi?" (DBT, S. 2) Analog dazu nun also: *Einverleibung von was? Einmauerung von was?* Die Antwort auch auf diese anderen Fragen finden wir bei Ricœur ‚selbst.' Die „idée d'une révélation fragmentaire et progressive", welcher wir in der Fußnote begegneten: Erinnert sie – in struktureller wie in lexikalischer Hinsicht – nicht in frappanter Weise an den translatorischen Messianismus, gemäß dem die Übersetzung Quell- und Zielsprache „wie Scherben als Bruchstück eines Gefäßes, als Bruchstück einer größeren Sprache erkennbar zu machen" habe (insbesondere, wenn man den Umweg über die Übersetzung Maurice de Gandillacs geht, bei dem aus ‚Bruchstücken' „fragments"[49] werden) – an jenen Aufsatz also, den Ricœur später zum zentralen Vertreter einer übersetzungstheoretischen Phantasie erklären wird, wie es sie mit Freud zu ‚verabschieden' gelte? Woran die *Idées* in Klammern – aber auch in Fußnoten, durch ausführliche Kommentierungen, Auflistung von Varianten etc. – *fest-*, und es so am (geisterhaften) Leben *er*halten, ist ganz einfach das, was die ‚glückliche' Übersetzung, die Übersetzung *als* glückliche, hinter sich gelassen hat: „l'idéal de la traduction parfaite." Denn gerade wo, wie hier, (performativ) klar gemacht wird, dass die Übersetzung *nicht* perfekt ist, gibt es beziehungsweise gibt sich Perfektion durchaus: im Modus des ideellen Regulativs, das so etwas wie eine Auswahl allererst *nötig macht*, sie überhaupt *nahelegt*.

---

48   Sigmund Freud: Trauer und Melancholie (1917), in: Ders.: Studienausgabe, hg. v. Alexander Mitscherlich, Angela Richards, James Strachey, Frankfurt/Main 1972, Band 3, S. 194–212, hier: S. 203.

49   Zit. nach Jacques Derrida: Des tours de Babel, in: Difference in Translation, hg. v. Joseph F. Graham, Ithaca 1985, S. 209–248, hier: S. 233. Vgl. hierzu auch Philippe P. Haensler: Jacques Derrida. ‚[C]e supplément est, comme on dit d'une pièce, d'origine.', in: Revolutionen der Literaturwissenschaft, hg. v. Thomas Fries u. Sandro Zanetti, Zürich 2019, S. 203–221, hier: S. 203–208.

ZWEIVERLEIBUNG

Im Versuch, den inneren, brillanten wie problematischen ‚Positivismus‘ von Ricœurs Gedankengang herauszustellen, betonten wir obig, dass das Andere des ‚bonheur‘, eben die *einverleibende* Übersetzung, eine Unmöglichkeit markiere: *Sie erscheint, indem sie nicht erscheint.* Das ist (weiterhin) richtig, auf der Grundlage der bisherigen Analysen können wir nun aber, wiederum in Anlehnung an Ricœur, präzisieren: Unmöglichkeit *de jure* ist nicht zwingend Unmöglichkeit *de facto*,[50] ‚theoretische‘ nicht notwendigerweise ‚praktische.‘ Zumindest dann nicht, wenn, wie hier, ‚Praxis‘ den ‚Theoremen‘ nicht bloß gegenübersteht, sondern gleichsam *in* ihnen wirksam wird (oder aber man es, wie Derrida nahelegt, bei translatorischer ‚Möglichkeit‘ und ‚Unmöglichkeit‘ überhaupt gar nicht mit Gegensätzen, sondern kategorialen Unterschieden zu tun hat: „l'impossible possibilité de la traduction: il n'y a plus de contradiction possible entre possible et impossible dès lors qu'ils appartiennent à deux ordres hétérogènes“[51]). *In nuce*: Auch die Einverleibung ist ‚sichtbar‘, doch ist der Preis für solche Phänomenalität exakt das, *was* so erscheint. Damit ist nicht einfach das eine Paradoxon durch ein anderes ersetzt; vielmehr meint das sehr Konkretes: Das Ideal des perfekten Übersetzens findet Eingang in beziehungsweise *ist* die Übersetzung im Modus ihrer *Desintegration* oder *Zersplitterung*: in Übersetzung und etwas, was nicht Übersetzung ist (sondern – originalsprachlicher – Einschub, Fußnote, Kommentar). Ideal wird und wird nicht, in einem Wort, ‚ein-‘, sondern ‚zweiverleibt.‘

5 „trotz Tod und Teufel“

„Das eben“, so Benjamin im fulminant inszenierten letzten Kapitel des *Trauerspielbuchs*, „ist das Wesen melancholischer Versenkung, dass ihre letzten Gegenstände, in denen des Verworfnen sie am völligsten sich zu versichern glaubt, in Allegorien umschlagen, dass sie das Nichts, in dem sie sich darstellen, erfüllen und verleugnen.“[52] Ähnlich dem Selbstverrat der barocken Grübelei, die endlich „mit jenem *einen* Umschwung [zerstiebt]“ und „unterm Himmel sich wiederfindet“,[53] eignet auch dem, was wir als einen gewissen ‚melancholischen‘ Zug der *Idées* identifizierten, eine, wenn nicht ‚erlösende‘,

---

50   Vgl. Ricœur [Anm. 8], S. 17.
51   Derrida [Anm. 14], S. 40.
52   Benjamin [Anm. 21], S. 406.
53   Auf den engen Bezug zwischen der ‚Grübler*in‘ des Trauerspielbuchs und dem ‚monströsen‘ Übersetzer Hölderlin wiesen wir bereits hin. Und auch an dieser Stelle ist das Echo der *Aufgabe des Übersetzers* deutlich hörbar: „Die Sophokles-Übersetzungen waren Hölderlins letztes Werk. In ihnen stürzt der Sinn von Abgrund zu Abgrund, bis er droht in bodenlosen Sprachtiefen sich zu verlieren. Aber es gibt [nicht unähnlich dem „*einen*

so doch zumindest ‚ironische' Wendung. „L'esquisse ne disparait pas dans le dessin: celui-ci au contraire ne vaut que pour autant qu'il la retient en lui."[54] Was bei Jean-Luc Nancy als Kritik eines naiv-teleologischen Verständnisses der Relation von Skizze und ihrer (unterstellten) ‚Verwirklichung' fungiert, nimmt Ricœurs Übersetzung, so will es scheinen, gleichsam zum Produktionsprinzip und allzu ernst: Aus ‚Abschattung' wird ‚esquisse' und *dieser Übergang selbst* soll um jeden Preis – durch einen Metadiskurs über das Übersetzen, durch Anführen des Originalwortlauts, Varianten, ausführliche Kommentierung etc. – eine solche *bleiben*: Skizze, ‚dessein' statt ‚dessin.'[55] Doch gerade in der Tatsache, dass die *Idées* (nicht nur) bei der ‚Abschattung' nicht loslassen, sich nicht für *eine* Variante entscheiden und so zu ihrem ‚Glück' finden können, gerade in ihrem erfolglosen Streben nach Vollendung – liegt ihre eigene Perfektion. Denn durch ein Amalgam (un-)glücklicher Zufälle – einen ‚coup de bon malheur', wenn man so will – gelingt es den (Un-)Übersetzungsversuchen in den *Idées*, etwas an den *Ideen* zu übertragen, wie es einer ‚geglückten' Übersetzung, und zwar präzise *als* geglückte, notwendigerweise abginge. Kurz: Das in den *Idées* zum Text verhärtete Grübeln (einer jeden Übersetzer*in), das Husserl den Zugang zum französischen Wort erschwert, ist in gewissem Sinne auch, was dem Original zugrunde liegt.

In einer persönlichen Notiz von 1907 schreibt Husserl in, gemessen an den philosophischen Werken, überraschendem Duktus:

> Es bedarf der Ordnung und systematischer Durchdringung aller bisherigen Entwürfe. [...] Ich habe auch den Fehler gemacht, nicht zuerst meine Vorlesungen zu studieren und dann die Beiblätter, die so vielfach gewendet dieselben Probleme in verwandten und bald wieder neuen Abwandlungen zu klären und zu lösen suchten. [...] Immer wieder die alten Manuskripte lesen, bessern, abschreiben. [...] [I]ch kann ohne Klarheit eben nicht leben. [...] Nur eins erfüllt mich: Ich muss Klarheit gewinnen, ich kann sonst nicht leben [...]. Es bedarf der inneren Erneuerung oder inneren Reinigung und Festigkeit. Gegen alle Äußerlichkeiten, gegen alle Versuchungen des Adam muss ich mich mit neunfachen Erzen wappnen. Ich muss meinen Weg gehen so sicher, so fest entschlossen und so ernst wie Dürers Ritter trotz Tod und Teufel. Ach, ernst ist mir das Leben genug

---

Umschwung"] ein Halten. Es gewährt es jedoch kein Text außer dem heiligen" (Benjamin [Anm. 20], S. 21.).

54 Jean-Luc Nancy: Le plaisir au dessin, in: Le plaisir au dessin. Carte blanche à Jean-Luc Nancy, hg. v. Sylvie Ramond, Paris 2007, S. 13–44, hier: S. 42.

55 Ebd.

ZWEIVERLEIBUNG

gewesen. Die Heiterkeit des sinnlichen Lebensgenusses ist mir fremd geworden und muss mir fremd bleiben.[56]

Es ist bekannt, in welchen textuellen Formen sich dieser ,grüblerische' Zug des Husserl'schen Schreibens niederschlagen wird: eine vergleichsweise kleine Zahl an veröffentlichten Werken, dafür ein ungeheurer Nachlass; zehntausende von Manuskriptseiten, viele davon sorgfältig aus- und vielfach überarbeitet. Die Verwandtschaft zwischen dem jahrzehntelang über immer wieder denselben Gegenständen brütenden Husserl und dem Benjamin'schen Melancholiker liegt auf der Hand: „Von der stoischen ἀπάθεια zur Trauer", heisst es bei Benjamin, „ist es nur ein Schritt"[57] – und nur ein Schritt davon zur (ebenfalls der Stoa entlehnten) ,ἐποχή' Husserls. So trifft denn Benjamins folgende Beschreibung der apathischen Trauer nicht minder präzise auf Husserls Gedanken einer reflexiven ,Ausserkraftsetzung' der (so mit Vorzeichen versehenen) ,wirklichen' Welt, der ,völligen Verschliessung' gegenüber „jede[m] Urteil über räumlich-zeitliches Dasein" zu: Hier wie dort handelt es sich um eine Einstellung, „in welcher jedes unscheinbarste Ding, weil die natürliche und schaffende Beziehung zu ihm fehlt, als Chiffre einer rätselhaften Weisheit auftritt [...]. [Dem] ist gemäß, dass in dem Umkreis der ,Melencolia' Albrecht Dürers die Gerätschaften des tätigen Lebens" – gleich jenen „Bücher[n], Stifte[n], [dem] Tintenfass etc." Husserls, die „[r]ings um das Papier liegen"[58] – „am Boden ungenutzt, als Gegenstand des Grübelns liegen. Dies Blatt antizipiert in vielem das Barock"[59] – und antizipiert gleichsam jenes obig zitierte Blatt Husserls, in dem der Philosoph sich zu „Dürers Ritter" zwischen „Tod und Teufel" stilisiert.[60]

---

56 Edmund Husserl: Persönliche Aufzeichnungen, hg. v. Walter Biemel, in: Philosophy and Phenomenological Research 16.3, 1956, S. 293–302, hier: S. 297–300. Der vorliegende Text orientiert sich teilweise – so z.B. an dieser Stelle – an Zitaten und Formulierungen, wie sie auch in anderen Publikationen zum Einsatz kommen; jüngst in: „Husserls Sadismus", in: Levinas [Anm. 43], S. 233–240.

57 Benjamin [Anm. 21], S. 319.

58 Husserl [Anm. 37], S. 62.

59 Benjamin [Anm. 21], S. 319. Dabei ist anzumerken, dass die Gegenstände der Husserl'schen Beschreibungen in einer schwierigen Verknotung oft *in eins ungenutzt* (als betrachtete) und *Medium* (der Betrachtung selbst) sind. Zu dieser graphematischen ,Infizierung' der ,bloßen' Betrachtung vgl. Detlef Thiel: Husserls Phänomenographie. www.cts.cuni.cz/soubory/reporty/CTS-03-18.doc [15.07.2018].

60 Jene Photographien, die Husserl bei der Arbeit zeigen, im Blick wird man nicht umhinkönnen, eine gewisse Ähnlichkeit auch zum dritten von Dürers ,Meisterstichen', *Der heilige Hieronymus im Gehäus*, feststellen zu wollen.

Entgegen dem Anschein ist die so suggerierte Verwandtschaft zwischen dem grübelnden Husserl und der translatorischen Melancholie mehr als von bloß anekdotischem Wert. Erinnern wir uns, dass sich die Phänomenologie – ein Denkprojekt, welches sich bekanntlich auf die „Sachen selbst" in Opposition zu „bloßen Worten" beruft[61] – gerade bei der Charakterisierung der Gegenstandswahrnehmung, ihr eigentlicher Nukleus, eines *Vergleichs* bedienen musste beziehungsweise dass eine ihrer wichtigen Begriffsprägungen, ‚Abschattung', eine *Metapher* ist.[62] Tatsächlich geht es, wo Husserl von ‚Abschattung' spricht, um alles – nur nicht (oder zumindest nur selten) um Farben. Als Trope ist ‚Abschattung' ‚esquisse' also schon bei Husserl. Und was der Übersetzer über Letztere sagt, ‚esquisse' [...] rend grossièrement l'idée d'une révélation fragmentaire", sagt der Phänomenologe über Erstere. Nicht über den Ausdruck ‚Abschattung' im Konkreten, aber konkret über den Ausdruck als solchen: „Der auszudrückende Sinn", lesen wir bei Husserls Assistent Eugen Fink über die Probleme einer ‚phänomenologischen Sprache',[63] „kommt in der Ausdrucksform nicht zur Ruhe, er ist in ständiger Rebellion gegen den ihm durch die Fassung in natürlichen Worten und Sätzen angetanen Zwang. Somit haben alle transzendentalen Explikationen eine eigentümliche Inadäquatheit."[64] Wie Ernst Wolfgang Orth nahelegt, verallgemeinert Fink hier ein Problem und spitzt es zu, auf welches Husserl bereits 1905 stößt: „Eine eigene phänomenologische Sprache scheint Husserl implizit zu fordern, wenn er in den Vorl[esungen] z[ur] Phänomenolog[ie] des inn[eren] Zeitbew[usstseins] [...] im Hinblick auf die ‚absolute Subjektivität' sagt: ‚Für all das fehlen uns die Namen'."[65] Im Gegensatz zu Husserl aber scheut Fink nicht davor zurück,

---

61 Edmund Husserl: Logische Untersuchungen. Zweiter Band. Erster Teil: Untersuchungen zur Phänomenologie und Theorie der Erkenntnis (1913), hg. v. Ursula Panzer, Den Haag 1984, S. 6.

62 Vgl. dazu auch Karl Mertens: Phänomenologie des Raumes und der Bewegung, in: Husserl-Handbuch. Leben – Werk – Wirkung, hg. v. Sebastian Luft, Maren Wehrle, Stuttgart 2017, S. 216–221, hier: S. 217.

63 Zu dieser zentralen Problemstellung im Spätwerk Husserls vgl. z.B. Sebastian Luft: ‚Phänomenologie der Phänomenologie.' Systematik und Methodologie der Phänomenologie in der Auseinandersetzung zwischen Husserl und Fink, Dordrecht 2002, S. 207–278; Guy van Kerckhoven: Mundanisierung und Individuation bei Edmund Husserl und Eugen Fink. Die sechste Cartesianische Meditation und ihr ‚Einsatz.' Aus dem Französischen von Gerhard Hammerschmied und Artur R. Boelderl, Würzburg 2003, S. 387–410. Bei der folgenden Auswahl an Zitaten und ihrer Einschätzung folge ich eng diesen beiden wichtigen Studien.

64 Eugen Fink: VI. Cartesianische Meditation. Teil I: Die Idee einer transzendentalen Methodenlehre, hg. v. Guy van Kerckhoven, Den Haag 1988, S. 98.

65 Ernst Wolfgang Orth: Bedeutung, Sinn, Gegenstand. Studien zur Sprachphilosophie Edmund Husserls und Richard Hönigwalds, Mainz 1967, S. 86.

ZWEIVERLEIBUNG

die äußerste Konsequenz zu ziehen: „[D]as ‚Bewusstsein' auf das hin alles Seiende (die Welt) relativ ist, ist ein Seiendes das ‚losgelöst' vom Sein ist, also ein Seiendes, das eigentlich kein Seiendes ist. Es ist [...] ontologisch nur zu interpretieren als ein ‚Meon'."[66] Die der ‚Wirklichkeit' zugrundeliegenden Konstitutionsprozesse ausbuchstabierend ‚benennt' die Phänomenolog*in, was es eben nicht ‚wirklich' gibt – dies zwangsläufig anhand einer Sprache, eben der ‚wirklichen', die, zumindest wenn es nach Fink geht, „prinzipiell nur im Hinblick auf Seiendes [spricht]."[67] In diesem Licht ist ‚Inadäquatheit' denn auch nichts, was sich ändern oder ausmerzen ließe, sondern gleichsam Wesensmerkmal der (‚von nichts' handelnden) Phänomenologie.

Und eben nicht nur ihres: „Für all das fehlen uns die Namen" sagt Husserl und geben auch die Übersetzungen Ricœurs von sich zu verstehen. In der – unübersetzten, ergänzten, variierten – ‚Abschattung' verleiben die *Idées* das wesentlich unerreichbare Ideal der perfekten Übersetzung ein beziehungsweise zwei – und das seinerseits zweifach: denn wie sich abzuzeichnen beginnt, ist dieses Ideal, erstens, auch das der in tausenden, immer „wieder neuen Abwandlungen" doch wesentlich vergebens nach der perfekten Übertragung von reiner Erfahrung in Sprache suchenden Phänomenologie; und auch da findet es, zweitens, seine Entsprechung in einem, demselben Wort. Die Metapher ‚Abschattung' nämlich ist vielleicht Metapher für noch mindestens zweierlei Weiteres. Zum einen für die sie hervorbringende ‚Textmaschine' (Gilles Deleuze/Félix Guattari), die den Namen ‚Phänomenologie' trägt: So wie das „bewusstseinstranszendent[e]" Ding, nie *stricto sensu* ‚gegenwärtig' ist, sich einzig, wie Husserl sagt, in Abschattungen „bekundet",[68] bekundet sich in der ‚Abschattung', als Begrifflichkeit und autopoetisch genommen, etwas, was es ‚wirklich' nicht gibt: den dafür ‚adäquaten' Ausdruck. Metapher zum anderen für die spezifische Textur der sie (nicht) ‚verarbeitenden' Übersetzungspraxis: Mit „Profil, aspect, perspective, touche" – „Sinn", noch einmal mit Benjamin zu reden, „[stürzt] von Abgrund zu Abgrund"[69] – präsentiert uns Ricœur eine Serie möglicher Übersetzungsvarianten. Diese Serie ist unter performativen Gesichtspunkten exakt das, woran sie zu rühren sucht: eine von (translatorischen) *Abschattungen*; Abschattungen, deren gemeinsamer ‚Kern' oder ‚Dahinterliegendes' – hier das deutsche Wort ‚Abschattung' selbst – sich ähnlich der ‚wirklichen Existenz' des Dings in den *Ideen* einer ‚ἐποχή' unterworfen

---

66   Unveröffentlichtes Manuskript zit. nach van Kerckhoven [Anm. 63], S. 101.

67   Fink [Anm. 64], S. 94.

68   Husserl [Anm. 37], S. 117.

69   Und weiter ‚stürzt': Tatsächlich präsentiert Ricœur seinen Leser*innen später noch eine weitere Übersetzungsvariante, „silhouettes" (Paul Ricœur: Kant et Husserl [1954], in: Ders.: À l'école de la phénoménologie, Paris 2004, S. 273–314, hier: S. 307).

sieht. Es „wird", wie Husserl diesen Gedanken an anderer Stelle der *Ideen* erklärt, „außer Aktion gesetzt', eingeklammert."[70] Gerade das uneinlösbare Ideal der absoluten Übertragung, das ihr ‚malheur' bedeutet, macht die *Idées* als Übersetzung an dieser Stelle also *auch perfekt*. Zugleich übersetzt und nicht wird die ‚Abschattung' zu dem, was sie immer schon war: Grabkammer, deren gespenstische Präsenz dem Text – Husserls wie Ricœurs – keine Ruhe lässt, im Deutschen wie im Französischen Heim sucht gleich einem ungebetenen Gast.[71] Darin liegt ihr größtes Gewicht: Die Krypta (leere Klammer) enthält ‚eigentlich' nichts – als Versprechen.

---

70   Husserl [Anm. 37], S. 55.

71   „[L]e fantôme de la crypte", schreiben Abraham und Torok, „vienne hanter le gardien du cimetière, en lui faisant des signes étranges et incompréhensibles [...]." (Abraham, Torok [Anm. 25], S. 267) Das Problem der Melancholie ist vielleicht also immer das einer gewissen Fremdsprachlichkeit.

TEIL 4

(Selbst-)zerstörerische Spiele der Einverleibung in der Gegenwartsliteratur

∵

Eine Sprache aus Fleisch und Brot, um zu erzählen, dass man nicht sprechen kann

Aglaja Veteranyis Warum das Kind in der Polenta kocht

Dominik Zink

Abstract

Ausgehend vom Befund, dass Essens-Symboliken zwischen den Polen Verständlichkeit und Unverständlichkeit oszillieren, behauptet der Beitrag, dass Aglaja Veteranyis Roman *Warum das Kind in der Polenta kocht* (1999) diese verwendet, um die Entwicklung des Selbst- und Weltentwurfs der Protagonistin unter dem Vorzeichen einer grundsätzlichen Inkommensurabilität nachzuzeichnen. Der Selbst- und Weltentwurf der Protagonistin wird über ein Märchen gestaltet, welches sich als eine Anthropophagie-Phantasie entpuppt. Darin tritt Gott als potentieller Menschenfresser auf, der ein Kind zu verspeisen droht, als das sich die Protagonistin imaginiert. In der ständigen Wiederholung und Variation dieser Geschichte erkämpft sich die Protagonistin die Möglichkeit, sich abstrahierend der Welt, aber auch ihrem eigenen Selbst gegenüberzustellen. Das Anliegen des Textes, davon zu erzählen, wie es ist, nicht sprechen zu können, darf allerdings nicht so verstanden werden, dass er bemüht wäre, dieses Paradoxon aufzulösen. Vielmehr geht es darum, die Grenze intersubjektiver Mitteilbarkeit als eine notwendige auszuweisen.

Überblickt man die germanistische Forschung zum Themenfeld ‚Literatur und Essen‘,[1] so darf man die Vermutung äußern, dass unter allen Texten, in denen

---

1 Mit dieser Forschung ist der in der Germanistik von Alois Wierlacher begründete und mittlerweile vielfach als interdisziplinäres Unternehmen unter dem Namen ‚Kulinaristik‘ firmierende Forschungszweig gemeint. Obwohl zuvor einige wenige Aufsätze erschienen sind, kann Alois Wierlacher: Vom Essen in der deutschen Literatur. Mahlzeiten in Erzähltexten von Goethe bis Grass, Stuttgart, Berlin 1987 als erstes maßgebliches Gründungsdokument gesehen werden. Zentrale Publikationen sind darüber hinaus: Kulturthema Essen – Ansichten und Problemfelder, hg. v. Alois Wierlacher, Gerhard Neumann, Eva Barlösius, Berlin 1993; Essen und kulturelle Identität. Europäische Perspektiven, hg. v. Hans Jürgen Teuteberg, Gerhard Neumann, Eva Barlösius, Berlin 1997; Kulinaristik. Forschung – Lehre – Praxis, hg. v. Alois Wierlacher, Regina Bendix, Berlin 2008; ebenso der Tagungsband Tanja Rudtke: Kulinarische Lektüren. Vom Essen und Trinken in der Literatur, Bielefeld 2014 und zuletzt für die englischsprachige Literaturwissenschaft maßgeblich: The Routhledge Companion to Literature and Food, hg. v. Lorna Piatti-Farnell, Donna Lee Brien, New York, London 2018. Von Anfang

---

© KONINKLIJKE BRILL NV, LEIDEN, 2021 | DOI:10.1163/9789004439146_014

die Darstellung und Beschreibung von Essen, Nahrung und Mahlzeiten als ein zentrales literarisches Verfahren eingesetzt wird, Aglaja Veteranyis Roman *Warum das Kind in der Polenta kocht* ein Ausnahmephänomen darstellt. Einzelne Aspekte der darin entworfenen Symbolik des Essens wurden von der Forschung bereits benannt,[2] eine vollumfängliche Analyse dieser Symbolik,

---

an zeigt sich das Thema Essen als sehr ergiebig für kommunikations- und zeichentheoretische Fragestellungen, so heißt es bei Wierlacher, Vom Essen in der deutschen Literatur, S. 36: „Allgemein gewinnen Speisen infolge ihrer vielfachen Bedeutungsmöglichkeiten die Funktion des Kommunikationsstimulans und Kommunikationsersatzes; Essen kann daher auch zur Ersatzbefriedigung für gesellschaftliche und sexuelle Frustrationen, zur Substitution körperlicher Arbeit [...] oder auch zum Ausgleich jener Frustration im Arbeitsalltag werden." Laut Claudia Lillge und Anne-Rose Meyer spielen Speisen auch in Texten, die von Migration handeln (wie bei Veteranyi) sehr oft eine herausragende Rolle. Vgl.: Claudia Lillge, Anne-Rose Meyer: Interkulturelle Dimensionen von Mahlzeiten, in: Interkulturelle Mahlzeiten. Kulinarische Begegnungen und Kommunikation in der Literatur, hg. v. Claudia Lillge, Anne-Rose Meyer, Bielefeld 2008, S. 17. Auch Eva Barlösius, die als Gründungsfigur der Auseinandersetzung mit Essen in der deutschsprachigen Soziologie gilt, stellt den unhintergehbaren Zeichencharakter von Essen heraus, indem sie in diesem Punkt an Überlegungen von Roland Barthes und Pierre Bourdieu anschließt. Vgl. Eva Barlösius: Soziologie des Essens. Eine sozial- und kulturwissenschaftliche Einführung in die Ernährungsforschung, 3., durchgesehene Auflage, Weinheim, Basel 2016, S. 102–106. Obwohl Wierlacher Germanist ist und zuerst Mahlzeiten *in der Literatur* untersucht hat, fokussiert die Kulinaristik mehr darauf, dass Essen (als Gegenstand – nicht im literarischen Text) eine unhintergehbar semiotische Dimension hat. Mahlzeiten, Lebensmittel Tischordnungen usw. sind nur in einem kulturellen Kontext verständlich und damit möglicher Gegenstand einer Kulturwissenschaft. Die Kulinaristik interessiert sich daher für Essen als kulturelles Symbol im Unterschied zu anderen kulturellen Symbolen (als solches kann es von literarischen Texten thematisiert werden). Der vorliegende Beitrag untersucht Essen in erster Linie als literarisches Symbol im Unterschied zu anderen literarischen Symbolen. Das Anliegen ist ein literaturwissenschaftliches: Was ermöglicht eine Symbolik der Nahrung in einem literarischen Text?

2 Katja Suren hat das Hauptaugenmerk darauf gelegt, dass Essen im Roman „vor allem der Abwehr von Angst und der Konstruktion einer familiären Geborgenheit [dient], die, unabhängig vom Aufenthaltsort der Familie, ‚Zuhause' genannt wird." Vgl. Katja Suren: Ein Engel verkleidete sich als Engel und blieb unerkannt. Rhetoriken des Kindlichen bei Natascha Wodin, Herta Müller, Aglaja Veteranyi, Sulzbach/Taunus 2011, S. 219. Vgl. dazu auch: Katja Suren: „Am liebsten habe ich Geschichten mit Menschen, die essen oder gekocht werden." Zur vermeintlich einigenden Kraft des Essens bei Natascha Wodin und Aglaja Veteranyi vgl.: Lillge, Meyer [Anm. 1]. Anne-Rose Mayer hat im Rahmen einer Untersuchung von Kochstellen in der Exilliteratur die Ambivalenz des Topfes, in dem das Kind in der Polenta kocht, hinsichtlich der Unterscheidung Heimat/Fremde untersucht. Vgl. Anne-Rose Meyer: Herd, Feuer und Küchengerät in Exilwerken Anna Segers', Irmgard Keuns und Aglaja Veteranyis, in: Dinge des Exils, hg. v. Doerte Bischoff, Joachim Schlör, München 2013, S. 83f. Sandra Annika Meyer fokussiert eher auf den Zusammenhang von Essen und Armut/Reichtum. Vgl. Sandra Annika Meyer: „Wer in Rumänien einen Hund hat, lässt ihn entweder verhungern oder macht daraus Fleischsuppe". Armut, Ausgrenzung und Ästhetik in den Schausteller-Romanen Warum das Kind in der Polenta kocht von Aglaja Veteranyi und Karussellkinder von Franco Biondi, in:

EINE SPRACHE AUS FLEISCH UND BROT, UM ZU ERZÄHLEN   275

dessen, was durch sie und die mit ihr zusammenhängenden literarischen Verfahren ermöglicht wird, steht jedoch noch aus. Es kann davon gesprochen werden, dass in diesem Text ein Sinnsystem aus Speisen entworfen wird, über das die Verschränkung von Verständlichkeit und Unverständlichkeit einerseits und das paradoxe Verhältnis von Selbst und Welt andererseits dargestellt wird.

Die These dieses Beitrags ist dementsprechend eine doppelte: Zunächst soll knapp dargelegt werden, dass die Protagonistin eine Sinn-Matrix aus Speisen entwirft, die einer Sprache ähnelt. Dabei ist wichtig, dass sich vor allem zwei Momente verschränken, die dem Essen hinsichtlich der sprachlichen Grunddifferenz Verständlichkeit/Unverständlichkeit eigen sind: Einerseits liegt es nahe, dass Essens-Symboliken, die literarisch eingesetzt werden, um über Sprache zu reflektieren, auf die Seite der Verständlichkeit abheben, da man Essen im ganz unmetaphorischen Sinne teilen kann. Man könnte deswegen darauf verfallen, dass gerade durch Essen so etwas wie eine authentische Nachvollziehbarkeit möglich sei, indem man jemandem vom eigenen Essen gibt, weil man davon ausgeht, er könne deswegen – im Sinne eines vorsprachlichen Verstehens – ‚dieselbe' Erfahrung wie man selbst machen. Andererseits zeigt sich jedoch, obwohl diese Möglichkeit des Teilens von Essen selbstverständlich existiert, dass durch Symboliken des Essens im untilgbar privativen Moment des Schmeckens auch die Seite der Unverständlichkeit ausgedrückt werden kann, denn so sicher man sein Essen teilen kann, so sehr bleibt letztlich unsicher, wie das gleiche Gericht einem anderem schmeckt. Die Erfahrung bleibt somit un(mit-)teilbar.

Den Befund vertiefend, dass die Essens-Symbolik zwischen den Polen Verständlichkeit und Unverständlichkeit oszilliert, behauptet die zweite und länger ausgeführte These des Beitrags, dass der Text diese Symbolik verwendet, um die Entwicklung des Selbst- und Weltentwurfs der Protagonistin unter dem Vorzeichen einer grundsätzlichen Inkommensurabilität nachzuzeichnen. Dieser Selbst- und Weltentwurf wird über das Märchen vom Kind, das in der Polenta kocht, gestaltet, welches sich als eine Anthropophagie-Phantasie

---

Revista de Estudos Alemães 4 (2003), S. 70–88. Veronica Alina Buciuman interpretiert die Küche der Mutter der Protagonistin als einen hybriden Raum. Vgl. Veronica Alina Buciuman: Artikulationsbilder der Transkulturalität in der zugewanderten deutschsprachigen Literatur rumänischer Herkunft, in: Aussiger Beiträge 6 (2012), S. 38. Dagegen behauptet Bettina Spoerri in ihrer (allerdings sehr kurzen) Interpretation, dass die Protagonistin scheitert, weil sie gerade keinen hybriden Raum entwerfen kann. Vgl. Bettina Spoerri: Der hybride (Kultur-) Raum in den Romanen von Yusuf Yesilöz, Aglaja Veteranyi und Catalin Dorain Forescu, in: Jenseits von Frisch und Dürrenmatt. Raumgestaltung in der gegenwärtigen Deutschschweizer Literatur, hg. v. Dariusz Komorowski, Würzburg 2009, S. 165f.

entpuppt. In ihr tritt Gott als potentieller Menschenfresser auf, der das Kind zu verspeisen droht, als das sich die Protagonistin imaginiert. Es zeigt sich, dass das Märchen vom Kind in der Polenta als Kern eines hermeneutischen Selbstentwurfs fungiert. In der ständigen Wiederholung und Variation dieser Geschichte erkämpft sich die Protagonistin die Möglichkeit, sich abstrahierend der Welt, aber auch ihrem eigenen Selbst gegenüberzustellen. Da im Zentrum dieses Selbstentwurfs jedoch der Bezug aufs Essen bestehen bleibt, zieht der Text eine letztlich unüberwindbare Grenze für Verständigung und Verstehen. Das Anliegen des Textes, davon zu erzählen, wie es ist, nicht sprechen zu können, darf also nicht so verstanden werden, dass er bemüht wäre, dieses Paradoxon aufzulösen. Vielmehr geht es darum, die Grenze als eine notwendige auszuweisen.

1 Form und Inhalt des Romans

Im Roman erzählt eine namenlose Protagonistin. Sie ist Kind einer Zirkusfamilie, die aus dem Rumänien Ceausescus geflohen ist, und im Anschluss mit dem Zirkus durch Westeuropa und Nordafrika reist. Zur erzählten Zeit ist die Protagonistin ca. zwölf bis fünfzehn Jahre alt.[3] Der Alltag ist geprägt von einer andauernden Fremdheitserfahrung, von ökonomischer Enge, aber auch von Gewalt und Missbrauch in der Familie. So führt zum Beispiel der Vater mit der aus einer Beziehung zu seiner Stieftochter hervorgegangen Halbschwester der Erzählerin ein inzestuöses Verhältnis. Ebenso ist er gegenüber der Mutter gewalttätig. Im Alter von ca. dreizehn Jahren werden die Erzählerin und ihre Schwester in einem Schweizer Kinderheim untergebracht, in dem neben körperlichen Züchtigungen auch seelische Demütigungen als pädagogische Methoden angewandt werden. Als sich ihre Eltern trennen, wird zuerst ihre Schwester vom Vater aus dem Heim genommen, wonach beide im weiteren Verlauf der Erzählung nicht wieder auftreten. Kurze Zeit später nimmt die

---

3 Anders interpretiert Szilvia Lengl: „Die erzählte Zeit erstreckt sich vom ca. fünften Lebensjahr der Erzählerin bis zum Teenageralter". Vgl. Szilvia Lengl: Aglaya Veteranyi: Über die Unlebbarkeit monokultureller Lebensmodelle, in: Interkulturelle Literatur in deutscher Sprache. Zehn Autorenporträts, hg. v. Carmine Chiellino, Szilvia Lengl, Bern u.a. 2016, S. 287. Lengl orientiert sich hier wie auch in anderen Details nicht ausschließlich am Text, sondern greift auf die Biographie Veteranyis zurück. So interpretiert sie z.B., dass der Vater aus der ungarischen Minderheit Rumäniens stamme, was auf Veteranyis Vater zutrifft. Der Vater der Protagonistin könnte jedoch genauso aus der Roma-Minderheit stammen. Für beides gibt der Text Anhaltspunkte. Die Frage des Alters, die der Text selbst auch nicht eindeutig klärt, kann entschärft werden, weil klar ist, dass die hauptsächlichen Ereignisse ins frühe Teenageralter der Protagonistin fallen.

EINE SPRACHE AUS FLEISCH UND BROT, UM ZU ERZÄHLEN 277

Mutter die Erzählerin wieder bei sich auf. Da diese allerdings aufgrund eines Unfalls nicht mehr als Artistin für das Einkommen sorgen kann, muss die Erzählerin in einem umherreisenden Varieté als Nackt-Tänzerin arbeiten, wozu sie sich – aufgrund ihres Alters – ein schwarzes Dreieck als Schamhaarimitat zwischen die Beine kleben muss. Obwohl die Mutter aus ökonomischer Not und verblendeten Zukunftshoffnungen heraus diese Art der sexualisierten Arbeit ihrer Tochter befördert, versucht sie, sie von tatsächlichen sexuellen Beziehungen fernzuhalten, indem sie sie nicht aufklärt. Die Protagonistin hat dennoch eine Beziehung zu einem sehr viel älteren Mann, der sie zwar nicht mittels physischer Gewalt zum Sex zwingt, dessen Handlungen aber unter juristischen Gesichtspunkten als Kindesmissbrauch zu bewerten wären. Die letzten neun Monate, die der Roman schildert, verbringen die Erzählerin und die Mutter bei deren Schwester, die früher auch Zirkusartistin war, mittlerweile aber verheiratet und in der Schweiz sesshaft geworden ist. Die Erzählerin muss zur Schule gehen und versucht erfolglos, sich bei einer Schauspielschule zu bewerben. Sie ist während der gesamten erzählten Zeit Analphabetin.

Dieser Analphabetismus und das Faktum, dass die Schilderungen der letzten neun Monate im Gegensatz zum Rest des Textes (Rückblenden und Erinnerungen ausgenommen) im Präteritum erzählt werden, sind starke Signale dafür, dass der innere Monolog, in dem die Erzählerin ihre Geschichte davor erzählt, ein inszenierter ist.[4] Aufgrund des Analphabetismus der Erzählerin, von dem der Leser im Laufe des Romans erfährt, entpuppt sich die vielleicht nahliegende Vermutung, es könne sich um ein Tagebuch handeln, als falsch.[5] Die Erwähnung des Analphabetismus hat allerdings noch weitreichendere Konsequenzen, da sie erstens die ganze Erzählsituation als eine künstliche explizit macht[6] und da sie zweitens den Themenkomplex Sprache

---

4 In der Sekundärliteratur wird die Konstruktion des Romans oft nicht explizit beschrieben. Katja Suren erwähnt zwar, dass es möglich sei, den Text als inneren Monolog zu lesen, verwirft diese Lesart aber, indem sie auf Signale im Text hinweist, die so zu verstehen seien, dass die Erzählung der Protagonistin nachträglich angefertigt sei. Vgl. Suren [Anm. 2], S. 213. Die hier vertretene Interpretation sieht darin keinen Widerspruch. Die Erzählerin verfällt zwar an wenigen Stellen ins Präteritum, auffällig ist aber, dass das letzte Kapitel und die letzte Seite des vorletzten (S. 174–189) durch die Verwendung des Präteritums so gearbeitet sind, dass dieser Teil als Epilog gelesen werden kann. Somit kann davon ausgegangen werden, dass die Erzählerin sich in den ersten Kapiteln in ihr früheres, kindliches Ich hineinversetzt und einen inneren Monolog simuliert.

5 Vor allem weil die Erzählerin viele Dinge im generellen Präsens berichtet, also von für sie gültigen Sachverhalten oder über sich wiederholende Abläufe spricht, scheint es zunächst so, als sei ein Tagebuch der wahrscheinlichere Fall.

6 Die Künstlichkeit, beziehungsweise Artifizialität des Textes scheint eine in vielen Interpretationen nicht deutlich genug herausgestellte Eigenschaft des Romans zu sein. Im

in den Fokus rückt. Unweigerlich ist man darauf gestoßen, dass es sich hier um einen Roman in der ersten Person über jemanden handelt, der nicht schreiben kann.[7] Später wird offenkundig, dass die Perspektive des Kindes tatsächlich eine nachträglich entworfene ist. Die Chronologie der Ereignisse kann so beschrieben werden, dass das Kind im Verlauf des Geschehens lernt, sich zu sich selbst zu verhalten. Die Geschichte des Romans ist die Geschichte der Genese eines Selbst. Die Erzählerin lernt, sich selbst von der Welt und eigene Ansprüche von den Ansprüchen anderer zu unterscheiden. Sie lernt, dass es neben der reinen Faktizität, dem blanken *Sein*, auch noch die Dimension des *Sollen* gibt. Die Erzählerin, die das schon gelernt hat, die am Ende des Romans im Präteritum einen Epilog erzählt und damit anzeigt, dass sie nachträglich spricht und den inneren Monolog nur inszeniert hat, ist damit die eigentliche Erzählerin.[8] Der Text ist eine Erinnerung, in der versucht wird, sich zu

---

Folgenden wird an einigen Stellen die teilweise kurzschlüssige Bezugnahme auf die Biographie der Autorin angesprochen, der in diesem Beitrag nicht das Wort geredet werden soll. Im Gegenteil wird hier interpretiert, dass zum einen die Poetik des Romans sich einer biographischen Auflösung verweigert, zum andern dass im Autorennamen ‚Aglaja‘ bereits eine Weigerung biographischer Deutung zu stecken scheint. Aglaja ist nicht der Geburtsname der Autorin, wie schon mehrfach in der Forschung herausgestellt worden ist (z.B. Georg Pichler: „Ich werde es im Leben länger als hundert Jahre aushalten" – zu Aglaja Veteranyi, in: Erzählen müssen, um zu überwinden. Literatura y supervivencia, hg. v. Marisa Siguan u.a., Barcelona 2009, S. 308). Dass Aglaja allerdings der Name einer der drei Grazien ist, also ein Name, der auf die altgriechische Kultur- und v.a. Kunsttradition verweist, wurde nicht als Gegenargument gegen biographistische Interpretationen angeführt. Der hier vorgenommenen Lektüre liegt die Annahme zugrunde, dass sowohl in der Poetik als auch in der Maskierung, die der Künstlername darstellt, die Verweigerung der Möglichkeit einer biographischen ‚Wahrheit‘ liegt. Pichler spricht zwar davon, dass der Künstlername eine Distanzierung von der Familie ist, scheint das aber nur in emotionaler, nicht in poetologischer Hinsicht zu meinen (ebd., S. 309).

7 Dies explizit zu machen, ist auch für einen Roman, der konsequent im inneren Monolog verfasst ist, nicht typisch, da für gewöhnlich die Künstlichkeit einfach übergangen wird. Der Fiktionalitätsvertrag, der für die Rezeption eines solchen Textes mit dem Leser geschlossen werden muss, besagt, dass der Text – ohne Nennung von Gründen – so tut, als könne man der im inneren Monolog sprechenden Figur beim Denken zuhören. Aufmerksamkeit auf diese Künstlichkeit zu lenken, würde in den meisten Fällen als Bruch des Fiktionalitätsvertrags rezipiert werden müssen. Dies genau aber tut der Text, wenn er mehrfach den Analphabetismus der Protagonistin hervorhebt.

8 Diese doppelte Referenz jedes „ich", das der Roman verwendet, ist in der Sekundärliteratur bereits bemerkt worden: Georg Pichler hat sie vielleicht am deutlichsten herausgestellt: „Das Ich des Romans ist nicht wirklich ein Kind, denn die Autorin verwendet die Kinderperspektive gleichsam als Linse, durch die ihre Vergangenheit gespiegelt und verfremdet in Sprache gebracht wird. Das Kind ist in jedem Moment eine Erwachsene, die sich in die Gedankenwelt eines Kindes versetzt, also eine sprachliche Projektion der erwachsenen Frau, die ihre Geschichte erzählt." Pichler, [Anm. 6], S. 311. Narratologisch müsste man diese

EINE SPRACHE AUS FLEISCH UND BROT, UM ZU ERZÄHLEN 279

vergegenwärtigen, wie es war, bevor die Kategorien zur Verfügung standen, mithilfe derer die Erinnerung konstruiert wird. Dies ist das paradoxe Anliegen des Textes: Er will sagen, wie es ist, nicht sprechen zu können. Paradox ist das deswegen, weil sehr deutlich wird, dass es erst die Sprache ist, die einen objektivierenden Zugriff auf die Welt erlaubt, der konstitutiv für die wahrgenommenen Objekte und Strukturen ist und damit etwas zu dem macht, was es ist.

Mit diesem Paradoxon geht der Text so um, dass er die Genese des Selbst auf der Ebene der *histoire* chronologisch darstellt, auf Ebene des *discours* jedoch strukturell wiederholt. Die Erzählerin entwirft ihr früheres, im inneren Monolog sprechendes Ich, das dann wiederum erzählt, wie es sich entwirft. Dies geschieht zum Beispiel, indem die Protagonistin die Gewalt verdoppelt, die ihr und ihrer Schwester angetan wird:

> Meine Puppe Anduza ist jetzt meine Schwester.
> Der Vater von Anduza heißt Herr Finster.
> Seit sie in der Schule geneckt wird, reißt sie ihrer Puppe die Arme aus. Manchmal legt sie Knöpfe aufs Butterbrot und beißt darauf.
> Anduza weint nur, wenn sie Zahnschmerzen hat.
> Fräulein Lehrerin hat Anduza neulich geschlagen, weil sie auf den Boden gepinkelt hat.
> Bist du denn wahnsinnig! hat die Lehrerin geschrien.
> Alle haben es gehört und gelacht.
> Die Puppe von Anduza pinkelt seitdem auch auf den Boden. Sie wird immer geschlagen, und Anduza schreit: Bis du denn wahnsinnig!

Aussage noch dahingehend präzisieren, dass nicht „die Autorin", sondern eine Erzählerin höherer Ordnung eine frühere Version ihrer selbst sprechen lässt. Dass aufgrund der vielen autobiographischen Parallelen zwischen Protagonistin und Autorin die biographisch-psychologische Interpretation naheliegt, dass der Text für die Autorin die Rolle spielt, die die Erzählung für die Erzählerin spielt, ist nachvollziehbar. Pichler trennt Autorin und Erzählerin in seinem Beitrag auch klarer als es hier den Anschein macht. Nicht immer so klar trennt Suren [Anm. 2], S. 273, sehr biographistisch sind die Interpretationen von Paweł Piszczatowski: Idiome sinnlicher Performativität: Die Erfahrung der Mehrsprachigkeit bei Herta Müller, Aglaja Veteranyi und Emine Sevgi Özdamar, in: Identitätskonstruktionen in der deutschen Gegenwartsliteratur, hg. v. Monika Wolting, Göttingen 2017, S. 147–159 und Tanja Becker: „Vor allem starb ich an meiner Mutter, die mir aus dem Gesicht wuchs." Mutter-Tochter-Beziehungen bei Herta Müller und Aglaja Veteranyi, in: Die fiktive Frau. Konstruktionen von Weiblichkeit in der deutschsprachigen Literatur, hg. v. Anna-Maria Pălimariu, Elisabeth Berger, Konstanz 2009, S. 222–233; Karl Esselborn liest gar das ganze Werk als eine Emanzipationsgeschichte der Autorin, vgl. Karl Esselborn: Im Ungesicherten unterwegs: Aglaja Veteranyi, in: Jahrbuch Deutsch als Fremdsprache 37 (2011), S. 263–286.

> Der Vater von Anduza greift der Puppe oft unter den Rock. Und dann
> macht er Augen wie ein Fisch. Und atmet wie unter Wasser.
> Anduza wird die Puppe irgendwann wegwerfen müssen. (115f.)[9]

Hier wird sehr deutlich, dass die Erzählerin nicht einfach die Bewertungs-
kategorien, die sie mittlerweile als schreibende, ältere erlernt hat, auf die
Situation anwendet. Sie bleibt im Gegenteil – wie in den ganzen ersten drei
Kapiteln – vollkommen in der Rolle des Kindes, das sie im inneren Monolog
sprechen lässt, wodurch sie mehr schildert als einordnet. Sie bedient sich hier-
zu des Sinnsystems aus Speisen, das allerdings das des Kindes, nicht das des
Lesers ist. Dadurch wird implizit negiert, dass ein Erlebnis ohne Sinn-Verlust
in Kategorien beschrieben werden könne, die der Konzeptualisierung des
Erlebnisses fremd sind. Deswegen darf diese reine Schilderung nicht so ver-
standen werden, als beanspruche sie eine authentische Möglichkeit der
Verständigung. Was oben schon als entscheidender Punkt der Symbolik des
Essens angesprochen wurde, die Verschränkung von Verständlichkeit und
Unverständlichkeit, taucht nun hier wieder als grundlegender Fixpunkt der
Poetologie des Textes auf, um den er sich formal wie inhaltlich dreht. Es über-
rascht daher nicht, dass die systematisch wichtigste und auch am häufigsten
erwähnte Strategie, über Selbstsetzung, Objektivierung der Welt und Entwurf
der eigenen Moralität nachzudenken, eine Geschichte ist, in deren Zentrum
Essen steht: Das Märchen vom Kind, das in der Polenta kocht.

2 Symbolik des Essens als protobegriffliches Sinnsystem

Essen spielt in diesem Roman eine zentrale Rolle. Ganz grundsätzlich ist
davon zu sprechen, dass Essen und Mahlzeiten als epistemische Anker fungieren, die es der Erzählerin erlauben, Situationen abzugrenzen und miteinander zu vergleichen. Je nach Zählung finden sich im Text nicht weniger als
55 Erwähnungen von Essen auf 189 Seiten. Wie oben schon gezeigt, sind von
der Forschung selbstverständlich schon sehr viele Teilaspekte der Essens-
Symbolik angesprochen worden. Dass allerdings so gut wie jede epistemische und emotionale Orientierung anhand von Speisen beschrieben wird,
Essen also eher ein *System aller Semantik* als eine besondere Semantik
ausmacht, wurde bislang nicht erwähnt.[10] Essen wird verwendet, um die

---

9   Alle Zitatbelege in Klammern beziehen sich auf: Aglaja Veteranyi: Warum das Kind in der
    Polenta kocht, München 2013.

10 In gewisser Weise stellt Katja Suren eine Ausnahme dar, weil sie Oralität als beherrschen-
    de Motivik und Essen als häufigste Konkretisierung der Oralität bestimmt. Sie schränkt

EINE SPRACHE AUS FLEISCH UND BROT, UM ZU ERZÄHLEN

Differenz Heimat/Fremde zu beschreiben,[11] um nicht-sinnliche oder ideale Gegenstände zu benennen,[12] um die Differenz arm/reich darzustellen,[13] um in ganz unterschiedlicher Komplexität Selbstentwürfe zu beschreiben,[14] um ein Zufriedenheits- oder Glücksgefühl auszudrücken,[15] um sexualisierte Situationen zu beschreiben,[16] um die Abhängigkeit von der Mutter zu thematisieren,[17] um auf ein sprachlich-begriffliches Defizit hinzuweisen oder ein solches auszugleichen,[18] um Bezug auf Gott zu nehmen,[19] um über den Tod zu sprechen,[20] um Schutz und Rettung zu symbolisieren,[21] um als Strafe zu fungieren[22] sowie um (Selbst-)Verletzungen und Schmerz darzustellen.[23] Viele dieser Stellen haben mehr als eine Funktion und die Funktionen hätten sowohl weiter als auch enger gefasst werden können, als hier geschehen. Dennoch wird sehr deutlich, dass Essens-Symboliken und Essens-Erinnerungen nicht nur eine grundlegende epistemische Qualität haben, sondern dass die Protagonistin über ein ungewöhnlich differenziertes Unterscheidungsvermögen verfügt. So nennt sie zum Beispiel 32 Gerichte als ihre Lieblingsspeisen (S. 13f.), was die Zahl der Gerichte bei weitem übersteigt, die eine Zwölfjährige für gewöhnlich bezeichnen kann, zumal es sich hier ja lediglich um eine Auswahl handelt.

Bei allen Stellen, in denen Essen eine dieser epistemischen, beziehungsweise mnemotechnischen Funktionen zukommt, wird deutlich, dass die metonymische Symbolisierung zunächst eine wesentlich grundlegendere Rolle als die metaphorische spielt:[24] Eine Speise wird mit der Situation und den in

---

diesen Befund dann jedoch wieder auf einen besonderen Bedeutungskreis ein. Vgl. Suren [Anm. 2], S. 219.

11   Vgl. Veteranyi [Anm. 9], S. 10, 12, 16, 37, 62, 70, 82f., 91f., 94, 96f., 110, 130, 135, 159.

12   Vgl. ebd., S. 11, 75, 92, 94, 168, 171.

13   Vgl. ebd., S. 12, 26, 62, 66.

14   Vgl. ebd., S. 16, 29, 31, 37, 94, 135, 144, 157, 168f., 171, 173.

15   Vgl. ebd., S. 25f., 62, 70, 83, 92, 148, 159.

16   Vgl. ebd., S. 26, 144, 148, 157, 163ff., 171.

17   Vgl. ebd., S. 29, 70, 82f., 110, 115, 130, 148, 171.

18   Vgl. ebd., S. 31, 74, 82, 92, 95ff., 110, 115, 135, 148, 168f., 171, 173.

19   Vgl. ebd., S. 37, 72, 74f., 95, 186ff.

20   Vgl. ebd., S. 37, 52, 66, 70, 74f., 84, 92, 94f., 144, 169, 171, 173.

21   Vgl. ebd., S. 84, 92, 94, 103, 148, 165, 171.

22   Vgl. ebd., S. 96f., 115, 168f., 171, 173.

23   Vgl. ebd., S. 103, 115, 168, 171, 173.

24   Juliane Prade-Weiss hat in einer Untersuchung zu Klage-Ritualen in Veteranyis Texten, die sich hauptsächlich auf ihren zweiten, postum veröffentlichen Roman *Das Regal der letzten Atemzüge*, München 2004 bezieht, gezeigt, dass das Symbol der Totenkuchen, die in der orthodoxen Gemeinde im Beerdigungsritus zentral sind, in ganz ähnlicher Weise als metonymische, nicht so sehr als metaphorische Zeichen funktioniert: „Totenkuchen' sind keine Metapher, keine Vertretung eines Abwesenden durch ein anderes, sondern Zeichen, das sich neben dasjenige stellen, auf das sie verweisen sollen, und dabei das

ihr dominierenden Affekten verknüpft, in der sie serviert und gegessen wird. Zeichen und Welt sind damit nicht streng voneinander getrennt, sondern eher ineinander verschlungen. Die grundsätzliche Aufgabe, die *begriffliche* Sprache zu erfüllen hätte, nämlich durch Abstraktion einen Abstand zur Welt herzustellen, um das Subjekt aus der Verstrickung der direkten Vollzüge zu lösen, ist damit noch nicht erreicht.[25] Die Verwendung der Essens-Symbolik erlaubt es, ein Sinnsystem zu entwerfen, das Orientierung ohne Abstraktion bereitstellt. Essen erscheint als eine Tätigkeit, die eine unhintergehbar semiotische Dimension hat, weil sie mit Lust und Unlust, mit dem assoziativen Erinnerungsvermögen aber auch mit der Initiation und Aufrechterhaltung sozialer Ordnungen untrennbar verbunden ist. Deswegen kann eine gewisse Struktur in der Wahrnehmung entdeckt werden, die die Erzählerin dem Leser präsentiert. Gleichzeitig wird recht schnell klar, dass der Roman nicht der Möglichkeit des schlichten Nachempfindens das Wort redet, obwohl ständig von Konkreta und darüber hinaus auch noch meist von Essen gesprochen

---

Ungenügen symbolischer Substitution mit anzeigen." Juliane Prade-Weiss: „Die Toten haben Hunger". Aglaja Veranyi über Ritual und Moderne, in: Comparatio: Zeitschrift für vergleichende Literaturwissenschaft 9 (2) (2017), S. 248f.

25 In der Dissertation des Verfassers (Dominik Zink: Interkulturelles Gedächtnis. Ostwestliche Transfers bei Saša Stanišić, Nino Haratischwili, Julya Rabinowich, Richard Wagner, Aglaja Veranyi und Herta Müller, Würzburg 2017, S. 191–264) wurde der Roman bereits als Geschichte über das Ringen um Abstraktionsvermögen interpretiert. Dort wurde versucht zu zeigen, dass über eine Schulderfahrung – die Protagonistin tötet aus Versehen ihren Hund – ein Erkenntnisprozess in Gang gesetzt wird, der letztlich in ein Abstraktionsvermögen in moralischer Hinsicht mündet. Es wurde interpretiert, dass die Erzählerin über die konkrete Schulderfahrung Einsicht in das Phänomen der existentialen Schuldigkeit, wie es von Heidegger in *Sein und Zeit* bestimmt wird, erhält. Sie merkt, dass Menschsein immer – zunächst im noch ganz unmoralischen Sinne – Verantwortlich-Sein bedeutet, da jede Entscheidung für eine bestimmte Möglichkeit immer auch die Nicht-Verwirklichung aller anderen bedeutet. Unter Zuhilfenahme eines zweiten Schuldbegriffs, der von Derrida in dem Aufsatz *Babylonische Türme* entworfen wurde, wurde dann gezeigt, dass die Entdeckung menschlicher Verantwortlichkeit für die Protagonistin dennoch nicht zum Happy End führen kann, da die spezifisch moralische Dimension des Menschseins einen paradoxen Anspruch an sie stellt, da ‚das Richtige' oder ‚das Zu-Tuende' phantasmatische Hypostasen sind, die so unerreichbar wie unabweisbar in ihrem Anspruch sind. Damit ist der Roman auf der einen Seite eine Emanzipationsgeschichte, weil die Ereignisse der Protagonistin erlauben, Anklagen über Dinge zu formulieren, die ihr zuvor nicht als Unrecht erschienen sind. Auf der anderen Seite macht er eine sehr düstere Aussage über die Möglichkeit eines gelingenden Lebens, das er der Protagonistin entsprechend auch verwehrt. Der hier vorliegende Beitrag versteht sich als Ergänzung zu dieser Interpretation, deren Kenntnis für ein Verständnis allerdings nicht vorausgesetzt ist. Er fokussiert sich auf die Symbolik des Essens, die dort nur am Rande angesprochen werden konnte.

wird, das man als Leser vielleicht kennt oder zumindest theoretisch selbst essen könnte. Eine der Hauptfunktionen, die die Essens-Symbolik als literarisches Verfahren übernimmt, ist die Verwehrung des physischen oder emotionalen Nachvollzugs, was der Text teilweise konkret auf den Punkt bringt, wenn die Erzählerin im Kinderheim behauptet: „DAS ESSEN SCHMECKT HIER WIE DAS ABBAUEN DES ZIRKUSZELTES." (S. 96) Andererseits ist Geschmack nicht nur privativ, in dem Sinne, dass ein Sinnesdatum streng genommen nicht kommunizierbar ist, sondern funktioniert semiotisch, da er immer einen Kontext und eine Geschichte benötigt, um zu sein, was er ist: Gerade die übermäßige Verwendung von Essens-Symbolen, die erstaunliche Differenziertheit und die Sicherheit, mit der die Protagonistin Essen als protobegriffliche Kategorie anwendet, muss letztlich eher den Eindruck erzeugen, dass man ihr fremder wird, mit jedem Satz, den sie über sich preisgibt. Die Essens-Symbolik zeigt also, dass sie in ihrer Welt bleibt – epistemisch vom Leser nicht in nachvollziehbarer Weise erreichbar – und dass sie in diese Welt ohne Abstraktionsvermögen verstrickt ist.

Diese Art von Verstricktheit mit der Welt, die dem aus den Speisen bestehendem Sinn- und Orientierungssystem auf der formalen Ebene inhärent ist, taucht in der Geschichte vom Kind, das in der Polenta kocht, auf inhaltlicher Ebene wieder auf. Diese Geschichte, in all ihren Variationen, muss daher als Übergangsphänomen besonderer Art gesehen werden. Einerseits stellt sie eine gewisse Loslösung der rein metonymischen Symbolisierung dar, weil es tatsächlich eine Geschichte – keine Speise – ist, auf der anderen Seite sind die grundlegende epistemische Unsicherheit und die Fragen, die sich daran anschließen, der Grund für die immer aufs Neue wiederholte Geschichte. Dieses Märchen löst sich von rein metonymischen Strategien, um zu beklagen, dass man sich nie ganz vom Metonymischen lösen können wird: Dass der Roman den gleichen Titel wie das in ihm erzählte Märchen trägt, zeigt, dass hier ein hermeneutischer Prozess angestoßen worden ist, der niemals beendet werden kann. Denn auch der Roman muss als Antwort auf seinen Titel verstanden werden. Wenn man wissen will, warum das Kind in der Polenta kocht, muss man *Warum das Kind in der Polenta kocht* lesen.

3 Anthropophagie zwischen Lust und Tod: Das Kind in der Polenta

Das Märchen vom Kind, das in der Polenta kocht, wird im gesamten Roman sechs Mal erwähnt. Ursprünglich ist es eine Geschichte, die die ältere Schwester der Protagonistin zur Ablenkung erzählt, wenn die Mutter ihre Zopfhangnummer aufführt:

> Während meine Mutter in der Kuppel an den Haaren hängt, erzählt mir meine Schwester DAS MÄRCHEN VOM KIND, DAS IN DER POLENTA KOCHT, um mich zu beruhigen.
>
> Wenn ich mir vorstelle, wie das Kind in der Polenta kocht und wie weh das tut, muß ich nicht immer daran denken, daß meine Mutter von oben abstürzen könnte, sagt sie.
>
> Aber es nützt nichts. Ich muß immer an den Tod meiner Mutter denken, um von ihm nicht überrascht zu werden. Ich sehe, wie sie sich mit den Feuerfackeln die Haare in Brand steckt, wie sie brennend auf den Boden stürzt. Und wenn ich mich über sie beuge, zerfällt ihr Gesicht zu Asche.
>
> Ich schreie nicht.
>
> Ich habe meinen Mund weggeworfen. (S. 31)

Neben der Tatsache, dass diese Geschichte direkt mit Sprach- und Machtlosigkeit verknüpft wird, fällt vor allem auf, dass sie ihren Zweck zu verfehlen scheint. Es ist ein Versuch, der von Anfang an als Scheitern beschrieben wird. Wobei auch mehr als fraglich ist, ob ein Gelingen wünschenswert wäre, da die von der Schwester intendierte Dynamik letztlich einfach nur eine qualvolle Vorstellung durch eine andere qualvolle Vorstellung zu verscheuchen versucht. Die Sprach- und Machtlosigkeit, die die Protagonistin hier anspricht, („Ich schreie nicht.") muss auf formaler Ebene jedoch direkt wieder relativiert werden, denn diese Geschichte ist letztlich der Ausgangspunkt für die Erzählerin, ein Bild von sich zu entwerfen, mit dem sie sich in der Folge auseinandersetzen und an dem sie arbeiten kann. Das Kind, das in der Polenta kocht, ist eine erste Möglichkeit der Erzählerin, sich über Sprache zu identifizieren. Es kann auf unterschiedliche Weise gezeigt werden, dass die Machtlosigkeit über Sprache adäquat auf die eigene Situation Bezug zu nehmen, der Kern des Märchens ist. Zunächst ist das Bild, in einem einheitlichen, zähen Brei zu verkochen, ohne Schwierigkeiten dahingehend zu interpretieren, dass nicht genug Abstand zu dieser potentiell tödlichen Masse eingenommen werden kann. Die problematische Situation ist also gekennzeichnet als eine *Nähe bis zum Eintauchen*, wodurch *Abstraktion* dementsprechend zum rettenden Gegenmodell wird. Im Märchen ist es buchstäblich Abstand von der Polenta, im übertragenen Sinne ist es Abstraktionsfähigkeit und Entwirrung aus den unübersichtlichen Ausbeutungsverhältnissen, in die die Protagonistin verstrickt ist. Dass diese Ausbeutungsverhältnisse nicht einfach als solche zu identifizieren sind, wird dadurch sehr klar, dass Polenta nicht irgendein Essen ist, sondern dass es unter den Lieblingsspeisen, die die Erzählerin aufzählt, als einzige drei Mal in verschiedenen Varianten erwähnt wird. (S. 13f.) Polenta

EINE SPRACHE AUS FLEISCH UND BROT, UM ZU ERZÄHLEN

ist also nicht nur Symbol der Gefahr, sondern genauso eines der Lust. Die Unterscheidung, die anhand dieser Speise dargestellt wird, ist demnach nicht nur zugleich todbringend und ernährend, sondern in der Polenta radikalisiert sich diese Unterscheidung, indem das qualvoll Todbringende mit dem ernährenden Lustspendenden überblendet wird.

Das Symbol der Polenta hat aber noch weitere Bedeutungsdimensionen, die Essen, Sprachfähigkeit und Selbstentwurf aufs Engste aneinanderbinden. In der Muttersprache der Autorin wie der Protagonistin, dem Rumänischen, heißt Polenta *mămăligă*. Juliane Prade-Weiss hat diesen Umstand bereits interpretiert. Sie stellt die phonetische Nähe zu „*mamă*, ‚Mutter' und *limbă maternă*, ‚Muttersprache'"[26] fest.[27] Unweigerlich erhält das Symbol vor diesem Hintergrund auch die Bedeutungsdimension, in der Muttersprache oder der Sprache der Mutter zu verkochen, was im ersten Fall dahingehend gedeutet werden könnte, dass die Muttersprache die Aufgaben nicht erfüllt, die sie zu erfüllen hätte, im zweiten Fall würde in diesem Bild die über den ganzen Roman ausgestaltete kippfigurhafte Hass-Liebe zur nährend-todbringenden Mutter pointiert auf den Punkt gebracht werden, die wiederum daher rührt, dass die Mutter wie die Tochter selbst eben auch vielmehr in die Welt verstrickt ist, als dass sie ihr souverän gegenüberstünde. Prade-Weiss kommt jedoch zu recht zu dem Schluss, dass, weil der Begriff *mămăligă* nicht im Text vorkommt, „diese Metapher und die biopolitisch aufgeladene Assoziation von Herkunft, Sprache und Identifikation zersetzt werden. Die *mămăligă* ist ein Emblem des Verlusts, das konsequenterweise in symbolischer Substitution verloren geht."[28] Dieses Anspielen auf eine im Verstummen begrabene Bedeutungsdimension unterstützt die beiden Anliegen dieses Beitrags, dass erstens die Poetologie der Essens-Symbolik um eine Sprache ringt, in der es darum geht, vom Leid zu erzählen, nicht sprechen zu können, zweitens dass die Perspektive des Kindes in ihrer Naivität nicht anders als eine künstlich gestaltete begriffen werden darf.[29]

---

26 Prade-Weiss [Anm. 24], S. 245.

27 Juliane Prade-Weiss soll an dieser Stelle auch noch einmal herzlich dafür gedankt sein, dass sie den Bezug aufs Rumänische in der Diskussion angesprochen hat, die dem Vortrag auf der GSA-Tagung in Atlanta, GA am 6.10.2017 folgte, aus dem heraus dieser Beitrag entstanden ist.

28 Prade-Weiss [Anm. 24], S. 246.

29 Es könnten ausgehend von dem Begriff *mămăligă* noch weitere verdeckte Bedeutungsdimensionen vermutet werden. So ist Polenta mehr noch als Kartoffeln oder Brot die Alltagsspeise in Rumänien, die deswegen mit dem Nationalcharakter verknüpft wird und z.B. in Redewendungen wie *mămăligă nu explodează* verwendet wird, um diesen zu beschreiben. Diese Redewendung, die ungefähr zu übersetzten wäre mit „Polenta explodiert nicht.", drückt Selbstkritik an einer (vermeintlich) zu stark ausgeprägten Obrigkeitshörigkeit aus und meint, dass die Rumänen sich zu viel bieten ließen und

Die zweite Erwähnung der Polenta-Geschichte ist mit Abstand die ausführlichste. Sie findet sich am Ende des ersten Kapitels:

> Ich frage meine Schwester, warum es Gott zuläßt, daß das Kind in der Polenta kocht.
> Sie zuckt mit den Achseln.
> Frage ich aber oft, läßt sie sich erweichen und sagt: Das erzähle ich dir später. (S. 72)

Nach einer Leerseite folgt dann:

> Ich weiß selber, warum das Kind in der Polenta kocht, auch wenn meine Schwester es mir nicht sagen will.
> Das Kind versteckt sich im Maissack, weil es Angst hat. Und dann schläft es ein. Die Großmutter kommt, schüttet den Mais ins heiße Wasser, um für das Kind Polenta zu kochen. Und als das Kind aufwacht, ist es verkocht.
>
> ODER
>
> Die Großmutter kocht und sagt zum Kind: Paß auf die Polenta auf und rühr mit diesem Löffel, ich geh raus, Holz holen.
> Als die Großmutter draußen ist, spricht die Polenta zum Kind: Ich bin so allein, willst du nicht mit mir spielen?
> Und das Kind steigt in den Topf.
>
> ODER
>
> Als das Kind starb, kochte es Gott in der Polenta.
> Gott ist ein Koch, er wohnt in der Erde und ißt die Toten. Mit seinen großen Zähnen kann er alle Särge zerbeißen. (S. 74)

Als erstes fällt an dieser Frage und den ihr folgenden Antworten auf, dass eine Diskrepanz zwischen Geltung und Genese vorzuliegen scheint. Die Frage, warum das Kind in der Polenta kocht, müsste die (moralisch-ethische) Geltung betreffen, wenn sie so expliziert wird, dass danach gefragt wird, warum Gott

---

dementsprechend niemals aufbegehrten. Sowohl die Passivität als auch die Identifikation mit dem Brei ist also bereits in der rumänischen Sprache vorgeprägt. Für den Hinweis auf dieses Sprichwort danke ich Iulia-Karin Patrut.

es *zulässt*.[30] Die Antworten, die gegeben werden, sind aber solche, die nicht versuchen, die Geltung, sondern die Genese aufzuklären. Dieser Umstand fügt sich sehr gut in die Interpretation ein, dass die Protagonistin hier weniger klare und deutliche Aussagen formuliert, sondern eher um grundlegende Möglichkeiten kämpft, Dinge überhaupt erst anzusprechen. Hier wäre dies die Möglichkeit, sich aus einer rein kausalursächlichen Denkstruktur zugunsten eines moralischen Normen- und Regelsystems zu befreien, um finalursächliche Warum-Fragen überhaupt erst stellen zu können.

Noch entscheidender aber scheint zu sein, dass Gott hier ins Spiel kommt. Dieser Bezug wird direkt im Anschluss noch weiter konkretisiert:

AM LIEBSTEN HABE ICH GESCHICHTEN MIT MENSCHEN, DIE ESSEN ODER GEKOCHT WERDEN.

In jeder neuen Stadt grabe ich ein Loch in die Erde vor unserem Wohnwagen, stecke meine Hand hinein, dann meinen Kopf und höre, wie Gott unter der Erde atmet und kaut. Manchmal will ich mich ganz zu ihm hinabgraben, trotz meiner Angst, von ihm gebissen zu werden.

GOTT IST IMMER SEHR HUNGRIG.

Er trinkt auch gerne von meiner Limonade ich steckt einen Halm in die Erde und gebe ihm zu trinken, damit er meine Mutter beschützt. Und ich lege auch ein wenig vom guten Essen meiner Mutter ins Loch. (S. 75)

War zuvor nicht explizit davon die Rede gewesen, dass das Kind in der Polenta durch sein Verkochen der Kategorie des Essens zuzuordnen wäre, wird dies nun nachgeholt. Damit wird die in allen Varianten liegende unheimliche Ununterscheidbarkeit von Lust- und Todbringendem, noch mit einer anderen Verwirrung aufgeladen: nämlich der, ob man selbst isst oder gegessen wird. In dieser Geschichte, die die beiden Lieblingsmotive (Essen und Gekocht-Werden) der Erzählerin enthält, kommt der Kampf, den sie um Artikulationsfähigkeit und Abstraktionsvermögen führt, genauso pointiert zur Darstellung wie der Grund, weswegen dieser Kampf zu führen ist, beziehungsweise die Konsequenzen, die drohen, wenn er verloren wird.[31] Es besteht

---

30   Der Anklang an die Theodizee-Thematik macht das noch deutlicher. Auch dieser stumme Verweis kann als einer auf einen Kontext gesehen werden, der die Protagonistin betrifft, ohne dass sie dies als Kind anzusprechen vermochte, wie dies auch in Bezug auf das rumänische *mămăligă* herausgestellt wurde.

31   Damit ist Szilvia Lengl zu widersprechen, die interpretiert: „Ebenso wird auch die Polenta zum paradoxen Motiv. Die Speise steht Pars pro toto für die Hölle [...], ist sowohl Gefahr als auch das Lieblingsgericht der Erzählerin. Sie fragt immer dringlicher, 'Warum' sie so viel

eine grundsätzliche Uneindeutigkeit hinsichtlich des Status', den sie in der und in Bezug auf die Welt hat. Ist sie Subjekt, das essen darf, oder Objekt, das gegessen werden darf? Insofern stellt die Phantasie der Anthropophagie, des Gegessen-Werdens, eine Steigerung der Symbolik des Essens dar. Denn in letzterer liegt immer schon eine nicht auszuräumende Unentscheidbarkeit zwischen der Sphäre des Selbst und der der Welt: Essen trägt diesen Namen, wenn es auf dem Teller liegt, genauso jedoch wenn es bereits verspeist wurde. Essen hat den sonderbaren Status, dass es zu einem Teil von mir werden kann, aber dennoch ein Objekt ist. Wann dieser Übergang stattfindet, entzieht sich allerdings der Erkenntnis.[32] Die Anthropophagie treibt diese Unsicherheit auf die Spitze,[33] indem sie sie um die Dimension der Moralität ergänzt. Dass es allerdings hier Gott ist, der als potentieller Menschenfresser auftaucht, stellt einen der wenigen Fälle dar, in dem Anthropophagie keine Form von Kannibalismus ist. Dadurch wird die Frage der Moralität radikalisiert und verallgemeinert, denn eine Infragestellung des Subjekt-Status durch Gott ist wesentlich grundlegender als durch einen anderen Menschen. Im letzteren Fall würde eine Person, der grundsätzlich Subjektivität zukommt, vom Kannibalen als Objekt

---

Demütigung und Schmerz ertragen muss." Vgl. Lengl [Anm. 3], S. 293. Ganz entscheidend ist, dass sie eben nicht fragen kann, warum sie so viel Demütigung und Schmerz ertragen muss, weil ihr dafür das Abstraktionsvermögen fehlt. Letztlich ist es selbstverständlich das Ziel, diese Frage stellen und beantworten zu können. Die Polenta-Geschichten sind allerdings das Mittel, sich einen Standpunkt des Sprechens zu erkämpfen, nicht schon Artikulationen auf diesem.

32   In jedem Verspeisen liegt somit eine profane Transsubstantiation, die entscheidend für die Poetologie des Romans ist, worauf weiter unten noch ausführlicher Bezug genommen wird.

33   Diese Verwirrung der Grenze zwischen Welt und Selbst ist es auch, was laut den Herausgeberinnen des Bandes *Verschlungene Grenzen* den Kern der literarischen Darstellung von Anthropophagie ausmacht: „Die Thematisierung von Grenzsetzungen und der durch diesen Akt hergestellten Unterscheidungen bringt es oft mit sich, daß auch andere gewohnte Differenzen in einen Strudel gerissen werden. Das geschieht meist um so intensiver, je grundsätzlicher oder unhinterfragbarer die thematisierte Grenze erscheint. Mit der Anthropophagie, der Transgression von Diätregeln über den Verzehr von Menschenfleisch, verhält es sich nicht anders." (Annette Keck, Inka Kording, Anja Prochaska: Vorwort, in: Verschlungene Grenzen. Anthropophagie in Literatur und Kulturwissenschaften, hg. v. Annette Keck, Inka Kording, Anja Prochaska, Tübingen 1999, S. 7) In die gleiche Richtung zielt auch Daniel Fulda in der Einleitung zum Band *Das andere Essen*: „Die ‚Figur' des Kannibalen war dafür besonders geeignet, weil sie auf der einen Seite die Eindeutigkeit der Grenzziehung – fressen oder gefressen werden, tertium non datur – versinnbildlicht", vgl. Daniel Fulda: Einleitung, in: Das andere Essen. Kannibalismus als Motiv und Metapher in der Literatur, hg. v. Daniel Fulda, Walter Pape, Freiburg/Breisgau 2001, S. 10.

EINE SPRACHE AUS FLEISCH UND BROT, UM ZU ERZÄHLEN

missbraucht,[34] im vorliegenden Fall aber steht tatsächlich in Frage, ob die Erzählerin legitimerweise Subjektivität für sich beanspruchen kann.

Die nächste Stelle, an der das Polenta-Märchen erwähnt wird, verstärkt die Bedeutungsdimension, in der anklingt, dass es sich beim verkochenden Kind um ein zu verspeisendes handelt. Da die Protagonistin im Heim besonders viel Angst um ihre Mutter hat, muss die Schwester immer grausamere Dinge erfinden.

> Ich helfe ihr nach:
> SCHMECKT DAS KIND WIE HÜHNERFLEISCH?
> WIRD DAS KIND IN SCHEIBEN GESCHNITTEN?
> WIE IST DAS, WENN DIE AUGEN PLATZEN? (S. 92)

Dass gefragt wird, wonach das Kind wohl schmecke und ob es – wie ein Braten – in Scheiben geschnitten wird, verdeutlicht die anthropophage Dimension der Phantasie. Dass die Augen platzen, dass das Kochen also den Gesichtssinn raubt, der in philosophischer wie theologischer Tradition als grundlegende Metapher für Orientierung und Erkenntnis verwendet worden ist, zeigt, dass es hier wiederum um eine orientierungsversagende Verstrickung in die Welt geht. Dass diese Dinge allerdings nicht von der Schwester, sondern von der Protagonistin selbst erfunden werden, zeigt weiterhin, dass sie selbst die Produktion der Geschichte zu übernehmen beginnt.

Die folgende Version des Märchens wird erzählt, ohne dass es in eine spezifische Erzählsituation eingebaut würde, sodass auch nicht ersichtlich ist, ob die Schwester, die sich zu dem Zeitpunkt noch im Kinderheim befindet, beteiligt ist. Es ist die erste Variante, in der eine Antwort auf die Warum-Frage der Geltung nachgegeben wird:

> Das Kind kocht in der Polenta, weil es andere Kinder quält. Es fängt die Waisenkinder ein, bindet sie an einen Baumstamm und saugt ihnen das Fleisch von den Knochen.
> Das Kind ist so dick, daß es immer Hunger hat.
> Es wohnt in einem Wald voller Knochen, an denen man von überallher knabbern hört.

---

34 Kannibalismus scheint gerade deswegen ‚böse' zu sein, weil er die Subjektivität des Anderen nicht einfach nicht bemerkt, sondern sie wissentlich und willentlich übergeht. Es ist dementsprechend eine der radikalsten Verletzungen des Kant'schen kategorischen Imperativs in seiner dritten Formulierung, weil hier jemand nur als Mittel und überhaupt nicht als Zweck behandelt wird.

Nachts deckt es sich mit Erde zu und schläft so unruhig, daß der ganze Wald zittert. (S. 94)

Neu an dieser Variante ist, dass das Kind nun nicht allein als Opfer, sondern auch als Täter und als Schuldiger erscheint. Es wird als monströs – in seinen Ausmaßen wie auch im Verhalten – beschrieben und als Bewohner einer grotesk-unheimlichen Märchenwelt dargestellt, von der jedoch weiterhin nicht klar ist, wer hier wen fürchten muss. Zunächst ist festzustellen, dass die Verschränkung von Tod und Lust noch einmal eine andere Wendung erhält, da nun das Kind genüsslich die anderen frisst, obwohl es im Gegenzug dafür selbst gegessen werden wird. Dass der Text das Verb ,saugen' für diesen Vorgang wählt, lässt auf der einen Seite auf eine orale Lustempfindung schließen, weil es mit Stillen durch die Brust, aber auch mit Küssen und genüsslichem *Schlürfen* von Essen oder Trinken assoziiert werden kann. Auf der anderen Seite zeigt es eine extreme Grausamkeit, weil es festes Fleisch von lebenden Menschen ist, das nur durch Aufwendung extremer Kräfte und unter Ignoranz der starken Schmerzen der Kinder von den Knochen gesaugt werden könnte. Sicher wird hier verarbeitet, dass die Protagonistin und ihre Schwester die Gewalterfahrungen weitergeben, indem sie im Waisenhaus jüngeren Kindern Schmerzen zufügen,[35] dennoch steht hier immer noch die Ununterscheidbarkeit zwischen Gefahr und Lust, beziehungsweise die Unmöglichkeit des begrifflichen Zugriffs auf das eigene Selbst im Zentrum. Denn es ist nicht klar, wer an den Knochen knabbert, genauso wenig wie deutlich wird, warum das Kind so unruhig schläft. Es könnte frieren, es könnte Angst haben, es könnte zu viel gegessen haben. Dass allerdings nicht das Kind, sondern „der ganze Wald zittert", deutet auf eine Anthropomorphisierung des Waldes hin, da ,zittern' eigentlich für Tiere aber insbesondere für Menschen vorbehalten ist. Genauso trägt zur Ununterscheidbarkeit von Welt und Selbst bei, dass das Kind sich mit Erde zudeckt, was es mit der Welt verschmelzen oder in sie eintauchen lässt und es außerdem außerhalb der Kultur situiert, deren grundlegende Errungenschaften neben Ackerbau immer auch Behausung und der Besitz eines wärmespendenden Feuers sind. Behausung und Wärme sind für dieses monströse Kind jedoch die Erde – ebenso kocht es sein Essen nicht, sondern saugt es – das gleichsam in jeder Kultur grundlegende

---

35   Szilvia Lengl hat diesen Aspekt ausführlich untersucht. Vgl. Szilvia Lengl: Interkulturelle Frauenfiguren im deutschsprachigen Roman der Gegenwart. Aspekte der interkulturellen Literatur und der Literatur von Frauen in den Werken von Terézia Mora, Zsuzsa Bánk und Aglaja Veteranyi im Vergleich zu den Werken von Nella Larsen und Gloria E. Anzaldúa, Dresden 2012, S. 222–246 sowie Lengl [Anm. 3], S. 294–297.

Kannibalismus-Verbot verletzend – lebenden Kindern von den Knochen. Im Zusammenhang mit dieser Variation der Geschichte steht auch, dass die Kinder im Heim in religiöser Furchtsamkeit erzogen werden. So erwähnt die Erzählerin auf der folgenden Romanseite, dass der Teufel, der für sie bisher anscheinend keine wichtige Figur war, hier von großer Bedeutung ist. „Der Teufel ist der Gehilfe Gottes und wohnt in der Hölle, die so heiß ist wie die Polenta." (S. 95) Dies spricht einerseits dafür, dass die Erzählerin andere Narrative in die Polentageschichte integriert, dass diese andererseits aber ihre zentrale Erzählung bleibt, beziehungsweise als solche immer wichtiger für sie wird.

Die letzten beiden Erwähnungen der leitmotivischen Polenta-Geschichte sind wenig ausführlich gestaltet, zeigen aber eine Zuspitzung in Richtung des Themas Moralität einerseits und Sprachunfähigkeit andererseits. Der erste Neuanlauf, die Frage nach dem ‚Warum' zu beantworten, den die Erzählerin nach dem Weggang der Schwester aus dem Heim aufnimmt, lautet: „DAS KIND KOCHT IN DER POLENTA, WEIL ES DER MUTTER EINE SCHERE INS GESICHT GESTECKT HAT." (S. 115) Hier wird wie schon in der Variante zuvor deutlich, dass das Kochen in der Polenta eine Strafe ist, wobei die Protagonistin immer noch nicht fähig ist, dies abstrakt zu formulieren. Die Zusammenhänge werden kausal formuliert, das Bewusstsein einer Regelverletzung als Voraussetzung für *Strafe* ist jedoch nicht gegeben. In der brutalen Reformulierung der Narration, die nun von der Verletzung des Gesichts der Mutter mit einer Schere handelt, spiegelt sich auch ein Abwenden der Protagonistin von der Mutter, die der wichtigste emotionale Fixpunkt für sie ist, was vor allem auch darin einen Ausdruck findet, dass das von der Mutter zubereitete Essen in ganz besonderer Weise Heimat- und Glücksgefühle der Erzählerin wecken konnte. Dass die eingesetzte Tatwaffe eine Schere ist, ein Gerät, das zum ‚Trennen' von Dingen, zum ‚Kappen' von Verbindungen gedacht ist, unterstützt diese Interpretation. Dass dieses Gerät der Mutter ins Gesicht gesteckt wird, dass es also nicht richtig verwendet wird, zeigt einerseits das Scheitern des Trennungsversuchs, andererseits deutet dies auf einen starken Willen hin, die Mutter zu verletzen und zu entstellen. Die Protagonistin hat sich also keineswegs von ihrer Mutter abgewendet, da Phantasien, jemanden zu verletzen, als emotionale Fixierungen, nicht als deren Überwindungen zu bewerten sind.

Die letzte Antwort auf die Frage, nach dem ‚Warum' fällt wie folgt aus: „DAS KIND KOCHT IN DER POLENTA, WEIL ES EINE STIMME VOLLER STEINE HAT." (S. 169) Hier tritt das, was von Anfang an als Kernanliegen der Polenta-Geschichte behauptet wurde, am deutlichsten zutage: Es geht darum, davon zu erzählen, wie es ist, nicht sprechen zu können. Dass hier eine Metapher gewählt wird, darf nicht überraschen, wurde doch die Entwicklung dargestellt als eine, die sich von rein metonymischen Auffassungsstrukturen zu emanzipieren versucht. Die Steine sind dabei weiterhin auf die Symbolik des Essens bezogen, indem sie als etwas Unverdauliches (das schwer im Magen liegt) hinweisen, was im übertragenen Sinne auch bedeuten kann, dass etwas nicht verarbeitet werden konnte und weiterhin belastend ist. Andererseits verweisen die Steine auch auf den sprichwörtlichen ‚Kloß im Hals' beziehungsweise die Redewendung des ‚im Halse Steckenbleibens.' Überdeutlich wird die Thematisierung der Sprachunfähigkeit natürlich dadurch, dass es die „Stimme" ist, die voller Steine ist, nicht der Hals oder der Mund.

Der Zeitpunkt, zu dem diese letzte Antwort auf die Frage gegeben wird, kann als Tiefpunkt des im Roman beschriebenen Lebensabschnitts der Erzählerin begriffen werden. Sie ist alleine für die finanziellen Einnahmen verantwortlich, über die ihre Mutter, deren neuer Freund und sie selbst verfügen können. Sie muss sich innerhalb der Varieté-Truppe, mit der sie als Nackttänzerin reist, gegen sexuelle Übergriffe von anderen Ensemblemitgliedern zur Wehr setzen. Sie bekommt schmerzhafte Hautausschläge, die aus dem gleichen Grund wie ihre rapide Gewichtszunahme in wirtschaftlicher Hinsicht eine Gefahr darstellen, weil sie weiterhin als begehrenswertes Objekt auftreten muss.

Entscheidend jedoch ist sowohl für den Zusammenbruch, den sie in dieser Zeit erleidet, als auch für die Fähigkeit, sich in moralischer Hinsicht zu orientieren, dass sie aus Versehen ihren Hund Bambi tötet, dessen Tod sie aber zunächst nicht akzeptieren will und deswegen versucht, seinen Kadaver gefroren zu lagern und mit sich zu nehmen. Die Erfahrung, selbst schuldig geworden zu sein, erlaubt der Erzählerin erst einen Zugang zu existentialer Schuld (Heidegger) zu finden, was ihr jedoch in der Folge die Dimension des Moralischen nicht als eine Sphäre der Klarheit, sondern als eine der Selbstwidersprüchlichkeit eröffnet.[36]

Neben der moralisch-ethischen Verwirrung – und aufs Engste mit dieser verknüpft – ist die epistemologisch gewendete Selbstbewusstseinsthematik zentrales Thema des Polenta-Märchens. Diese wird dadurch deutlich, dass die Frage nach dem Selbst und der Welt als eine unendliche in den Fokus rückt, indem das damit zusammenhängende Verstehen als eine immer wieder von neuem beginnende hermeneutische Selbstverdauung konzeptualisiert wird, die aber fluchtpunktmäßig auf begriffliche Abstraktion als ihr Ziel ausgeht.

---

36 Wie in Anm. 25 erläutert, wurde in der Dissertation des Verfassers auf diesen Punkt sehr viel mehr interpretatorische Aufmerksamkeit gelegt.

EINE SPRACHE AUS FLEISCH UND BROT, UM ZU ERZÄHLEN 293

4   Vom Verstehen als Metabolismus zum Verstehen als Abstraktion

Nach dem Tod ihres Hundes wird die Erzählerin von Alpträumen gequält. Einer davon führt die Thematik der Selbsterkenntnis, die schon in der Polenta-Geschichte im Zentrum steht, anhand der Anthropophagiemotivik weiter:

> Ich träume ständig von Bambi.
> Er stürzt vom Balkon, klatscht auf den Boden und läuft aus.
> Der Zucker heißt Bambi und verwandelt sich in meinem Mund in Schlangen.
> Meine Mutter schenkt mir einen Hund. Er ist in Zeitungspapier eingewickelt. Als ich ihn auspacken will, beißt er mir den Finger ab. Der Finger sagt: Warum köpfst du mich?
> Ich will nicht mehr schlafen.
> Ich will mich nur beeilen.
> Meine Mutter ist sehr sanft zu mir.
> Das mag ich nicht. Mir ist, als müßte ich ständig ENTSCHULDIGUNG sagen.
> Meine Mutter geht ein und aus in mir.
> Ich sehe aus wie das Foto meiner Mutter.
> Ich sehe aus ohne mich. (S. 173)

Hier taucht zunächst der dominierende Gegensatz aus den Polenta-Geschichten – lustspendend versus tötend – erneut als zentrale Figur auf. Nun allerdings wird dieser auf den Hund Bambi angewendet, der von der Protagonistin geliebt wurde, dessen Tod, zumal er von ihr selbst verursacht wurde, Leid bis zur Verzweiflung erzeugt. Dem Bild der Schlangen eignet eine doppelte Unheimlichkeit: Zum einen wird das süße Essen zu etwas Giftigem und damit erneut etwas Lustspendend-Nährendes zu etwas Todbringendem. Zum andern liegt jedoch das genuin Unheimliche in der Potentialität, in der Drohung des Gebissen-Werden-Könnens: Der Zucker ist nicht einfach vergiftet, sondern er verwandelt sich in etwas potentialiter Tödliches: Im Mund der Protagonistin befinden sich plötzlich Zähne, die nicht ihre eigenen sind, die sie verletzen und töten können. Oben wurde davon gesprochen, dass Essen als literarisches Motiv gerade auch deswegen so ertragreich eingesetzt werden kann, da an ihm die Paradoxie des Selbstbewusstseins dargestellt werden kann, weil Essen zunächst ein Teil der Welt ist, dann aber ein Teil des Leibs wird. Der Geschmack, der die Orientierung der Erzählerin in der Welt leitete, wird als ein Nahsinn problematisiert. Eine Gefahr zu schmecken ist – wie sich hier zeigt – meistens zu spät, denn das, was man schmeckt, ist bereits in den eigenen Körper eingedrungen. Das nächste Bild arbeitet zwar noch mit der oralen Motivik, da der Hund beißt; allerdings adressiert der Finger ein „du" und wird von einem „mich" unterschieden, was dafür spricht, dass er abstrahierend, den Fernsinn des Sehens verwendend versucht, sich zu orientieren. Wer dieses „du" allerdings genau ist, bleibt weiterhin unklar. Es könnte sowohl der Hund als auch der Körper sein, von dem der Finger abgebissen wurde. Ebenso verunklart das, was er sagt, die Situation hinsichtlich der Selbstsetzungsthematik, da erstens der Vorgang des Köpfens normalerweise weiteres Sprechen verunmöglicht und da zweitens nicht ersichtlich wird, ob das Selbst im Körper oder im Finger ‚sitzt.'

Obwohl hier sicher nicht die Rede davon sein kann, dass ein Akt der moralischen und epistemischen Selbstbehauptung gelingt, darf der unternommene Abstraktionsversuch nicht übersehen werden, der in dieser Form zuvor nicht möglich war. Es häufen sich nach dem Tod des Hundes Textstellen (wie auch hier), in denen die Protagonistin ihren Willen äußert.[37] Außerdem gelingt es ihr, in dem Ausdruck, mit dem sie sich zum ersten Mal als ein beschädigtes Selbst begrifflich identifiziert, „ich sehe aus ohne mich", eine Metaphorik zu verwenden, die sich allein des Gesichtssinns bedient und vom Geschmack absieht. Die Beschädigung des Selbst, die sich auch in der verstümmelten Grammatik dieses Satzes ausdrückt, bleibt dabei freilich noch diffus, der Unterschied zu den Polenta-Geschichten ist gleichwohl deutlich. Dass der Erzählerin in dieser Situation etwas Neues gelingt, wird auch durch das Abbrechen des inszenierten inneren Monologes nach diesem Satz unterstützt. Ab der folgenden Seite spricht die Erzählerin im Präteritum und macht deutlich, dass sie das Vorstehende aus einem *Abstand* heraus erzählt hat.

Der Roman entwirft ein Konzept von Erkenntnis, dass sich zunächst am Metabolismus entwickelt. Es wird dann jedoch klar, dass dieses Konzept notwendig ergänzt werden muss, soll die Arbeit am eigenen Selbst erfolgreich sein. Denn dafür notwendig ist die Unterscheidbarkeit von Welt und Selbst, welche sich anhand von begrifflicher Abstraktion vollziehen muss. Daniel Fulda hat in der Anthropophagie, die den anderen einverleibt, eine zugespitzte Frontstellung gegen das Verstehen des Anderen ausgemacht:

---

37   Ganz zentral z.B. „Ich will nicht, daß mich der Komiker Piper anfaßt! Will nicht!" (S. 171).

EINE SPRACHE AUS FLEISCH UND BROT, UM ZU ERZÄHLEN 295

Als singulär direkter Angriff auf den Körper weist sie auf die Unhinter-
gehbarkeit unserer körperlichen Existenz; als vollkommene Assimilation
wie Vernichtung des anderen ‚konkurriert' sie mit dem Verstehen. Dessen
vorzügliches Instrument, die Sprache, entspringt wiederum demselben
Ort, an dem sich das Verspeisen vollzieht.[38]

Der Roman sieht aber zu recht die Notwendigkeit, zwischen Fressen und
Verstehen den Mittelweg zu finden. Er beharrt einerseits darauf, Erfahrungen
darzustellen, die inkommensurabel sind, indem er die metonymisch organisierte Geschmackswelt der Protagonistin beschreibt. In dieser Welt gibt
es Sinn und Orientierung, allerdings ist das nicht in Begriffen darstellbar.
Nichtsdestoweniger zeigt er auch, dass sich die Protagonistin aus dieser Welt
herausarbeitet. Sie lernt in dem Sinne zu sprechen, dass sie die Fähigkeit er-
wirbt, sich die Welt abstrahierend entgegenzustellen. So muss auch der Film
des Vaters interpretiert werden, der das letzte Unterkapitel des Romans ausmacht. Es ist ein bizarr surrealistisch anmutender Kurzfilm, bei dem der Vater
Regisseur ist, gleichzeitig aber auch in verschiedenen Kostümen die Rollen
‚Gott' und ‚Zirkusdirektor' spielt. Er ist auf mehreren Ebenen die gesetzgeben-
de Instanz. Die Großmutter Gottes kocht Polenta, die zunächst er selbst aus
„Liebe zu den armen Menschen" (S. 188) isst und dann von allen Figuren (die
anderen werden von der Protagonistin und der Mutter gespielt) gemeinsam
verspeist wird. Dass von diesem Film an so prominenter Stelle erzählt wird,
in dem noch einmal die ganze Absurdität und unkategorisierbare Gewalt und
Ausbeutung, die an der Protagonistin verübt wurde, erahnbar wird, lässt fragen, inwiefern denn überhaupt davon die Rede sein kann, dass sie erfolgreich
war in ihrem Emanzipationsbestreben. Sie erscheint zweifellos als tiefverletz-
te Person. Ganz entscheidend ist aber, dass sie sich die Position des Erzählers,
beziehungsweise der Erzählerin durch das Erzählen dieses Films aneignet und
ihrem Vater entreißt. War er Regisseur, Direktor, Gott und Vater und sie nur die
Rolle, die er aus ihr gemacht hat, wird nun er eine Figur in ihrer Geschichte. Es
bleibt eine Geschichte, die versucht davon zu erzählen, dass sie nicht sprechen
durfte und konnte – aber die Protagonistin erkämpft sich durchs Erzählen die
poetische Hoheit über sich selbst. Oben wurde davon gesprochen, dass in jedem Essen eine profane Transsubstantiation liegt, weil Essen auf dem Teller
aber auch noch im Körper ein Objekt, durch die metabolische Tätigkeit zu einem Teil des Selbst angeeignet wird. Am Film des Vaters ist zu sehen, wie dieses

---

38 Fulda [Anm. 33], S. 14.

Prinzip der Transsubstantiation poetologisch gewendet wird. Die Erfahrung – der Film – muss dieselbe bleiben, weil es darum geht, *diese Erfahrung* zu verstehen und zu verarbeiten. Dieser Prozess der Einverleibung der Erfahrung muss sie aber auch in dem Sinne verändern, dass es ihr möglich wird, die Erlebnisse nicht in ihrer diffusen, leidvollen Wirkung, sondern als verständlichen Teil ins Narrativ des eigenen Selbst zu inkorporieren.

Einverleibung als pop-literarisches Prinzip

Zum Erzählverfahren von Benjamin von Stuckrad-Barres Panikherz *und seiner theatralen Realisierung (Reese, Rüping)*

Kai Bremer

Wir waren völlig fertig
Und konnten's einfach nicht glauben
Und man sah, große Ereignisse werfen ihre Schatten
Unter die Augen.

UDO LINDENBERG, *Gegen die Strömung*

∴

Abstract

Ausgehend von einigen Beobachtungen während einer Lesung Benjamin von Stuckrad-Barres aus *Panikherz* wird die These aufgeworfen, dass es sich bei dieser entschieden autobiographisch gefärbten Erzählung um eine doppelte Einverleibungsgeschichte handelt, die Drogenkonsum und Essstörung zueinander in Beziehung setzt. Wesentlich ist dabei, dass die formal zwischen Autobiographe und Roman changierende Schilderung auf eine für Popliteratur typische Weise offen endet, obwohl die sonst in Stuckrad-Barres Werk typische ironische Grundhaltung hier nicht zu beobachten ist. Deswegen wird vor dem Hintergrund der Dynamik von Drogenkonsum und Essstörung versucht, die Formfrage (Roman oder Biographie?) zu diskutieren und als autopoetische Einverleibung zu beschreiben. Abschließend werden diese Überlegungen auf die beiden überregional rezipierten Theaterinszenierungen von *Panikherz*, die von Oliver Reese am Berliner Ensemble und die von Christopher Rüping am Thalia Theater Hamburg, bezogen.

1 Vorspiel auf dem Theater

Göttingen,* ein Sonntagabend im Herbst 2016. Benjamin von Stuckrad-Barre wird gleich im Rahmen des Literaturherbsts im Deutschen Theater der

Universitätsstadt lesen. Der Vorplatz ist gut gefüllt, neben dem Theater liegt das Gymnasium, an dem er einst Abitur gemacht hat. Vielleicht sind einige ehemalige Mitschüler Stuckrad-Barres unter den Menschen, die herumstehen. Dann waren sie wohl dabei, als die Punkband *The Bates* das Konzert auf dem Pausenhof des Gymnasiums nebenan gegeben hat, von dem *Panikherz* erzählt.[1] Wer von solchen Erinnerungen nicht zehren kann, zeigt denen, die ihn eben begrüßen, Fotos und Videos vom Instagram-Profil des Autors.

Als Stuckrad-Barre dann fahrig wie üblich und mit großer Geste auftritt, hat man für einen Moment den Eindruck, er würde viel lieber noch einmal den Auftritt der *Bates* ankündigen, als vor den gut situierten Zuhörern im Theater lesen. Als er sich aber schließlich hinter den Tisch für die Lesung setzt, scheint er mit den Tränen zu kämpfen. Er widmet die Lesung Christoph Reisner, dem Gründer des Göttinger Literaturherbsts, der Stuckrad-Barre bei dessen ersten Schritten ins Pop-Business wie ein Mentor begleitet hat und der 2014 viel zu früh verstorben ist.

Viele im Saal, die *Panikherz* bereits gelesen haben, überrascht das nicht. Es wird still, als Stuckrad-Barre den Namen Reisners ausspricht und den Blick zur Decke hebt. So beginnt ein ruhiger Abend, eine Lesung aus einem Buch, das dem ersten Eindruck nach ein großer Konversionsbericht, eine Beichte ist und zugleich immer wieder eingesteht, dass die Sünde zwar Geschichte ist, aber dass sie sich auch wiederholen kann. Ein paar Mal sehe ich Karin neben mir an. Mit professionellem Stirnrunzeln signalisiert sie, dass der Mann dort auf der Bühne weiterhin das ist, was sie gerne „grenzkompensiert" nennt.

Von Stuckrad-Barre kündigt an, an diesem Abend in erster Linie Kapitel aus *Panikherz* zu lesen, die sich auf Göttingen beziehen.

Hatte ich mich nicht als Kind auf diese Bühne geträumt? Deutsches Theater in Göttingen? Da oben im Rang hatte ich doch gesessen, *Besuch der alten Dame*, und gedacht, schade, dass ich selbst niemals auf dieser Bühne stehen würde. Jetzt stand ich dort. Und wie immer, wenn in meinem Kopf nur noch die Notbeleuchtung glomm, fiel mir – ein Udo-Text ein, Zeile für Zeile, da steht der Sänger kurz vor dem Auftritt hinterm

---

* Die Theaterbesuche, die den Überlegungen des letzten Teils dieses Textes zugrunde liegen, und die damit verbundenen Reisen nach Berlin und Hamburg wurden aus einem Teil des Preisgelds anlässlich der Verleihung des „Preises der Justus-Liebig-Universität Gießen" für meine Habilitationsschrift ermöglicht. Für die Verleihung des Preises möchte ich ausdrücklich danken.

1 Vgl. Benjamin von Stuckrad-Barre: Panikherz, Köln 2016, S. 115.

EINVERLEIBUNG ALS POP-LITERARISCHES PRINZIP 299

Bühnenvorhang, sieht durch einen Spalt das gespannte Publikum, wird
nervös, bekommt schnell noch ein BERUHIGUNGSBIER:
   „Dann wär ich lieber einer von euch da unten, dahinten, zehnte Reihe
links
   Ich würde denken, na Popstar? Wollen wir doch mal sehen, ob du das
bringst"
   Ich brachte es nicht.[2]

Trotzdem ist *Panikherz* kein Buch über das Scheitern. Aus ihm spricht
Dankbarkeit, die sich so gar nicht zu dem fügt, was den zynischen Sound der
Jungs vom Adlon einst ausgemacht hat.[3] Doch statt diese neue, dankbare
Haltung zu pflegen, vielleicht gar den verlorenen Sohn zu geben, der reumütig
nach Hause zurückkehrt, sitzt an diesem Abend in Göttingen einer auf der
Bühne und liest und erzählt von einem, der auszog, um das Leben in der weiten Welt kennenzulernen und davon spöttisch und nicht selten auch kalt zu
sprechen.
   Nach der Lesung schlendere ich durch die Stadt, denke an mein Studium,
während ich in die Goetheallee einbiege. Ich passiere die Leine, um wie vor 25
Jahren an Heine zu denken. Dann, jenseits der Unteren-Masch-Straße, fällt mir
vor meinem Hotel auf, dass Stuckrad-Barre an diesem Abend eine Geschichte
mit Göttingen-Bezug ausgespart hat:

   Mit dem Fuffi-Briefumschlag und einem Diktiergerät bewehrt, ging ich
   zum Hotel Gebhardt, dort brachte Christoph immer alle Lesungsgäste
   unter, es galt als das beste Hotel der Stadt, der Handlauf an der Ein-
   gangstreppe schimmerte golden, was für eine Welt, ich war sehr aufgeregt.
   Zwar hatte ich ein paar öde Fragen notiert, entlang der Autobiographie,
   vor allem aber wollte ich natürlich das Buch signiert haben und mit
   Rio Reiser im teuren Hotel rumhängen. An der Rezeption diskretes
   Geflüster – und dann der Satz aller Sätze:
      „Herr Reiser erwartet Sie."[4]

Dass Stuckrad-Barre eben die Geschichte vom Interview mit Rio Reiser nicht
im Deutschen Theater vorgelesen hat, veranschaulicht, wie sehr Selektion das

---

2 Ebd., S. 339.
3 Vgl. Tristesse Royale: Das popkulturelle Quintett mit Joachim Bessing, Christian Kracht,
   Eckhart Nickel, Alexander von Schönburg und Benjamin von Stuckrad-Barre, hg. v. Joachim
   Bessing, Berlin 1999.
4 Stuckrad-Barre [Anm. 1], S. 105.

Grundprinzip nicht nur von *Panikherz* ist, sondern auch das Grundprinzip seiner Selbstinszenierung.[5] Hotels sind in *Panikherz* höchst ambivalente Räume. Zunächst und in erster Linie sind sie Orte des Rückzugs, der Diskretion. Sie können zu Orten der Heilung werden. Wiederholt schleppt sich das Ich ins Hotel *Atlantic*, in der Hoffnung von Udo wieder aufgerichtet zu werden. Erst als Udo „Stuckiman" im Chateau Marmont am Sunset Boulevard einquartiert, gelingt es diesem, die Distanz zu seinem bisherigen Lebenswandel aufzubauen, die er zum Überleben braucht. Aber eben weil Hotels Rückzug und Diskretion versprechen, Anonymität und Privatheit bieten, können sie in *Panikherz* zugleich Orte des Exzesses sein:

> Und ich denke daran, wie Ellis und ich damals, vor 16 Jahren, im Frankfurter Hof während einer Buchmessenacht irgendeinen Walter mit Bargeld ausstatteten, damit er uns Kokain besorgt. Das hat natürlich lang, zu lang, gedauert, und so war der Satz des Abends im Fünfminutentakt von Ellis an mich, über all die anderen Buchmesseleute hinweg, die sich da im Frankfurter Hof branchenverschlungen einen ansoffen, gerichtete Frage: „Where ist Walter?" Es war der Schlachtruf jener Nacht, auch als dieser Walter längst wieder da war, „Where is Walter?" war das geflügelte Wort, das uns auf seine Fittiche nahm, hinab in die Kellertoilette des Hotels und von dort weiter durch die Nacht, in irgendwelche anderen Keller, Hauptsache, runter, denn wir konnten ja fliegen.[6]

Die Erinnerung an das Hotel Gebhardt in Göttingen in *Panikherz* nimmt sich angesichts dessen recht harmlos aus. Aber dort, in der Suite von Rio Reiser, darf das Ich erstmals hinter die Fassade eines Popstars blicken, darf sich der Hoffnung hingeben, das wahre Leben hinter der Inszenierung zu entdecken. Es darf am Exzess teilnehmen. Erstmals lernt es das Leben kennen, das es in seinen Bann schlagen und das es fast vernichten wird. Hier, im Hotel Gebhardt, beginnt die beinahe tödlich verlaufende Geschichte seines Drogenkonsums, die – wie zu zeigen sein wird – eine doppelte Einverleibungsgeschichte ist. Stuckrad-Barre aber hat diese Geschichte an diesem Abend im Herbst 2016 nicht erzählt – obwohl sie seinem Publikum im Deutschen Theater zweifelsohne hinlänglich bekannt war.

---

5 Vgl. Katrin Blumenkamp: Typologie des ‚Als ob.' Praktiken der Autorinszenierung um die Jahrtausendwende, in: Schriftstellerische Inszenierungspraktiken – Typologie und Geschichte, hg. v. Christoph Jürgensen, Gerhard Kaiser, Heidelberg 2011, S. 363–381.

6 Stuckrad-Barre [Anm. 1], S. 204.

EINVERLEIBUNG ALS POP-LITERARISCHES PRINZIP

Diese anekdotische Annäherung an *Panikherz* vermag zunächst nur anzudeuten, warum für die Fragestellung nach Einverleibung in literarischen Texten Stuckrad-Barres Buch – ob es sich dabei eher um einen Roman oder eher um eine Autobiographie handelt, wird später zu diskutieren sein – einschlägig ist. Es handelt sich um einen Journalisten und Schriftsteller, der rasant aufsteigt, tief fällt und schließlich von seiner Familie sowie seinem väterlichen Freund Udo Lindenberg gerettet wird. Zugleich ist es eine Geschichte von Drogenkonsum und Magersucht, später auch Bulimie, deren Dramaturgie nicht parallel mit der Geschichte des Protagonisten in der Rettung schließt, sondern ostentativ ambivalent endet. Die Geschichte von Drogenkonsum und Essstörung wird damit weniger als Teil des Lebenslaufs erzählt, sondern allmählich eingeführt, um das Ich als permanent instabil zu charakterisieren. Auch wenn auf das Ende des Romans noch gesondert eingegangen wird, so kann doch bereits hier festgehalten werden, dass die Rettung eine ist, die nicht als Happy End inszeniert wird, sondern vorläufig bleibt, wie der folgende Teil 2 zeigen soll. Im Anschluss an die Ausführungen dazu folgt als Teil 3 der vorliegenden Überlegungen eine zweite Lektüre, die vor dem Hintergrund der Dynamik von Drogenkonsum und Essstörung versucht, die Frage nach der Gattung (Roman oder Biographie?) zu diskutieren und als autopoetische Einverleibung zu beschreiben. Im 4. und letzten Teil werden exemplarisch die beiden überregional rezipierten Theaterinszenierungen von *Panikherz*, nämlich die von Oliver Reese am Berliner Ensemble und die von Christopher Rüping am Thalia Theater Hamburg, im Hinblick auf ihren Umgang mit dem Drogenkonsum und den Essstörungen vorgestellt. Das wird abschließend auf Stuckrad-Barres Selbstinszenierung in der eingangs vorgestellten Lesung im Rahmen des Göttinger Literaturherbst bezogen und im Hinblick auf die Frage nach der Inszenierbarkeit von Einverleibungen interpretiert.

2 Einverleibung und ‚Ausverleibung' – Drogensucht, Essstörung und Exzess

Am Abend im Hotel Gebhardt kommt der autodiegetische Erzähler in *Panikherz* erstmals mit Drogen in Berührung, doch nimmt er sie hier nicht selbst ein. Zwar beschafft er Rio Reiser Haschisch, doch wird nicht erzählt, was damit passiert. Erstmals konsumiert das Ich illegale Drogen nach einem Konzert in Hamburg zusammen mit dem *Bates*-Sänger Zimbl:

Aha, Ecstasy, ich hatte davon gelesen. Ja, natürlich. Anders als vom Speed, das knapp zu sein schien, davon jedenfalls hatte er mir nichts angeboten, waren offenbar ausreichend Pillen da, um auch mir eine zu geben. Erst mal eine halbe vielleicht, regte der Promoter an, aber da hatten Zimbl und ich schon jeder eine ganze runtergeschluckt, keine halben Sachen.[7]

Der im Drogenkonsum unerfahrene Erzähler („ich hatte davon gelesen") hat keinerlei Bedenken und begibt sich ohne jede Vorsicht in seinen ersten Rausch. Eben diese fehlende Zurückhaltung kennzeichnet auch den zweiten geschilderten Drogenkonsum – nun zusammen mit einer Auszubildenden in den Redaktionsräumen des *Rolling Stone*:

> So richtig gut ging es nicht, aber die Geste zählte: Ich hatte die Visitenkarte zu einem Röhrchen gerollt, übergab ihr die und schaute zu, Röhrchen ins Nasenloch, das andere zuhalten und dann die weiße Bahn einsaugen, Augen zu, Kopf in den Nacken werfen, vernehmlich ausatmen, Augen wieder auf, unbedingt erfrischt gucken. Ganz einfach, ich tat es ihr gleich. Das also war Kokain.[8]

Begleitet wird der Konsum der illegalen Drogen regelmäßig durch unmäßig viel Alkohol, der die Sprache des Erzählers selbst zu affizieren und ins Vulgäre zu transformieren scheint („Ich redete und soff mit Phillip Boa, auf Malta!"[9]). Auf diese Weise wird schon früh im Handlungsverlauf signalisiert, dass das Ich rasch die Selbstbeherrschung verliert und zunehmend in asoziale Verhaltensmuster fällt, wenn es trinkt oder Drogen nimmt. Eingeschränkt wird der Exzess vorläufig lediglich durch finanzielle Grenzen: „Um richtig drogenabhängig zu werden oder auch nur ein DROGENPROBLEM haben zu können, fehlte uns das Geld."[10] Der Exzess ist damit vom ersten Rausch an selbstverständlich, sobald die materiellen Voraussetzungen dafür gegeben sind. Gesellschaftliche oder individuelle Gründe für einen Verzicht auf den Rausch kennt das Ich nicht. Der Weg in die Drogenabhängigkeit entwickelt sich zunächst parallel mit dem Verlauf seines materiellen Erfolgs.

Das Ich zeigt also schon früh eine Disposition zum Drogenkonsum. Mit der bereits angesprochenen Essstörung tritt ein zweites Krankheitsbild hinzu, das zwar als ähnlich selbstverständlich wahrgenommen wird, von dem aber von

---

7   Ebd., S. 139.
8   Ebd., S. 154.
9   Ebd., S. 155.
10 Ebd., S. 158.

EINVERLEIBUNG ALS POP-LITERARISCHES PRINZIP 303

Beginn an keine Faszination auszugehen scheint und über das im Vergleich
zum Drogenkonsum deutlich distanzierter erzählt wird:

> Ständig konfrontiert mit dem eigenen Bild in der Öffentlichkeit, was ich
> ja forcierte, wollte ich ab jetzt immer dünner werden. Das Selbstbild,
> das öffentliche Bild, nun geriet alles ein bisschen durcheinander. Auf
> den Umschlagfotos der beiden neuen Bücher jedenfalls müsste ich viel
> dünner, also viel besser aussehen. Fotovorbereitend aß ich fast gar nichts
> mehr, ging jeden Tag joggen, wochenlang nur Sauerkraut aus der Dose,
> der Beginn der magersüchtigen Phase, ich wurde immer dünner – fühlte
> mich aber weiterhin und mehr denn je viel zu dick. Als die Fotos gemacht
> waren, aß ich anderntags beim Hotelfrühstück so viele Nutellabrötchen,
> bis mir ganz schwindelig war. Meine Essstörung manifestierte sich. Das
> Kotzen hatte ich noch nicht entdeckt.[11]

Mit deutlicher Distanz zur eigenen Krankengeschichte analysiert das Ich
seinen Weg in die Essstörung. Zugleich wird deutlich, dass die beiden
Erkrankungen sich in der Hinsicht gleichen, dass ihre Voraussetzung jeweils
eine Einverleibung ist. Die ersten beiden erzählten Drogengeschichten, der
Ecstasy-Konsum mit Zimbl und der des Kokains mit der Auszubildenden, werden gerade nicht umschrieben, sondern explizit als Formen der Einverleibung
verbalisiert: als ‚einwerfen‘ beziehungsweise ‚einsaugen.‘ Sowohl auf den
Drogenkonsum als auch auf das unkontrollierte Essen folgt gewissermaßen
die ‚Ausverleibung.‘ Diese aber ist im vollumfänglichen Sinne des Wortes
ein Exzess. Im Lateinischen meint *excessus* zwar zunächst das Herausgehen
etwa aus einem Raum. Doch ist schon hier dem Wort eine metaphorische
Bedeutungsebene im Sinne einerseits von Abschweifung zum Beispiel in
Gestalt einer religiösen Verzückung sowie andererseits als Ausscheiden aus
dem Leben eigen. Am Exzess in *Panikherz* ist nun zweierlei besonders bemerkenswert. So banal es angesichts der zitierten Passagen erscheinen mag:
Voraussetzung der erzählten Exzesse ist immer eine physische Einverleibung,
nie ein rein emotionales Ereignis. Das hat erhebliche Konsequenzen für die
Wahrnehmung des Essens selbst. Es ist nie bloße Nahrungsaufnahme oder
Existenzbedingung. Zunächst wird in *Panikherz* gar nicht vom Essen erzählt, dann – mit der zitierten Nutellabrötchen-Szene – verursacht es dem
Ich Schwindelgefühle. Sowohl die Einverleibung von Lebensmitteln als auch
die von Drogen lösen also physische Reaktionen aus, die als nicht-alltäglich
markiert werden. Gleichwohl aber unterscheiden sich die beiden Exzesse in

---

11   Ebd., S. 201f.

ihren Folgen. Auf die Einverleibung von Drogen folgt der geistige Exzess als Rausch, auf die von Lebensmitteln der körperliche Exzess sehr bald in Gestalt von Brechorgien:

> Und dann entdeckte ich das Kotzen, Magersucht wurde Bulimie. Anfangs tat es noch weh, aber ich hatte die Tricks schnell drauf, man musste vor einem Fressanfall und währenddessen sehr viel trinken, Apfelschorle war gut, obwohl die Fruchtsäure brannte an den bald chronisch eingerissenen Mundwinkeln, auch Buttermilch eignete sich gut und hatte ja nur ein Prozent Fett. Hundert Prozent Lesesaalauslastung, ein Prozent Fett – das ist das Glück. Dergestalt vorgeschwemmt konnte man essen, was man wollte, Eis ging natürlich besonders gut, das kam fast elegant wieder raus und sogar noch kühl, wenn man sich beeilte (und man beeilte sich immer, man musste schneller sein als das eigene Bewusstsein – und das war man, man war unzurechnungsfähig, juristisch betrachtet). Ich aß alles durcheinander, groteske Mengen, direkt aus der Einkaufstüte, und den Müll direkt wieder rein in die Tüte, hinterher mussten alle Spuren und Beweise beseitigt werden; die Idee: Ich isst ein anderer.[12]

Erzählt wird hier anders als meist in *Panikherz* kein konkretes Ereignis, sondern eine generalisierende Schilderung, wie auf das maßlose Einverleiben der Brechexzess folgt. Im Vergleich zur vorherrschenden Erzählweise wird der Exzess durch eine stilistisch unkontrolliert daherkommende Syntax unterstützt, die sehr assoziativ erscheint und von einem im ersten Moment gänzlich ungeordnet wirkenden Ineinander von Parataxen und Hypotaxen gekennzeichnet ist. Wie wenig diese Erzählweise ein Zufallsprodukt ist, führt die abschließende Ironisierung des Rimbaud-Bonmots vor, das hier nicht nur eine Schlusspointe setzt, sondern zugleich vorführt, dass mit dem Ende der komplexen Syntax der Erzähler wie das Ich die Kontrolle zurückgewonnen hat: Ironie als Selbstdistanzierung, die ihrerseits Voraussetzung für die Wiedergewinnung der Selbstkontrolle und damit für die Beendigung des Exzesses ist. Die Schilderungen der Exzesse in *Panikherz* sind also nicht nur stilistisch bemerkenswert, sondern zugleich auch von metapoetischer Qualität.

Das hier skizzierte Neben- und Ineinander von Einverleibung und den daraus resultierenden diversen Exzessen kommt zwar in der abschließenden Gartenszene im Hotel Marmont zu einem Schlusspunkt. Doch trotz der bereits erwähnten Rettung vor der totalen Selbstzerstörung des eigenen Körpers mit Hilfe der Familie des Ichs und von Udo Lindenberg enden die Schilderungen

---

12   Ebd., S. 223.

EINVERLEIBUNG ALS POP-LITERARISCHES PRINZIP 305

nicht mit einem konventionellen Happy End: Nachdem das Ich von einem
Arzt im Chateau Marmont ein letztes Mal medikamentös eingestellt wurde,
um seine Süchte und seine Depressionen in den Griff zu bekommen, schließt
es folgendermaßen:

> Der Doktor geht durch den Dschungelgarten nach draußen, durchs
> Garagentor direkt auf den Sunset Boulevard. Ich halte am Rand des
> Gartens inne, sehe mit dem Doktor den Jungen verschwinden, den
> ich hinter mir gelassen habe. Türkis schimmert der ovale Pool unterm
> Zitronenbaum, ich denke an Schwab's Drugstore, Fitzgeralds wievielten
> auch immer, jedenfalls letzten Akt, hier in Hollywood. Heute findet man
> dort die Shopping Mall, ein Kino, eine Saftbar, ein Fitness-Studio und
> Trader Joe's.
> Das alles werde ich nun nicht mehr schreiben.
> Der Tote im Pool erzählt seine Geschichte.
> Ich binde mir den Helmut-Schal um, jetzt im Winter wird es ja früh dun-
> kel und abends doch recht frisch.
> Man muss aufpassen.[13]

Mit dieser Schlussszene wird ein allegorisches Bild evoziert, das verschiedene Assoziationen auszulösen versucht. Das Ich tritt zunächst zu sich selbst in
Distanz und sieht sich als „Jungen" mit dem „Doktor" verschwinden. Das darf
als Metapher für das Erwachsenwerden verstanden werden. Das Ich begreift,
dass seine Jugend Geschichte ist: Es kann ihr hinterherblicken, doch erwidert
die personifizierte Jugend nicht den Blick und geht stumm ab. Diese Szene wirft
zugleich die Frage auf, ob auch der Arzt eine Figur der Fiktion ist. Sein konkretes Wissen, wie die Medikamente dosiert werden müssen und wie sie im Falle
des ehedem Drogensüchtigen im Körper wirken,[14] sind derart konkret, dass die
Mutmaßung naheliegt, den Doktor als eine Figur der erzählten Wirklichkeit
zu betrachten. Das gemeinsame ‚Verschwinden' mit dem „Jungen" lässt ihn
gleichwohl zu einer im Abgang märchenhaften Figur werden. Zugleich scheint
der Arzt mit seiner Medikation zum Schamanen oder Therapeuten zu werden,
der das Ich von seinem manischen Festhalten-Wollen an seiner Jugend befreit
und seine Identität als Erwachsener annehmen lässt. Eine Heilung der tieferen
Ursachen seiner Exzesse wird für einen Moment suggeriert.

In einem anderen Verhältnis als der Junge steht der „Tote im Pool" zum
Ich. Zunächst spielt der Satz offenkundig mit zwei Bedeutungsmöglichkeiten

---

13 Ebd., S. 564.
14 Vgl. ebd., S. 562–564.

von ,erzählen.' Das Wort kann metaphorisch gemeint sein (in dem Sinne, dass ein Körper im Pool treibt und der Erzähler diesen Umstand als Bild für eine Erzählung deutet). Es kann aber ebenso bedeuten, dass der Tote konkret erzählt. Zudem erklärt der Satz nicht, in welchem Verhältnis der Tote und das Ich zueinanderstehen. So entsteht in diesem ostentativ anti-hermetischen, vielfach regelrecht oberflächlich[15] anmutenden Buch ein Bruch mit der bisherigen auf Deutlichkeit und Unmissverständlichkeit setzenden Darstellungsweise. Durch den folgenden Satz über den „Helmut-Schal"[16] werden die Unkonkretheit und Ambivalenz des vorhergehenden Satzes hervorgehoben. Der letzte Satz wiederum („Man muss aufpassen.") lädt dazu ein, ihn als eine Art Selbstvergewisserung des Ich zu lesen. Doch ist das nicht zwingend, denn zum einen spricht das Ich in *Panikherz* von sich so gut wie nie unpersönlich, sondern in aller Regel in der ersten Person Singular. Zudem scheint eine Selbstwarnung vor einer Erkältung oder Ähnlichem angesichts der lebensbedrohlichen Erfahrungen, die das Ich durchlebt hat, unangemessen.

Vor allem aber ist dieser letzte Satz als intertextueller Verweis bemerkenswert. Stuckrad-Barre knüpft damit sprachlich an das Ende seines Erfolgsromans *Soloalbum* an, in dem ebenfalls das Ich des autodiegetischen Erzählers dominiert. Hier äußert sich das Ich zuletzt ebenfalls unvermittelt unpersönlich und verallgemeinernd: „Man weiß es nicht.", heißt es dort, ehe der Roman mit den Worten schließt: „Ja. *Definitely Maybe*, das ist der beste LP-Titel aller Zeiten."[17] Ähnlich wie *Soloalbum* erzeugt *Panikherz* am Ende mit vergleichsweise einfachen literarischen Mitteln eine Offenheit und Mehrdeutigkeit, die dem vorherrschenden, vordergründig realistischen Stil entgegenstehen und dadurch schlussendlich die Literarizität beider Bestseller betonen, indem die Rezipienten gezielt zur Deutung herausgefordert werden.

Damit arbeitet Stuckrad-Barre mit einem auch in anderen Werken der Pop-Literatur[18] typischen Verfahren. Christian Kracht etwa beschließt

---

15   Zum Prinzip der Oberflächlichkeit in der Pop-Literatur vgl. Poetik der Oberfläche. Die deutschsprachige Popliteratur der 1990er Jahre, hg. v. Olaf Grabienski, Till Huber, Jan-Noël Thon, Berlin 2011.

16   Ein Schal des Regisseurs Helmut Dietl, dessen Tod das Ich in *Panikherz* wiederholt thematisiert.

17   Benjamin von Stuckrad-Barre: Soloalbum. Roman, 8. Aufl., Köln 2010, S. 245.

18   Wenn wie im Titel des vorliegenden Artikels auch im Folgenden zwischen ,Pop' und ,Literatur' ein Bindestrich gesetzt wird, geschieht das in Fortführung der Überlegungen von Eckhard Schumacher, der überzeugend Pop als Methode begreift, Eckhard Schumacher: Das Ende der Popliteratur. Eine Fortsetzungsgeschichte (Teil 2), in: Grabienski, Huber, Thon [Anm. 15], S. 53–70, hier: S. 65.: „Pop wäre dann gerade nicht mit Popliteratur gleichzusetzen, sondern eine von mehreren Verfahrensweisen, und zwar eine, die nicht zuletzt dadurch gekennzeichnet ist, Definitionen permanent zu unterlaufen – gegebenenfalls

EINVERLEIBUNG ALS POP-LITERARISCHES PRINZIP

Faserland ähnlich offen.[19] Stuckrad-Barre entwirft in *Panikherz* ebenfalls eine Schlussszene, die nicht eindeutig ist und nicht zuletzt durch potentielle Todes-Personifikationen ambivalent gedeutet werden kann.

Zugleich gewinnt *Panikherz* dadurch einen Zug ins Allgemein-Sentenzhafte. Susanne Gaschke hat der letzte Satz sogar veranlasst, ihm in einem NZZ-Artikel über die gesellschaftliche Situation in Deutschland eine allgemeine kulturkritische Bedeutung zuzuschreiben:

> ‚Neurasthenie‘ (‚reizbare Schwäche‘) war ein gefährliches deutsches Gefühl des beginnenden 20. Jahrhunderts. Als Fazit für die Bestandsaufnahme deutscher Verhältnisse eignet sich die letzte Zeile, mit der Benjamin von Stuckrad-Barre seinen autobiographischen Roman ‚Panikherz‘ enden lässt. Sie lautet: ‚Man muss aufpassen.‘[20]

Durch die Tendenz zum Sentenziösen, zum gezielt offen Formulierten bleibt die Drogensucht einerseits präsent, zugleich aber fordert der Schluss von *Panikherz* dadurch auf, die Pool-Szene allgemeiner, ja vielleicht sogar allegorischer zu lesen, wie es Gaschke hier tut. Damit aber tritt die zweite Erkrankung des Ich entschieden in den Hintergrund. Von ihr ist auch schon lange vor dem letzten Kapitel nicht mehr die Rede. Zwar isst der autodiegetische Erzähler auch im Chateau Marmont nur sehr wenig, in erster Linie ist von den Getränken

---

auch in vermeintlich gegenläufige Richtungen. Diese Bewegungen kann man genauer erkennen, wenn man auf eine Zuschreibung wie Popliteratur verzichtet – oder zumindest heuristisch davon ausgeht, dass man, auch und gerade nach ihrem vermeintlichen Ende, nicht weiß, was Popliteratur ist.“

19 Nachdem der autodiegetische Erzähler auf dem Kilchberger Friedhof das Grab von Thomas Mann nicht findet, geht er zum Ufer des Zürichsees. Dort lässt er sich von einem Mann, der – anders als sonst in diesem Roman üblich – in keiner Weise äußerlich beschrieben wird und von dem nur zu erfahren ist, dass er im Dunkel des Abends raucht, hinausrudern. Der Mann soll das Ich für 200 Franken auf die andere Seite rudern. Ob das Ich dort ankommt, bleibt offen: „Ich steige ins Boot und setze mich auf die Holzplanke, und der Mann schiebt die Ruder durch diese Metaldinger und rudert los. Bald sind wir in der Mitte des Sees. Schon bald.“ Christian Kracht: Faserland. Roman, 17. Aufl., München 2014, S. 158. Oliver Jahraus hat dieses Roman-Ende als intertextuelles Spiel mit C.F. Meyer, Klopstock und Goethes *Ein Gleiches* (*Wanderers Nachtlied II*) gedeutet. Oliver Jahraus: Ästhetischer Fundamentalismus. Christian Krachts radikale Erzählexperimente, in: Christian Kracht. Zu Leben und Werk, hg. von Johannes Birgfeld, Claude D. Conter, Köln 2009, S. 13–23, bes. S. 18. Vgl. auch http://de.wikipedia.org/wiki/Faserland [7.3.2018].

20 Susanne Gaschke: Im Durcheinanderland herrscht schlechte Stimmung. Deutschland leidet unter einer Zerrüttung der Diskussionskultur und der Verschärfung im Umgangston. https://www.nzz.ch/feuilleton/im-durcheinanderland-herrscht-schlechte-stimmung-ld.1354871 [6.3.2018]. Bemerkenswert vor dem Hintergrund der vorliegenden Überlegungen auch die Bezeichnung als „autobiographischer Roman.“

(Wasser und Tee) die Rede. Die den Beginn der Erkrankungen kennzeichnende Dialektik aus Einverleibung und Exzess findet sich am Ende hingegen nicht mehr. Präsent bleibt lediglich die Erinnerung an die Drogensucht, der Status der Essstörung wird hingegen nicht mehr thematisiert. Erneut zeigt sich, wie zentral es für das Verständnis von *Panikherz* ist, gerade auch nach dem zu fragen, was nicht erzählt wird.

Zugleich kann dieser letzte Satz in *Panikherz* auch als Abstraktion der Selbstfürsorge und damit als negativer Ausdruck der selbstzerstörerischen Form der Einverleibung gelesen werden. Eine solche Deutung aber erlaubt zugleich die These, dass die Engführung von Nutrition und Intoxikation der popkulturelle Akzent innerhalb der Speise-Metaphorik ist, der durch *Panikherz* gesetzt wird.

3 Strukturelle Einverleibungen: Frisst der Roman die Autobiographie oder die Autobiographie den Roman?

Die abschließende Pool-Szene führt vor, dass in *Panikherz* Geschichten erzählt werden, die so stattgefunden haben mögen, die so aber nicht stattgefunden haben müssen. Das ist ein Verfahren, das für Pop-Literatur typisch ist und oft auf Unverständnis stößt. In Christian Krachts *Faserland* landet das Ich in Frankfurt und steckt noch im Flughafen seine mit Joghurt durchnässte Barbourjacke in Brand.[21] Pop-Literatur unterläuft nicht nur die Grenze zwischen Fakt und Fiktion,[22] sie fordert den Rezipienten permanent dazu heraus, sich die Frage zu stellen, ob das tatsächlich so geschehen sein kann. Michael Multhammer hat über *Panikherz* treffend geurteilt: „Spielt man Dichtung und Wahrheit gegeneinander aus, zielt das geradewegs am Text vorbei."[23] Das bestätigt die Pool-Szene. Zudem macht sie klar, wie sehr dieses Ineinander von ‚Dichtung und Wahrheit' einerseits zwar literarische Strategie, wie sehr zugleich aber die Autorinszenierung eben dieses Ineinander nicht nur stützt, sondern

---

21 Vgl. Kracht [Anm. 19], S. 66. Als der Roman, der *Faserland* im Unterschied zu *Panikherz* zweifellos ist, vom niedersächsischen Kultusministerium zum Abitur-Stoff gemacht wurde, hat Heike Schmoll in der *Frankfurter Allgemeinen Zeitung* die Entscheidung heftig kritisiert und das mit dieser Szene im Flughafen Frankfurt begründet: „Wie unglaubwürdig die Erzählung in sich ist, zeigt sich daran, wenn er seine Barbour-Jacke im Flughafengebäude entzündet, ohne dass irgendjemand davon Notiz zu nehmen scheint." Heike Schmoll: Abschreckend, in: FAZ 177 (2.8.2013), S. 7.

22 Vgl. Anm. 19.

23 Michael Multhammer: Der frühneuzeitliche Popliterat. Benjamin von Stuckrad-Barres Bekenntnis, in: Merkur 70/H. 806 (2016), S. 67–71, hier: S. 71.

EINVERLEIBUNG ALS POP-LITERARISCHES PRINZIP

gezielt befördert und letztlich wesentlicher Bestandteil von Stuckrad-Barres Werkpolitik[24] ist.[25]

Stuckrad-Barre hat zu Beginn der Lesung in Göttingen vom „Ich-Erzähler" gesprochen, also eine Deutung als Roman nahegelegt. Erst meinte man, dass das der ironische Versuch ist, sich über sein Wissen, das er am benachbarten Gymnasium erworben hat, lustig zu machen. Schließlich findet sich eine ähnliche Szene bereits in *Panikherz*, kurz bevor der Erzähler sich eingesteht, dass er es bei der Lesung in Göttingen nicht ‚gebracht' hat:

> Besonders an dem ungelenken Reclamheftchen-Exegese-Terminus Ich-Erzähler hatte ich jetzt hier in Göttingen, direkt neben meinem Abiturgymnasium, die allergrößte Freude, gesteigert von der Möglichkeit, diesen von mir just ersponnenen FRONTALUNTERRICHT durchzuführen, sekundiert vom STUDIERTEN Gymnasiallehrer und als KRITISCH SICH EINMISCHENDER Liedermacher jahrelang mit dem völlig unlustigen Spottbegriff Oberlehrer belegten Heinz Rudolf Kunze.[26]

Im Unterschied zu dieser Szene setzte sich bei der Lesung 2016 allmählich der Eindruck fest, dass Stuckrad-Barre gezielt versucht hat, eine Grenze zwischen dem Erzähler und sich selbst zu ziehen. Später freilich, als er das Publikum mitriss, hielt er das nicht mehr durch. Der „Ich-Erzähler" reduzierte sich zum „Ich."

Wie sehr diese Verwirrung zwischen Roman und Autobiographie in *Panikherz* Konzept ist, zeigt sich schon auf der ersten Seite des Buchs: An sich untypisch für einen potentiellen Bestseller findet sich dort nämlich kein Hinweis auf das Genre. Allerdings muss man einschränken, dass Genre-Hinweise bei den Büchern Stuckrad-Barres nicht selbstverständlich sind. *Soloalbum* ist zwar trotz des entschieden autobiographischen Hintergrunds dezidiert als „Roman" ausgewiesen.[27] In anderen Büchern finden sich hingegen keine konkretisierenden, rezeptionssteuernden Angaben zur Textsorte, das gilt

---

24 Vgl. Steffen Martus: Werkpolitik. Zur Literaturgeschichte kritischer Kommunikation vom 17. bis zum 20. Jahrhundert, Berlin 2007.

25 So auch Markus Tillmann, Jan Forth: Der Pop-Literat als „Pappstar." Selbstbeschreibungen und Selbstinszenierungen bei Benjamin von Stuckrad-Barre, in: Selbstpoetik 1800–2000, hg. v. Ralph Köhnen. Frankfurt/Main, Berlin, Bern 2001, S. 271–282, hier: S. 272: „Dies gilt für die Autorfigur Benjamin von Stuckrad-Barre gleichermaßen, denn auch hier kann die sich selbst inszenierende Medienfigur nicht getrennt werden von Stuckrad-Barres Büchern (*Soloalbum, Remix, Livealbum, Blackbox*) und CDs (*Liverecording* und *Bootleg*) betrachtet werden."

26 Stuckrad-Barre [Anm. 1], S. 338f.

27 Stuckrad-Barre [Anm. 17], Titelblatt.

zumal für Bücher, die in erster Linie Zeitungstexte oder zeitdiagnostische Essays enthalten (*Deutsches Theater, Auch Deutsche unter den Opfern, Ich glaub, mir geht's nicht so gut. Ich muss mich mal irgendwo hinlegen*).[28] Zwar spricht hier in der Regel ein „Ich", das aber aufgrund der paratextuellen Rahmung als publizistischer Text mit der Person Stuckrad-Barre gleichgesetzt wird. Gleichwohl sollte man es sich aber nicht allzu leicht mit dieser Grenzziehung machen, zumal Stuckrad-Barre sie selbst reflektiert – etwa in *Ich glaub, mir geht's nicht so gut. Ich muss mich mal irgendwo hinlegen*, da er zu einem Lob Walter Kempowskis ansetzt:

> Seine Bücher lenken den Blick auf jeden erdenklichen, so bezeichneten NEBENKRIEGSSCHAUPLATZ. „Faction" nannte er es und trieb ein Verfahren auf die Spitze, dessen sich auch Thomas Mann, Karl Kraus, Georg Büchner und natürlich Goethe schon bedient hatten, aber da Dummheit hierzulande keinen direkten Straftatbestand darstellt, kamen natürlich auch gegen Kempowski immer mal wieder Plagiatsvorwürfe auf. Oder er wurde gefragt, wann er denn endlich mal wieder WAS EIGENES schreiben werde.[29]

Wie gezielt dieses Verschmelzen von Realität und Fiktion bei Stuckrad-Barre erfolgt und wie sehr er es als künstlerisches Prinzip begreift, das er wertschätzt, zeigt ebenso seine Beschäftigung mit Jörg Fauser: „Dabei schert er sich einen Dreck um literarische Konventionen, die Genres verschmelzen (Krimi, Tagebuch, Roman, Märchen), und so wird alles eins, ein großartiges Buch nämlich."[30]

---

28 Vgl. Benjamin von Stuckrad-Barre: Deutsches Theater, Köln 2001; Ders.: Auch Deutsche unter den Opfern, Köln 2010; Ders.: Ich glaub, mir geht's nicht so gut. Ich muss mich mal irgendwo hinlegen. Remix 3, Köln 2018.

29 Benjamin von Stuckrad-Barre: Vorruf auf Walter Kempowski, in: Ders.: Ich glaub, mir geht's nicht so gut [Anm. 28], S. 273–287, hier S. 275f. Zum Verhältnis der beiden Autoren vgl. Dirk Hempel: Stuckrad-Barre und Kempowski. Eine Annäherung. Positionsbestimmungen im literarischen Feld nach der Wiedervereinigung, in: Autorinszenierungen. Autorschaft und literarisches Werk im Kontext der Medien, hg. v. Christine Künzel, Jörg Schönert, Würzburg 2007, S. 209–221; zu ästhetischen Parallelen Martin Rehfeldt: Archiv und Inszenierung. Zur Bedeutung der Autorinszenierung für Walter Kempowskis *Das Echolot* und Benjamin von Stuckrad-Barres *Soloalbum*, in: Walter Kempowski. Bürgerliche Repräsentanz – Erinnerungskultur – Gegenwartsbewältigung, hg. v. Lutz Hagestedt, Berlin, New York 2010, S. 369–390. Zur Selbstinszenierung Kempowskis Kai Sina: Maskenspieler, Stellvertreter, Märtyrer: Formen und Funktion der Autorinszenierung bei Walter Kempowski, in: Jürgensen, Kaiser [Anm. 5], S. 341–362.

30 Benjamin von Stuckrad-Barre: Jörg Fauser, in: Ders.: ich glaub [Anm. 28], S. 189–193, hier S. 193.

EINVERLEIBUNG ALS POP-LITERARISCHES PRINZIP

Das zum Prinzip erhobene Fehlen einer konkreten Genre-Angabe verleitet den Rezipienten freilich dazu, von einem faktischen Kern von *Panikherz* auszugehen – analog zu den Essaysammlungen. In Kombination mit den einleitenden Erinnerungen an Christoph Reisner konnte so zu Beginn des Abends im Deutschen Theater Göttingen der Eindruck aufkommen, hier lese jemand aus seiner Autobiographie. Die Hinweise auf den „Ich-Erzähler" lenkten die Aufmerksamkeit anschließend jedoch darauf, dass dieses Buch nicht den Anspruch erhebt, eine zuverlässige Erinnerung zu erzählen. Indem der Erzähler in *Panikherz* dieses Ich in immer neuen Posen und Anekdoten inszeniert und weil zugleich der Autor auf der Bühne das alles um zusätzliche Schilderungen aus seinem Leben ergänzte, verwirrte sich die Grenze zwischen Erzähler und Autor immer mehr.

In den Kritiken ist die Frage, ob *Panikherz* einem bestimmten Genre zugeordnet werden kann, bemerkenswert facettenreich erörtert worden. Vergleichsweise entschieden legt sich Edo Reents in der *FAZ* fest: „Das Buch [...] wird man am ehesten als Autobiographie bezeichnen können."[31] Dem entgegen steht die Rezension von Friedrich Küppersbusch, einem der frühen Helden Stuckrad-Barres, im *Spiegel*. Er nennt das Buch konsequent „Roman", freilich ohne sich auch nur ansatzweise daran zu stoßen, dass dem die Trennung zwischen Autor und Erzähler typischerweise eigen ist. Das erlaubt Küppersbusch Sätze, die *Panikherz* hervorragend charakterisieren, aber die von Stuckrad-Barre betriebene und paratextuell unterstützte Unterminierung der Grenze zwischen Autobiographie und Fiktion noch verstärken: „Stuckrad-Barre beschreibt die ganze Werkstattpatina seines Langstreckenselbstmordversuchs und schaut sich selbst beim Schreiben zu."[32] Andrian Kreye schließlich versucht das Genre von *Panikherz* mittels eines Vergleichs mit der Pop-Musik zu fassen: „*Panikherz* ist ein Krankenbericht. Oder um im Pop-Genre zu bleiben, ein ‚Confessional Album', wie man die musikalischen Offenbarungen nennt, mit denen sich Stars aus den Trockengebieten der Rekonvaleszenz zurückmelden."[33] Es ist also offenkundig nicht leicht, den Balanceakt zwischen Fiktion und Autobiographie

---

31 Edo Reents: Der Dauerrausch als Haltung. http://www.faz.net/aktuell/feuilleton/bue cher/rezensionen/stuckrad-barres-neue-autobiografie-panikherz-14115344.html [6.3.2018]. Dementsprechend vermeidet Reents auch weitgehend das Verb ‚erzählen' und Genre-Angaben, von ‚Erzählung' spricht er beispielsweise nur einmal.

32 Friedrich Küppersbusch: Stuck in the middle with you. http://www.spiegel.de/kultur /literatur/panikherz-von-benjamin-von-stuckrad-barre-kritik-a-1081935.html [6.3.2018].

33 Andrian Kreye: Die Spießigkeit der Drogensucht. http://www.sueddeutsche.de/kultur /panikherz-von-benjamin-von-stuckrad-barre-die-spiessigkeit-der-drogensucht-1.2899431 [6.3.2018]. Inhaltlich eine ähnliche Stoßrichtung – freilich mit überzeugender literaturhistorischer Tiefe – bei Multhammer [Anm. 23]. Multhammers Überlegungen überzeugen vielfach, funktionieren aber letztlich nur durch Analogien zur theologischen

zu beschreiben, den *Panikherz* vollzieht. Das wiederum führt zu geradezu diametral sich widersprechenden Einordnungen, wie die drei Beispiele aus dem Feuilleton zeigen. Aber woran liegt das konkret?

Zunächst daran, dass in *Panikherz* wesentliche Momente von Stuckrad-Barres Leben nicht erzählt werden. Wohl fast jeder Leser wartet auf weibliche Namen, auf Affären und längere Beziehungen. Aber die Namen fallen nicht beziehungsweise nur indirekt. Von der Beziehung mit Anke Engelke wird nur einmal ausdrücklich gesprochen – bezeichnenderweise aber nicht in Gestalt der konkreten erzählten Erinnerung, die *Panikherz* üblicherweise prägt, sondern metadiegetisch, indem der Erzähler aus der Perspektive von anwesenden Journalisten von einem Udo-Event erzählt: „Als ironischer Drüberstehjournalist [...] hatte man hier leichtes Spiel", da ‚man' sich nicht nur über Udo habe lustig machen können, sondern auch über „Nina Hagen, Ben Becker, Die Prinzen, Olivia Jones, Nena und diese[n] Dingsda, de[n] Ex von Anke Engelke."[34] Während wichtige weibliche Persönlichkeiten weitgehend verschwiegen werden, wird von Freundschaften zu besonderen Männern – allen voran zu Udo Lindenberg – und von der Familie, die ohne Wenn und Aber zum Ich während seines Junkielebens steht, ausführlich erzählt. Aber eben diese Beobachtung, dieses entschiedene Verschweigen der Frauen in den Jahren von Stuckrad-Barres *Panikherz*-Zeit führt vor, dass die Deutung des Buchs als Reue-Bekenntnis eines verlorenen Sohnes („Confessional Album") zu kurz greift. Zwar lädt Stuckrad-Barres Herkunft aus einem lutherischen Pastorenhaushalt dazu ein, auch schildert das Ich seine Verfehlungen. Aber seine Buße ist nicht radikal und vor allem schützt sie nicht vor dem Rückfall in den Exzess, wie das offene Ende zeigt. Alle Entschuldigungen bleiben, so ehrlich sie im Moment ihrer Äußerung auch gemeint scheinen, vorläufig. Stuckrad-Barre beherrscht als Pastorensohn den bekenntnishaften Gestus der öffentlichen Reue. Eine katholische Ohrenbeichte, in der rücksichtslos alles offenbart werden muss, hat er hingegen nicht verfasst.

Die Feuilleton-Kritiken wie die ersten literaturwissenschaftlichen Äußerungen zu *Panikherz* zeigen also, wie offen die Frage nach der Gattung ist. Letztlich kann das Nebeneinander der unterschiedlichen Positionen sogar als Triumph von Stuckrad-Barres metapoetischen Äußerungen begriffen werden. Unterstützt wird das in *Panikherz* zudem durch die erzählte Zeit. *Panikherz*

Bekenntnis- und Bußpraxis. Zudem ist die Konversionsliteratur in der Regel durch Bekehrungsmomente gekennzeichnet, die *Panikherz* m.E. abgehen.

34 Stuckrad-Barre [Anm. 1], S. 321.

EINVERLEIBUNG ALS POP-LITERARISCHES PRINZIP

ist durch das spätere Erzählen, also durch den bilanzierenden Rückblick vom Chateau Marmont aus auf das bisherige Leben, viel episodischer und weniger chronologisch-linear als *Soloalbum*. Es geht in *Panikherz* nie um die Frage, ob das Ich seinen selbstzerstörerischen Lebenswandel überlebt, sondern lediglich wie ihm das gelingt. *Panikherz* wählt damit einen Zeitpunkt des Erzählens, der für autobiographische Texte sehr typisch ist, während *Soloalbum* mit seinem gleichzeitigen Erzählen auf die in Pop-Literatur so typische Präsenz zielt. Präsenzeffekte provozierendes Erzählen findet sich hingegen gerade dort, wo generalisierend berichtet wird, wie in der vorgestellten Szene über die Dynamik der Essstörung.

Konventionelle Entwicklungsmuster etwa des Bildungsromans oder überraschende Dramaturgien gehen *Panikherz* weitgehend ab. Auch setzt Stuckrad-Barre die zitierten Lindenberg-Songs beziehungsweise -Texte nicht so sehr als Gliederungshilfe ein, wie er das mit den Song-Zitaten in *Soloalbum* getan hat.[35] Sie werden vielmehr als Kommentare zur jeweiligen Situation oder als Spiegel des momentanen Gemützustands des Ich genutzt. *Panikherz* arbeitet also auf über 500 Seiten permanent gegen die klare Zuordnung als Roman oder als Autobiographie. Wie dargestellt, geschieht das mit Verfahren, die in der Pop-Literatur weitgehend etabliert sind. Im Unterschied zu vielen anderen ihrer Werke setzt Stuckrad-Barre dabei auf gezielte Destabilisierung, indem von Kapitel zu Kapitel, ja von Ereignis zu Ereignis, erst ein Gattungsrahmen aufgerufen wird, in dem dann aber erzählerische Verfahren der je anderen Gattung genutzt werden, so dass die gewissermaßen ‚einverleibte‘ Gattung ihrerseits wiederum den Gattungsrahmen zerstört. Ergänzend zur thematischen Dynamik von Einverleibung und Exzess lässt sich also auch in der Erzählstruktur eine Dynamik von Einverleibung und Exzess in *Panikherz* finden und beschreiben. Bis zum Ende kann der Rezipient sicher sein, dass eine einmal gebildete Haltung zum Realitäts- beziehungsweise Fiktionsgehalt von *Panikherz* durch eine weitere Schilderung destabilisiert wird und damit das Verhältnis von Roman und Autobiographie vorläufig bleibt. Die permanente Einverleibung der Fiktion in die Erinnerung und umgekehrt ist das autopoetische Kernprinzip von *Panikherz*.

---

35 Vgl. Thomas Jung: Die Geburt der Popliteratur aus dem Geiste von Mozart und MTV. Anmerkungen zu Benjamin von Stuckrad-Barres Roman *Soloalbum*, in: Alles nur Pop? Anmerkungen zur populären und Pop-Literatur seit 1990, hg. v. Thomas Jung. Frankfurt/Main, Berlin, Bern 2002, S. 137–156, bes. S. 149.

4 Von der Schwierigkeit, Einverleibungen zu inszenieren: „Panikherz" auf der Bühne

Panikherz ist eine Liebeserklärung an heterotopische Räume,[36] an das Hotelzimmer und an die Hinterbühne, denn erst sie sind die Voraussetzung für Einverleibung und Exzesse. Freilich ist dieser Liebeserklärung ein Paradox eigen: Indem *Panikherz* von diesen Räumen erzählt und sie damit öffentlich macht, verlieren sie zugleich ihre Intimität. Das Buch setzt dabei gestisch auf die theatralen Konventionen und die des Rock.[37] Die Hauptfigur in diesen heterotopischen Räumen ist immer Ich. *Panikherz* ist damit ein extrovertiertes (da Einverleibung und Exzess explizit erzählendes) und dementsprechend theatrales Buch. So wie das Theater der Ort ist, an dem es permanent, Abend für Abend, darum geht, Räume zu schaffen, die etwas zeigen, das den Blicken des Publikums außerhalb des Theaters verborgen bleibt, so schildert Stuckrad-Barres Bestseller Räume, in denen die an sich privaten und in der Regel verborgenen Handlungen stattfinden.

Ähnlich wie im klassischen Drama geht es in *Panikherz* von Beginn an weniger um die Frage, ob es zur Katastrophe kommt und dementsprechend nur begrenzt um konventionelle Spannung. Durch die Engführung von empirischem Autor und autodiegetischem Erzähler wird noch vor der Lektüre des ersten Satzes von *Panikherz* durch die peritextuelle Nennung des Autors angekündigt, dass dieser nicht an Drogensucht und/oder Bulimie sterben wird. Diese Gewissheit bestätigt *Panikherz* sodann durch die spätere, vom Chateau Marmont aus auf die Erlebnisse des Ich rückblickende Erzählung. Durch die Engführung von empirischem Autor und Ich sowie durch die regelmäßige Erinnerung, dass Einverleibung und Exzess Geschichte sind, können sich die Rezipienten von Beginn an viel stärker auf die Fragen einlassen, wie sich alles entwickelt und wie es erzählt wird. Öffentliche Lesungen von *Panikherz* wie die Stuckrad-Barres im Rahmen des Göttinger Literaturherbsts 2016 auf der

---

36 Im Sinne von Michel Foucault: Von anderen Räumen (1967), in: Raumtheorie. Grundlagentexte aus Philosophie und Kulturwissenschaften, hg. v. Jörg Dünne, Stephan Dünzel, Frankfurt/Main 2006, S. 317–329.

37 Das ist kein neues Verfahren in Stuckrad-Barres Werk: „Die Geste des Rock ist in ihrer Theatralität ein konventioneller Code, auf den man immer wieder zurückgreifen kann. Ein solches Regelsystem ermöglicht es erst, dass Stuckrad-Barres Rezipienten den beschriebenen Drogenkonsum vor einem Live-Auftritt als ästhetischen Code bzw. als Rockgeste identifizieren und entsprechend einordnen können. Die Autorfigur erkennt allerdings auch, dass es zum Problem werden kann, wenn die Öffentlichkeit zur Interpretation seiner Gesten gewohnheitsmäßig auf die Codes des Rock zurückgreift", Tillmann, Forth [Anm. 25], S. 281.

EINVERLEIBUNG ALS POP-LITERARISCHES PRINZIP

großen Bühne des Deutschen Theater Göttingen realisieren also das theatrale Potential von *Panikherz*.

Vor diesem Hintergrund überraschte es nicht, dass zu Beginn der Spielzeit 2017/18 mehrere Theater ankündigten, *Panikherz* auf die Bühne zu bringen: das Berliner Ensemble, das Thalia Theater in Hamburg, das Junge Theater in Göttingen und das Theater Neumarkt in Zürich. Doch so nahe diese Entscheidung auch liegen mag, muss zugleich bedacht werden, wie sehr sie eine künstlerische Herausforderung ist:[38] Wie würden die Inszenierungen mit der offenen Frage nach der permanenten und zirkulären Einverleibung von Autobiographie und Roman umgehen? Wie damit, dass *Panikherz* ein Erzählwerk ist, in dem dermaßen oft „ich" gesagt wird, dass es an sich aufgrund seiner monologischen Form denkbar ungeeignet für die Bühne ist? Immerhin ist der Monolog, so tragisch er auch sein mag, an sich eine äußerst undramatische Form der menschlichen Rede.[39]

Damit liefern die folgenden Hinweise en passant eine erste wissenschaftliche Annäherung an das Thema Romanadaptationen auf dem Theater. Sie machen seit ungefähr fünfzehn Jahren einen nicht unerheblichen Teil des Gegenwartstheaters aus. Die Dramatisierung von Wolfgang Herrndorfs *Tschick* war beispielsweise einer der ganz großen Theatererfolge der 2010er Jahre. Für John von Düffels Dramatisierung von Thomas Manns *Buddenbrooks* kann das ebenfalls festgehalten werden.[40] Den Reiz solcher Unterfangen hat der Regisseur Alexander Eisenach zwei Tage vor der Premiere der ersten, der Berliner Aufführung von *Panikherz* in der *Frankfurter Allgemeinen Zeitung* auf den Punkt gebracht:

> Es ist gerade die Unmöglichkeit, alles in gesprochene Worte zu fassen, es ist der Zwang zum Weglassen, das Wissen um die überbordende epische Grundierung, die jeder Romanadaptation zugrunde liegen muss, wenn sie faszinieren will. Der überbordende Roman zwingt uns zum Ungesagten, zum Hintergrundrauschen, zum Bild, zur Musik, zum Körper. Es ist

---

38 Ausgeschlossen werden kann selbstredend nicht das Kalkül, mit der Dramatisierung eines Bestsellers breite Zuschauerschichten anzusprechen.

39 Vgl. Kai Bremer: Postskriptum Peter Szondi. Theorie des Dramas seit 1956, Bielefeld 2017, S. 69–72. Ergänzend stellt sich die Frage, wie die Musikalität des Buches und der Udo-Sound realisiert würden. Bei der Lektüre haben die Rezipienten je nach Kenntnisstand die Songs im Ohr, bei Lesungen überzeugt Stuckrad-Barre nicht zuletzt, weil er Lindenberg beeindruckend gut nachahmen kann. Wie aber Lindenberg inszenieren, ohne ihn zu parodieren? Dass diese Frage im Rahmen der vorliegenden Überlegungen nicht beantwortet werden kann, liegt auf der Hand.

40 Vgl. Buddenbrooks von und nach Thomas Mann, hg. v. Ortrud Gutjahr, Würzburg 2007.

paradoxerweise seine außersprachliche Wirkung, die uns im Kern wieder auf das Wesen unserer Kunst zurückwirft und uns so die Befreiung von der Interpretation ermöglicht, uns zur Aneignung zwingt. Ausgerechnet die Masse des Wortes und die Unmöglichkeit, es erschöpfend zu fassen, ermöglichen beim Roman die Fokussierung auf das Theater, wohingegen das Drama immer die Fokussierung auf sich selbst fordert.[41]

Eisenach formuliert ein klares künstlerisches Programm für Romanadaptationen auf dem Theater. Er generalisiert dabei seine eigenen künstlerischen Verfahren und Interessen und rechtfertigt auf diese Weise das allgemeine Interesse der Bühne für den Roman. Das ist argumentativ freilich gewagt. Basieren seine Feststellungen doch offenkundig vor allem auf eigenen Überlegungen und mutmaßlich eigenen Seherfahrungen. Sie sind also hochgradig subjektiv. Ein wenig mehr Licht ins Dunkel des künstlerischen Prozesses von Romanadaptationen verspricht deswegen ein Vergleich der zwei Aufführungen, da sie nicht nur *Panikherz* zur Vorlage haben, sondern zeitlich dermaßen nahe nacheinander Premiere feierten, dass nicht zu erwarten steht, dass die spätere Inszenierungen in Hamburg (Premiere war am 17.3.2018) von der Uraufführung in Berlin (mit der Premiere einen Monat zuvor am 17.2.) maßgeblich beeinflusst wurde.

Räumlicher Fluchtpunkt von Oliver Reeses Uraufführung am Berliner Ensemble ist eine Bar am hinteren Bühnenrand, wie man sie auch im Chateau Marmont vermutet (Bühne: Hansjörg Hartung). Sie liegt altarmäßig leicht erhöht, die Stufen, die zu ihr führen, sind mit dickem Teppich ausgelegt. Zu beiden Seiten der Stufen spielt eine Band in Bar-Jazz-Besetzung Lindenbergs Klassiker, zu denen die vier Schauspieler singen. Die vier teilen sich die Hauptfigur, Nebenfiguren gibt es nicht. Da die suchtbedingten Einverleibungen und Exzesse versprechen, effektreich zu sein und da die Erzählung über weite Strecken davon dominiert wird, überrascht es nicht, dass sie Gegenstand der Aufführung sind und dass ihnen durch die Schauspieler Ausdruck gegeben wird:

> Nico Holonics [einer der vier Darsteller, K.B.] schließlich gibt den lebensmüden Dandy, der die immer schlimmer werdenden Ess-Störungen in Klinken kurieren soll, sie dann aber lieber mit Ecstasy bekämpft, bis er als elendes Häuflein in der verwahrlosten Wohnung liegt, ganz allein. In

---

41 Alexander Eisenach: Auf der Zauberbergbühne. Warum Romanadaptationen fürs Theater ein Glück sind. http://www.faz.net/aktuell/feuilleton/debatten/warum-romanadaptionen-fuers-theater-ein-glueck-sind-15448936.html [7.3.2018].

EINVERLEIBUNG ALS POP-LITERARISCHES PRINZIP

diesem Zustand singt er mit weltentrücktem Blick „Don't Look Back in Anger" von Oasis, als wäre er nicht vierzig, sondern achtzig Jahre alt.[42]

Bemerkenswert ist dabei, dass die Einverleibung selbst ausgesprochen konventionell dargestellt wird. Hannah Schmidt hat das in *Die Zeit* überzeugend auf den Punkt gebracht: „Die Darsteller singen – Stücke von ‚Udo' natürlich, aber auch von Oasis, Nirvana und Rammstein –, zappeln, im Flackern des Stroboskops, verstreuen tütenweise weißes Pulver auf der Bühne, klettern die Ränge hoch, fressen, zittern, heulen, schreien. Eine Orgie des Wahnsinns."[43] Regisseur Oliver Reese hat also versucht, vergleichsweise naturalistische Darstellungsweisen („fressen") zu finden oder aber die Einverleibung vergleichsweise konventionell symbolisch darzustellen, indem er die Schauspieler weißes Pulver in die Luft werfen und sie sich darin wälzen ließ.

Es überrascht vor diesem Hintergrund nicht, dass in den Theaterkritiken keine Szenen geschildert werden (und auch dem Verfasser des Vorliegenden keine nachhaltigen Erinnerungen blieben), in denen einmal explizit oder gar konzentriert ein Bild für die Dynamik des Einverleibens genannt wird, die *Panikherz* kennzeichnet. Es verwundert deswegen nicht, dass die Inszenierung in der Kritik mehrheitlich durchfiel.[44] Ruft man sich ergänzend die Hinweise von Alexander Eisenach über die Dramatisierung von Romanen in Erinnerung, dass der Roman im Unterschied zum Drama die Fokussierung auf das Theater ermögliche, wird deutlich, dass Reese nicht nur nicht die Dynamik aus Einverleibung und Exzess dargestellt hat, sondern dass er vor allem keine eigene Bildsprache für die Handlungsstränge des Stücks gefunden hat. Die einzige überraschende ästhetische Entscheidung Reeses war vielleicht die Aufteilung der Hauptfigur in vier Darsteller. Doch selbst sie fiel durch, Dirk Pilz etwa hat sie in der *Berliner Zeitung* als „kunsthandwerklich" geschmäht.[45] Das lag nicht

---

42 Jan Wiele: Geh aus und such Stoff. Koks-Koketterie: Oliver Reese inszeniert am Berliner Ensemble Benjamin von Stuckrad-Barres „Panikherz" als vertracktes Musical, in: FAZ, 20.2.2018, Nr. 42, S. 9.

43 Hannah Schmidt: Eine Orgie des Wahnsinns. Benjamin von Stuckrad-Barres ganzes Leben an einem Abend: „Panikherz" auf der Bühne des Berliner Ensembles, in: Die Zeit, 9/2018, 22.2.2018 (https://www.zeit.de/2018/09/panikherz-berliner-ensemble-benjamin -stuckrad-barre; [2.10.2018]).

44 Vgl. die Presseschau im Anschluss an: Christian Rakow: Easy-Listening-Exzess. In: nachtkritik.de (17.2.2018, https://nachtkritik.de/index.php?option=com_content&view =article&id=15020:panikherz-am-berliner-ensemble-verpasst-oliver-reese-dem -autobiographischen-roman-von-benjamin-von-stuckrad-barre-einen-betulichen -anstrich&catid=50:berliner-ensemble&Itemid=100476, [2.10.2018]).

45 Dirk Pilz: Aus sicherer Distanz am fremden Elend wärmen, in: Berliner Zeitung, 18.2.2018 (https://www.berliner-zeitung.de/kultur/theater/-panikherz--am-be-aus-sicherer -distanz-am-fremden-elend-waermen--29721822 [2.10.2018]).

zuletzt daran, dass die vier letztlich verschiedene Lebensphasen beziehungsweise zentrale Stationen der Biographie (Jugend und Kindheit, Aufbruch in die Pop-Welt, exzessiver Star und gezeichnet im Chateau Marmont lebender Rekonvaleszent) repräsentierten und so einer banalen Psychologisierung Vorschub leisteten.

Ein Beispiel, wie die Hauptfigur eines Romans auf vier Darsteller verteilt werden kann, um gerade verschiedene Dynamiken eines Romans ins Bild zu setzen – konkret das Ineinander von Autobiographie und Romanhandlung –, hat 2011 Christopher Rüping am Schauspiel Frankfurt vorgeführt, als er F. Scott Fitzgeralds *Der große Gatsby* facettenreich und mit einer eigenen Bühnensprache inszenierte.[46] Intendant seinerzeit in Frankfurt war übrigens Oliver Reese, so dass dessen Aufteilung in vier Darsteller auch vor dem Hintergrund dieser Aufführung einen faden Beigeschmack behielt – und zugleich Hoffnung machte auf die Inszenierung am Thalia-Theater Hamburg einen Monat später. Denn hier führte eben Christopher Rüping Regie.

Auch Rüping lässt in seiner *Panikherz*-Inszenierung verschiedene Schauspieler auftreten und den Text sprechen, doch repräsentieren sie nicht derart eindeutig bestimmte Konstellationen oder Lebensabschnitte. Ergänzend tauchen weitere Figuren auf, etwa ein Udo-Double (alternierend Wenyen You und Cheng Ding) oder Peter Maertens im Cowboy-Outfit, der vor allem den zweiten väterlichen Freund von Stuckrad-Barre repräsentiert – Helmut Dietl. Allein die Besetzung signalisiert also, dass Rüping sich deutlich eigenständiger mit *Panikherz* auseinandersetzt, als Reese das getan hat. Ausschlaggebend dafür sind zunächst einige Entscheidungen und Schwerpunktsetzungen. So widerspricht die Inszenierung dem emphatischen Bekenntnis zur Familie. Auf der Bühne zu sehen ist ein weit abstrakterer und insgesamt deutlich leererer Raum (Bühne: Jonathan Mertz), der allerdings ebenfalls einen Fluchtpunkt hat, nämlich eine Doppeltür am hinteren Bühnenrand, die wie für einen Auftritt bei einer Fernsehshow hell erleuchtet und aufgefahren werden kann. Doch da die Bühne des Thalia-Theaters im Vergleich zum Berliner Ensemble viel tiefer ist und am Rand nicht durch eine Band o.ä. begrenzt wird, ist die Spielfläche für die Schauspieler insgesamt ungemein größer. Das ermöglicht den Schauspielern zunächst schlicht mehr Bewegung. Nach der Pause wird die Handlung auf die Vorderbühne konzentriert, indem mittels weniger Requisiten das Appartement im Hotel Marmont angedeutet wird.

---

46   Vgl. Kai Bremer: Die große Boygroup. In: nachtkritik.de, 10.11.2011 (https://www.nacht kritik.de/index.php?option=com_content&view=article&id=6264:der-grosse-gatsby -christopher-rueping-laesst-f-scott-fitzgeralds-roman-aus-dem-jazz-age-funkeln& catid=83&Itemid=100190 [2.10.2018]).

EINVERLEIBUNG ALS POP-LITERARISCHES PRINZIP

Rüping sucht eine Bildsprache, die Impulse des Romans aufnimmt, ohne sie schlicht durch die Schauspieler nacherzählen zu lassen. In *Panikherz* findet sich beispielsweise ein Kapitel, das „Nebelschwadenbilder" heißt.[47] Rüping lässt seine Schauspieler mit Nebelmaschinen über die Bühne laufen und projiziert dann in die Nebelschwaden Bilder aus dem *Zimmer-frei*-Interview von Christine Westermann und Götz Alsmann mit Benjamin von Stuckrad-Barre. Ergänzend spielt Rüping akustische Ausschnitte aus *Panikherz* ein, die der Pop-Literat selbst liest. Gerahmt sind diese Referenzen auf den empirischen Autor wiederum durch literarisch-theatrale Zitate, indem der Regisseur seine Inszenierung mit einigen *Faust*-Anspielungen eröffnet. Rüping findet damit Bilder, die nicht nur das permanente Ineinander von Autobiographie und Roman visualisieren. Er überführt das künstlerische Prinzip von *Panikherz* in eine eigene Bühnensprache, die nun, da die Bühne an sich immer ein Kunstraum ist und da das durch die *Faust*-Zitate zudem betont wird, wiederum die Frage aufwirft, was hier eigentlich dargestellt wird: das Leben eines Stars oder die Geschichte einer literarischen Figur. Aber indem die konkreten Bezüge auf den empirischen Autor erst im Laufe der Inszenierung stark gemacht werden – und das zumal etwa in Gestalt von in sich selbst zusammenfallenden Projektionen in den Nebel –, wird die Dynamik der permanenten Einverleibung von Fiktion und Realität augenfällig. Rüpings Inszenierung hat also eine Annäherung an *Panikherz* geschaffen, die gerade auf außersprachliche Weise, ganz im Sinne Eisenachs, die erzählerischen Prinzipien vor- und sogar noch fortführt. Angesichts der in diesem Inszenierungsverfahren zum Ausdruck kommenden literarischen Sensibilität verwundert es auch nicht, dass Rüping für den Drogenkonsum und die Essstörungen selbst nicht mehr nur auf plakative Bilder wie Reese gesetzt hat, sondern vor allem versuchte, die damit einhergehende Verzweiflung anzudeuten, wenn er einen Schauspieler sich im Gegenlicht erbrechen ließ und seine gebeugte Körperhaltung immer mehr zu der eines Leidenden wurde, wodurch die Körperlichkeit der Ein- und Ausverleibung gezeigt wurde.

Im Bestseller *Panikherz* finden sich zwei Formen der Einverleibung, Drogenkonsum und Essstörung, wobei auf beide Einverleibungen zwingend ein Exzess folgt. Ergänzend ist der Begriff Einverleibung zumindest im Fall von *Panikherz* geeignet, um ein autopoetisches, pop-literarisches Prinzip von permanentem Ineinander von Realität und Fiktion beziehungsweise von Autobiographie und Roman zu beschreiben: Stuckrad-Barres Buch thematisiert nicht nur Einverleibungen, sondern macht sie zum Erzählprinzip. Im Modus der Lektüre lässt sich dieses Prinzip nicht nur gut erfassen; *Panikherz* wird auf

---

47   Stuckrad-Barre [Anm. 1], S. 383.

eine Weise erzählt, durch die dieses Prinzip zu einer Art Grundfrage avanciert und die Aufmerksamkeit der Lektüre lenkt, ohne dass die Frage abschließend beantwortet wird. Die Reaktionen in den vorgestellten Literaturkritiken bestätigen das ebenso wie die ersten literaturwissenschaftlichen Aufsätze über Stuckrad-Barres Buch.

Gleichzeitig dürften die vorliegenden Ausführungen veranschaulicht haben, wie sehr gerade die ostentative Körperlichkeit der Einverleibung die performative Darstellung herausfordert. Die Beispiele legen die These nahe, dass das Medium Schrift insgesamt dafür besser geeignet ist als eine Lesung oder ein Theaterabend. Ein Grund dafür könnte schlicht darin bestehen, dass Rezipienten die aus den Einverleibungen resultierenden Verstörungen bei der Lektüre besser auf erträgliche Distanz halten können als bei Aufführungen. Diese Mutmaßung wirft zudem die Frage auf, warum Stuckrad-Barres Lesung und Reeses Inszenierung, die sich letztlich beide für einen autobiographischen Zugriff auf *Panikherz* entschieden haben, tendenziell dazu neigen, die Einverleibung auszuklammern.

In der Lesung von *Panikherz* versuchte Stuckrad-Barre, eine Distanz zwischen sich als Autor und dem Ich in *Panikherz* anzudeuten, als er vom „Ich-Erzähler" sprach. Da er im weiteren Verlauf aber zwischen Schilderungen eigener Erlebnisse (die freilich ihrerseits im Hinblick auf ihren faktischen Kern nicht überprüfbar sind) und der Lesung aus *Panikherz* wechselte, wäre ein konsequentes Beibehalten dieser Distanz vermutlich auf Kosten der Natürlichkeit und der vermeintlichen Spontaneität gegangen.

Im Fall der beiden Aufführungen zeigt sich, dass die theatrale Auseinandersetzung mit einem literarischen Werk durchaus überzeugen kann, wenn sich die Regie nicht damit zufrieden gibt, die Handlung mehr oder minder gut wiederzugeben. Oliver Reese hat jedoch eben das in Berlin getan und ist nach Meinung der Theaterkritik damit gescheitert (dass die Inszenierung beim Publikum höchst beliebt war, tut diesem Urteil keinen Abbruch).

Anders ist Christopher Rüping verfahren. Seine Hamburger Inszenierung zeigt, dass er sich die Frage gestellt hat, wie die Dynamik von Einverleibung und Exzess auf der Bühne realisiert werden kann. So hat er anders als Reese die Schauspieler nicht nur Körperhaltungen einnehmen lassen, die die Aufnahme von Kokain oder das Erbrechen nach der Fressorgie repräsentieren. Ergänzend hat er den Raum genutzt, um Bilder zu erzeugen, die gerade nicht chronologisch erzählen, sondern das Ineinander von Einverleibung und Exzess darstellen. Dadurch ist es ihm zugleich gelungen, die Frage nach der gegenwärtigen psychischen Stabilität des empirischen Autors zu marginalisieren. Während Stuckrad-Barre sich auf der Bühne des Göttinger Deutschen Theaters als einer

EINVERLEIBUNG ALS POP-LITERARISCHES PRINZIP

inszenierte, der davon gekommen ist und nun darüber recht locker sprechen kann, hat Christopher Rüping *Panikherz* als Artefakt in den Mittelpunkt gestellt und die Frage aufgeworfen, wie Einverleibung und Exzess als künstlerische Produktionsprinzipien adäquat inszeniert werden können. Angesichts dessen hat es zwar nicht wenige im Zuschauerraum des Thalia Theaters überrascht, als der letzte Satz aus *Panikherz* – „Man muss aufpassen." – nicht fiel. Aber Rüpings Streichung war nur konsequent, da er eben dadurch noch einmal zeigte, wie sehr ihn *Panikherz* und damit die Einverleibung als künstlerisches Prinzip interessiert, aber eben nicht der Autor und der weitere Lebenslauf von Benjamin von Stuckrad-Barre.

Die Beiträgerinnen und Beiträger des Bandes

Yvonne Al-Taie

Dr. phil. habil., ist akademische Rätin a. Z. und Privatdozentin am Institut für Neuere deutsche Literatur und Medien der Christian-Albrechts-Universität zu Kiel. Nach dem Studium der Kunstgeschichte, Neueren deutschen Literatur und Systematischen Theologie an der Universität des Saarlandes und am Trinity College Dublin promovierte sie mit einer Arbeit zu Sprach- und Bildtheorie der deutschen Frühromantik in Germanistischer Literaturwissenschaft an der Friedrich-Schiller-Universität Jena. 2020 folgte die Habilitation an der Christian-Albrechts-Universität zu Kiel. Von 2011–2020 war sie wissenschaftliche Mitarbeiterin an der Universität Kiel und 2017/18 Feodor Lynen Research Fellow am German Department der Yale University. Forschungsschwerpunkte im Bereich von Literatur und Bildender Kunst, der Literaturtheorie, der Literatur des 18. Jahrhunderts und der Goethezeit, der deutsch-jüdischen Literatur sowie der Gegenwartslyrik.

Michaela Bill-Mrziglod

Dr. phil., studierte Kath. Theologie und Germanistik an der Universität des Saarlandes (Staatsexamen für das Lehramt an Gymnasien und Gesamtschulen im Jahr 2007). Es folgten die Promotion 2013 über eine semireligiose Frauengemeinschaft in der Frühen Neuzeit und das Diplom in Kath. Theologie im Jahr 2017. Derzeit Arbeit an einer Habilitationsschrift zum Thema „Die Abtötung des Fleisches. Mortificatio carnis als christliches Körper- und Geistritual in Antike, Mittelalter und Früher Neuzeit." Michaela Bill-Mrziglod ist Akademische Rätin am Institut für Katholische Theologie der Universität Koblenz-Landau (Campus Koblenz) im Fachbereich Kirchengeschichte. Forschungsschwerpunkte sind Christliche Mystik und Spiritualität in Mittelalter und Früher Neuzeit, Ordensgeschichte, historische Frauen- und Geschlechterforschung sowie Körpergeschichte.

Stephanie Blum

Dr. phil., studierte Neuere Deutsche Literaturwissenschaft, Spanische Philologie und Komparatistik an der Universität des Saarlandes und der Universitat de Barcelona. Studienabschluss 2011 mit dem Magisterexamen. Seit 2013 wissenschaftliche Mitarbeiterin am Lehrstuhl für Neuere Deutsche Literaturwissenschaft an der Universität des Saarlandes. 2018 Promotion mit der Arbeit *Poetologische Lyrik der Frühaufklärung. Gattungsfragen, Diskurse, Genderaspekte* (Hannover: Wehrhahn 2018). Am Lehrstuhl von Prof. Dr. Ralf

Bogner ist sie zuständig für die Arbeitsstelle für Österreichische Literatur und Kultur. Seit Mai 2019 Koordination des Bachelor Optionalbereichs im Referat Lehre & Studium der Philosophischen Fakultät an der Universität des Saarlandes. Forschungsinteressen: Literatur der Aufklärung (insbesondere Lyrik und Autorinnen der Frühaufklärung sowie Fabeldichtung), Verbindungen von Literatur und Populärkultur, Intermedialität, Motivgeschichte.

Kai Bremer
Dr. phil., geb. 1971, Studium der Germanistik, mittleren und neueren Geschichte und Ev. Theologie in Göttingen, 2002 Promotion ebd. 2015 Habilitation an der JLU Gießen, ab 2017 Professor für Literaturgeschichte an der CAU Kiel, seit 2018 Professur für Literatur der Frühen Neuzeit im europäischen Kontext an der Universität Osnabrück. Veröffentlichungen zur Dramatik und Lyrik von der Frühen Neuzeit bis zur Gegenwart sowie zur Philologiegeschichte. Publikationen zuletzt: Postskriptum Peter Szondi. Theorie des Dramas seit 1956 (Bielefeld 2017); Forcierte Form. Deutschsprachige Versepik des 20. und 21. Jahrhunderts im europäischen Kontext (hg. zusammen mit Stefan Elit, Stuttgart 2020) sowie wissenschaftliche Aufsätze und Feuilleton-Beiträge u. a. auf nachtkritk.de und in der FAZ.

Margit Dahm-Kruse
Dr. phil., wurde in Münster mit einer Arbeit zu Retextualisierungsprinzipien in kleinepischen Sammelhandschriften promoviert und war im Anschluss Postdoc-Stipendiatin der DFG. Ihre Forschungsschwerpunkte sind die Materialität und Medialität mittelalterlicher Literatur, insbesondere Textkritik, Überlieferungsgeschichte und Kodikologie, sowie die Produktionsbedingungen des vormodernen Literaturbetriebs. Sie hat verschiedene Beiträge zum höfischen Roman und zu kleinepischen Dichtungen veröffentlicht und arbeitet an einer Habilitation zu Formen und Funktionen literarischer Stadtentwürfe in narrativen Texten des Mittelalters. Derzeit ist sie als wissenschaftliche Mitarbeiterin am Lehrstuhl für Ältere Deutsche Literatur in Kiel tätig.

Sina Dell'Anno
ist Assistentin am Deutschen Seminar der Universität Basel. Nach dem Studium der Latinistik und Germanistik in Basel und Freiburg i. Br. schreibt sie zurzeit im Rahmen des vom SNF geförderten Forschungsprojekts „Theorie der Prosa" an ihrer Dissertation zur Tradition der *satura*. Ihre Forschungsinteressen und -schwerpunkte liegen insbesondere in der (römischen) Antike und ‚um 1800' und umfassen neben Satire und Humor das Verhältnis von Rhetorik, Poetik und Ästhetik, die Theorie der literarischen Form(en) sowie die Theorie

DIE BEITRÄGERINNEN UND BEITRÄGER DES BANDES

der Philologie. Erschienen oder im Erscheinen sind Aufsätze zu Arno Schmidt, J. G. Hamann, Jean Paul, zur Poetik des antiken und modernen Romans sowie zur neueren Lyrik.

Marta Famula

Dr. phil., studierte Germanistik, Geschichte und Kunstgeschichte in Augsburg und Bologna (Italien). 2012 folgte die Promotion mit einer Arbeit zum Thema *Fiktion und Erkenntnis. Dürrenmatts Ästhetik des ‚ethischen Trotzdem.‘* 2007–2015 war sie wissenschaftliche Mitarbeiterin und Stipendiatin an der Otto-Friedrich-Universität Bamberg und ist seit Oktober 2015 wissenschaftliche Mitarbeiterin am Institut für Germanistik und Vergleichende Literaturwissenschaft an der Universität Paderborn. Ihre Forschungsinteressen sind Dramentheorie, Ästhetik um 1800, Erzählen im 19. Jahrhundert und Gegenwartsliteratur, ihr Habilitationsprojekt hat die *Unverfügbarkeit* in der Literatur um 1800 zum Gegenstand. Weitere Buchpublikationen zu Individualitätskonzepten, Eigenwert der Literatur sowie Ästhetik im Vormärz.

Philippe P. Haensler

studierte Philosophie, Germanistik und Komparatistik in Heidelberg und Zürich. Seit 2016 ist er Mitarbeiter am Seminar für Allgemeine und Vergleichende Literaturwissenschaft der Universität Zürich. Jüngste Publikationen: „Jacques Derrida. ‚[C]e supplément est, comme on dit d'une pièce, d'origine.'" und „Emmanuel Levinas. ‚Il est difficile de pardonner à Heidegger.'", in: T. Fries und S. Zanetti: *Revolutionen der Literaturwissenschaft*, Zürich 2019; aus dem Französischen (mit S. Fanzun): Emmanuel Levinas: *Husserls Theorie der Anschauung*, Wien 2019; „Flirt, Zeichen. Einsatz Freuds", in: *Riss* 90 (2019); „Stealing Styles. Goldsmith and Derrida, Place and Cixous", in: *Orbis Litterarum* 74: 3 (2019); „Poetik der Anstiftung. Zum Verhältnis von Schreibhemmung und Übersetzung nach Freud und Merleau-Ponty", in: M. Baschera et al.: *Zwischen den Sprachen. Mehrsprachigkeit, Übersetzung, Öffnung der Sprachen*, Bielefeld 2019.

Stefanie Heine

Dr. phil., studierte Englisch, Philosophie sowie Allgemeine und Vergleichende Literaturwissenschaft in Zürich und schloss dort 2012 ihre Promotion über Virginia Woolf und impressionistische Malerei ab. Sie ist wissenschaftliche Mitarbeiterin (Oberassistenz) an der Universität Zürich (Allgemeine und Vergleichende Literaturwissenschaft). Von 2016–2018 war sie SNF-PostDoc-Stipendiatin an der Universität Toronto. Habilitationsprojekt: Poetik des Atems. Buchpublikationen: *Visible Words and Chromatic Pulse. Virginia*

Woolf's Writing, Impressionist Painting, Maurice Blanchot's Image (Wien: Turia + Kant, 2014); (Mithg.): *Die Kunst der Rezeption.* Bielefeld 2014; (Mithg.): *Transa ktualität. Ästhetische Dauerhaftigkeit und Flüchtigkeit.* (Paderborn: Fink, 2017); (Mithg.): *Reading Breath in Literature.* (London: Palgrave Macmillan, 2018).

Juliane Prade-Weiss

ist Professorin für Allgemeine und Vergleichende Literaturwissenschaft an der LMU München. Sie ist Autorin von *Language of Ruin and Consumption: On Lamenting and Complaining* (2020) und *Sprachoffenheit: Mensch, Kind und Tier in der Autobiographie* (2013) sowie Herausgeberin von *(M)Other Tongues: Literary Reflexions on a Difficult Distinction* (2013).

Christoph Schmitt-Maaß

Dr. phil. habil., ist wissenschaftlicher Mitarbeiter am Institut für Deutsche Philologie der LMU München (Forschung zur deutschsprachigen Rezeption des Jansenismus im 17. und 18. Jahrhundert) sowie Privatdozent am Lehrstuhl für Neuere deutsche Literatur / Frühe Neuzeit der Universität Potsdam. Nach Promotion an der Universität Basel (Das gefährdete Subjekt: Selbst- und Fremdforschung in gegenwärtiger Ethnopoesie. Bielefeld 2011) und Habilitation an der Universität Potsdam (Fénelons „Télémaque" in der deutschsprachigen Aufklärung (1700-1832). 2 Bde. Berlin 2018) Stipendiat der Alexander von Humboldt-Stiftung in Oxford und Princeton (Kritischer Kannibalismus. Eine Genealogie der Literaturkritik seit der Frühaufklärung. Bielefeld 2019). Zahlreiche Aufsätze (ab ca. 1640 bis zur Gegenwart) und Sammelbände (u.a. zur Barockrezeption in der Zwischenkriegszeit, zu litera- turkritischen Schreibpraktiken im 18. Jahrhundert, zur Aufklärungsrezeption im Exil ab 1933).

Elias Zimmermann

Dr. phil., geb. 1987. Studium der Germanistik und Philosophie in Bern und Berlin. 2012–16 Doktorat im SNF ProDoc-Projekt *Das unsichere Wissen der Literatur* an der Universität Lausanne (dort Promotion 2016). 2017–18 SNF Stipendiat an der Humboldt Universität Berlin, Projekt: „Apologien des Menschenfressers. Kulturwissenschaftliche Lektüren zu einem Gegendiskurs der Neuzeit." 2018–20 Assistent an den Universitäten Bern und Karlsruhe. Seit 2020 Oberassistent der Section d'allemand, Lausanne. Schwerpunkte: Schweizer Literatur und Gegenwartsliteratur; Drastik und Erhabenheit; Architektur und Literatur; Ideologiekritik und das politische Imaginäre. Publikationen (Auswahl): *Lesbare Häuser? Thomas Bernhard, Hermann Burger und das Problem der Architektursprache in der Postmoderne.* Rombach 2017

DIE BEITRÄGERINNEN UND BEITRÄGER DES BANDES

(Dissertation). Mitherausgeberschaften: *Physiognomisches Schreiben. Stilistik, Rhetorik und Poetik einer gestaltdeutenden Kulturtechnik.* Rombach 2016. *Fenster – Korridor – Treppe. Architektonische Wahrnehmungsdispositive in der Literatur und in den Künsten.* Aisthesis 2019.

Dominik Zink

Dr. phil., ist wissenschaftlicher Mitarbeiter in der neueren deutschen Literaturwissenschaft an der Universität Trier. Er studierte in Würzburg und Trier Germanistik und Philosophie und promovierte 2016 an der Europa-Universität Flensburg mit der Arbeit *Interkulturelles Gedächtnis. Ost-westliche Transfers bei Saša Stanišić, Nino Haratischwili, Julya Rabinowich, Richard Wagner, Aglaja Veteranyi und Herta Müller.* Würzburg 2017. Momentan arbeitet er an seinem Habilitationsprojekt zu Wahrheitskonzepten in der Literatur um 1800. Zu seinen Arbeitsgebieten zählen Frühromantik und Frühidealismus, Philosophische Ästhetik, Interkulturelle Literatur, Deutsch-Jüdische Literatur und Kulinaristik.

Namensregister

Abraham, Nicolas 157, 174, 177, 253–254, 264, 270
Adorno, Theodor W. 181, 186, 189, 212–213
Aischylos 164, 169
Aristoteles 132, 170
Äsop 69, 71–72, 74–75
Augustinus 44

Bachtin, Michail Michailowitsch 94, 95, 116
Barthes, Roland 5, 274
Benjamin, Dora 183
Benjamin, Walter 10, 179–194, 201–202, 206, 209–210, 214–215, 224, 248, 252, 265, 267, 269
Berman, Antoine 245, 247
Bernhard von Clairvaux 43, 46
Biester, Johann Erich 198
Blumenberg, Hans 1, 132
Boccaccio, Giovanni 19, 128
Breitinger, Johann Jacob 81–82, 84
Brentano, Clemens 6, 9, 119–122, 123, 125, 126–133
Breuer, Josef 163, 166, 168–170
Burkert, Walter 205–206, 208, 209, 212–213, 214
Butterick, George F. 230

Canetti, Elias 174
Certeau, Michel de 220–221, 224
Columbus, Christoph 193, 217, 225

Dante Alighieri 232–233, 242
Deleuze, Gilles 128, 244, 269
Derrida, Jacques 98, 100, 210, 248, 251, 253, 255–256, 258, 262–265, 282
Diderot, Denis 219, 225
Diomedes Grammaticus 91–92
Düffel, John von 315
Dürer, Albrecht 267

Eisenach, Alexander 315, 316, 317, 319

Fauser, Jörg 310
Fink, Eugen 268–269

Fleishman, Ian 4
Foucault, Michel 96, 202–204, 206, 215, 314
Freud, Sigmund 10, 12, 143, 157–158, 161–178, 246–248, 251, 253–254, 263–264
Fuchs, Eduard 182

Galenus 199
Gandillac, Maurice de 264
Gehlen, Arnold 1
Gellert, Christian Fürchtegott 75–78
Gertrud von Helfta 8, 54–57, 62
Goethe, Johann Wolfgang von 200, 307
Gottsched, Johann Christoph 82, 84
Grimm, Jacob 127
Grimm, Wilhelm 127
Guattari, Félix 128, 244, 269
Günderrode, Karoline von 9, 119, 121

Hadewijch 47
Hagedorn, Friedrich von 69–72, 74–75
Hamilton, John T. 4
Hartmann von Aue 20
Hegel, Georg Wilhelm Friedrich 249, 253
Heidegger, Martin 292
Heinrich Seuse 59, 62–63, 67
Herrndorf, Wolfgang 315
Hesiod 204, 205
Hildegard von Bingen 43, 46–47, 67
Hobbes, Thomas 199, 209
Hofmannsthal, Hugo von 142, 185, 187
Hölderlin, Friedrich 184, 251–253, 265
Homer 159, 192, 205, 213, 212–213
Hopkins, Gerard Manley 231, 238
Horaz 91, 94
Horkheimer, Max 212–213
Humboldt, Wilhelm von 248
Husserl, Edmund 12, 244–245, 257–259, 260, 261–262, 263, 264, 266–270

Jean Paul
Johann Paul Friedrich Richter 9, 89, 90, 91, 94, 98–102, 103, 104, 106–109

NAMENSREGISTER

Johannes Tauler 59–60, 62
Joyce, James 9, 91, 109–112
Juliana von Norwich 59–61

Kant, Immanuel 185, 190, 214–215, 255, 262, 269, 289
Katharina von Siena 57, 59, 63–67
Klein, Melanie 253
Konrad von Würzburg 17–22, 24, 25, 27, 29–30, 31, 33, 32, 34, 38, 41, 50
Koschorke, Albrecht 2, 105, 131–132
Kracht, Christian 299, 306, 307, 308
Kraus, Karl 193–194

La Boétie, Étienne de 222
Lacoue-Labarthe, Philippe 248
La Fontaine, Jean de 69–72, 73, 74–75, 85
Lagache, Daniel 157
Lahontan, Baron de
  Louis-Armand de Lom d'Arce 218, 225
Las Casas, Bartolomé de 217, 221
Léry, Jean de 217
Lessing, Gotthold Ephraim 72–75, 79–80, 84–85
Levinas, Emmanuel 255, 258, 259, 261, 267
Lindenberg, Udo 297, 301, 304, 312–313, 315, 316
Lom d'Arce, Louis-Armand de
  Baron de Lahontan 224

Manfred
  König von Sizilien 132
Mann, Thomas 315
Marat, Jean Paul 11, 202, 216–217, 221, 225–226
Marguerite Porète 47–48, 58–62, 67
Mauberley, Hugh Selwyn 241–242
Mechthild von Hackeborn 8, 57–58
Mechthild von Magdeburg 8, 47, 51–54, 57, 67
Meister Eckhart 58, 60–62
Menippos von Gadara 93
Merleau-Ponty, Maurice 259
Montaigne, Michel de 11, 202, 210, 215, 218–227

Nancy, Jean-Luc 239–241, 248, 266
Neidhart 35

Newton, Isaac 233–235
Nicolai, Friedrich 195, 196, 198
Novalis
  Friedrich von Hardenberg 9, 114–116, 118, 121, 125, 126

Olson, Charles 6, 11, 228–243
Orth, Ernst Wolfgang 268
Ovid 208, 241–243

Paulus 44, 64
Petrus de Hibernia 132
Pfeiffer, Gabrielle 261
Platen, August von 137
Platon 11, 96, 202, 207–211, 216, 224–227, 248
Pound, Ezra 228, 241–243
Ps. Dionysius-Areopagita 49

Raabe, Wilhelm 9, 134–135, 136, 137, 138, 139, 143–145, 147, 148, 150, 151, 153
Rabelais, François 94, 104, 108, 109, 116
Reese, Oliver 12, 297, 301, 316–320
Ricœur, Paul 6, 11–12, 244–255, 257–258, 259, 260, 261–266, 269–270
Riegl, Alois 188
Rilke, Rainer Maria 169
Ronsard, Pierre de 218, 221, 225
Rosa, Hartmut 3, 238
Rousseau, Jean-Jacques 218, 219, 224
Rüping, Christopher 12, 297, 301, 318–321

Sapir, Edward 235–239, 241–242
Scaliger, Julius Caesar 195
Schelling, Friedrich Wilhelm Joseph 249
Schlegel, Friedrich 9, 103, 113–118, 125, 199–200
Schopenhauer, Arthur 9, 144–146, 147, 148, 149, 150, 151, 153–154
Shakespeare, William 164, 221
Simmel, Georg 130
Staden, Hans 217
Stoppe, Daniel 78, 79
Stuckrad-Barre, Benjamin von 6, 12, 297–301, 306–307, 308, 309–314, 315, 317, 318–320

Thomasius, Christian 79
Titus Petronius Arbiter 9, 91, 94–95, 96, 97, 112

NAMENSREGISTER

Torok, Maria   157, 166, 174, 177, 253–254, 264, 270

Veteranyi, Aglaja   6, 12, 169, 274, 275, 276, 278, 279, 280, 281, 282, 290

Waldenfels, Bernhard   262
Whitman, Walt   228

Williams, William Carlos   228
Wolff, Christian   79, 153
Wölfflin, Heinrich   188

Žižek, Slavoj   215